토라의 기쁨

KB193172

The Joy of Torah

by Dr. Duane D. Miller

© Duane D. Miller

Korean Translation Copyright © 2020 박상수

이 책은 Duane D. Miller 박사의 www.matashi.com에 게시된 'The Joy of Torah' 시리즈를 저자의 허락을 받아 한국어판으로 출간하는 것으로, 한국어판 저작권은 박상수 목사가 소유하고 있습니다. 저작권법에 따라 한국어판 저작권 보호를 받는 서적이므로 무단 전재와 복사를 금합니다.

토라의 기쁨

지은 이	Dr. Duane D. Miller
옮긴 이	박상수
펴낸 이	변봉룡
펴낸 곳	우현북스/씨디씨그룹
출판신고	제2018-000109호
주소	서울특별시 종로구 북촌로 125-6 블루웍스 빌딩 3층
전화	02-3272-8889
팩스	02-6008-7898
홈페이지	www.cdcgroup.co.kr
초판 1쇄 발행	2020년 9월 25일
ISBN	979-11-970114-1-2 03230

* 우현북스는 (주)씨디씨그룹의 출판 브랜드입니다.

* 값은 뒷표지에 있습니다.

이 도서의 국립중앙도서관 출판도서목록(CIP)은 서지정보유통지원시스템 (http://seoji.nl.go.kr)과 국가자료공동목록시스템(http://www.nl.go.kr/kolisent)에서 이용하실 수 있습니다. (CIP제어번호 : CIP2020038394)

하나님이 우리에게 주신 최고의 선물

토라의 기쁨

심핫 토라

제1권 | 창세기 · 출애굽기

Dr. Duane D. Miller 지음
박상수 편··역

우현북스

תורה 토라는...
하나님이 우리에게 주신 최고의 선물이다.

믿는 자가 이 땅에서 해야 할 일은...
토라를 배우고 가르치고 전하는 일이다.

토라의 길을 걷는 것이 최고의 기쁨이며
토라 안에서 사는 것이 최대의 행복이다.

편·역자 머릿말

성경은 누가 복이 있다고 말씀하는가? '오직 여호와의 율법을 즐거워하며 그의 *율법*을 주야로 묵상하는 자'(시1:1)라고 말한다. 또 '여호와의 *율법*을 따라 행하는 자'(시119:1)가 복이 있다고 선언하고 있으며, "주의 *율례*들을 즐거워하며 주의 말씀을 잊지 않겠노라"(시119:16) 고백한다. 주님은 호세아의 입술을 통해 "내 백성이 여호와를 아는 지식이 없으므로 망했다"고 한탄하시며, "그들이 지식을 버렸으므로 나도 너를 버려 내 제사장이 되지 못하게 할 것이요, 네가 네 하나님의 *율법*을 잊었으니 나도 네 자녀들을 잊어버리리라"(호4:6)고 경고하신다. 앞서 말씀들속에 '율법'이나 '율례'에 대해 원문에서 사용하는 단어는 모두 토라[1]다. 결국 이스라엘이 망한 것은 토라의 기쁨을 상실하여 토라 말씀을 저버렸기 때문이었다.

"그러나 성령이 밝히 말씀하시기를 후일에 어떤 사람들이 믿음에서 떠나 미혹하는 영과 귀신의 가르침을 따르리라." 사도 바울이 딤전4:1절에서 말한 증언에 따르면, 세월이 흐른 후 믿음에서 떠나 사악한 영의 가르침을 따르는 사람들이 나타날 것이라고 말하며, 이 같은 배교행위에 대해 강력히 경고했다. 바울이 말한 것처럼 오늘 이 시대를 영적으로 바라보면, 믿음의 전통과 말씀의 가르침에서 크게 벗어나 있는 것은 의심할 여지가 없다. 그러므로 이제는 무엇보다도 잃어버린 토라의 기쁨을 회복해야 한다. 이것이

---

[1] 토라 Torah: 명령, 가르침, 또는 율법을 의미하는 히브리어로써, 특히 히브리 성경의 첫 5권의 책, 즉 모세 오경을 지칭한다.

가장 중요하고 시급한 일이다.

심핫 토라[2](שמחת תורה), 즉 '하나님 말씀인 토라를 통해 얻는 기쁨'을 회복하는 길만이, 우리가 사악한 영의 거짓말에 속지 않고 신앙의 타락을 막을 수 있으며, 이로써 파국을 향해 나가던 걸음을 다시 생명 길 안으로 돌아오게 할 수 있다. 오직 토라만이! 우리로 하여금 삶의 파국을 막고, 주님 안에 굳게 서서 믿음으로 세상에 승리할 수 있게 한다.

이 책은 악한 영이 강하게 역사하는 오늘날, 그리스도인들로 하여금 심핫 토라의 의미가 무엇이고, 하나님을 섬기려고 성소에 나오는 기쁨과 어떤 관계가 있는지에 관해 깊이 있게 연구하여 얻은 결과를 쓴 것이다.

저자 Duane Miller 박사는 이 연구에서 모세오경을 비롯하여 미드라쉬, 미쉬나, 탈무드, 그리고 유대 랍비들의 전통적 해석들과 신약성경에 나타난 사도들의 증언에 이르기까지, 방대한 자료를 토대로 하여 하나님의 말씀인 토라를 주석하고 있다.

저자는 또한 이 책을 읽는 독자들을 위해 모세와 구약 선지자들, 또 예수 그리스도와 사도들이 살았던 각 시대에 그들이 사용한 언어로부터 역사와 문화에 이르는 모든 것을 바탕에 두고 토라를 더욱 깊이 있게 파헤침으로써, 토라의 가르침에 담긴 하나님 뜻을 정확하고 올바르게 이해하도록 도움을 준다. 그리하여 그리스도인들이 신앙의 성숙도를 높여 주님과의 관계를 더 친밀하게 강

---

2) 심핫 토라 (Simchat Torah): 토라의 기쁨(The Joy of Torah)을 뜻함

화하도록 영적인 발판을 마련해 준다.

* * *

유대인들은 토라를 54개의 파라샷트(Parashat)[3]로 나누어 일년
동안 매주 한 파라샤(Parasha)[4]를 읽고 연구하고 삶에 적용한다.
이를 매년 반복하는데 새롭게 토라 읽기를 시작하는 그 첫날을 '심
핫토라', 즉 '토라의 기쁨'이라고 부르며, 이 책의 제목이기도 하다.

본서는 본문 내용을 순서에 따라서 하나하나 해설하는 기존의
주석Commentary 방식과는 달리, 각 파라샤의 가장 핵심이 되는 본문
을 언어와 역사와 문화적 바탕에 준거해 주석함으로 먼저 본문의
의미를 정확히 파악하게 하고, 거기서 들리는 하나님 음성이 무엇
인지 깨달을 수 있도록 한다.

사실 이것은 새로운 방법론이 아니다. 이미 주님이 복음서에서
제자들을 가르칠 때도 이 방법을 사용하셨다. 유대인은 이런 방법
론을 칼 바코메르(קל וחומר)라고 부른다. 가벼운 가르침 하나를 통해
무거운 문제까지 파악해 낸다는 뜻이다. 이것은 어떤 것 하나를 들
면 나머지는 저절로 밝혀지는 이른바 강거목장綱擧目張의 원리와 같
다. 아무쪼록 이 책을 통해 토라에 대한 새로운 시각을 얻어, 토라를
통해 기쁨과 영성이 회복되는 계기로 삼기를 소망한다.

* * *

감사의 말씀을 전할 분들이 있다. 먼저, 이 책을 만날 수 있게 은

---

3) Parashat(파라샷트): 히브리어로 '부분'을 뜻한다.
4) Parasha(파라샤): '금주의 토라 부분'을 뜻하는 Parashat HaShavua(파라샷트 하샤부
   아)를 줄여서 일반적으로 '파라샤'라고 한다..

혜를 주시고 끝까지 완역할 수 있도록 성령의 능력과 지혜로서 이끌어 주신 하늘의 주 하나님께 삼가 감사와 영광을 올린다.

처음에 이 일을 시작하려고 마음먹고 원 저자이신 Duane D. Miller 박사께 요청했을 때, 아주 흔쾌히 허락해 주셨기에 여러 가지 힘든 작업과정이었음에도 불구하고 기쁜 마음으로 이렇게 마칠 수 있게 되어, Miller 박사께 깊은 감사 말씀을 드린다.

또한 항상 뒤에서 기도로 힘을 실어준 영광교회 성도님들과, 특별히 토라의 기쁨을 함께 나누며 공부했던 샘물학당 가족들에게 감사의 마음을 전한다. 또한 출판을 기꺼이 맡아주시고, 이 책이 빛을 볼 수 있도록 기술적인 조언을 아끼지 않으셨던 교학사와 씨디씨그룹 변봉룡 사장님께 심심한 감사를 드리며, 이처럼 좋은 분들을 만나게 된 것도 하나님의 은혜라고 믿는다. 그 누구보다 오늘까지 목회와 집필을 할 수 있도록 늘 곁을 지켜준 아내 권경혜 사모와 은희와 진희 두 딸에게도 한없는 고마움을 전한다.

하나님은 말씀이시다! 하나님은 말씀이라는 존재방식을 통해 지금도 우리 가운데 역사하고 계신다. 그러므로 토라가 곧 축복이고 생명의 길이며, 토라가 예수 그리스도시고 우리를 구원하는 능력이다. '심핫 토라!' 하나님이 우리에게 주신 최고의 선물이다. 할렐루야!

2020년 지양 둘레길 언저리에서

일러두기

1. 성경본문 인용은 우리말 성경의 일반적인 약자표의 사용 범례를 따른다. (예: 창세기 1장 1절 = 창1:1, 누가복음 1장 1절 = 눅1:1)

2. 히브리어, 헬라어, 아람어 등 고대어는 역자가 필요하다고 볼 때 음역으로 처리했으며, 이때는 가급적 원어의 발음법대로 표기하되 이를 구분할 수 있도록 다른 글자체로 바꿔 적었다. 또 중요한 단어나 구절에는 밑줄을 쳐서 찾는 데 도움이 되도록 하였다.

3. 성경본문을 인용할 때는 번역의 출처를 밝히되, 역자가 사역했을 경우 구약성경은 맛소라 텍스트(MT)를, 신약성경은 헬라어 역본을 기초로 하여 번역하였다.

4. 성경에 나온 인명이나 지명 등은 이미 굳어진 언어로 표기하며, 그 밖의 글에서는 현대 언어로 표기하였다. (예: 이집트 = 인용 시에는 '애굽'으로, 일반적으로는 '이집트'로)

5. 글 안에는 유대 랍비들의 다양한 주석서와 용어들이 많음므로, 이해를 돕기 위해 가급적 위첨자나 각주로 간단하게 설명했으며, 또 영어를 비롯하여 외국어 보완이 필요하다고 본 경우마다 가독성을 고려해 위첨자, 또는 괄호로 처리하였다.

6. 때로 단어, 구절, 문장의 이해를 돕기 위하여 한자漢子나 영어English를 삽입한 경우에도 가급적 위첨자로 처리하였다.

7. 부연해 설명할 내용이 너무 길어 본문 안에 기입하기가 부적절한 경우나 본문의 출처를 밝힐 때는 각주[5]를 사용하였다.

8. 파라샤 제목에 관하여: 대개 파라샤의 제목은 해당 히브리어 성경 본문의 첫 단어이다. 첫 파라샤인 Parashat Bereshit (창

---

5) 각주: 脚註, footnote

세기 1:1 ~ 6:8)에서 Bereshit는 '태초에'라는 말이다. 독자의 이해를 돕기 위해 본서에서는 각 파라샤의 히브리어 제목에 대응하는 우리말을 개역개정 성경 텍스트를 기준으로 작은 아래 첨자로 표시하였다. 예시적으로 제1주 차 파라샤 이름은 'Parashat Bereshit 태초에'와 같이 표시된다.

목 차

창세기

출애굽기

부록

소개

Dr. Duane D. Miller

바울 사도는 로마에 사는 성도들에게 보낸 편지에서 그들을 향해 다음과 같이 말하였다.

[롬2:23~29, 개역개정]

(23) 율법을 자랑하는 네가 율법을 범함으로 하나님을 욕되게 하느냐? (24) 기록된 바와 같이 하나님의 이름이 너희 때문에 이방인 중에서 모독을 받는도다. (25) 네가 율법을 행하면 할례가 유익하나 만일 율법을 범하면 네 할례는 무할례가 되느니라. (26) 그런즉 무할례자가 율법의 규례를 지키면 그 무할례를 할례와 같이 여길 것이 아니냐? (27) 또한 본래 무할례자가 율법을 온전히 지키면 율법 조문과 할례를 가지고 율법을 범하는 너를 정죄하지 아니하겠느냐? (28) 무릇 표면적 유대인이 유대인이 아니요 표면적 육신의 할례가 할례가 아니니라. (29) 오직 이면적 유대인이 유대인이며 할례는 마음에 할지니 영에 있고 율법 조문에 있지 아니한 것이라. 그 칭찬이 사람에게서가 아니요 다만 하나님에게서니라.

바울은 이 편지에서, 로마 성도들에게 하나님 앞에서 위선적인 신앙에 빠지지 않도록 자신을 살피는 일이 무엇보다 중요하며, 하나님과 사람들 앞에서 진실한 믿음으로 살아가야 한다고 권고하고 있다. 특히 2:28~29절에서 바울은 '표면적 유대인이 유대인이 아니라, 이면적 유대인이 유대인'이라고 말하고 있다. 즉 육신의 할례와 같이 겉모습이 중요한 것이 아니라, 마음의 할례와 같은 내면적 변화가 하나님의 사람을 결정짓는 기준이 됨을 강조한 것은, 오늘 우리에게도 매우 중요한 문제라고 할 수 있다. 지금 바울은 무엇을 말하려고 한 것일까? 유대인이나 이방인이나 이면적 유대인이 되어야 한다는 것일까? 그러면 바울이 이 말씀을 통해 우리에게 말하고자 한 핵심은 무엇일까? 주님이 원하시는 것은 우리가 진정으로 주를 위해 살려는 마음과 그에 대한 믿음이 우리 내면에 있어야 한다는 것이다. 따라서 모든 그리스도인에게 있어서 무엇보다도 중요한 것은, 성령의 역사하심으로 말미암아 우리가 이 땅에서 하루하루 살아갈 때 토라 말씀 안에서 의로움과 거룩함과 정직함과 진실함의 열매를 맺으며, 이로써 하나님을 사랑하고 이웃을 자신의 몸과 같이 사랑하는 삶을 살도록 끊임없이 주께 은혜와 능력을 구하는 일이다.

바울은 자신의 편지에서 두 부류의 사람을 대조적으로 설명해 주고 있다. 할례와 같이 육신에 새긴 표식을 자신이 구원받은 증거라고 생각하는 사람(표면적 유대인)과, 이와는 반대로 자신이 여전히 죄인임을 깨닫고 하나님께 자비를 구하면 구원의 은총을 베풀어 주실 것을 믿는 사람(이면적 유대인)이 있다는 것이다. 그러나 자신의 죄를 고백하고 하나님께 자비를 구한 자만이 죄를 이길 수 있고, 그 순간 주님이 능력의 손으로 자기 삶을 이끌어 가신다고 믿고 있다. 우리 역시 삶을 돌아보면서 그동안 하나님이 우리를 위해 어떻게 일하고 역사하셨는지를 깊이 생각해 보면, 주의 사랑과 은혜를 알 수 있게 되고, 이런 깨달음이 우리 삶에 기쁨이 되었음을 고백하지 않을 수 없다.

'심핫 토라(שמחת תורה: the Joy of Torah)'[1]는 구약성경 중에 모세오경이라고 일컫는 다섯 권의 책을 통해, 모세오경에 담긴 율법과 그 가르침이 예수 그리스도와 깊이 연관되어 있음을 말해 준다. 이것을 깨닫게 되면 우리가 토라의 말씀에 따라 사는 것이 얼마나 복되고 기쁜 일인가 알게 된다.

여기서 우리는 성경을 더욱 더 깊이 있게 이해하고 우리 삶에 그 말씀을 바르게 적용할 수 있는 길을 찾기 위해, 관련된 나라들의 역사와 문화 및 언어 등, 다양한 분야를 아우르는 접근방법을 취할 것이다. 이를 위해 히브리어 맛소라 텍스트(Masoretic Text)를 기본 자료로 삼되, 아람어 탈굼(Aramaic Talgum)과 헬라어 70인역(LXX; Septuagint)을 참고자료로 삼아 연구할 것이며, 거기에 추가로 미드라쉬(Midrash), 미쉬나(Mishnah), 탈무드(Talmud)와 같은 유대의 랍비문헌들도 함께 살필 것이다. 또 다양한 접근을 위하여 신학자들로부터 권위를 인정받고 있는 저명한 유대인 랍비들(라쉬, 스포르노, 람밤 등)의 글도 이에 포함된다. 이 책이 지향하는 가장 큰 목표가 있다면, 그것은 첫째 성경 본문에 대한 이해도를 높임으로써 바른 신앙과 성숙한 성도로 나아가도록 하며, 둘

---

1) 심핫 토라(שמחת תורה)는 문자적으로는 '토라의 기쁨'(the Joy of Torah)이라는 뜻으로, 유대인들이 창세기에서 신명기까지 모세오경을 1년 주기로 읽는 토라 낭독을 의미한다. 구약성경 3대 절기 중 마지막 절기인 초막절(수콧트)을 마치고 그다음날을 '쉐미니 아체렛트'라고 하는데, 이때부터 1년 동안 토라의 정해진 한 단락씩을 읽는다. 이 단락들을 파라샤(Parasha)라고 부르며, 모세오경은 총 54개의 파라샤가 있다. 하나님이 토라를 주신 은혜를 감사하며 기쁨 가운데 새로운 마음으로 말씀을 읽기 시작하기 때문에, 이날을 '심핫토라'라고 부르는 것이다. 초막절인 수콧트(Sukkot)와 제8일 축제 쉐미니 아체렛트(Shemini Atzeret)에 대한 더 자세한 내용은 다음 글을 참고하라: 박상수, 『구약성서의 '수장절-초막절' 규례에 관한 연구』, (서울: 감리교신학대학교 석사학위논문, 2004), pp.10-78.

째는 이로써 주님과 더 친밀한 영적 관계를 맺음으로 이 땅에서 하나님의 자녀로서 빛의 삶을 살도록 돕고자 한다. 우리는 이 목표를 이루기 위해 모세에 의해 최초로 기록된 모세오경을 비롯하여 예언서와 시편을 상호보완적으로 비교하면서 살필 것이며, 더 나아가 신약성경이 증언하는 예수 그리스도의 말씀과 사도들의 증언도 병행하여 다루고자 한다. 이 글은 다음과 같은 방식으로 진행해 나갈 것이다.

"여호와께서 다스리시나니 땅은 즐거워하며 허다한 섬은 기뻐할지어다. 구름과 흑암이 그를 둘렀고 의와 공평이 그의 보좌의 기초로다. 불이 그의 앞에서 나와 사방의 대적들을 불사르시는도다."(시87:1~3). 시87편 미드라쉬는 이 구절을 해석하면서, 이 땅에 사는 하나님의 모든 백성이 기뻐하고 즐거워해야 하는 이유에 대해 '하나님이 직접 그들을 다스리시며 자기 백성을 위해 열방과 싸워서 대적을 무찔러 주셨기 때문'이라고 말하고 있다. 시인이 "구름과 흑암이 그를 둘렀고 의와 공평이 그의 보좌의 기초로다."(2~3절)라고 고백한 것처럼, 주님은 의와 공평의 보좌에서 이스라엘 백성에게 자비를 베푸시는 분이다. 미드라쉬에 따르면, 구름과 흑암은 하나님의 의^{righteousness}와 공평^{justice}을 뜻하고 있다. 이것이 주님의 보좌에 둘러있음은 하나님이 이스라엘에 행할 때마다 자비와 진리가 주님 앞에 나타남을 은유적으로 표현한 것이다. 우리가 믿고 있는 창조주 하나님은 강력한 주권으로 세상을 다스리시지만, 그러나 늘 자비와 사랑으로 의와 공평을 행하심으로써 자기 백성들을 생명길로 인도하신다.

하나님이 우리를 위해 '말씀'을 준비하여 그것을 '토라'라는 형태로 우리에게 주신 것은 정말 감사하고 기뻐해야 할 일이다. 그러므로 우리는 하나님이 주신 최고의 선물인 토라를 즐거운 마음으로 읽고 배우고 깨닫도록 힘써야 한다. 토라의 말씀을 날마다 읽고 배우고 깨닫도록 힘쓰는 삶, 즉 심핫 토라가 우리에게 가장 큰 기쁨임을 아는 자가 복된 사람(시1편)이다. 그러나 하나님이 주신 토라를 감사하며 이것을 기쁨으로 배우고 싶어 하는 마음 못지않게 중요한 일은, 토라에 대한 연구가 적절한 자료와 방법들을 통하여 이루어지도록 노력하는 일이다. 이를 위해 우리는 다양한 유대 랍비문헌을 참고할 것이다. 그러나 토라에 대한 해석학적인 방법론들을 연구한다고 할지라도, 이런 문헌들은 유대 랍비들이 해석해왔던 '하나의 방법론'에 불과하므로, 하나님 말씀인 토라를 해석하는 절대적인 기준이 되는 자료가 되지는 못한다. 여기에 하나의 예를 들어보자.

> [탈무드 바블리 타아닛 20a]
> 랍비 시므온R. Simone의 아들 엘레자르R. Eleazar는 믹달 게도르[2]에서 위대한 스승으로부터 토라 공부를 마치고 집으로 돌아가는 길이었다. 강을 건널 때에 그는 나귀를 타고 건넜다. 그는 하나님의 말씀인 토라를 배웠다는 자부심으로 인하여 마음속에 기쁨이 넘쳤다. 그의 얼굴은 어

---

2) 믹달 게도르(Migdal Gedor)는 '스승의 집'이라는 뜻으로 이는 토라를 배우는 학교를 말한다.

느 때보다 밝았고 그의 걸음은 자신감으로 충만하였다.

그런데 이 이야기에 이어진 다음 내용을 읽어 보면, 랍비 엘레자르가 자신감에 넘쳤던 까닭에 어떤 일이 일어났는지 설명하고 있다.

[탈무드 바블리 타아닛 20b]

얼굴이 험상궂게 생긴 어떤 사람이 갑자기 랍비 엘레자르 앞에 나타나 다음과 같이 말하였다. "랍비여, 당신에게 평강이 있기를 빕니다." 그러자 엘레자르는 아무런 대꾸도 하지 않고서 마음속으로 이렇게 생각했다. "저 사람 한 말이 내게 무슨 기쁨이 된단 말인가? 저렇게 험상궂게 생긴 사람이 내게 평강을 빌다니..." 그러면서 그 사람을 향해 말하였다. "당신이 사는 이 도시엔 당신처럼 못생긴 사람들만 있습니까?" 이 말을 듣고 그는 잠깐 생각하더니 입을 열었다. "글쎄요, 나도 잘 모르겠소. 차라리 나를 만드신 하나님께 가서 물어보시오. 어떻게 이런 얼굴을 만드셨는지 여쭤보시오." 랍비는 이 말을 듣자마자 자기가 얼마나 크게 실수했는지 직감했다. 그는 바로 나귀에서 내려와서 그 사람 앞에 무릎을 꿇고서 용서를 구했다. "내가 잘못했소. 나를 용서하시오." 그러자 그 사람이 말했다. "아니요, 먼저 하나님께 가서 나를 왜 이토록 험상궂게 만드셨는지 그 답을 듣고 와서 말해 주시오. 그 전엔 절대로 당신을 용서치 않을 것이오." 이 말을 들은 엘레자르는 마을에 도착할 때까지 험상궂은 자의 뒤를 말없이 따라갔다.

마을에 도착했을 때 많은 사람이 다가와 랍비를 향해 인사를 하였다. "랍비여, 선생님께 주의 평강이 있기를 빕니다." 그때 얼굴이 험상궂은 자가 말했다. "도대체 누구더러 랍비라고 하는가?" 사람들은 말했다. "당신 뒤를 따라온 저분이 랍비 아닙니까?" 그는 말했다. "이 사람이 랍비라면 이스라엘 땅에는 더 이상 랍비라 불릴 자가 없을 것이오."

사람들은 의아하게 여기며 물었다. "왜 그렇게 말합니까?" 그러자 그는 랍비와 나눴던 대화를 자세히 말해 주었다. 자초지종을 들은 마을 사람들이 그에게 청했다. "아무리 그렇더라도 저분을 용서하시오. 그래도 저분은 거룩하신 하나님의 토라를 연구한 분 아닙니까?" 자기를 향해 간청하는 사람들을 향해 그는 말했다. "알겠소. 여러분이 그렇게 말하니 내가 저 사람을 용서하겠소. 하지만 다시는 그처럼 무례한 말이나 남을 무시하는 행동을 하지 않겠다 약속해야 할 것이오." 랍비 시므온의 아들 랍비 엘레자르는 이 말을 듣자마자 미드라쉬 집(벳트 미드라쉬) 안에 들어가 다음과 같은 글을 써서 남겼다. "하나님의 사람은 모름지기 갈대와 같이 부드러워야 하고 절대 삼나무처럼 단단해서는 안 된다." 랍비 엘레자르가 얻은 그 깨달음으로 인해 그때부터 토라의 두루마리는 물론 경문이나 메주자mezuza를 기록할 때에는 반드시 갈대를 사용하라고 했다.

탈무드가 가르쳐준 교훈은 무엇인가? 토라를 배우고 연구하는 자는 절대 교만에 빠지면 안 된다는 것이다. 토라의 말씀을 배우는 자는 하나님이 우리에게 생명과 진리인 토라를 주셨다는 사실과, 이 토라를 하나님이 주신 지혜로써 날마다 자유롭게 연구할 수 있도록 특권을 주신 것에 대해 늘 감사해야 한다. 랍비들이 토라를 배우고 연구하는 일을 이토록 기쁘게 여긴 이유는 무엇이었을까? 토라의 가르침을 깨닫게 되었을 때 그들은 왜 그토록 기뻐하였을까? 그 이유는 랍비들이 유대교 전통 안에 가장 중요히 여기는 제의의식들을 만들게 된 근거들이, 그들이 토라를 배움으로 말미암아 하나님의 뜻을 깨닫고, 이를 자신들의 생활 속에 실행해 왔던 결과를 바탕으로 이스라엘 전통 속에 뿌리내리게 했던 것에서 찾을 수 있다.

위에 탈무드가 전하고 있는 랍비 엘레자르에 관한 이야기에서 보듯이, 많은 사람은 토라 계명대로 순종함으로써 자신이 하나님께 기쁨을 드렸다는 사실에 만족함을 느꼈다. 그래서 랍비들은 "오 주님, 내 영혼이 즐거워하며 기뻐하나이다. 이는 내가 주님이 주신 토라를 읽고 깨달았고, 이로써 백성들에게 미드라쉬를 가르칠 수 있게 되었나이다" 하며 기뻐했다. 그들이 얼마나 토라를 기뻐하였는지 그 기쁨의 정도를 축제 때 상황으로 설명하고 있다. 축제의 모습을 상상하여 보라. 가장 화려한 옷을 차려입고서, 서로 반가운 얼굴로 축하인사를 나누며, 또 먹고 마시고, 기름진 제물을 바치며 하나님께 소리 높여 찬양하는 아주 기쁜 날 아닌가!

그러나 유대 랍비들은 그들이 토라를 배우고 연구할 수 있는 기쁨만이 토라를 주신 궁극적인 목적은 아니라고 보았다. 그래서 잠깐 기쁨을 멈추고 하나님이 왜 토라를 주셨는지에 대해 더욱 진지하게 논의하였다. 다시 말해 토라를 읽고 연구한 것으로 인해 누리는 기쁨보다 더 큰 목적이 있을 것이라는 생각을 하게 된 것이다. 그렇다면 하나님이 토라를 주신 궁극적인 목적은 무엇일까? 그것은 하나님의 백성이 토라를 읽고 배우는 것에 그치지 않고, 토라 안에 담긴 가르침에 대해 깨우침을 받고 그 말씀대로 사는 것이다. 즉 하나님이 토라를 주신 궁극적 목적은 우리 자신의 변화에 있다는 것이다.

그래서 탈무드에 나온 엘레자르의 이야기는, 랍비가 토라의 가르침을 깨달은 후에 미드라쉬의 집에 들어가 다음과 같은 글을 남겼다는 말로 매듭짓고 있다. "하나님의 사람은 모름지기 갈대와 같이 부드러워야 하고 절대 삼나무처럼 단단해서는 안 된다." 이것을 깨달은 결과로, 유대 서기관들은 토라 두루마리는 물론 경문이나 메주자를 기록할 때도 갈대를 사용하게 되었다고 알려진다. 하나님이 토라를 주신 이유가 무엇인가? 우리는 왜 토라의 말씀을 배워야 하는가? 하나님은 '토라를 통한 나의 변화'를 원하신다. 우리 생각과 언어와 행동까지 온전히 변화함으로써 하나님의 자비에 근거한 사랑으로 하나님을 섬기고, 또한 이웃을 내 몸과 같이 사랑하는 삶으로 나아가도록 먼저 우리가 내적으로 변화되기를 기뻐하신다.

시97:11절에서 시인은 하나님이 "의인들을 위하여 빛을 뿌리신다"고 찬양한다. 미드라쉬는 이 구절에 대해 이사야의 예언과 연결하여 해석하고 있다.

> [미드라쉬, 시편 97편, Part 2]
> 이 빛은 거룩하시고 복의 근원인 하나님이 세상을 창조하실 때 만드신 가장 큰 빛이다. 하나님은 의인들을 위하여 이 빛을 숨겨두셨다. 후에 대적들을 치실 때 칼을 뽑듯이 빛을 뿌리실 것이다. 그래서 이사야는 예언할 때 "일어나라 빛을 발하라. 이는 네 빛이 이르렀다"고 외쳤다. 그렇기 때문에 시인은 거룩하신 하나님의 말씀을 선포하는 말로 시를 맺고 있다. (12절) "의인들이여 여호와로 말미암아 기뻐하며, 그의 거룩한 이름에 감사할지어다."

시97편 미드라쉬는 하나님이 세상을 창조하기 전부터 주의 백성들을 위해 무언가를 준비해 두셨다는 사실을 밝히고 있다. 하나님이 뿌리신 빛은 하나님의 의와 거룩과 공평과 진리이다. 이것은 하나님이 주의 말씀에 따라 순종하며 살라고 부름을 받은 주의 백성들을 위해서 뿌리신 것이다. 그러면 토라를 거부하거나 말씀대로 순종하기 싫어하는 자는 어떻게 하면 될까? 바울의 증언에 의하면 "하나님을 모르는 자들과 우리 주 예수의 복음에 복종하지 않는 자들에게 형벌을 내리시리니, 이런 자들은 주의 얼굴과 그의 힘의 영광을 떠나 영원한 멸망의 형벌을 받으리다"(살후1:8~9)고 확언하였다. 다시 말해서 토라 말씀을 기뻐하지 않고 이로써 주님의 복음을 지키지 않는 자들에게는 무서운 형벌과 심판만이 기다릴 뿐이다.

신약성경에서 사도들이 외친 공통된 메시지가 무엇인지를 생각해 보라. 사도들은 한결같이 주의 말씀으로 말미암아 '의와 진리의 거룩함으로 지으심을 받은 새 사람'(엡4:24)으로 변화되기를 강력하게 촉구했다. 의와 공평과 거룩함과 진리, 이는 하나님이 태초에 만드신 것으로 주의 백성은 오직 말씀 안에서 삶을 살아가야 한다. 바울이 엡2:10절에서 한 말을 기억해 보라. "우리는 그가 만드신 바라. 그리스도 예수 안에서 선한 일을 위하여 지으심을 받은 자니, 이 일은 하나님이 전에 예비하사 우리로 그 가운데서 행하게 하려 하심이니라."

사도 바울의 이런 가르침은 토라에 대한 유대 랍비의 해석에서 크게 벗어나지 않는다. 우리는 하나님의 영광을 위해 지으심을 받았다. 우리 삶에 주의 영광이 나타나는 일은 우리가 세상을 사는 방식과 깊이 관련되어 있다. 모세가 이스라엘 백성에게 "너는 마음을 다하고 뜻을 다하고 힘을 다하여 네 하나님 여호와를 사랑하라"고 선포한 다음, 이어진 말씀(신6:5~9)에서 모세가 강조한 것은, 하나님 말씀, 즉 토라의 중요성이다. 마음과 뜻과 힘을 다하여 하나님을 사랑하는 것! 이는 곧 하나님 말씀인 토라를 기뻐하며, 그 말씀대로 살며 계명 안에서 걸어가는 삶을 의미한다. 이것이 '토라의 기쁨, 곧 심핫 토라'이다.

토라의 기쁨

창세기
בראשית

제1주 차
Parashat Bereshit 태초에 (1:1~6:8)

천지창조는 불의로부터 의인을 분리하는 일로 시작되었다!

창세기의 첫 부분인 Parashat Bereshit 태초에 (1:1~6:8)는 성경의 무대가 되는 이 세상과 만물을 빚으신 하나님의 가장 의미 있는 창조 행위에 대한 감동을 담아내고 있다. 좀 더 구체적으로 말하면, 하나님이 세상을 지으실 때 가장 먼저 빛을 만들어 어둠으로부터 분리시킨 일로부터 시작되었다. 하나님이 빛을 어둠과 분리시킴으로써 창조역사의 첫 여정이 시작되었다는 것은 무엇을 의미하는 것일까? 창조 사건들에 대한 성경의 묘사는 단지 하나님이 하루의 길이를 정하기 위해서만 아니라, 빛과 어둠 사이를 분리시킨 것이 하나님의 창조목적이었음을 선언하기 위함이었다. 이는 곧 우리 삶 안에 시작된 주님의 역사도 의로운 자와 불의한 자 사이를 분리하는 일을 통해 세상을 다스리겠다는 주님의 의지를 보여주신 것이다.

창세기 1장에 나오는 창조의 서막을 보면, 주님은 빛과 어둠을 나누시고 '빛을 낮이라, 어둠을 밤이라' 부르시고 이를 보시며 좋다고 말씀하셨다. 그런데 자세히 보면, 하나님이 빛을 보시고는 좋다고 하셨지만, 어둠에 대해서는 그런 말씀이 나오지 않는다. 하나님이 빛과 어둠을 분리하시고 하신 말씀을 읽어보자.

[창1:6~8, 사역]

(6) 하나님이 말씀하시기를, "물과 물 사이에 천공天空이 있으라! 그리하여 물과 물이 갈라지게 하라!" (7) 하나님께서 천공을 만드시고, 천공 밑의 물과 위의 물로 나누셨고 그대로 되었다. (8) 하나님이 천공을 하늘이라 부르셨다. 저녁이 되었고 아침이 되었으니 이는 둘째 날이었다.

[창1:14~19, 개역개정]

(14) 하나님이 이르시되 하늘의 궁창에 광명체들이 있어 낮과 밤을 나뉘게 하고 그것들로 징조와 계절과 날과 해를 이루게 하라. (15) 또 광명체들이 하늘의 궁창에 있어 땅을 비추라 하시니 그대로 되니라. (16) 하나님이 두 큰 광명체를 만드사 큰 광명체로 낮을 주관하게 하시고 작은 광명체로 밤을 주관하게 하시며 또 별들을 만드시고, (17) 하나님이 그것들을 하늘의 궁창에 두어 땅을 비추게 하시며 (18) 낮과 밤을 주관하게 하시고 빛과 어둠을 나뉘게 하시니 하나님이 보시기에 좋았더라. (19) 저녁이 되고 아침이 되니 이는 넷째 날이니라.

창1:6~8절에서 보듯이, 하나님은 물과 물을 나누는 일을 통해 피조물을 분리하는 일을 계속하신다. 우리는 이 본문에서 아래에 있는 물이 위의 물로부터 어떻게 분리되었는지에 관해 더 자세히 살펴볼 필요가 있다. 이 물은 땅에 있는 액체와는 다르다. 액체로서의 물이라기보다는 오히려 하늘에 있는 수증기와 같다는 이미지를 준다. 성경은 '아래 있는 것'과 '위에 있는 것'을 분리한 것을 통하여, 하나님은 무엇이든지 나누고 분리시킬 수 있는 초자연적 능력을 소유하신 주님이라는 사실을 알려 주시기 위해, 창조 과정에서 이와 같은 무대를 설정해 놓은 것이다.

Prashat Ha'azinu 들을지어다 (신32장)에서, 모세는 하늘과 땅이 하나님의 능력을 보여주는 증거라고 찬양하고 있다(신32:2). "내 교훈은 비처럼 내리고 내 말은 이슬처럼 맺힌다." 이것은 무슨 뜻일까? 토라가 증언하는 핵심은, 하나님 말씀은 창조 이전에도 계셨고 세상을 창조하실 때에도 계셨다는 것이다. 하나님은 창조 때부터 말씀, 곧 토라를 하늘에서부터 이 땅으로 보내셨다. 따라서 그의 선하고 의로운 형상들은 하늘에서 온 것임을 증언하고 있다. 하나님은 하늘을 땅으로부터 나누셨고, 또 거기에서 빛을 어둠으로부터 분리했으며, 아침을 저녁으로부터 구분하셨다.

우리는 이 모든 것들이 어떻게 서로 연결되어 있는지, 그리고 창조 이야기가 이 모든 것들을 서로 간의 맥락 안에서 어떻게 이끌어가고 있는지에 대해 주목해야 한다. 그러나 우리가 이 말씀을 읽을 때 절대 간과해서는 안 될 중요한 사실 한 가지가 있다. 창1:14~19절의 증언에 따르면, 하나님이 세상을 창조하실 때 분리하는 일을 가장 먼저 행하긴 하셨지만, 빛을 창조하며 어둠을 없애지는 않았다는 사실이다. 창세기는 분명 '빛과 어둠' 이 둘 모두를 각자마다 고유한 영역에 두었으며, 낮을 둔 것처럼 밤도 없애지 않았고, '낮과 빛' 그리고 '밤과 어둠'을 위한 이들만의 특정한 영역으로서 각자의 장소와 시간을 정해 주었다고 말한다.

또 하나 중요한 것은, 하나님이 어떻게 깜깜한 어둠 속에 생명의 근원을 암시하는 별들을 만드셨는지, 그리고 그것들을 하늘의 궁창 안에 두어서 이 땅을 비추게 하셨는지에 관한 것이다. 혹시 이렇게 하신 이유가, '이와 비슷한 방식으로 오늘 우리에게도' 죄악이 넘치는 어둠의 세상 한복판에서 살아가는 우리를 하늘의 별처럼 삼겠다는 무언의 약속을 전하려 하신 것은 아닐까? 세상 속에서 진리와 공의와 정의의 별이 되어, 세상 사람들에게 빛을 발하며 살기를 원하시는 주님의 소망을 담아 놓으신 것은 아닐까?

창세기의 첫 본문인 Parashat Bereshit 태초에에 나오는 여러 이야기를 주의 깊게 살펴보라. 하나님이 세상을 창조하시고 남자와 여자를 지으신 이야기, 그런데 그들이 주님 명령을 어기고 불순종의 죄에 빠진 이야기, 그런데도 불구하고 하나님은 그들의 죄를 자비와 은혜로 용서하셨다는 이야기들을 만나게 된다. 성경의 첫 페이지를 장식하고 있는 이런 이야기들이 오늘 우리에게 중요한 까닭은 무엇일까? 하나님의 창조사역이 우리에게 주는 가장 핵심적인 메시지는, 하나님이 이 세상을 창조하실 때 가장 먼저 빛을 어둠으로부터 분리하셨다는 것이다. 그리고 이것은 우리가 하나님을 믿음으로 그로 말미암아 주의 품 안에 들어와 신앙생활을 하게 된 우리의 모습과도 그 맥락을 같이 한다. 다시 말해서 선함으로 나아가려면 악함으로부터 분리되어야 하고, 의로운 삶을 원한다면 불의한 삶에서 분리되어야 하며, 하나님께 거룩하다고 인정받으려면 속된 것에서 구별되어야 한다. 이것이 곧 하나님이 세상을 창조한 첫 번째 메시지이다.

사실 지난 몇 세기 동안, 창세기의 첫 본문인 빛과 어둠을 나누었다는 선언에 대해 수많은 교리가 탄생했고, 또 이와 관련한 신학적인 연구들이 있었다. 우리 역시도 창조 과정에 나타난 분리의 역사에 대하여 결코 소홀히 다뤄서는 안 될 것이다. Parashat Bereshit 태초에 본문을 읽으면서, 하나님이 창조의 사역을 통해 오늘 그리스도인들에게 말씀하시는 뜻이 무엇이었는지 깨닫는 것이 무엇보다도 중요하다. 하나님이 빛을 어둠으로부터 나누시고 '보기 좋다' 하신 말씀은 과연 무슨 뜻일까? 혹 이것이 의로움과 불의함을 나누는 일과 관계있는 것은 아닐까?

[창1:1~5, 개역개정]

(1) 태초에 하나님이 천지를 창조하시니라. (2) 땅이 혼돈하고 공허하며 흑암이 깊음 위에 있고 하나님의 영은 수면 위에 운행하시니라. (3) 하나님이 이르시되 빛이 있으라 하시니 빛이 있었고 (4) 빛이 하나님이 보시기에 좋았더라 하나님이 빛과 어둠을 나누사, (5) 하나님이 빛을 낮이라 부르시고 어둠을 밤이라 부르시니라 저녁이 되고 아침이 되니 이는 첫째 날이니라.

창세기가 증언하는 창조의 이야기를 다시 들여다보자. 하나님이 어둠으로부터 빛을 분리하셨고, 물이 담긴 궁창을 위와 아래로 분리하셨다. 또 어둠 속에 있던 하늘의 궁창 안에 빛의 광명체를 두시고, 그것으로 날과 달과 해와 계절을 위한 징조로 보이셨다. 만약 우리가 빛과 어둠을 의로움과 불의함을 의미하는 것으로 읽는다면, 주님은 어두운 이 세상 속에서 우리를 부르시고 자녀로 삼으셔서 세상 속에 진리를 비추라는 명령으로 받아들일 수 있다. 의롭지 못하고 불의에 가득한 어두운 세상을 향하여 주님의 공의와 사랑과 자비를 힘차게 외치면서 살아갈 것을 주문한 것이다. 우리는 천지창조에 관한 말씀을 읽으면서, 하나님이 우리를 불의한 세상에서 부르시고 주의 백성으로 삼은 이유가 무엇일까 생각해봐야 한다. 주님이 그리고 계신 우리들의 모습이 이 땅에서 주님의 백성으로 빛을 발하고, 더 많은 이들을 사랑하며, 깜깜한 세상에서 길 잃은 자들에게 손을 내밀어주는, 그런 사람 되기를 원하신 것 아니겠는가!

유대 랍비들도 창조 이야기와 관해 많은 토론이 있어 왔다. 아래 글은 토라주석서 쉘라흐 테루마 토라 오흐르(Shelah Terumah Torah Ohr)와 창세기 미드라쉬(Midrash Rabbah Bereshit)가 하나님의 창조사역에 대하여 해석한 것이다. 이 글을 통해 유대 랍비들이 하나님의 창조사역을 어떻게 바라보았는지 한 번 살펴보기로 하자.

> [쉘라흐, 테루마, 토라 오흐르 51]
> 하나님이 천지를 창조하시기 전에 이 땅에는 오직 하나님과 그의 이름만 존재했다. 하나님이 자신의 뜻에 따라 우주 안에 어떤 무엇을 존재하도록 하셨을 때, 토라는 맨 처음에 "태초에 하나님이 천지를 만드셨다"(창1:1)고 기록하였다. 그리고 또다시 "여호와 하나님이 만드셨다"(창2:4)고 강조하고 있다. 천지를 만든 하나님은, 네 글자יהוה로 된 비밀스러운 이름을 갖고 계신다. 또 하나님의 본성과 관련된 '엘로힘'이라는 이름으로도 자신이 누구신지 계시하고 있다. 하나님의 이름을 통해 이미 우주가 창조되기 전에 주님이 존재하셨다는 사실을 알 수 있다. 그분의 존재는 그분 자신의 활동을 통해서만 알게 된다. 주님은 본성상 숨어계신 분임이 분명하다. 우리 앞에 "계시하셨다"라는 말은

그전까지 "숨어계셨다"는 것을 전제하는 것 아니겠는가? 하나님 스스로 밝힌 자기 이름, 곧 야웨 또는 여호와는 과거에도 계셨고, 지금도 계시며, 앞으로도 영원히 계신다는 의미이며, 또 모든 존재하는 것들의 원인이 되신다는 뜻이다. 그뿐만 아니라 앞으로도 계속 모든 것을 존재하게 하신 분임을 말해 주고 있다. 따라서 창2:4절이 말하고자 한 것은, 하나님이 단지 과거에만 세상을 창조하신 분(앗싸)이 아니라, 지금도 계속하여 창조하고 계신 분(앗싸옷트)이라는 사실을 알려 주고자 한 것이다.

위의 글에 나타난 해석을 보면, 우주가 창조되기 전에 하나님과 그의 절대적이고 신비스러운 이름만 유일하게 존재했음을 분명하게 언급하고 있다. 창1:1절은 "태초에 하나님이 천지를 만드셨다"고 증언하고 있으며, 창2:4절에서 또다시 "여호와 하나님이 만드셨다"는 사실을 확인해 준다. 이는 만물이 창조되기 전에 하나님과 그의 이름이 있으셨음을 강조한 것이다. 하나님의 이름은 천지창조 사건을 통해 비로소 드러나게 되었다. 주님은 모든 것을 존재하게 하신 분이며, 또 계속 존재하도록 이를 가능케 할 능력이 있으신 분이다.

그런즉 하나님은 스스로 자신을 계시하시며, 지금 이 순간에도 자신이 만든 피조물을 유지하도록 계속 창조의 사역을 수행하고 계신 것이다. 즉 하나님의 창조는 이미 끝난 것이 아니라 지금도 계속되는 창조의 과정 가운데 있다. 하나님이 피조물을 유지하시는 모습과 과정을 보면, 어둠으로부터 빛을 나눈 것과 불의한 것에서 의인들을 구별하신 일과도 서로 좋은 평행을 이루고 있다. 그리고 이런 일은 오늘도 여전히 계속되고 있다.

일부 랍비들은 세상에 이렇게 많은 피조물이 존재할 수 있게 된 것은, '숨어있는 의로운 자들(짜디킴 니스타림)'과 '36명의 의로운 자들(라메드 바브 짜디킴)' 덕분이라고 보았다. 랍비들의 이런 주장과는 상관없이, 우리는 지금 이 순간에도 어둠으로부터 빛을 분리하시는 주님의 창조사역이 끝나지 않고 계속되고 있다는 사실을 알아야 한다. 만약에 주님이 창조사역을 멈추시면 세상은 곧바로 끝장나고 말 것이다. 눈에 보이는 세상 현실을 조금만 주의 깊게 관찰한다면, 하나님이 오늘도 여전히 예수 그리스도 안에서 세상을 나누는 창조의 사역을 계속 진행하고 계신 것을 깨닫게 될 것이다. 이것은 아브라함과 이삭과 야곱의 삶에서 본바 같이 '어둠에서 빛 가운데로, 불의한 세상에서 의의 길로' 불러내어서 하나님의 보배로운 백성으로 삼은 언약(신26:18, 벧전2:9)을 성취하는 일이다.

[미드라쉬 랍바 Bereishit, Parashat 2, Part 5]
랍비 아바후Abahu와 키야 라바Chiya Raba: 랍비 아바후는 말하였다. 거룩하신 주님은 세상을 창조하실 때부터 의로운 자의 행위와 악인들의 행위를 살펴보셨다. 그래서 성경은 뭐라고 말하는가? "주님은 의인의 길을 아신다"(시1:6). "그때 이 땅은 혼돈하고 공허하며 흑암이 깊었다"(창1:2). 이것은 사악한 자들의 행위를 알고 계셨다는 뜻이다. 또 "하나님이 이르시되 빛이 있으라"(창1:3)고 하신 것은 의인들의 행동을 일컫는 것이다. 그러나 하나님이 원하신 것이 이것들(These)의 행위였는지, 아니면 그것들(Those)의 행위였는지에 대해서는 잘 알 수가 없다. 왜냐하면 주님은 빛을 보시고 "좋다"(창1:4)고 말씀하셨기 때문이다. 분명한 것은 주님이 원하시는 것은 악한 행위가 아니라 의로

운 행위라는 것이다.

또 랍비 키야 라바는 말했다. 거룩하신 주님은 세상을 창조하실 때부터 거룩한 성전이 세워졌다가 파괴되겠지만, 그러나 다시 세워질 것을 알고 계셨다. "태초에 하나님이 천지를 창조하셨다"는 말은 거룩한 성전이 세워진 것을 말하며, 이것은 "하늘을 펴며 땅의 기초를 정하였다"(사51:16)는 말씀에서 확인할 수 있다. 반면에 "그때 땅은 혼돈하고 공허하며 흑암이 깊었다"는 말은 성전의 파괴를 가리키며, 이는 "보라, 내가 땅을 보니 혼돈하고 공허했다"(렘4:23)는 예언으로 성취되었다. 하나님이 "빛이 있으라"고 하신 것은 성전이 세워지고 또 훗날 다시 세워질 날이 올 것을 말씀하신 것이다. 이것은 이사야의 예언에서 확인할 수 있다. "일어나라 빛을 발하라. 이는 네 빛이 이르렀고 여호와의 영광이 네 위에 임하였음이니라. 보라 어둠이 땅을 덮을 것이며 캄캄함이 만민을 가리려니와, 오직 여호와께서 네 위에 임하실 것이라. 그의 영광이 네 위에 나타나리라"(사60:1~2).

미드라쉬 랍바(Midrash Rabbah)는 태초에 천지가 창조될 때 거룩하신 하나님이 의로운 자와 사악한 자의 행위를 다 지켜보고 계셨다고 말한다. 또 랍비 아바후는 하나님이 빛을 어둠으로부터 분리하신 것은, 사악한 자들로부터 의인들을 분명히 구별할 필요성을 갖고 계셨기 때문이라고 말한다. 여기서 랍비들이 말하고자 한 요점은, 하나님이 두 부류 사람들의 행위를 유심히 살피셨고 이들 사이를 서로 나누시기 위해 창조사역을 시작하였다고 본 것이다. 하나님은 악한 자들과 의로운 자들의 행위를 일일이 다 지켜보셨고 이 둘의 사이를 나눌 수밖에 없다고 판단하신 것이다. 의와 불의는 결코 함께할 수 없는 배타적인 관계이기 때문에 공존하는 것

자체가 어려운 일이다. 의와 불의가 함께 길을 걸으면 거기엔 평화가 있을 수 없기 때문이다.

그러므로 이들을 분리한 것은 인간들의 삶에 새로운 질서를 만드신 것으로써, 하나님이 세상을 지으실 때 가장 먼저 이 일부터 시작하신 것이다. 성경은 악한 자들의 행위를 공허하다고 말한다. 반면에 의로운 자의 행위에 대해서는 "그들에게 빛이 있다"는 말로 표현하고 있다. 오늘 우리 역시 각자 자신의 삶을 진지하게 돌아봐야 한다. 과연 하나님이 우리의 생각과 행위를 보시고 "빛이 있다"고 말씀하실까? 우리가 예수 그리스도를 믿음으로 말미암아 정말 삶이 달라졌다고 자신 있게 말할 수 있는가? 설령 변화되었다 할지라도 정말 하나님 보시기에 인정받을 만한 모습으로까지 완전히 변화되었나? 아직도 내가 나를 움직이고 있다면, 내 안에 주님이 일하고 계신 것이 아니라 여전히 자기 힘으로 살아가는 사람이라고 할 수 있다.

랍비들은 의인의 삶을 마치 성전 짓는 것과 같다고 보았다. 반면 악한 자들의 삶은 성전을 파괴한 것으로 묘사했다. 미드라쉬에는 이사야의 말(사60:1~2)을 인용한 부분이 있다. "일어나라 빛을 발하라. 이는 네 빛이 이르렀고 여호와의 영광이 네 위에 임하였음이니라. 보라, 어둠이 땅을 덮을 것이며 캄캄함이 만민을 가리려니와, 오직 여호와께서 네 위에 임하실 것이라. 그의 영광이 네 위에 나타나리라." 이사야 예언에 따르면, 하나님이 창조한 첫 번째 작품인 빛은 불의한 이 세상과는 완전히 대립하는 어둠으로부터 분리하기 위해 지어진 것이다. 이사야의 예언은, 하나님이 악한 세상으로부터 의로운 자를 구별하여 의롭게 하시고, 사악한 자들로부터 분리된 의인들을 통해 하나님이 영광 받으신 것과 연결하고 있다.

따라서 오늘 우리가 창조 이야기를 통하여 깨달아야 할 것은, 하나님이 단지 '하루'를 정하기 위해 빛을 만드신 것이 아니라, 빛을 어둠으로부터 구별하여 어둠과 분리함으로써 이 땅에서의 창조 사역을 시작했음을 만방에 알리기 원하셨다는 것이다. 이것은 마치 의인을 불의한 자들로부터 분리하여 그 둘 사이를 구별하겠다는 하나님의 뜻을 알려준 좋은 본보기가 되었다. 오늘 우리가 빛의 창조에 담긴 하나님의 뜻을 믿고 늘 마음에 품고 산다면, 우리 삶 가운데 하나님의 의가 더욱 뚜렷이 드러나게 될 것이고, 그로 말미암아 우리의 삶이 어두운 세상을 밝게 비추는 빛이 될 것이다.

Parashat Ha'azinu 들을지어다 (신32장)를 기초해 볼 때, 모세율법을 비롯하여 모든 구약의 증언들은 우리가 이해하고 파악할 수 있는 형태로 주어졌다. 토라는 모세가 시내 산에 올라갔을 때 하나님이 하늘에서부터 그에게 주신 가르침이다. 토라는 우리가 들을 수 있고 이해할 수 있고, 또 얼마든지 순종할 수 있는 명령이다. 우리는 토라를 말해야 하고 기회가 있을 때마다 전하고 가르쳐야 한다. 토라는 우리가 삶에서 적용할 수 있는 규례와 법도의 형태로 주어졌다. 우리는 토라가 지시해 주는 길로 나가기만 하면, 토라의 말씀은 우리가 입고 있는 옷과 같아서 하나님의 보호와 사랑을 받게 한다.

신32장에 의하면, 토라는 처음부터 하늘 위에 있었고 하나님과 함께 시작되었으며, 마치 내리는 빗물처럼 하늘에서 이 땅에 임하였다. 하늘에서 내린 비가 땅의 생명체에게 생명을 불어넣어 주듯, 토라 말씀은 우리가 이 땅에 살며 생명을 유지하는 데 없어서는 안 될 가장 필수적인 '영적 빗물'과 같은 것이다. 그래서 신32장은 율법의 가르침을 마치 하늘에서 내린 빗물과 같다고 비유하고 있다. 이것은 땅의 모든 인간이 오직 주의 말씀으로만 살아야 함을 뜻한다. 하나님의 말씀만이 사람의 영혼을 살리는 양식이 되기 때문이다. 우리가 이 땅에서 의롭게 살 힘과 원천은, 오직 하나님 말씀 '토라'에 있다는 것을 잊어서는 안 된다.

아삽의 시로 알려진 시78:1절은 "들으라 내 백성들아, <u>나의 가르침(토라티)</u>을! 너희는 내 입의 말에 귀를 기울이라"는 말로 시작하고 있다. 여기서 가르침이라고 옮긴 '토라티'라는 단어는 문자적으로 "나의 토라"라는 뜻이다. 토라(ﬨﬡﬧﬦ)는 원래 '리로트' 또는 '야레'에서 파생하였다. 이 단어는 무언가를 "쏘거나, 불붙이거나, 던진다"는 뜻을 가지고 있다. 예를 들면 화살을 쏴서 과녁을 맞히는 것을 생각해 보라. 과녁은 화살로 맞히는 대상물이다. 그렇기 때문에 토라는 '과녁을 맞히는 것'과 비슷한 뜻을 가지고 있다. 그렇다면 모세가 말한 토라는 우리가 맞혀야 할 과녁이요, 이는 곧 인생의 목표를 뜻하는 것이고, 또 영원한 진리를 가리키는 것이다. 우리가 어떻게 해야 진리를 거짓으로부터 구별해낼 수 있는지, 또 우리가 어떻게 진리이신 하나님께 가까이 나아가 그분과 관계를 맺고 살아갈 것인지, 이 모든 것들에 대해 교훈을 주고 있는 가르침이 곧 토라이다. 토라의 어원을 살펴보면 하나님이 우리에게 왜 토라를 주셨는지 그 목적을 분명히 알게 된다. 만물을 지으신 하나님에 대해, 그리고 창조 섭리에 관한 진리를 가르쳐주기 위해 토라를 주신 것이다. 히브리 사전을 찾아보면, 토라는 방향, 가르침, 교훈, 또는 어떤 원칙이나 교리라는 뜻으로 정의되어 있다. 이런 뜻으로 비춰볼때, 토라는 하나님이 자기 백성에게 인생의 방향이나 목표, 또는 삶의 진리를 가르치기 위해 주신 것이다. 이 점을 고려할 때, 우리말 성경에 토라를 율법이라고 옮긴 것은 그 뜻을 온전히 담아내지 못한 번역이라고 할 수 있다.

그렇다면 아람어 탈굼은 토라를 어떻게 번역했을까? 특히 시 78:1절에 대한 탈굼 번역을 보자. 탈굼은 히브리어 성경에 '아삽의 마스길'이라 정한 표제어를 '아삽이 지은 성령의 가르침'이라고 옮겨 놓았다. 탈굼은 이어서 "내 백성들아 나의 토라를 들으라. 내 입의 말에 귀를 기울이라"고 말하고 있다. 이처럼 탈굼 번역자는 아삽의 가르침을 그가 성령으로부터 받은 영감에 의해 기록했다고 보았으며, 이는 아삽이 하나님께 직접 받은 교훈이자 가르침이라고 본 것이다. 즉 탈굼은 토라를 하나님의 교훈이자 가르침이라는 뜻으로 풀이한 히브리어 사전 그대로 따라 번역에 반영한 것이다.

또 히브리어 성경의 역본인 70인역은 일반적으로 토라를 '법'이란 뜻을 가진 헬라어 노모스(νόμος) 또는 노모(νόμο)라고 번역하였다. 그러나 신약성경에서 토라를 노모스라고만 번역한 것은 아니다. 신약성경에서는 토라를 매우 다양한 뜻으로 사용하고 있다. 물론 '법'이라는 뜻으로 옮긴 경우가 대부분이지만, 다른 의미로 옮긴 경우도 적지 않다. 이를테면 잠1:8절에, "내 아들아 네 아비의 훈계

(무사르)를 들으며 네 어미의 법(토라)을 떠나지 말라"고 되어 있다. 우리말 성경은 토라를 '법^{law}'이라고 옮겨 놓았지만, 다수의 영어성경은 율법^{law}이 아닌 가르침^{teaching}으로 번역하여, 토라를 가르침으로 이해하였다.[1] 이와 비슷한 예가 사도들의 서신에도 나온다. 앞서 말했듯이 대다수 경우에는 토라를 법이라는 뜻의 노모스로 옮기고 있지만, 일부 본문은 가르침이라는 뜻으로 읽어야 더 어울리고 타당하다는 것을 알 수 있다.

또 다른 관점에서 토라는 히브리어 모레(Moreh)와 호레(Horeh)와도 연관되어 있다. 사실은 두 단어 모두 같은 뿌리에서 파생한 단어이다. 여기서 모레란 학생을 가르치는 스승을 일컫고, 호레란 자식을 가르치고 훈계하는 부모를 가리킨다. 이 단어들이 토라와 같은 뿌리에서 나왔다는 것은, 곧 토라가 법이라는 뜻만 가진 것이 아니라 이보다 훨씬 더 다양한 의미로 사용되고 있음을 말해 준다. 실제로 유대교에서는 토라라는 말을 매우 광범위하게 사용된다. 예를 들어 유대교에서는 토라를 종종 탈무드를 가리키는 말로 여기기도 한다. 또 어떤 경우는 유대교 구전이나 미쉬나를 그냥 '토라'

---

[1] 예를 들어 NIV: "Listen, my son, to your father's instruction and do not forsake your mother's teaching." NASB: "Hear, my son, your father's instruction And do not forsake your mother's teaching;" 그 외에도; AMP(Amplified Bible), CSB(Christian Standard Bible), CEB(Common English Bible), CJB(Complete Jewish Bible), CEV(Contemporary English Version), DARBY(Darby Translation), EHV(Evangelical Heritage Version), ESV(English Standard Version), GW(GOD'S WORD Translation), ISV(International Standard Version), LEB(Lexham English Bible), NLV(New Life Version), NR SV (New Revised Standard Version) etc.

라고 칭하는 때도 흔히 나타난다.

유대의 지혜자(Sage)들의 가르침에 따르면, 본래 모세가 시내 산에서 하나님께 받은 것은 입에서 입으로 전달된 구전이었고, 모세가 산에서 내려와서 이것을 글말로 기록하여 지금의 토라로서 성경을 완성했다고 한다. 그러다가 후대에 예루살렘 제2 성전이 파괴됨으로 인해 비로소 글로 기록되었다고 보고 있다. 이때 기록된 토라가 예후다 하낫시^{Yehudah HaNasi}에 의해 하나님의 율법서로 인정될 때까지, 계속하여 입에서 입으로 전해졌다고 주장한다. 이렇게 입을 통해 전해 내려온 구전의 토라를 미쉬나라고 부른다.

미쉬나는 대략 200년경에 완성되었다. 미쉬나가 기록된 후, 지혜자들은 미쉬나와 맛소라 텍스트 안에 있는 율법을 해설한 주석서를 편찬하였는데, 이것을 게마라(Gemara)라고 한다. 그리고 그 후에 게마라와 미쉬나를 결합하여서 또 다른 주석서가 나왔는데, 이것이 바로 탈무드이다. 탈무드는 두 가지 종류가 있다. 이스라엘에서 편찬된 예루살렘 탈무드와 바벨론에서 편찬된 바벨론 탈무드이다. 예루살렘 탈무드는 주후 400년경에 완성되었고, 바벨론 탈무드는 그보다 백 년 가량 후인 500년경 완성된 것으로 알려져 있다. 오늘날 유대교의 정통파 유대인들은 이 두 탈무드 중 바벨론 탈무드에 더 큰 권위를 두고 있다.

주석서 안에 담긴 지혜자들의 견해와 미쉬나와 그리고 유대교에서 수백 년간 사용하던 탈무드를 서로 비교해서 읽어보면, 그중에서 탈무드가 구전으로 전해져온 토라에 가장 가깝다는 것을 알 수 있다. 아마도 하나님이 시내 산에서 모세에게 주신 구전의 율법과 거의 비슷하다 여겼기 때문에, 유대교는 탈무드에 가장 큰 권위를 부여하는 듯하다. 오늘날 우리가 토라는 물론 성경 말씀 전체를 연구할 때, 무엇보다 미쉬나와 탈무드를 참고하는 것이 중요하다. 유대 랍비들이 토라를 어떻게 해석했는지 잘 살피고 배우는 일은, 성경 안에 많은 본문들을 이해하고 해석하는데 큰 도움을 받을 수 있다는 점에서 매우 유익하다. 이를 통해 신약성경 말씀을 토라와 연결하여 그 뜻과 영적인 메시지를 더 정확하게 파악할 수 있고, 이로써 성경 말씀을 오늘 우리의 실제적인 삶 가운데 어떻게 적용할지에 대해 영적인 깨달음까지 얻을 수 있다.

그러나 우리가 미쉬나와 탈무드, 그리고 여러 랍비들의 해석을 읽을 때 잊어서는 안 될 것이 있다. 이 글들은 하나님의 말씀인 성경에 기초하여 얻은 하나의 해석에 불과하다. 따라서 이 글을 읽을 때는 이들이 연구한 해석학적 깊이와 그 권위만큼은 인정하더라도, 이런 해석들 안에 자연적으로 녹아져 있는 이들의 해석학적인 성향을 잘 파악하여, 그것에 따라 더 폭넓은 영적 토론을 할 수 있도록 우리의 마음을 활짝 열어놓을 필요가 있다. 하나님이 주신 성경 말씀만이 진리이고, 또 말씀은 우리 삶에 가장 큰 영향을 끼치는 산 생명이다. 따라서 오늘 '우리의 토라'는 신약성경은 물론이고, 유대인의 정경 타낙(Tanach) 즉 구약성경까지 전체를 포함한다.

사도 바울은 자신의 편지 고전4:6절에서 다음과 같이 말했다. "형제들아, 내가 너희를 위하여 이 일에 나와 아볼로를 들어서 본을 보였으니, 이는 너희로 하여금 기록된 말씀 밖으로 넘어가지 말라

한 것을 우리에게서 배워, 서로 대적하여 교만한 마음을 가지지 말게 하려 함이라." 이 권면을 통해 사도 바울이 강조하려고 한 것은 무엇일까? 누구든지 기록된 하나님의 말씀, 즉 성경을 넘어가서는 안 된다는 것이다. 미쉬나는 이후 수백 년간 기록되지 않았을 뿐만 아니라, 사도 바울도 자기 편지에서 미쉬나에 관해 어떤 언급도 하지 않은 것을 주목할 필요가 있다. 이것이 바로 우리가 토라를 성경 전체라고 이해하는 이유이다.

주님도 요10:25~35절에서 이 점을 누누이 강조하셨다. 여기서 주님은 자신을 대적하는 자들에게 "너희는 신들이며 다 지존자의 아들들이라 하였다"라고 한 시82:6절 말씀을 인용하시며, "너희의 율법, 즉 토라에 기록 된 바 내가 너희를 신이라 하였다"(요10:34)고 말씀하셨다. 곧 이 말씀은 "너희의 토라 안에 쓰여 있지 않느냐"라는 뜻이다. 다시 말해 모든 것은 구약의 토라를 근거로 해석해야 함을 강조하신 것이다. 바로 이것이 토라에 대한 주님 생각이었다. 여기서 주님이 시편을 토라라고 일컬은 것은, 토라가 단지 모세오경만이 아니라 성경 전체를 다 토라라고 생각하고 계셨음을 보여 준다.

주님의 생각처럼, 토라가 오경만이 아니라 성경 전체를 가리킨다는 점을 고려할 때, 비록 이 단어가 모세오경에서 처음 등장하기는 하지만, 오늘 우리가 성경의 모든 말씀을 토라라고 불러도 무방하리라고 여겨진다. 그렇다면 우리가 앞에서 말한 것처럼, 토라를 율법만 아니라 가르침 또는 교훈이라는 의미로 해석하면, 주님이 성경을 가리켜 토라라고 말씀하신 것과, 또한 사도들이 토라를 듣고 배울 것을 권고한 것은, 우리 모두가 토라 말씀을 잘 배우고 가르침을 받아 하나님의 백성으로 양육되어야 함을 강조한 말씀으로 이해할 수 있다. 주의 백성이 생각하고 살아가는 방식은 철저히 하나님이 주신 말씀과 명령에 복종하는 것이다. 이것은 과거에도 그랬었고 지금도 마찬가지이다. 주님이 사랑하는 자녀에게 성령을 주신 이유도 바로 이 때문이다. 성령은 우리로 하여금 죄를 이기게 하고, 영적인 능력으로 삶을 살아갈 수 있도록 돕는다. 죄를 이긴다는 말은 토라에 순종하는 삶과 같은 뜻이다. 죄는 불순종의 결과가 아니겠는가?

시78:8절의 맛소라 본문은 이렇게 말한다. "그들의 조상들, 곧 완고하고 패역하여 그들의 마음이 정직하지 못하며, 그들의 심령이 하나님께 충성하지 아니하는 세대와 같이 되지 아니하게 하려 하심이다." 이 시는 아삽의 시로 되어 있다. "그 세대는 마음이 정직하지 못하였고, 그 심령이 하나님께 충성하지 아니하였다." 이 본문을 원문대로 직역해 보면, "백성들의 세대는 확립되지도 못했고, 견고하지도 않았고, 그들의 마음은 준비되지 않았고, 또 하나님의 영을 믿지도 않았다"라는 의미이다. 이 말이 무슨 뜻인가? 그들은 얼마든지 준비할 수 있는 기회가 있었는데도 불구하고, 그 세대가 하나님을 거역했기 때문에 아무런 준비도 하지 않았고, 이로 인하여 결국 그들은 실패하고 말았다는 뜻이다.

이 시의 저자 아삽은, 마음에 준비하지 않은 사람과 하나님을 거역한 사람을 동일시하고 있다. 우리가 앞에서 살펴본 바처럼, 하나님의 창조사역은 불의로부터 의를 분리하는 과정이었다. 다시 말해 어두운 데서 불러내어 기이한 빛으로 들어가게 하신 것(벧전 2:9)이다. 주님은 우리에게 끊임없이 말씀하신다. "내가 너희에게 놀라운 일을 행할 것이다." 우리는 지금도 창조 과정 중에 계신 하나님이 우리 삶 속에서 창조사역을 계속 행하실 수 있도록 믿음으로 준비를 해야 한다. 우리가 무엇보다 토라 말씀에 귀를 기울여야 하는 이유가 바로 여기에 있다. 신앙이 무엇인가? 어떤 삶이 참된 믿음의 모습인가? 하나님을 믿는다는 것은 그분의 말씀을 붙잡는 것이다! 토라 말씀을 깨닫고 우리 삶 안에 그 말씀이 이루어지도록 믿음으로 간구해야 한다. 이렇게 함으로써 우리는 불의의 세계로부터 의로운 세계로 구별되어 하나님의 거룩한 백성이 된다.

우리가 창세기의 첫 서언인 하나님의 창조사역에 관해 공부해야 하는 가장 큰 목적은, 이 말씀을 통해 우리 마음이 주님 앞에서 완전히 새로워져서 순종의 삶을 시작하는 전환점을 삼기 위함이며, 이로써 삶의 모든 순간순간마다 하나님의 토라에 영적으로 민감해질 수 있도록 준비하는 일이다. 하나님 백성은 마땅히 토라의 깊은 세계로 들어가야 한다. 토라를 묵상하고 배우는 일에 최선을 다함으로, 하나님의 은혜를 잊지 않고 기억하며 하나님께 대한 우리의 믿음이 흔들리지 않도록 해야 한다. 하나님의 사랑과 축복을 약속하고 있는 토라의 언약에 늘 감사하면서, 토라의 가르침을 우리 삶에 적용하도록 하는 일에 힘써야 할 것이다. 토라를 붙잡으면 삶이 바뀐다. 이 모든 것이 하나님의 은혜와 자비임을 알고 감사하는 삶이 토라의 진정한 목적이다.

제2주 차
Parashat Noach 노아 (6:9~11:32)

당신은 까마귀입니까? 아니면 비둘기입니까?

Parashat Noach 노아 (창6:8~11:32)는 하나님이 창조하신 세계가 사람들에 의해 얼마나 악한 모습으로 변하였는지를 잘 보여주고 있다. 이로 인해 하나님은 노아를 택하여, 장차 다가올 홍수 심판에서 구원받을 수 있도록, 그의 가족과 이 땅의 짐승들이 각 종류대로 다 탈 수 있는 방주를 만들라 명령하셨다. 하나님은 땅 위에 사람 지으신 것을 한탄하며 그 마음에 근심하셨다(창6:6)고 말한다. 탈굼 옹켈로스는 이 구절을 다음과 같이 옮겼다. "그가 사람을 지은 것이 하나님 말씀(메므라)에 슬픔이 되었다." 주님은 이 땅에 숨 쉬며 살아가는 모든 생명체를 멸하시려고 큰 홍수를 일으키셨다. 하나님이 홍수로 세상을 심판하려고 마음을 정한 것은 사람들의 마음속에 항상 악한 것만 생각하며 살았기 때문이었다.

노아는 방주를 짓고 자기 가족들로부터 시작하여, 정결한 짐승 일곱 쌍과 부정한 짐승 한 쌍씩 방주 안으로 들어가게 했다. 홍수 심판 후에 하나님은 "내가 너희와 언약을 다시 세우겠다"(창9:11)고 말씀하심으로, 다시는 이 땅을 물로 심판하지 않겠다고 선언하셨다. 우리는 여기에서 유대인 랍비 스포르노의 설명에 귀를 기울여 볼 필요가 있다. 그는 홍수 사건과 관련하여, 방주를 짓도록 명령받은 노아의 직무에 대하여 의미 있는 해석을 내놓은 바 있다.

[창6:17절에 대한 스포르노의 해석]
'내가 홍수를 땅에 일으켜(ואני הנני מביא את המבול)': 하나님은 노아에게 "너의 직무는 방주를 짓는 일이다"고 말씀하셨다. 하나님은 결국 그가 방주를 다 짓게 될 것이고, 방주가 완성되면 즉시 큰 홍수를 일으켜 이 땅을 완전히 물로 덮어 버리겠다고 마음먹었다. 여기서 홍수를 뜻하는 마불(מבול)이라는 단어는 마플라(מפלה)의 다른 형태로, 이는 신14:21절에 '스스로 죽은 모든 것(כל נבלה)'이라고 쓰인 것처럼 '무언가를 잃어버렸거나 죽어버린 것'을 뜻한다. 곧 생명을 잃어버리고 완전히 파멸당한 것을 의미한다.

위에서 스포르노는 17절에 홍수를 뜻하는 '마불'이라는 단어에 주목하고 있다. '마블'은 '마플라'의 변형된 형태로, 이는 '무엇으로부터 구별해서 따로 떼어놓은 것' 즉 어떤 것으로부터 분리한 것을 의미한다. 이와 비슷한 형태가 신14:21절에도 나온다. 예컨대 "스스로 죽은 모든 것은 먹지 말아야 한다." 죽음이란 생명으로부터 분리된 것이기 때문이다. 그러므로 이 단어의 뜻을 생각해 볼 때, 이미 우리가 앞의 Parashat Bereshit 태초에 (1:1~6:8)에서 살펴본 것처럼, "의인을 불의한 자들로부터 분리하는 일로 시작되었다"는 창조사역의 주제와도 일맥상통하고 있다.

이처럼 오늘 본문 Parashat Noach 노아 역시, 하나님이 땅에 사는 모든 악한 세력으로부터 의인을 분리하는 일로 시작하고 있다.

하나님은 의인들을 불의한 자들로부터 구별하시고 그 둘 사이를 분리하신다. 의인들은 하나님 명령에 무조건 순종한 자들을 가리킨 반면에, 불의한 자는 말씀을 따르지 않는 자들이다. 말씀에 순종한 의인은 홍수와 같은 위험에서도 구원받게 되지만, 불순종한 자들은 이미 의인과 분리되었기 때문에 결국은 죽음을 맞게 된다.

이처럼 스포르노는 오늘 본문을 토라의 다른 구절과 비교하여 풀어줌으로써, 이 땅에 임했던 홍수 심판에 대해 새로운 통찰력을 제공해 주었다. 중요한 것은 오늘 우리가 스포르노의 해석을 통해, 그가 하나님의 홍수 심판과 스스로 죽은 시체와의 관계를 어떻게 연결 짓고 있는지 살펴보는 것이다. 그뿐만 아니라 홍수 심판으로 인해 모든 사람이 생명을 잃고 죽음에 이른 것을 생각할 때, 하나님이 우리를 죽음에 이르지 않게 하려고 불의한 세상으로부터 구별하여 새 생명을 주신 것이 얼마나 크고 위대한 은혜인지를 깨닫게 된다. 따라서 우리는 오늘 본문을 통해 '생명과 죽음' 그리고 '의와 불의' 이 둘 사이가 어떤 방식으로 이어져 있는지를 살피는 일이 무엇보다 중요하다.

오늘 본문을 더 자세히 읽어 보자. 노아가 방주에 들어가자마자 온 땅에 비가 쏟아졌고, 하나님이 정한 시간이 흐른 뒤에야 비가 그치고 비로소 땅을 덮고 있던 물이 줄어들게 되었다. 드디어 방주가 아라랏 산에 머물렀고, 즉시 노아는 방주의 창을 열고 먼저 까마귀를 날려 보냈고 이어서 비둘기를 날려 보냈다. 노아가 까마귀와 비둘기를 방주 밖으로 날려 보냈다는 것은 무엇을 의미할까?

창8:1절은 다음과 같이 말한다. "하나님이 노아와 그와 함께 배

안에 있는 모든 짐승들과 가축들을 기억하셨다. 그래서 땅에 바람이 불게 하셨더니 물이 점점 줄어들기 시작하였다." 이 구절에서 첫 단어는 '봐이쩨코르(ויזכר)'이다. 이는 '기억하다, 다시 부르다'라는 뜻을 가지고 있다. 그러므로 맛소라 텍스트는 하나님이 이 땅에서 일어나는 모든 일을 기억하셨고, 또 방주 속에 있던 노아 가족과 함께 탄 짐승이나 가축들까지 다 기억하셨다는 사실을 강조하고 있다.

그런데 우리는 여기서 한 가지 문제에 직면하게 된다. 하나님이 '기억하셨다'는 것은 무엇을 말하는가? 그러면 그동안은 잊으셨다는 말인가? 하나님은 절대 잊지 않는 분 아니신가? 중세시대에 유대 랍비이자 철학자이고 문법학자인 라닥R adak은, 하나님이 노아를 다시 기억하셨다는 말을 다음과 같이 해석한다. 먼저 창세기 본문을 읽고 이를 라닥의 해석과 비교해 보자.

[창8:1~9, 개역개정]
(1) 하나님이 노아와 그와 함께 방주에 있는 모든 들짐승과 가축을 기억하사 하나님이 바람을 땅 위에 불게 하시매 물이 줄어들었고, (2) 깊음의 샘과 하늘의 창문이 닫히고 하늘에서 비가 그치매 (3) 물이 땅에서 물러가고 점점 물러가서 백오십 일 후에 줄어들고, (4) 일곱째 달 곧 그 달 열이렛날에 방주가 아라랏 산에 머물렀으며 (5) 물이 점점 줄어들어 열째 달 곧 그 달 초하룻날에 산들의 봉우리가 보였더라. (6) 사십 일을 지나서 노아가 그 방주에 낸 창문을 열고 (7) 까마귀를 내놓으매 까마귀가 물이 땅에서 마르기까지 날아 왕래하였더라. (8) 그가 또 비둘기를 내놓아 지면에서 물이 줄어들었는지를 알고자 하매 (9) 온 지면에 물이 있으므로 비둘기가 발붙일 곳을 찾지 못하고 방

주로 돌아와 그에게로 오는지라 그가 손을 내밀어 방주 안 자기에게로 받아들이고…

[창8:1절에 대한 라닥의 논평]

사실 우리는 하나님에 관해 말할 때 '기억하셨다'는 말은 사용할 수 없다. 어떤 것이든 하나님은 절대 잊어버리지 않는 분이기 때문이다. 아무것도 잊지 않는데 어떻게 다시 기억할 수 있겠나? 그런데도 "하나님이 기억하사"라는 말을 사용한 것은, 이 말을 듣는 사람들이 본문을 읽을 때 상상력을 가지고 이해하도록 하려는 일종의 말하기 기법이다. 이런 기법을 사용한 이유는 비록 하나님이 눈에 보이지는 않지만 어떤 마음으로 노아의 가족들과 짐승들을 생각하고 계셨는지 짐작할 수 있게 하려는 목적에서이다.

이런 예는 성경에서 아주 많이 발견된다. 성경에는 하나님이 어떤 상황에서든지 더 이상 활동할 필요가 없는 종료 순간까지 이런 표현이 자주 나타난다. 예를 들면 실수로 사람을 죽인 자가 도피성에 피하여 살다가, 정해진 때가 되면 다시 예전처럼 생활을 할 수 있도록 규정하고 있는데, 그 이유는 "하나님이 단지 정해진 기간에만 그 죄를 기억하고 그 기간이 끝나면 다시 기억하지 않겠다"고 약속하셨기 때문이다. 즉 이 말은 정한 기간에만 기억하겠다는 뜻이다. 이와 비슷한 예는 성경에 많이 나온다.

여기에 이 본문도 마찬가지로 이해해야 한다. 하나님이 정하셨던 시일이 흐른 후에 방주 속에서 꼼짝 못 하고 지내야 했던 사람들과 짐승들이 그동안 겪어야 했던 고통과 불편을 기억하시고, 하나님이 방주 안에 있는 모든 생명체에 대해 얼마나 많은 관심을 두고 계셨는지 표현하기 위해 '기억하사'라는 말을 사용한 것이다.

우리가 보통 '기억했다'라고 말하는 것은, 뭔가를 잊었다가 다시 떠올렸다는 뜻을 나타낸 것이다. 즉 기억했다는 말은 그동안 잊어버렸다는 것을 전제한 것이다. 그러나 하나님이 아무것도 잊지 않는 분이시다. 그러므로 여기 "하나님이 기억하셨다"는 말은 실제로 그동안 잊었다가 다시 생각이 떠올랐다는 뜻이 아니다. 라닥의 말처럼, 그보다는 오히려 하나님이 노아와 그 가족은 물론 방주 안에 있던 모든 짐승에 대해 꾸준히 지대한 관심을 두고 계셨다는 것을 이렇게 표현해 놓은 것이다.

본문을 잘 들여다보면, 하나님이 물을 감하게 하시고 방주를 아라랏 산 위에 머물게 하였다고 말한다. 그때 노아는 땅으로 안전하게 나갈 수 있는지 땅의 상태를 자세히 알아보기 위해 두 종류의 새를 방주 밖으로 날려 보냈다. 그는 먼저 까마귀를 날려 보냈다. 노아는 왜 까마귀를 먼저 선택하였을까? 아마 노아는 죽은 사체를 먹는 까마귀를 내보내어 혹시라도 땅에 아직도 죽은 짐승들의 잔해가 남아있는지 확인하려고 했을 것이다. 만약에 까마귀들이 짐승의 살이나 뼈를 물고 왔다면, 물이 줄어들어 땅이 드러났기 때문에 까마귀가 짐승의 사체를 발견했다고 생각할 수 있지 않겠는가! 그런데 까마귀는 아무것도 물고 오지 않았다. 그래서 노아는 아직 땅의 상태가 어떤지에 대해 전혀 알 길이 없었다.

그런데 미드라쉬[1]는 이와 관련하여 재미있는 해석을 내놓았다. 노아가 까마귀를 선택한 것은 까마귀의 색깔인 검은색과 관계가 있다는 것이다. 노아는 검은빛을 띠고 있는 까마귀를 통하여 한 가

---

1) 미드라쉬 랍바 베레이쉬트 파라샷2 33

지 실험을 했다. 까마귀의 검은 색깔은 "그가 어둠을 보내어 어둡게 하였다"고 노래한 시105:28절을 생각나게 한다. 곧 누군가가 어둠에 희망을 걸고 있다면, 그는 오히려 그 대가로 어둠을 되돌려 받게 될 것이라는 뜻이다. 이는 결코 목표를 이루지 못할 것이라는 메시지를 담고 있다. 그렇다면 노아가 까마귀를 먼저 날려 보낸 것은 무슨 메시지를 주고 있는 것일까? 검은색 까마귀를 날려 보냈으나 아무것도 가져오지 않았다. 이것은 어둠과 죄가 더 짙은 어둠과 죄를 몰고 올 뿐이라는 것을 가르치고자 한 것이다. 노아가 날려 보낸 것은 까마귀가 아닌 어둠과 죄였고, 그것은 결국 땅의 상태를 전혀 알 수 없는 어둠과 죄라는 결과만을 안겨 주었다.

우리가 앞 본문 Parashat Bereshit 태초에를 다시 생각해 보자. 미드라쉬의 해석과 마찬가지로, Parashat Bereshit 태초에 역시 악한 자들의 행위를 흑암과 공허함으로 표현한다. 이와는 반대로 의로운 자의 행위는 빛과 충만함으로 묘사한다. 까마귀의 검은색은 불의를 의미하며, 불의한 자는 아무것도 없는 빈손으로 돌아올 뿐이다. 죄와 흑암은 사람들에게 아무런 도움을 주지 못하며 거기엔 공허함 밖에 없다.

노아는 까마귀가 아무것도 없이 빈손으로 돌아온 것을 보고 7일을 기다린 후에 이번에는 비둘기를 날려 보냈다. 비둘기는 항해하는 능력이 있는 새이다. 노아는 비둘기를 내보내면서 무언가 희망적인 소식을 갖고 올 거라고 확신하며 기다렸다. 노아가 까마귀와 비둘기 두 종류의 새를 날려 보낸 이유가, 불의와 의에 대한 생각 때문이었는지는 알 수가 없지만, 그러나 분명한 것은 까마귀가 검은색이고 비둘기는 흰색이라는 점은 노아도 고려했을 것이다. 또 이들을 7일 간격으로 내보낸 것은 하나님의 창조사역이라는 관점에서 보더라도, '의인을 불의한 자들로부터 분리하여 거룩하고 정결한 자로 삼으신' 주의 은혜와도 맞닿아 있다. 비둘기를 날려 보낼 때 노아는 비둘기가 의의 상징인 새라고 인식했기 때문에, 설령 땅 위에 둥지를 틀만 한 장소가 있더라도 비둘기가 반드시 방주로 돌아올 것을 확신하고 있었다.

창8:11절은 다음과 같이 말한다. "저녁때에 비둘기가 연한 감람나무 잎사귀 하나를 입에 물고 돌아왔다. 그래서 노아는 그제야 땅에 물이 줄어들었음을 알게 되었다." 까마귀와 비둘기는 각각 불의한 자와 의로운 자를 상징한다. 오늘 본문은 물이 마르지 않았을 때 방주로 돌아온 비둘기처럼, 까마귀가 방주로 다시 돌아왔다는 말이 없다. 우리가 만약 까마귀와 비둘기를 불의한 자와 의로운 자를 대변하는 상징적 의미로 이 본문을 읽는다면, 노아 방주는 홍수와 환난 중에 의인이 피할 구원의 피난처요, 정결함과 거룩함이 있는 생명의 방주라고 해석할 수 있다.

그러나 불의한 자는 까마귀가 그랬던 것처럼 다시 방주로 돌아가지 않는다. 불의한 자는 구원을 받아 새로운 세상에서 사는 삶에 대해 별로 관심이 없다. 또 정결함이나 거룩함 같은 일에도 전혀 마음을 쓰지 않는다. 그러나 의인은 그렇지 않다. 비둘기는 다시 돌아올 때 부리에 연한 새 감람나무 잎사귀를 물고 왔다는 것은 무엇을 의미할까? 이것은 의로움과 신실함을 말해 준다. 비둘기가 방주로 다시 돌아온 것은, 마치 '신실한 믿음으로 거룩한 곳을 찾은 하나님의 의로운 백성'이라는 이미지를 보여준 것이다. 따라서 오늘 우리가 이 이야기를 통해 깨달아야 할 것이 있다면, 하나님은 이 땅의 사람들이 죄를 깨닫고 다시 하나님의 품으로 돌아와 토라 말씀을 믿고, 토라가 명한 대로 신실하게 행하며 사는 자를 하나님이 의인으로 인정(비둘기처럼)해 주신다는 것이다. 오직 그런 의인들이 거룩하신 하나님의 계약 백성으로 살아갈 수 있다.

아람어 탈굼은 시78:37절을 다음과 같이 옮기고 있다. "이는 그들의 마음이 하나님께 신실하지 않았고, 또 그들은 주의 언약을 믿지도 않았기 때문이다. 많은 그리스도인은 하나님께 신실한 것과 토라 말씀을 믿는 것은 서로 다른 문제라고 생각한다. '하나님께 신실한 것'과 '토라의 언약을 믿는 것'이 서로 다르다고 보는 것이다. 그러나 하나님께 신실함과 토라의 말씀을 믿는 것 모두, 언약을 체결한 두 쌍방이 그 어떤 상황에서도 자기들이 합의했던 계약의 내용대로 철저히 이행하는 것을 의미한다는 점에서, 이 둘은 하나라고 볼 수 있다. 성경은 하나님이 신실한 분이며, 또 구체적으로 하나님이 얼마나 신실하게 자신의 약속을 지키시는지를 우리에게 끊임없이 보여 주신다.

히브리서 저자는 "하나님은 거짓말을 하지 않으시고 그가 이루겠다고 하신 약속은 어기지 않는다"(히6:18)고 증언한다. 실제로 주님은 자신이 약속한 것을 반드시 이루신다. 성경은 주님이 얼마나 신실하신지에 대한 증거를 담고 있는 책이다. 많은 사람이 예수 그리스도를 통해 변화되고 새롭게 되었다. 오직 변화를 체험한 사람만이 하나님의 말씀이 진리임을 온전히 깨닫게 된다.

구약성경과 신약성경을 통틀어, 하나님과 그의 백성들 사이에 맺은 언약에 대한 언급이 대략 277회 정도 나온다. 신7:9절을 보면 "그러므로 너희는 주 너희 하나님이 참 하나님이시며 신실하신 하나님이심을 알아야 한다. 주를 사랑하고 그의 계명을 지키는 사람에게는 천 대에 이르기까지 그의 언약을 지키시며, 또 한결같은 사랑을 베푸시는 신실한 하나님이심을 알아야 한다"고 선언한다. 그러나 시78편의 저자 아삽은, 이스라엘 백성들이 하나님께 신실하지도 않았고 언약의 말씀을 믿지도 않았고 행하지도 않았다고 책망한다. 그는 누가 하나님께 신실한 사람인지 묻고 있다.

하나님께 신실한 사람은 주님을 사랑하고 충성스럽게 섬기며, 토라의 명령대로 믿고 순종한다. 신실함^{faithfulness}이란 주님을 사랑한다는 이유 하나만으로 그의 계명을 철저히 지키며 사는 것을 말한다. 하지만 주님을 사랑하지 않는 사람은 토라 명령을 지키고 순종하는 일에 아무런 관심이 없다. 그런데 안타깝게도 많은 사람이 입으로는 주를 사랑한다고 하면서도, 실제의 삶에서는 토라의 명령에 귀를 기울이지 않으며 살아간다. 이들은 입으로는 하나님의 은혜를 말하면서도 실제로는 은혜를 거부한 자들이다. 성경은 이것을 '값싼 은혜'라고 부른다. 우리는 주님께 대한 우리의 섬김이 결코 값싼 은혜가 되어 헛된 섬김이 않도록 해야 한다. 왜 사람들은 값싼 은혜를 추구하는 것일까? 그것은 아직도 하나님의 신실한 백성이라는 명백한 증거를 가지지 못했기 때문이다.

아삽은 불의한 이스라엘이 주님을 거역했을 뿐만 아니라 토라의 증거를 지키지 않음으로 말미암아 주께서 분노하셨다고 말한다. 하나님의 백성이 토라의 증거를 지키는 일만큼 중요한 일은 없다. 토라의 증거를 지킨다는 것은 무엇을 뜻할까? 우리가 토라의 증거가 무슨 의미일까를 알려면, 토라의 율법 가운데 증인에 관한 규례를 참고해 볼 필요가 있다. 토라에서 증인과 관련된 규례를 보면, 어떤 사건에서든지 한 사람의 증인만으로는 불충분하다고 말한다. 최소 두어 명의 증인이 있어야 한다는 것(신19:15)이다. 그런데 증거가 법적 효력을 가지려면 증인이 직접 목격한 바를 자신의 입으로 증언하는 것까지 포함해야 한다. 그런데 아삽은 이스라엘이 토라의 증거를 지키지 않았다고 말하고 있다. 그렇다면 그들이 지켜야 했던 증거는 무엇이었을까?

토라가 말하는 증거란 이스라엘이 하나님과 맺은 언약은 물론, 하나님이 그들을 위해 행하신 기적과 관련되어 있다. 즉 우리가 증거를 지킨다는 것은 주님이 우리에게 행한 일들을 증언한 증거가 있어야 한다는 것이다. 그렇다면 우리가 증언할 증거 가운데 가장 중요한 것은 무엇인가? 이에 대해 바울은 하나님이 토라에서 우리에게 요구한 도덕적 명령을 깨닫고 지키는 일로부터 시작한다고 보았다(롬12장 참조). 그뿐만 아니라 하나님이 행하신 일에 대한 가장 근원적인 증거들이 유월절이나 칠칠절, 초막절 같은 이스라엘 절기 가운데 드러나 있다. "이는 내가 이스라엘 자손을 애굽 땅에서 인도하여 내던 때에… 너희 대대로 알게 함이니라"(레23:43). "네 평생에 항상 네가 애굽 땅에서 나온 날을 기억할 것이니… 너는 애굽에서 종 되었던 것을 기억하고 이 규례를 지켜 행할지니라"(신16:3, 12).

이처럼 토라의 증거는 하나님의 절대적인 주권과 구원하신 능력을 가장 명백하게 상기 시켜 주는 역할을 한다. 하나님은 자신에 관한 많은 증거를 성경 안에 담아 두셨다. 따라서 우리는 날마다 토라 말씀을 연구하고 이것을 우리 삶에 적용하도록 힘써야 한다. 오늘 우리가 증언해야 할 가장 큰 증거는 '주님이 나의 구원자이고 나의 하나님'임을 선언하는 것이다.

이사야는 자신의 예언(사43:8~13)에서, 열방들은 자기가 섬기는 신들이 뛰어난 신들이고 또한 구원하는 능력도 있다고 믿고, 이를 알리기 위하여 조직적으로 모임을 열었다고 지적하고 있다. 그러나 그들이 믿는 신들은 눈이 있어도 보지 못하고 귀가 있어도 듣지 못하는 신들이기 때문에, 열방들의 증거는 근거 없는 허황된 메아리일 뿐이라고 단언했다. 이교도가 섬기는 우상은 거의 똑같은 재료로 만들었으며 대부분 남자 형상을 한 우상들이다.

그러나 우리가 섬기는 여호와 하나님은 사람의 손으로 만든 분이 아니다. 여호와 하나님은 천지를 지으신 창조주이시다. 그러므로 열방들이 증언한 증거는 거짓말일 뿐이다(사43:10~12, 44:9~20). 열방이 섬기는 우상들은 그들의 주장을 뒷받침해 줄 만한 그 어떤 증거도 없기 때문에 수치를 당하게 될 것이다(사44:11). 이사야는 이스라엘 백성들은 여호와 하나님을 만민의 주로 선포하고, 그분의 권능을 증언하도록 하나님이 증인으로 삼은 백성이라고 말한다(사43:10~12, 44:8). 그러므로 이스라엘은 주님 한 분 외에 구원자가 없다는 사실을 선포해야 한다(사43:11). 우리가 주의 증인으로 부름을 받은 것을 믿는다면, 하나님과 그분이 행하신 일들을 증언하라는 명령에 대해 이것이 이스라엘 백성에게만 해당하는 것이 아니라, 하나님 앞에서 주님의 자녀로 살기 원하는 모든 이들에게 동일하게 주신 명령임을 알고, 이 증거를 지키는 일에 힘써야 한다.

또 이것은 요한계시록에서 네 번이나 '예수에 관한 증거'를 말한 본문에서도 찾아볼 수 있다. 사도 요한은 계1:1절에서, 하나님이 예수 그리스도에게 주신 특별한 계시, 즉 천사를 통해 요한에게 알게 하신 계시에 대해 증언한다고 선언하고 있다. 즉 지금부터 자신이 하는 증언은 전부 '예수 그리스도의 계시/증거'라는 것이다. 그러면서 이것은 '하나님의 말씀과 예수 그리스도의 증거, 곧 자기가 본 것을 증언하는 것'(계1:2)이라고 말한다. 그렇기 때문에 요한계시록은 정확히 말하면 '요한의 계시록'이 아니라 '예수의 계시록'이라고 할 수 있다.

요한은 계12:17절에서 예수의 증거를 가진 교회가 이 땅의 참된 교회이고 하나님의 계명 즉 토라를 지킨 교회라고 말한다. 여기에도 아삽이 고백했던 증언과 병행이 되는 내용이 나온다. 즉 불의한 세대는 하나님을 반역하고 그 계명을 거스르므로 주님의 진노를 불러오지만, 그러나 의인들은 믿음으로 하나님의 계명을 지킨다. 이것은 노아의 홍수 이야기에서 까마귀와 비둘기를 대조하며 말한 의로운 자와 불의한 자에 대한 차이점과도 비유되고 있다. 또 이것은 주님이 요15:14절에서 '너희는 내가 명하는 대로 행하면 곧 나의 친구'라고 하신 말씀의 의미와도 같다. 하나님의 계명과 그리스도의 말씀은 동일한 토라의 가르침이다.

계19:10절을 보면 요한 사도가 천사를 경배하려 하자, 천사가 황급히 말리면서 요한에게 "오직 하나님께 경배하라! 예수의 증언은 예언의 영이라"고 외쳤다. 성경에 나오는 예언^{prophecy}이란, 앞으로 장차 일어날 일을 미리 알려주는 예언^{豫言: fore-telling}을 가리키기도 하지만, 그것보다는 하나님이 주신 말씀을 백성들 앞에서 영력 있는 설교의 형태로 선포하는 예언^{預言: forth-telling}을 의미한다. 랍비문헌은 물론 아람어 탈굼에서도 '예언의 영^{spirit of prophecy}'은 항상 토라 연구라는 맥락 가운데서 나온다. 예언은 하나님 앞에서 의롭게 살고, 주의 백성 위에 임한 하나님의 거룩한 임재를 나타내고자 할 때 선포되곤 하였다. 우리가 이것을 염두에 둔다면, 토라를 연구하고 이를 통해 깨달은 바를 우리의 삶에 적용함으로써, 토라가 하나님 말씀임을 증언하는 일에 더 적극적으로 나서게 될 것이다. 그렇게 할 때 토라 연구는 우리의 삶을 기름지고 풍성하게 만들어 준다.

하나님을 거역한 이스라엘은 주의 진노를 불러왔을 뿐만 아니라 그 증거를 지키지도 않았다. 그러나 그런 상황에서도 의로운 자들은 하나님의 말씀을 붙잡고 토라의 길로 걸어감으로 하나님의 진노를 피할 수 있었다. 앞서 말했듯이, 불의를 상징하는 까마귀는 "불의한 자의 행위에는 아무것도 남지 않는다"는 가르침처럼 빈손으로 돌아왔다. 반면에 의로움을 상징하는 비둘기는 감람나무에 새로 피어난 연한 잎사귀 하나를 물고 왔다. 성경에서 감람나무 기름은 거룩함을 나타낸다. 따라서 오늘 본문 이야기는, 하나님이 자기 백성에게 세상 속에서 죄를 이기고 거룩한 삶을 살도록 능력 주시기를 기뻐하시며, 이것은 성령의 능력을 약속하신 우리 주님과의 관계에 초점을 맞출 때 가능하다는 사실을 교훈하고 있다. 이와 관련하여 주님이 요단강에서 세례를 받으실 때 성령이 하늘로부터 비둘기 같이 임하신 것(마3:16, 막1:10)을 기억해야 한다.

또 이것은 사도 요한이 요일5:11절에서, '증거는 이것이니 하나님이 우리에게 영생을 주신 것과 이 생명이 그의 아들 안에 있는 그것'이라고 말한 의미와도 같다. 그리스도 안에 있는 영원한 생명의 특징은 공의와 진리와 정직과 거룩함과 성령의 인도하심이라고 할 수 있다. 주의 증거란 토라에 기록된 말씀을 가리킨다는 것에는 의심의 여지가 없다. 그러나 좀 더 크게 본다면, 토라가 정한 규례와 법도에 대해 주의 백성은 이를 순종해야 하고, 이것이 오늘날 우리 안에 법령과 전통과 의식으로 자리하여, 이를 행할 때마다 주의 약속과 능력을 체험할 수 있게 되었다는 것이다. 성경의 역사를 보더라도 하나님은 자기 백성에게 수시로 나타나시며 이방인에게 압제 당하던 백성들을 구원해 주셨다. 게다가 토라까지 선물로 주시고, 그들에게 성막을 짓도록 하여 거기에 거하겠다고 약속하셨다. 이스라엘을 구속하시고 이 일의 증인으로 그들을 사용하신다. 이 같은 일들은 오늘 우리 삶에서도 끊임없이 일어나고 있다.

오늘 우리가 토라의 삶을 살아야 하는 이유는, 이것이 토라가 요구한 도덕적 명령이기도 하지만, 이것은 하나님의 교회가 지켜온 신앙의 전통이기 때문이다. 우리는 우리를 사랑하사 구원의 은총을 베풀어 주신 하나님의 능력을 증언하며 살아야 할 책임이 있다. 우리가 증언할 복음의 핵심은 하늘 아버지가 알려 준 진리와, 그 진리의 본체이신 예수 그리스도이다. 오늘 우리가 믿고 섬기는 창조주 하나님과 우리를 불쌍히 여겨 사망의 자리에서 건져주신 구세주 예수 그리스도를 전하는 증인이 되어야 한다. 우리가 실제로 경험한 주님의 크신 사랑과 능력을 확신 있게 증언해야 한다. 우리가 토라의 말씀에 순종할 수 있으려면, 우리에게 세상 죄를 이길 수 있는 힘을 주시고, 지금 이 순간에도 우리 안에 역사하시는 성령의 은혜를 체험해야 한다. 이것만이 토라의 증인으로서의 삶을 살게 한다. 이것은 빌3:9~17절에 언급된 바울의 말을 들어보면 더 확실해진다.

[빌3:9~17, 개역개정]
(9) 그 안에서 발견되려 함이니 내가 가진 의는 율법에서 난 것이 아니요 오직 그리스도를 믿음으로 말미암은 것이니, 곧 믿음으로 하나님께로부터 난 의라. (10) 내가 그리스도와 그 부활의 권능과 그 고난에 참여함을 알고자 하여 그의 죽으심을 본받아 (11) 어떻게 해서든지 죽은 자 가운데서 부활에 이르려 하노니 (12) 내가 이미 얻었다 함도 아니요 온전히 이루었다 함도 아니라. 오직 내가 그리스도 예수께 잡힌바 된 그것을 잡으려고 달려가노라. (13) 형제들아, 나는 아직 내가 잡은 줄로 여기지 아니하고 오직 한 일 즉 뒤에 있는 것은 잊어버리고 앞에 있는 것을 잡으려고 (14) 푯대를 향하여 그리스도 예수 안에서 하나님이 위에서 부르신 부름의 상을 위하여 달려가노라. (15) 그러므로 누구든지 우리 온전히 이룬 자들은 이렇게 생각할지니 만일 어떤 일에 너희가 달리 생각하면 하나님이 이것도 너희에게 나타내시리라. (16) 오직

우리가 어디까지 이르렀든지 그대로 행할 것이라. (17) 형제들아 너희는 함께 나를 본받으라. 그리고 너희가 우리를 본받은 것처럼 그와 같이 행하는 자들을 눈여겨보라.

하나님이 의로운 이유에 대해 바울은 뭐라고 설명하고 있는가? 의란 율법 행위에서 비롯된 자기 의self-righteousness가 아니라, 오히려 그와 반대로 그리스도를 믿는 믿음으로만 의롭게 된다고 말한다. 따라서 "그리스도의 의를 믿는 것이 곧 하나님의 의"라는 논리이다. 사람은 오직 믿음으로만 예수를 주로 시인할 수 있고, 믿음으로 주님의 고난과 부활의 능력에 함께 할 수 있다. 바울은 오직 믿음으로만 부활의 능력을 얻을 수 있다고 증언하고 있다. 그렇다면 우리가 믿음으로 말미암아 얻게 되는 부활의 능력은 구체적으로 무엇을 말하는 것일까? 죄를 이겨낼 수 있다는 뜻일까? 맞다! 우리가 믿음을 통하여 하나님께 받은 부활의 능력은, 우리가 세상을 살면서 죄의 유혹으로부터 이길 수 있는 능력을 뜻한다. 우리는 성숙한 믿음으로 성경이 제시한 도덕적 기준에 도달하도록 믿음의 행보를 멈추지 말고 계속해야 한다. 성경이 말한 도덕적 기준은 의로움과 거룩함과 정의와 진리 안에서 사는 삶이다.

우리가 아는 바와 같이 바울은 율법에 대해 상당히 부정적인 입장을 고수하였다. 그러나 그가 율법에 대해 부정적으로 말한 것은 율법 자체가 나쁘거나 필요 없다는 뜻이 아니라, 오히려 사람들이 하나님의 말씀에 순종하는 동기나 태도가 지극히 잘못되었다는 것을 꼬집고 싶었던 것이다. 바울이 빌3:15절에서, '만일 어떤 일에 대해 너희가 다르게 생각한다면 하나님도 이것 또한 너희에게 (하나님의 뜻이 무엇인지) 보여주실 것'이라고 말한 것을 주목해 보라. 즉 어떤 일이든 사람마다 서로 다르게 생각할 수는 있으나, 자기 뜻만 옳다고 고집하거나 또 그럼으로써 자기 의를 드러내는 태도가 지극히 잘못된 일임을 말했다. 결국 자기 의를 위해 일을 한다든지, 또는 자기 소견에 옳은 대로 행하는 것, 이것이 가장 값싼 은혜이다. 우리가 정말 하나님 영광을 위해 무언가를 했다면, 우리 마음의 생각과 그 안에 숨은 의도까지 반드시 증거로 나타나고야 만다.

오늘 본문(창6:8~11:32)은, 이 땅에 사는 인간들의 죄악으로 말미암아 이 땅에 홍수 심판이 임하게 되었다고 말한다. 그러나 하나님은 홍수라는 심판 속에서도 의인을 '기억하사' 구원의 은혜를 베풀어 주셨다. 창세기의 첫 번째 이야기인 창조역사에서 본 것처럼, 하나님은 불의한 자들로부터 의인들을 어떻게 분리하여 구별하시는지 오늘 본문을 통해서도 잘 보여 주고 있다. 창조 과정에서뿐만 아니라 파괴와 심판의 과정에서도, 하나님이 우리에게 하신 말씀은 동일하다. 곧 "주님은 지금 이 순간에도 의로운 자를 불의한 자들로부터 구별하시겠다"는 뜻을 가르쳐주고 있다. 이런 가르침의 목소리가 온 세상을 혼돈 속으로 몰아넣었던 홍수 이야기에서도 들려오고, 또한 까마귀와 비둘기와 대한 비유에서도 똑같이 들려오고 있다. 그러므로 오늘 우리는 자신을 향해 이렇게 물을 줄 알아야 한다. "나는 과연 까마귀인가, 아니면 비둘기인가?"

제3주 차
Parashat Lech Lecha _{가라} (12:1~17:27)

아브라함과 롯 가운데 어떤 사람이 되고 싶은가?

Parashat Lech Lecha _{가라} (창12:1~17:27)는 아브람이 하나님으로부터 부름을 받고 새로운 땅을 향해 가는 이야기로 시작한다. 그는 자기 고향과 아버지 집을 떠나 하나님이 보여준 땅을 향해 미지의 여행을 시작한다. 하나님은 아브람을 부르시고 그로 하여금 위대한 민족을 이루게 해주겠다고 하시며, 그가 축복하는 자에게 복을 주고 그가 저주하는 자에게 저주를 내리겠다고 약속하셨다. 또 그로 인하여 땅의 모든 민족들이 복을 받을 것(창12:1~3)이라는 말씀도 덧붙이셨다. 아브람은 주의 부르심에 순종했고, 조카 롯과 함께 미지의 세계를 향해 길을 나섰다.

아브람이 세겜에 도착했을 때 하나님이 다시 그에게 나타나 그곳을 그의 자손에게 주시겠다고 거듭 약속하신다. 아브람은 벧엘과 아이 사이에 장막을 쳤고 그 후 점점 네겝 쪽으로 옮겨갔다. 그러나 그 땅에 기근이 닥치게 되자 하나님의 뜻을 묻지도 않고 이집트를 향해 떠나게 된다. 그 땅에 도착했을 때, 이집트 왕 바로가 그의 아내 사라의 아름다움을 보고 그녀를 아내로 삼으려고 자기 궁궐로 끌고 왔다. 아브람은 사라를 자기 누이라고 속였기 때문에, 바로는 사라가 아브람의 아내인 줄 알지 못했다. 어쨌든 아브람은 사라 덕분에 많은 재물을 얻을 수 있었지만, 그러나 이 일로 인해 바로 왕과 그의 집안사람들에게 큰 재앙이 내려 고통을 겪게 된다. 결국 바로 왕은 아브람에게 그의 아내와 모든 소유를 다시 돌려주었고, 아브람은 바로를 위해 기도한다. 이로써 모든 것들이 원래대로 회복되어 아무런 문제가 없는 것처럼 끝난다. 그리고 아브람과 롯은 다시 네겝으로 돌아온다.

그러나 문제는 여기서부터 시작되었다. 그 후에 아브람의 목자와 롯의 목자이 서로 싸우게 된다. 성경은 그들 재산이 너무 많았기 때문에 함께 동거하기 어려웠다고 말한다. 결국 아브람과 롯은 서로 헤어지기로 합의하고 아브람이 조카에게 먼저 선택권을 준다. 롯이 좋은 땅을 택하였고 두 사람은 서로 갈라서게 되었다. 롯이 선택한 곳은 물이 넉넉한 요단계곡 근처의 땅이었다. 그러나 아브람은 하나님에 대한 믿음을 지키려고, 헤브론 근처 언덕을 거주지로 정하고 거기에서 하나님을 위한 제단을 쌓았다고 말한다.

이어서 14장에는 의미 있는 사건 하나가 소개된다. 아브람이 조카 롯을 구한 이야기이다. 롯은 소돔이 죄악이 넘치는 도시였지만 그곳에서 부와 번영을 누릴 수 있다는 생각으로 그곳을 택하였다. 그런데 그곳에 전쟁이 발발했고, 롯은 포로로 사로잡혀 큰 위기에 빠지고 말았다. 그러자 아브람은 끝까지 침략자들의 뒤를 쫓아가서 롯을 구출한 것이다. 이 이야기는 오늘 우리에게 귀한 영적 가르침을 준다. 물질을 추구하는 삶은 평화를 잃어버리게 될 뿐만 아니라 결국에 죄악의 삶으로 이끌어 주님과의 신뢰 관계까지 깨지고 만다. 그 결과로 전쟁이나 재앙과 같은 위기를 맞이하게 되고, 이로 인해 삶 전체가 위태롭게 되는 상황을 초래하게 된다는 것을 가르쳐 준다.

창15장에서 하나님은 장차 일어날 일을 아브람에게 알려 주시며 언약을 체결하신다. 하나님은 아브람의 후손이 멀지 않은 훗날에 이집트에 내려가 노예가 되겠지만, 하나님이 그들을 잊지 않고 강한 손과 권능의 팔로 구원하여 다시 데려올 것이라고 약속하신다. 창16장에서는 아브람이 아들에 대한 하나님의 약속을 생각하고, 아내인 사라의 말대로 그녀의 몸종 이집트 여자 하갈과 동침하여 이스마엘을 낳는 이야기가 나온다. 이 이야기에서도 교훈을 얻을 수 있다. 우리가 하나님을 의지하지 않고 자신의 힘을 믿고 세상의 방식에 따라 살면, 그로 인하여 오히려 더 큰 어려움이 올 뿐만 아니라, 결국은 이것이 분쟁의 씨앗이 되어 돌이킬 수 없는 문제를 가져오게 된다는 것이다.

오늘 우리는 이 본문을 통해 두 가지의 중요한 주제에 관하여 논의하고자 한다. 하나는 주님이 우리를 부른 소명에 관한 것이고, 다른 하나는 아브람과 롯과의 차이점이 무엇인가에 관한 것이다. 이 두 주제를 마음에 두고 아래 본문을 읽어 보자.

[창12:1~3, 개역개정]
(1) 여호와께서 아브람에게 이르시되 너는 너의 고향과 친척과 아버지의 집을 떠나 내가 네게 보여 줄 땅으로 가라. (2) 내가 너로 큰 민족을 이루고 네게 복을 주어 네 이름을 창대하게 하리니 너는 복이 될지

라. (3) 너를 축복하는 자에게는 내가 복을 내리고 너를 저주하는 자에게는 내가 저주하리니, 땅의 모든 족속이 너로 말미암아 복을 얻을 것이라 하신지라.

[창13:10~12, 개역개정]
(10) 이에 롯이 눈을 들어 요단 지역을 바라본즉 소알까지 온 땅에 물이 넉넉하니 여호와께서 소돔과 고모라를 멸하시기 전이었으므로 여호와의 동산 같고 애굽 땅과 같았더라. (11) 그러므로 롯이 요단 온 지역을 택하고 동으로 옮기니 그들이 서로 떠난지라. (12) 아브람은 가나안 땅에 거주하였고 롯은 그 지역의 도시들에 머무르며 그 장막을 옮겨 소돔까지 이르렀더라.

유대 랍비문헌 중에는 오늘 본문 Parashat Lech Lecha 가라 를 해석한 책들이 많다. 특히 창12:7절에 대한 이들의 해석을 보면 몇 가지 차이점을 발견할 수 있다. "여호와께서 아브람에게 나타나 말씀하셨다. 내가 이 땅을 네 자손에게 주겠다. 이 말씀을 듣고 아브람은 자기에게 나타난 여호와를 위해 거기에 제단을 쌓았다." 먼저 여기에서 아브람이 드린 제물은 어떤 제물이었을까? 감사제물(람밤의 견해)의 성격이었을까, 아니면 분향(라쉬밤의 견해)을 드린 것일까? 그것도 아니라면 하나님께 향기 나는 제물(스포르노의 견해)을 드렸다는 뜻일까? 랍비들의 해석을 비교하여 보자.

[창12:7절, 람밤의 해석]
본문에 '그에게 나타나신 주님을 위해'라고 말한 이유가 무엇인가? 그것은 주님께서 그에게 나타난 순간 주님 영광의 현존을 비로소 깨달았다는 뜻이다. 그래서 그는 주님께 감사의 제물을 드린 것이다. 그전

까지는 주님이 그에게 나타난 적이 없었기 때문에 아직 그에게는 주님의 모습이나 현존에 대한 인식 자체가 없었다. 주께서 그에게 "네 땅을 떠나라"고 하셨을 때는 꿈이나 성령을 통해 말씀하셨기 때문에, 그때까지만 해도 주님의 모습을 본 적은 한 번도 없었다.

[창28:12절, 라쉬밤Rashbam의 해석]

창28:12절은 "사닥다리가 땅 위에 서 있었다(מצב)"고 말한다. 그렇다면 이 사닥다리는 누가 세웠을까? 이것은 분명히 다른 누군가가 세운 것이다. 그런데 그 다음절을 보면 "여호와께서 그 위에 서 있었다(ה' נצב)"고 말하고 있다. 중요한 것은 이 문장이 수동태로 되어 있다는 것이다. 하지만 하나님은 스스로 서 있는 분이시지 누군가에 의해 서 있는 분이 아니지 않는가? 따라서 우리는 이 말씀을 수동태로 읽어서는 안 된다.

이와 비슷한 표현이 말1:11절에도 나온다. "각처에서 내 이름을 위하여 향으로 분향했다" 또는 "누군가가 깨끗한 제물을 드렸다"는 표현이 그것이다. 그러나 이와는 대조적으로 출20:21절에는 "모세가 하나님이 계신 흑암을 향해 가까이 갔다"고 말하는데, 이는 "모세가 자기의 의지에 따라 구름에 가까이 나갔다"는 뜻이다. 또 출25:40절에 '네게 보인 양식대로'라는 표현도 역시, 모세에게 양식을 보여준 다른 누군가가 있었다는 것을 의미한다. 그러나 창12:7절에서 "여호와께서 아브람에게 나타나셨다"는 말은 하나님 자신이 스스로 나타나서 아브람에게 보이셨다는 뜻이다.

[민15:3절, 스포르노의 해석]

민15:3~10절을 보면 "여호와께 화제나 번제나 서원을 갚는 제사나 낙헌제나 정한 절기제에 소나 양을 여호와께 향기롭게 드릴 때에"라고 말한다. 제물만 아니라 그 제물에 소제나 전제를 드리라고 명령하고 있다. 이스라엘이 금송아지 죄를 짓기 전까지는 '하나님을 향기롭게 할 목적으로' 전제나 그 외의 특별한 예물을 드려야 한다고 말하지 않았다. 그렇기 때문에 우리는 창세기의 다른 본문(cf. 4:4, 8:20, 12:7)에서는 이런 종류의 제사는 찾아볼 수 없다. 또 출애굽기에서도 레위 지파 가운데 제사장 직무를 수행하기 위해 드리는 제사에 관한 본문 (출29~30장) 외에는 소제나 전제에 대한 언급이 나오지 않는다. 그러므로 소제나 전제 같은 제물은 금송아지 사건으로 인해 지은 죄 때문에, 그 죄를 깨끗이 씻고 하나님의 진노를 풀어드리기 위해 공식적으로 추가된 제물로 보인다. "여호와께 향기롭게 드린다"는 표현은 바로 그런 의미를 담고 있다. 특히 민15장은 가나안 땅을 정탐하고 돌아와 불신앙의 보고를 한 정탐꾼들의 죄로 인해 그 이후로 누구나 개인적으로 소제와 전제를 드려야 했다. 주님의 진노를 가라앉힐 만한 향기로운 제물로 소제와 전제를 드림으로 주님을 기쁘게 할 수 있다는 생각에서였다. 그래서 민15:3절은 "여호와께 향기롭게 드린다"라고 말하고 있다.

랍비 람밤에 의하면, 주님이 처음 아브람에게 나타나셨을 때는 꿈을 통해 말씀하셨지만, 창12:7절에서 나타나 그곳에 제단을 쌓으라고 했을 때는 실제로 나타나신 것이라고 주장한다. 아브람은 자기 앞에 나타난 하나님의 현존을 처음으로 뵐 수 있었고, 따라서 그는 하나님이 하신 말씀에 민감하게 반응하지 않을 수 없었다. 그뿐만 아니라 자기 앞에 나타나신 하나님께 감사제물을 드리지 않을 수가 없었을 것이다. 그리고 그 후로는 설령 꿈을 통해 말씀하신다 할지라도 그 말씀도 결코 가볍게 듣지 않았다.

한편 라쉬밤은 아브람이 하나님께 드린 제물에 관해 성경 본문을 바탕으로 아브람이 하나님과 만난 사건을 다른 각도로 조명하고 있다. 그는 이것을 야곱이 체험한 사닥다리 이야기와 연결하고 있다. 라쉬밤은 야곱이 꿈에서 사다리를 본 것이 일찍이 하나님이 아브람에게 주신 언약과 관계가 있다고 보았다. 이는 아마도 시78 편에 대한 미드라쉬의 영향인 듯하다. 미드라쉬는 시78:32절에 대해 "그들이 여전히 죄악 중에 있었기 때문에 하나님이 행하신 모든 기이한 일들을 믿지 않았다"라고 해석하였다. 그것의 근거로 미드라쉬는 다음과 같이 설명하고 있다.

[시78:32절, 미드라쉬, Part 6, 해석학적 개요]
"랍비 베레키아Berechiah와 레위Levi, 그리고 요세Jose의 아들 시므온Simeon 은 랍비 메이르Meir의 이름으로 말했다. 거룩하고 복되신 하나님께서 야곱에게 보여주신 사다리는 무엇을 말할까? 야곱이 처음에 본 것은 천사가 70개의 계단을 오르고 내려오는 모습이었다. 이것은 바벨론을 뜻한다. 또 52개의 계단을 오르내리는 모습을 보았다. 이는 메대를 가리킨다. 그리고 또 180개의 계단을 오르내리는 모습을 보았는데 이것은 헬라를 뜻한다. 그가 마지막으로 본 사다리는 다른 것들보다 훨씬 더 높았는데, 이것은 에돔(에서)의 계단이었다. 그래서 야곱은 그 계단을 바라본 순간 두려움에 떨지 않을 수가 없었다."

야곱에 대한 이야기 창28:10~32:2(Parashat Vayetze 떠나)를 읽다 보면 한 가지 궁금증이 생긴다. 하나님이 야곱에게 꿈으로 보여주신 사다리 환상의 의미는 무엇이고, 그 꿈을 보여주신 이유는 무엇일까? 이 점에 관해 라쉬밤은 시78편에 주목하면서, 이스라엘이 하나님이 행한 기이한 일들을 믿지 않았다는 32절 말씀과 연결해 해석하고 있다.

이런 불신앙은 예수께서 기적을 행하셨을 때도 마찬가지였다. 주님이 기적을 행하신 것은 믿지 않는 자들을 구원하여 하나님 자녀로 삼으려는 목적만은 아니었다. 여전히 불신앙 가운데 살고 있는 이스라엘로 하여금 다시 주께 돌아오도록 기적을 통해 기회를 주시고자 한 것이다. 시78편에서 시인도 과거 이스라엘 백성이 광야를 지날 때 하나님이 행하신 놀라운 기적들을 믿지 않았다는 사실을 상기 시켜 준 것도 같은 이유였다.

이스라엘 백성이 광야를 지나는 내내 하나님을 거부했던 것은 아니었다. 어떤 때는 믿음이 대단했고, 어떤 특정한 상황에서는 놀라울 만큼 믿음이 빛났다. 바벨론 느부갓네살 왕에 대한 단 4:32~33절 기록을 보면, 느부갓네살은 하늘에서 내린 이슬을 맞고 땅의 풀을 뜯어 먹으며 짐승처럼 살았다고 한다. 느부갓네살 왕이 교만하게 행하자 하나님은 그를 낮추어 가장 비천하게 하신 것이다. 하나님이 수십 년에 걸쳐 그의 교만을 꺾은 후에야, 비로소 그는 이스라엘의 하나님께 영광을 돌렸다.

야곱이 꿈에 천사가 사다리를 오르내린 것을 보았던 것에 대한 미드라쉬의 해석은 흥미롭다. 미드라쉬는 야곱이 처음엔 70개의 계단을 보았고 이것은 바벨론을 상징한 것이라고 해석했다. 또 52개의 계단은 메대를, 180개 계단은 헬라제국을 뜻한다고 보았다. 그리고 마지막으로 본 사다리는 그 수를 셀 수 없을 정도로 높았는데, 이는 에돔을 의미한다고 보았다. 그런데 에돔 계단이 바벨론이나 메대나 헬라 계단보다도 훨씬 더 높았기 때문에, 이것을 본 야곱은 크게 두려워했다고 말한다. 에돔은 당시 야곱이 도망칠 수밖에 없었던 이유, 야곱의 쌍둥이 형 에서Esau를 가리킨다. 에서는 자기 아버지 이삭으로부터 전 재산을 물려받았지만, 그는 하나님의 언약을 믿지 않았고 따라서 하나님의 말씀대로 살지 않았다.

시78편 미드라쉬는 다음과 같이 결론짓는다. 야곱은 다른 민족들보다 더 높이 오를 수 있었지만, 하나님은 그에게 더 높이 올라가라 명령하지 않았다. 야곱이 사다리 위에 올라간 모습을 상상해 보라. 마치 성전에서 하나님께 제물을 드리러 제단 위로 올라간 제사장 모습을 연상케 한다. 라쉬밤은 야곱이 사다리를 체험한 것과 아브람이 자기에게 나타난 하나님을 만난 것이 동일한 환상이었다고 믿고 있다. 또 사다리는 하늘과 땅을 잇는 연결고리라는 점에서 그는 이것을 야곱이 드린 기도라고 해석한다. 그렇다면 사다리는 성전에서 하나님께 제물을 태울 때 피어오르는 연기이며, 하늘 하나님과 땅의 이스라엘 백성들과의 관계를 더 견고히 하는 의미로 이해할 수 있다. 모세가 신32:2절에서 "주의 교훈은 하늘에서 내리는 비와 이슬과 같다"고 찬양한 것도, 어쩌면 야곱의 사다리처럼 하나님이 하늘에서 땅에 토라를 내려주신 것에 대한 모세의 신앙이 반영되었을 것이다.

그러나 아브람이 위임받은 가장 중요한 명령은, 하나님의 도를 자기 자식과 권속들에게 전하는 일(창18:19)이었다. 이것을 앞서 살펴본 내용과 관련지어 생각해 보자. 천사는 야곱에게 사다리 오르내리는 모습을 보여주며 땅이 하늘과 서로 연결된 하나임을 알려 주었다. 모세는 시내 산에 오르내리며 하나님께 토라를 받았다.

이것은 마치 훗날 제단을 오르내리는 번제를 통해 하나님과 만남을 꾀한 것과도 같고, 또 모리아 산에 세워진 성전을 오르내리며 예배를 드림으로 하늘의 하나님과 하나됨을 구한 기도와도 같다. 이 모든 것이 하나님께서 야곱에게 주신 사닥다리 비전과 관련되어 있는 것이다.

라쉬밤은 이 모두가 하나님이 아브람에게 주신 은혜였다고 보고 있다. 그래서 시78편 미드라쉬에서 그는 이렇게 말한다. "야곱이 본 사다리는 성전을 가리킨다. 그 꼭대기가 하늘에 닿은 것은 주님께 바쳐진 희생제물을 말하며, 제물이 불에 탈 때 하늘로 올라가는 연기를 암시한 것이다. 또 주의 천사가 사다리를 오르내린 것은 제사장이 성전 계단을 오르내리는 것과 흡사하다. 말2:7절에서 제사장은 만군의 여호와의 사자(천사)라고 한 것을 기억하라." 그런데 놀라운 것은 신약성경 안에도 이런 해석과 비슷한 내용이 나온다.

[계8:1~4, 개역개정]
(1) 일곱째 인을 떼실 때에 하늘이 반시간쯤 고요하더니 (2) 내가 보매 하나님 앞에 일곱 천사가 서 있어 일곱 나팔을 받았더라. (3) 또 다른 천사가 와서 제단 곁에 서서 금향로를 가지고 많은 향을 받았으니, 이는 모든 성도의 기도와 합하여 보좌 앞 금 제단에 드리고자 함이라. (4) 향연이 성도의 기도와 함께 천사의 손으로부터 하나님 앞으로 올라가는지라.

계8장은 사람들이 성전에서 예배 의식을 행하면서 드린 기도가 하늘의 하나님 보좌까지 올라가는 모습을 계시해 주고 있다. 우리가 기도하면 하늘의 하나님이 그 기도를 들으신다는 것을 확신 시켜 준 것이다. 라쉬밤도 이 계시록 말씀을 근거로 아브람이 하나님을 어떻게 보았는지 설명해 주면서, 그가 이런 은혜로써 하나님의 현존을 체험했다고 주장한 것이다.

또 다른 한편으로 스포르노는 아브람이 드린 제물에 대하여, 이것을 이스라엘이 하나님을 진노하게 했던 금송아지 죄(출32장)와 관련지어 해석하고 있다. 이스라엘은 금송아지를 만들어 하나님을 진노케 했다. 그래서 그들은 죄를 뉘우치며 진노를 풀어드리기 위해, 기존에 드렸던 제물 외에 소제와 전제를 더 추가하여 이를 '향기로운 제물'이라 불렀다. 향기로운 제물이란 주의 진노를 풀게 함으로 하나님 마음을 향기롭게 한다는 뜻이다. 스포르노는 이스라엘이 저지른 금송아지 죄뿐만 아니라, 정탐꾼들의 죄(민13장)에 이르기까지, 광야에서 이스라엘이 지은 모든 죄로 인해 소제와 전제가 더 중요해졌다고 이해하고 있다. 이런 관점에서 스포르노는 아브람이 드린 제물을 가리켜 '하나님이 받으실 만한 향기로운 제물'이라고 본 것이다. 아브람이 제단에서 제물을 드린 것은 주께서 약속하신 복의 한 과정이었다. 그러나 중요한 것은 그가 드린 제물이 속죄를 위한 제물이 아니라 기쁨으로 드린 감사 제물이었다는 것이다.

아브라함의 전반적인 삶을 돌아보면, 그가 제단에서 드린 제물과 기도는 하나님을 만나고 그의 음성을 듣는 중요한 통로였음을 알 수 있다. 이것은 예수 그리스도를 통해 하나님을 만나고 그의 음성 듣기를 소망하는 오늘 우리에게도 매우 중요하다. 우리가 주의 이름으로 기도할 때 하나님의 음성을 들을 수 있다. 따라서 우리는 항상 자신을 향하여 이렇게 질문해야 한다. "나는 어떤 사람이 되기 원하는가? 아브라함인가? 아니면 롯인가?" 정말로 아브라함과 같이 되기 원한다면 우리 마음을 오직 예수 그리스도께 두어야 하고, 주의 길을 따르는 영적 걸음걸이에 익숙해져야 한다.

우리가 지금까지 논의한 모든 것들, 이를테면 하나님과의 만남, 하나님의 약속, 하나님의 복과 은혜, 이 모든 것이 오직 하나님을 바르게 섬겼던 아브라함의 믿음과 관련이 있다는 것이다. 그리고 무엇보다도 하나님의 독생자로서 우리를 위해 향기로운 제물이 되신 예수 그리스도의 속죄 은혜로 우리가 구원받았음을 잊어서는 안 된다.

또 하나 우리가 눈여겨볼 것은 롯^{Lot}에 관한 것이다. 롯에 관한 이야기는 하란에서 아브람과 함께 온 이후, 잠깐 외에는 더 이상 나오지 않는다. 다시 말해 잠시 아브람과 동행했던 기간 외에, 신앙적 측면에서는 아브람에게 도움이 되지 못했다. 아브람이 제단에서 하나님을 경배했다는 본문들을 읽어보면, 거기에 어디서도 롯의 모습은 나타나지 않는다. 하나님은 오직 아브람과 만났을 뿐이다.

창13:6절은 다음과 같이 말한다. "그 땅이 그들이 동거하기에 넉넉하지 못하였으니 이는 그들의 소유가 많아서 동거할 수 없었음이니라." 여기서 우리는 롯에 관한 몇 가지 정보를 얻게 된다. 롯이 아브람과 함께 거주하는 동안 하나님은 그에게도 복을 주셨다. 그러나 롯이 재산이 많아지자 아브람 곁을 떠나게 된다. 아브람은 조카 롯에게 먼저 선택권을 주었다. 창세기는 롯이 땅을 선택한 것과 관련해 다음과 같이 증언한다.

[창13:10~12, 개역개정]

(10) 이에 롯이 눈을 들어 요단 지역을 바라본즉 소알까지 온 땅에 물이 넉넉하니 여호와께서 소돔과 고모라를 멸하시기 전이었으므로 여호와의 동산 같고 애굽 땅과 같았더라. (11) 그러므로 롯이 요단 온 지역을 택하고 동으로 옮기니 그들이 서로 떠난지라. (12) 아브람은 가나안 땅에 거주하였고 롯은 그 지역의 도시들에 머무르며 그 장막을 옮겨 소돔까지 이르렀더라.

롯은 이전에 아브람과 함께 이집트에 내려갔다가 다시 함께 돌아왔다. 돌아올 때 그도 많은 가축과 재물을 얻어 부유하게 되었다. 짐작건대 아브람이 바로 왕에게서 얻은 가축과 재물 가운데 적지 않은 양을 조카 롯에게도 주었을 것이다. 그러나 문제는 불어난 가산 때문에 롯은 아브람과 함께 살기에 땅이 너무 비좁다고 느끼기 시작했다. 이에 두 사람은 상의한 끝에 서로 헤어져 살기로 합의하였다. 그렇지만 롯은, 그가 아브람과 함께 살려고 고향 땅을 떠나왔을 때부터 지금 이 순간까지 줄곧, 하나님이 아브람에게 복을 주실 때마다 자기에게도 복을 주셨다는 것을 생각하지 않고 살아왔다. 자기가 입은 혜택이 아브람 덕택이라고 생각하고 감사한 적도 없었다.

이것은 오늘 우리에게도 큰 의미가 있다. 우리 역시 '아브라함과 이스라엘 덕택에' 롯과 같던 우리가 하나님의 복과 은혜의 입을 수 있었다. 주님의 구원과 영생의 은혜를 받은 적극적 참여자가 될 수 있었던 것이다. 이것이 토라가 말하는 복이고, 토라의 기쁨이다.

그러나 롯은 하나님께 대한 믿음으로 영적인 것을 사모하지 않고, 이 땅의 부와 물질에 더 마음을 두고 살았다. 본문이 증언하는 롯은 아브람의 일시적인 동행자일 뿐, 신앙적인 면에서는 아브람에게 그 어떤 도움도 되지 못했다. 다음의 아케이닷 이츠학^{아케이닷 이츠학} 주석서는 흥미로운 관점 하나를 제공해 준다.

> [아케이닷 이츠학 34:10~11]
> 히브리어 낫싸(נשא)는 '무엇을 옮긴다'거나 또는 '무언가를 받아들이는' 것을 의미한다. 따라서 창13:6절에서 "그 땅이 그들이 동거하기에 넉넉하지(낫싸) 못하였다"라고 말한 것은, 그 땅이 아브라함과 롯 두 사람 모두를 받아들이기에 충분한 상태가 아니었다는 것을 의미한다. 반대로 '동거'라는 말은 '무엇을 수용하는 것'을 뜻하며, 이는 인간 사이의 상호관계를 함의하고 있다. 즉 어떤 사람이 다른 사람의 행위가 어떻든 그 사람의 모든 것을 다 받아들인다는 뜻이다. 우리 하나님은 모든 사람이나 모든 사물과 상호관계를 맺고 계신다. 바꿔 말하면 하나님은 어떤 사람이나 어떤 사물이든, 그것이 어떤 모습으로 다가오더라도 모든 것을 받아주신다. 이것은 어떤 물리적 현상에만 국한된 것이 아니라, 실수나 고난과 같이 영적이고 도덕적인 것까지도 포함한다.

아케이닷 이츠학은 창13:6절에 나온 히브리 단어 '낫싸'에 주목하고 있다. 낫싸의 뜻을 '무언가는 받아들이는' 수용의 의미로 해석하고 있다. 이 단어는 신학적으로도 매우 중요하다. 이런 뜻을 고려하여 창13:6절을 다시 읽어보면 "그 땅이 아브람과 롯 둘 다 동거하도록 <u>받아들이지 않았다</u>"는 것이다. 이는 사람이 사는 이 땅의 속성을 보여준 것이다. 우리가 사는 이 세상은 모든 것이 함께 공존하고 어울리며 살도록 받아주지 않는다. 그러나 하나님은 어떠신가? 하나님은 모두를 다 받아주신다. 어떤 사람이든, 어떤 사물이든, 또 어떤 모습으로 다가오든 수용하신다. 단지 물리적으로만 받아주시는 것이 아니다. 우리가 어떤 죄를 저질렀든, 어떤 허물이 있든, 또 어떤 고난 가운데 있든, 믿음으로 주님 앞에 나가기만 하면 다 받아주신다. 죄로 인해 죽을 수밖에 없던 우리를 주님이 다 받아주시고, 우리를 구원하시려고 십자가를 지신 것처럼 말이다.

Parashat Ki Tisa 조사할 때 (출30:11~34:35)를 보면, 모세도 누구나 받아들이려고 했던 수용적인 사람이었다. 이스라엘이 금송아지 죄를 범하자 하나님이 그들을 다 죽이려 하셨을 때, 모세는 하나님께 "그러나 이제 그들의 죄를 용서하여 주옵소서"라고 간절히 기도했는데, 여기서도 사용된 단어가 낫싸이다. 그러므로 모세의 기도는 이스라엘이 저지른 금송아지 죄를 "내가 저지른 나의 죄로 받아들이겠다"는 뜻이었다. 이렇듯 낫싸라는 단어는 하나님과 우리 사이의 상호관계 안에서 이해해야 한다. 내가 고난 겪고 있는 모든 상황 속에 주께서 함께하시며, 우리의 모든 일에 어떤 형태로든 적극적으로 참여하고 계심을 말하고 있다.

또 창13:6절에서 '낫싸'라는 단어는 아브람과 롯의 관계 안에서 바라봐야 한다. 아브람은 롯의 생각과 행동은 물론, 그가 어디를 선택하든지 그의 결정까지 모두를 그대로 받아들이고 용납하겠다는 의미로 이해할 수 있다. 비록 몸은 떨어져 살더라도 롯을 골칫덩어리로 생각해서 다시는 상종 못 할 사람처럼 멀리하겠다는 것이 아니라, 그가 어디를 선택하고 어떻게 살아가든, 모든 것을 수용하겠다는 의사를 적극적으로 표현한 것이다.

하나님이 우리의 모든 죄를 용납하시고 받아주신 것은 은혜 중에 은혜이다. 성경은 주님이 우리에게 베푸신 은혜를 설명할 때 "오랫동안 참으셨다"고 말한다. 또 출34:6~7절을 보면 "여호와라, 여호와라, 그는 자비롭고 은혜로우시며 노하기를 더디 하시고 인자와 진실이 많은 하나님이시라. 인자를 천대까지 베풀며 악과 과실과 죄를 용서하신다"라고 하시며, 죄인까지 받아주신 주님의 자비에 대해 증언하고 있다. 바로 그 점에서, 아케이닷 이츠학이 하나님의 관대하심에 대해, 이것이 단지 물리적인 수용만을 가리킨 것이 아니라 영적이고 도덕적인 차원에서의 수용임을 밝힌 것이다.

영적이고 도덕적인 차원에서, 죄인인 우리를 용서하고 받아주신 가장 확실한 증거는 '주님이 우리를 위해 십자가 고통을 받으셨다는 사실'이다. 히브리어 낫싸는 '짐을 지거나 옮기는 것' 또는 '무엇을 받아들이고 용납하는 것' 등을 포괄하는 의미로 쓰일 뿐 아니라, 우상숭배나 간음 같은 죄와도 직접적으로 관련되어 있다. 이런 점들을 미뤄볼 때, 주님이 우리의 죄를 대신 지시고 사망에서 생명의 자리로 옮기셨으며 우리를 위하여 고난당하시고 모든 죄를 용서하신 은혜가 얼마나 큰지 알게 된다. 주님의 십자가는 '우리를 받아주신 은혜의 가장 뚜렷한 증표'이다. 십자가 고난을 스스로 겪으신 것도, 먼저 우리를 받아주셨기에 선택하신 일이다. 이로써 우리는 십자가의 은혜를 힘입어 거룩하신 하나님 앞에 나아갈 수 있고, 그리스도 안에서 구원받은 예배자로 설 수 있게 되었다.

우리가 오늘 본문을 읽으면서 놓쳐서는 안 될 게 있다. 창세기의 첫 부분 Parashat Bereshit 태초에에서 중요하게 다룬 주제, 즉 하나님이 세상을 창조하실 때 어둠으로부터 빛을 나누신 일을 통해, 의로운 자를 불의한 세상으로부터 부르신 '분리의 창조사역'이라는 주제를 벗어나서는 안 된다. 이 주제는 오늘 본문(Parashat Lech Lecah 가라)에서도 가장 중심에 흐르고 있다. 어둠의 세상 속에서 오직 물질적 욕심만 추구했던 롯, 이와는 달리 빛의 세계를 바라보며 영적인 삶에 치중했던 아브람, 이 두 사람의 모습을 서로 대조 시켜 주며 우리에게 이 둘 중에서 어떤 사람의 길을 걸어갈지 선택하라고 요구한다.

본문에 나타난 롯의 모습을 보면, 그는 물질적인 부를 쟁취하기 위해 투쟁하며 사는 것처럼 보인다. 그런 점에서 우리가 이제까지 살펴본 낫싸의 의미, 즉 다른 사람을 용납하고 수용하는 삶은 전혀 롯과는 어울리지 않는다. 그에게는 신앙적이고 도덕적인 개념에서 낫싸 신앙이 결핍되어 있다. 그래서 창세기 저자는 이 본문에서, '아주 의도적으로' 낫싸라는 단어를 사용함으로써 아브람의 수용적인 삶과 롯의 배타적이고 이기적인 삶을 비교해 주면서, 의로운 자와 불의한 자 사이를 분리하려고 의도하고 있다.

잠17:14절은 "다투는 시작은 둑에서 물이 새는 것과 같다"고 가르치고 있다. 이 말씀을 탈무드는, "다툼을 시작하는 것은 마치 수로를 여는 것과 같다"고 해석했다.[1] 아브람은 롯에게 자기 재물

---

1) 탈무드 바블리 산헤드린 7

을 나눠주었을 뿐만 아니라, 목자들 사이에 다툼이 일어났을 때도 롯에게 "우리 사이에 더 이상 다툼이 커지지 않도록 서로 평화롭게 지내자" 말하며, 의로운 자는 어떤 모습으로 살아야 하는지 그 본을 보여 주었다. 그러나 토라는 의로운 자와 불의한 자가 결코 한곳에서 함께 살아갈 수 없음을 가르쳐 주고 있다. 그러면서 우리에게 의롭게 살아야 함을 끊임없이 요구한다. 하나님은 이 땅에 의를 이루시기 위해 지금도 의인들을 통해 역사하고 계신다.

그러나 진정 의로운 삶이란 오직 예수 그리스도 안에서만 가능한 일이다. 주님은 우리가 하나님의 의를 위해 살도록 성령을 통해 능력을 공급해 주신다. 우리가 하나님의 의를 이루기 위해서 가장 중요한 것은 수용적인 사람이 되는 것이다. 그래야 하나님과의 관계는 물론이고 다른 모든 이웃과도 평화롭게 지낼 수 있다. 무엇보다 하나님과 그의 말씀인 토라에 대해 수용적인 믿음을 가져야, 주님과 하나가 되고 인격적인 교제도 가능해진다. '지금 여기에' 나와 함께 계신 주 하나님을 믿고 토라 말씀에 귀를 기울여야 한다.

제4주 차
Parashat Vayera 나타나시니라 (18:1~22:24)

구원의 은혜가 어찌 그리 크고 아름다운지요!

Parashat Vayera 나타나시니라 (창18:1~22:24)에서 봐예라^{Vayera}

는 '하나님이 나타나셨다'는 뜻이다. 18:1절은 이렇게 시작한다.
"여호와께서 마므레의 상수리나무들이 있는 곳에서 아브라함에게
나타나시니라." 18장 안에는 많은 이야기가 소개되어 있다. 전능
하신 하나님이 하늘의 천사 둘과 함께 아브라함을 찾아오신 일
(18:1~3), 아브라함의 아내 사라에게 아들을 줄 것이라고 약속하
신 일(18:9~15), 소돔과 고모라의 멸망에 관한 말씀을 들은 아브라
함이 그곳에 있는 의로운 자를 봐서라도 자비를 베풀어 달라고 간
구한 일(18:17~33) 등등.

창19:19절을 보면, 주님이 사악한 도시를 멸망시키는 중에도
롯에게 자비와 은혜를 베푸시어 그를 구원해 주려 하셨음을 알 수
있다. 그런데도 불구하고 롯은 자기 딸들과의 잠자리를 통해 두 민
족의 조상을 낳게 되는 죄를 짓고 만다. 한편 아브라함은 거처를
옮겨 아비멜렉에게 갔고, 아비멜렉은 그의 아내 사라를 취하려 한
다(20장). 그때 하나님이 아비멜렉에게 꿈에 나타나 사라를 범하

지 못하게 막으시고, 아비멜렉의 가정에 저주가 임할 것이라 경고하신다. 그로 인해 사라는 다시 돌아올 수 있었다. 아브라함은 아비멜렉을 위해 기도하였고 주님이 그 기도를 들으시고 아비멜렉을 용서하셨을 뿐만 아니라 그의 아내에게 출산할 수 있도록 치료해 주셨다(20:1~18).

뒤에 이어지는 이야기는 이삭과 관련된 내용이다. 특히 여기에 나오는 아케다(Akeda)라는 말은 신학적으로 매우 중요하다. '아케다'란 하나님이 아브라함의 믿음을 시험하려고 그의 독자 이삭을 제물로 바치라 했을 때, 아브라함이 명령대로 이삭을 '묶었던 것'을 가리킨다. 이는 하나님 말씀에 대한 절대적인 순종을 의미하며, 더 나아가 우리를 구원하려고 골고다에서 십자가를 지기 위해 자신을 묶으신 주님의 대속적인 사랑까지 연결된다. 그러므로 아케다는 토라 말씀 중에서 가장 두렵고 가장 도전적인 명령이라고 할 수 있다.

하나님은 아브라함이 사랑하는 외아들까지 기꺼이 드린 믿음을 보고 기뻐하시며 그에게 약속했던 복을 다시 한번 확인 시켜 주셨다. "또 네 씨로 말미암아 천하 만민이 복을 받으리니 이는 네가 나의 말을 준행하였음이니라"(22:18). 사실 이때는 아브라함이 이삭을 낳은 지 상당한 시간이 흐른 뒤에 있었던 일이다. 이삭은 번제에 쓸 나무를 자신의 힘으로 짊어질 정도로 성년이 되어 있었다.

우리는 오늘 본문(Parashat Vayera 나타나시니라)을 읽을 때 놓쳐서는 안 될 중요한 문제가 있다. 하나님이 아브라함에게 장차 행할 일(계획)을 털어놓으신 것이다. "내가 하려는 것을 아브라함에게 숨기겠느냐?" 주님이 이 땅의 악한 자들에게 행할 계획을 아브라함에게만큼은 숨김없이 말씀하신 것이다. 왜 알려주신 것일까? 우리가 성경에서 아브라함 이야기를 읽다 보면, 그의 믿음이 해를 거듭할수록 점점 더 좋아지고 있는 모습을 볼 수 있다. 심지어 아브라함은 자기와 상관없는 이웃 나라 사람들의 생명까지 생각하며, 그들을 불쌍히 여기며 간구할 만큼 포용력이 넓은 믿음을 보여주고 있다. 하나님이 아브라함에게 앞으로의 계획까지 털어놓은 일이 얼마나 중요한지, 우리는 그 의미에 대해 더욱 깊이 있는 논의가 필요하다.

[창18:16~21, 개역개정]

(16) 그 사람들이 거기서 일어나서 소돔으로 향하고 아브라함은 그들을 전송하러 함께 나가니라. (17) 여호와께서 이르시되 내가 하려는 것을 아브라함에게 숨기겠느냐. (18) 아브라함은 강대한 나라가 되고 천하 만민은 그로 말미암아 복을 받게 될 것이 아니냐. (19) 내가 그로 그 자식과 권속에게 명하여 여호와의 도를 지켜 의와 공도를 행하게 하려고 그를 택하였나니, 이는 나 여호와가 아브라함에게 대하여 말한 일을 이루려 함이니라. (20) 여호와께서 또 이르시되 소돔과 고모라에 대한 부르짖음이 크고 그 죄악이 심히 무거우니 (21) 내가 이제 내려가서 그 모든 행한 것이 과연 내게 들린 부르짖음과 같은지 그렇지 않은지 내가 보고 알려 하노라.

요지는 주님이 왜 소돔과 고모라에게 행하실 일을 먼저 아브라함에게 알려 주셨을까 하는 것이다. 이 성읍들을 왜 심판하고, 언제 행할 것이며, 또 구체적으로 어떤 방법으로 멸망시킬 것인지, 아주 상세하게 구체적인 계획까지 아브라함에게 숨김없이 말씀해 주신 의도가 무엇일까? 우리가 이 질문에 대해 논의하기 전에 먼저 탈무드의 설명을 들어보자.

> [탈무드 바블리 피르케이 아봇트 1:15]
> 랍비 삼마이Shammai는 말했다. 너는 너의 토라를 영구하게 하라. 말은 늦게 하고 행함은 빨리 하라. 그리고 모든 사람을 즐거운 마음으로 맞이하도록 하라.

> [탈무드 바블리 산헤드린 50b: 16]
> "그리고 그가 명령했다." 이것은 주님이 자신의 의를 바르게 세우시겠다는 뜻이다. 창18:19절을 보라. "내가 그로 그 자식과 권속에게 명하여 여호와의 도를 지켜 의와 공도를 행하게 하려고 그를 택하였나니, 이는 나 여호와가 아브라함에 대하여 말한 일을 이루려 함이라"고 말씀하지 않는가? 아브라함은 주님이 행하실 계획을 듣고, 후에 자신의 아들 이삭에게 하나님의 뜻(의와 공도)이 무엇인지에 관해 가르쳐야 했던 것이다.

탈무드가 말한 것처럼, '다른 모든 사람을 즐겁게 맞이하는 일'이나 '하나님 의와 공도를 행하는 일' 모두, 아브라함이 하나님 말씀을 절대적으로 믿은 결과로 나타난 것이다. 히13:1~2절도 다음과 같이 증언한다. "형제 사랑하기를 계속하고 손님 대접하기를 잊지 말라. 이로써 부지중에 천사들을 대접한 이들이 있었느니라." 피르케이 아봇트 1:15[1]가 여기서 '너의 토라'라고 말한 것을 주목하자. "너의 토라를 영구하게 하라. 말은 늦게 조금 하고 행함은 빨

---

1) 피르케이 아봇트(Pirekei Avot אבות פרקי)는 '아버지의 윤리'라는 뜻으로, 모세로부터 랍비에게 전달된 윤리적 가르침과 격언을 편집한 것이다. 나중에 이 문서는 유대인들의 삶의 교훈을 위한 지침서가 되었다. (WIKIPEDIA에서 Pirekei Avot 참조)

리많이 하라. 그리고 모든 사람을 즐거운 마음으로 맞이하도록 하라." 중요한 것은, 우리가 이렇게 살기 위해서는 쉬지 않고 토라를 배우고 또 가르쳐야 한다. 그렇게 하는 것이 토라를 영구하게 하는 길이다. 하나님의 계명을 '나의 토라'라고 생각하고 즐거운 마음으로 실천해야 한다. 토라의 가르침대로 항상 다른 사람들을 섬기며 기쁘게 맞이하는 태도로 삶을 살 때, 비로소 하나님이 우리에게 품은 뜻과 계획을 숨김없이 털어놓는(!) 은혜를 경험하게 될 것이다.

[창18:17~19절, 개역개정]

(17) 여호와께서 이르시되 내가 하려는 것을 아브라함에게 숨기겠느냐. (18) 아브라함은 강대한 나라가 되고 천하 만민은 그로 말미암아 복을 받게 될 것이 아니냐. (19) 내가 그로 그 자식과 권속에게 명하여 여호와의 도를 지켜 의와 공도를 행하게 하려고 그를 택하였나니, 이는 나 여호와가 아브라함에게 대하여 말한 일을 이루려 함이니라.

위 본문에서 하나님이 아브라함에게 앞으로 행하실 계획을 숨기지 않고 말씀하신 이유를 19절에서 다음과 같이 설명하고 있다. "내가 그로 그 자식과 권속에게 명하여 여호와의 도를 지켜 의와 공도를 행하게 하려고 그를 택하였나니, 이는 나 여호와가 아브라함에게 대하여 말한 일을 이루려 함이니라." 성경이 말하는 것처럼 아브라함은 의로운 사람이었고, 의인을 구하려고 불의한 자들까지 용서해 달라 간구할 만큼, 그는 사람의 생명을 귀하게 여겼다. 불의한 자들의 생명까지 귀히 보는 아브라함을 하나님은 더욱더 의롭게 여기시고, 자신의 생각과 계획까지 말씀해 주신 것이다. 이를 통해 하나님의 의와 공도가 무엇인지 분명히 깨닫게 행하도록 요구하신 것이다. 하나님이 아브라함에게 소돔과 고모라에 대한 심판 계획을 알려주신 것은, 아브라함과 그의 자손들이 이 땅에서 의와 공도를 행하며 살도록 하나의 좋은 증거로 삼으라는 목적이 담겨 있었다. 따라서 아브라함은 하나님이 소돔과 고모라를 멸하셨던 증거를 가슴에 새기고, 자손들이 하나님의 의와 공도를 행하며 살도록 이것을 끊임없이 가르쳐야 했다.

이것은 오늘 우리에게 어떤 의미가 있을까? 우리도 하나님의 의와 공도를 행하며 거룩하게 삶을 살면, 하나님의 생각과 계획을 우리에게도 알려주시지 않을까? 우리 사회에서 일어나는 제반 사건들은 물론이고 장차 일어날 일들, 그리고 특별히 하나님이 신실한 그리스도인들을 위해 어떤 준비를 하고 계시는 지에 이르기까지, 모든 것을 낱낱이 말씀하여 주시지 않을까?

랍비 라쉬밤과 스포르노와 라닥도, 하나님이 왜 아브라함에게 앞으로의 계획을 미리 알려주셨는지에 대해 여러 각도로 해석하였다. 먼저 라쉬밤의 견해를 들어 보자.

> **[창18:17절, 라쉬밤]**
> "하므캇세 아니 메아브라함(הַמְכַסֶּה אֲנִי מֵאַבְרָהָם)", 즉 "내가 아브라함에게 숨기겠느냐?" 이것은 소돔과 그 주변 도시들에게 행할 하나님의 심판에 관한 것이다. 하나님이 아브라함에게 약속하신 말씀, 곧 가나안 땅을 아브라함 자손들에게 주겠노라는 약속에 대해, 분명히 아브라함은 이삭에게 이야기해 주었을 것이다. 그런데 이 심판으로 인해 하나님이 유업으로 주신 가나안 땅 일부가 심각하게 파괴됨으로써 그곳이 황폐해진다면, 이는 결과적으로 아브라함 자손의 유업이 줄어들게 되는 손해를 입게 된다. 따라서 이런 결과를 짐작하신 하나님이 그 피해를

최소화하라는 뜻으로 아브라함에게 미리 계획을 알려 주셨다는 것이다. 창10:19절 말씀에 따르면, 당시 소돔과 고모라를 포함한 요단 계곡 모든 땅이 가나안에 속해 있었다. 그래서 하나님은 이들의 땅을 사람이 살 수 없는 불모지로 만들어 버림으로써, 후대에 사람들이 하나님의 약속에 대한 의구심을 갖지 않도록 하신 것이다. 사악한 땅을 심판하는 과정에서 하나님이 얼마나 고심하셨는지 그 흔적이 잘 나타나 있다.

라쉬밤은 하나님이 아브라함에게 계획을 숨기지 않고 알려주신 이유를 설명해 주고 있다. 가나안 땅에 대한 하나님의 약속을 기억하고 이 약속을 자손에게 전해야 하며, 소돔과 고모라가 왜 멸망을 당할 수밖에 없었고 또 어떻게 심판을 받았는지 끊임없이 그의 후손에게 가르칠 것을 원하셨다. 이 도시들이 멸망한 것은 그들이 하나님 뜻대로 살지 않았던 죄 때문이었음을 일러주려 하신 것이다. 죄는 결국 생명을 단축할 뿐이라는 가르침을 결코 소홀히 여기면 안 된다. 죄악에 빠져 살게 되면 언젠가는 무서운 심판을 맞게 되고, 심판이 임하면 그 누구도 피할 수 없고 그로 인해 파멸에 이르고 만다는 것을 자녀들에게 가르치라고 요구하신 것이다.

[창18:19절, 스포르노]
하나님이 아브라함에게 하늘의 공의가 무엇인지를 보여주신 궁극적인 이유는, 하나님이 아브라함에게 약속한 모든 말씀이 반드시 이루어진다는 사실을 확실히 믿도록 하려는 생각에서였다. 아브라함이 자손에게 소돔과 고모라의 멸망 사실을 전하며, 그러므로 하나님의 뜻대로 살라고 가르칠 때, 자식들은 하나님 언약은 반드시 이루어진다

는 것을 보았기에 그 가르침을 진리로 받아들일 것이다.

하나님이 소돔과 고모라에서 행할 일을 아브라함에게 미리 일러주신 이유에 대해 스포르노도 비슷한 의견을 말하고 있다. 아브라함이 그의 자손들에게 하나님의 의와 사회적 공도를 가르칠 때, 하나님이 두 도시에 행하신 일, 즉 하나님의 의를 무시한 죄의 결과가 얼마나 무서운지, 이것을 증거로 삼기 위함이었다는 것이다. 우리가 토라를 읽을 때마다 우리 귀에 어떤 주님의 목소리가 들려오는가? 그 음성에는 주로 어떤 가르침이 담겨 있는가? 가르침의 내용은 다양할지라도 공통적인 주제는 "이 땅에서 승리하느냐 패배하느냐? 생명 길로 나가느냐 파멸의 길로 나가느냐?" 이것을 결정하는 것은 믿음에 달려있음을 가르쳐주고 있다. (고전10~11장 참조)

[창18:19절, 라닥]
"내가 그로 그 자식과 권속에게 명하여 여호와의 도를 지켜 의와 공도를 행하게 하려고 그를 택하였나니..." 이 말이 무슨 뜻일까? 아브라함은 자식들에게 다음과 같이 말할 것이다. "너희가 만약 주님이 기뻐하실 만한 행위를 하려고 애쓰면서, 동시에 주님의 의가 만방에 널리 퍼져나가도록 하는 일에 최선을 다한다면, 주가 반드시 너희를 도우시고 너희는 성공적 삶을 살게 될 것이다." 그뿐만 아니라 너희 자손들은 주님이 약속한 말씀, 즉 아브라함 후손에 대해 언약하신 말씀이 성취되는 것을 맛보게 될 것이다. 그러나 이와 반대로, 만일 자손들이 말씀을 지키지 않고 하나님의 의를 행하지도 않는다면, 그 약속은 이루어지지 않을 것이고 오히려 큰 실패로 인해 고통을 당하게 될 것이다. 이렇듯 언약 성취는 너희가 어떻게 사느냐 즉 삶의 방식에 의해서 결

정되기 때문에, 창18:19절은 약속 성취의 책임이 아브라함과 그 자손들에게 있음을 명시한 말씀이라고 할 수 있다. 만약 너희 자손들 중에 혹시 "하나님은 큰 나라 민족들의 행위를 주시하는 만큼, 작은 나라 민족들 행위에 대해서는 그 정도의 관심을 기울이지 않는다"라고 말하는 사람이 있을까 봐, 하나님은 소돔같이 작은 도시에서 일어나는 일에도 관심이 크다는 사실을 보여주려고 하신 것이다.

주님은 설령 작은 민족이라 할지라도 그들이 어떻게 행동하고 살아가는지를 얼마나 관심 있게 바라보고 계시는지 알게 해 주시려고, 아브라함에게 소돔과 고모라에서 들려온 부르짖음(20절)에 대해 말씀하신 것이다. 주를 믿지 않는 자들은 소돔의 멸망을 자연적으로 발생한 천재지변, 예컨대 지진 해일 화산폭발 같은 재난 정도로 생각한다. 그런 까닭에 하나님은 소돔의 멸망이 자연발생적 재앙이 아니라, 하나님이 직접 개입하신 심판이었음을 확실히 알려주기 위해 아브라함에게 이 사실을 미리 고지해 주셨다.

라닥은 하나님이 소돔에서 행할 일을 미리 아브라함에게 알려 주신 이유가, 그의 자식들에게 이 사건이 의미하는 교훈이 무엇인지를 가르치도록 하려는 뜻이었다고 말한다. 그렇게 함으로써 현실의 삶 속에서 하나님이 기뻐하는 모습으로 살기를 원하셨다는 것이다. 다른 사람에게 관용적이고 의롭고 거룩하고 진실하게 사는 모습을 보여줌으로써, 이렇게 사는 것이 하나님의 언약을 성취하고 행복한 인생을 이룩하는 일에 얼마나 직접적인 관계가 있는지, 이를 자손들에게 교훈하는 기회를 주셨다고 본 것이다.

하나님은 아브라함과 그 자손들이 이 땅에서 복을 받고 성공적인 삶을 살기 원하셨다. 주님은 오늘 우리 한 사람 한 사람에게까지 관심을 두고 계신다. 창18장에서 하나님이 아브라함에게 소돔과 고모라에 대해 미리 알려주신 가장 중요한 이유는, 하나님이 이 땅의 사람들에게 얼마나 관심이 많으신지, 설령 작은 시골 한구석에 사는 소수의 사람이라 할지라도, 이 땅 모든 사람을 면밀히 바라보고 계신다는 것을 일러주려 하심이었다.

소돔과 고모라 멸망에 대해 라닥은 다음과 같이 결론지었다. "소돔과 고모라가 멸망한 것은 결코 자연재해나 우연히 일어난 천재지변이 아니다. 이것은 세상을 공의로 다스리시는 주님이 그들의 죄를 보시고 심판을 행하신 것이다." 이를 행하기에 앞서 먼저 아브라함에게 그 계획을 밝히신 것이다. 이 말을 들은 아브라함은 불의한 도시에서 아직도 갈피를 잡지 못한 채 믿음과 멀어진 모습으로 살아가고 있는 조카 롯을 구하기 위해 하나님께 간청했다. 이런 간청에 하나님은 일일이 승낙하셨다. 우리는 이를 통해 하나님이 얼마나 자비롭고 은혜가 크신지 더 확실히 깨닫게 된다.

하나님이 아브라함에게 소돔에서 행하실 일을 가르쳐주신 이유를 생각할 때, 이와 비슷한 주제를 바울 서신에서도 찾아볼 수 있다. 사도 바울은 고전1:24~31절에서 다음과 같이 말했다.

[고전1:24~31절, 개역개정]
(24) 오직 부르심을 받은 자들에게는 유대인이나 헬라인이나 그리스도는 하나님의 능력이요 하나님의 지혜니라. (25) 하나님의 어리석음이 사람보다 지혜롭고 하나님의 약하심이 사람보다 강하니라. (26) 형제들아 너희를 부르심을 보라 육체를 따라 지혜로운 자가 많지 아니하며 능한 자가 많지 아니하며 문벌 좋은 자가 많지 아니하도다. (27)

그러나 하나님께서 세상의 미련한 것들을 택하사 지혜 있는 자들을 부끄럽게 하려 하시고 세상의 약한 것들을 택하사 강한 것들을 부끄럽게 하려 하시며, (28) 하나님께서 세상의 천한 것들과 멸시 받는 것들과 없는 것들을 택하사 있는 것들을 폐하려 하시나니 (29) 이는 아무 육체도 하나님 앞에서 자랑하지 못하게 하려 하심이라. (30) 너희는 하나님으로부터 나서 그리스도 예수 안에 있고 예수는 하나님으로부터 나와서 우리에게 지혜와 의로움과 거룩함과 구원함이 되셨으니, (31) 기록된 바 자랑하는 자는 주 안에서 자랑하라 함과 같게 하려 함이라.

바울은 27~28절에서 '주님의 선택'에 대해 언급하고 있다. 주께서 누구를 선택했다는 것은, 결국 다른 무엇(죄/불의)으로부터 구별했다는 뜻이다. 즉 주님이 악한 세상으로부터 구별하여 자기의 백성으로 삼았다는 의미가 전제되어 있다. 이것은 하나님이 아브라함을 택하여 그와 그 자손들을 주의 백성으로 삼으셨다는 말과도 같은 것이다. 우리를 주님의 소유로 삼은 일에 대해 바울이 뭐라고 증언하고 있는가? "너희는 하나님으로부터 나서 그리스도 예수 안에 있고 예수는 하나님으로부터 나와서 우리에게 지혜와 의로움과 거룩함과 구원함이 되셨으니"(30절). 이 구절을 원문대로 직역하면 이렇다. "그러나 주님의 행하심에 의해 너희는 그리스도 예수 안에 있고, 이로써 하나님으로부터 지혜와 의로움과 거룩함과 구원함이 우리에게 임하게 되었다."[2]

이제 우리는 주님과 아주 특별한 관계가 되었으며, 이로써 예수 그리스도 안에서 날마다 교제하며 아브라함이 받은 복을 우리

---

2) [NASB] But by His doing you are in Christ Jesus, who became to us wisdom from God, and righteousness and sanctification, and redemption.

도 함께 누릴 수 있게 되었다. 그러나 이것보다 더 큰 은혜는 우리가 주의 자녀라는 사실만으로 우리의 삶 가운데 주님이 항상 함께 하시면서 쉬지 않고 움직이신다는 것이다. 또 장차 이 땅에 행하실 일을 먼저 우리에게 알려주시고, 이를 증거 삼아 의와 공도를 행하며 살도록 우리 안에 성령으로 역사하신다. 이것을 믿는 사람이라면, 날마다 하나님 말씀을 자녀들에게 가르치는 일에 힘쓸 것이고, 그런 사람은 주님이 원하시는 뜻대로 살려고 끊임없이 기도할 것이다. 그리하여 실제 삶 속에서, 다른 사람들에게는 관대하고 자신은 의로움과 거룩함을 잃지 않고 살아가는 진실한 그리스도인으로서의 본이 되어, 하나님 말씀이 여전히 살아있음을 드러내야 한다.

탈무드 바블리는 어떤 사람이 정말 의로운 사람인가 하는 것에 관하여 중요한 교훈을 주고 있다. 특히 피르케이 아봇트가 이것을 강조하고 있다.

> **[탈무드 바블리 피르케이 아봇트 5:10]**
> 사람들을 보면 네 종류 사람으로 나눌 수 있다. 첫 번째는 "내 것은 내 것, 네 것은 네 것"이라고 말하는 베이노닛beinonit, 즉 무엇이든 자기 것과 남의 것을 정확히 구분하는 사람이다. 이런 사람은 '소돔 사람'이라고 할 수 있다. 다음은 "내 것은 네 것이고, 네 것은 내 것"이라고 생각하는 암 하아렛츠am ha'aretz가 있다. 이들을 '이 땅의 사람'이라 부른다. 이들은 배운 것과는 무관하게 육신적인 생각만 한다. 그다음으로 "내 것은 네 것이고, 네 것은 네 것"이라고 말하는 하씨드chasid가 있는데, 우리는 이들을 '의로운 사람들'이라고 부른다. 마지막 네 번째로는 "네 것도 내 것이고, 내 것도 내 것"이라고 말하는 라쇼rasha가 있다. 우리는 이들을 가리켜 '사악한 자들'이라고 말한다.

탈무드는 이 세상에 네 종류의 사람이 있다고 가르친다. 첫째로 네 것과 내 것을 정확히 구분하는separatist 베이노닛이 있고, 둘째로는 세속적인 생각으로 사는earthly or fleshly person 암 하아렛츠가 있으며, 셋째로는 의로운 사람righteous person 하씨드가 있고, 끝으로 라쇼라 일컫는 사악한 자들wicked person이 있다. 이 가르침은 우리에게도 중요한 교훈을 준다. 우리가 정말 주의 자녀라면 주님이 기뻐하는 의인 하씨드가 되어야 한다. 자신이 가진 것이나 배운 지식을 다른 사람들과 함께 나누며 공유하는 삶이 얼마나 행복한지, 삶에서 직접 실천함으로써 그 기쁨을 맛보는 것이 중요하다. 마음으로부터 우러나서 행동을 통해 입증하는 삶, 이것이 바로 하나님 자녀의 모습이다.

하나님이 아브라함에게 소돔과 고모라의 멸망에 대해서 말씀하실 때 마음속에 어떤 생각을 하셨을까? "아브라함이 정말 의롭다면 이 불의한 세상 속에서 의롭게 살아가고 있는 사람들에 대해 어떤 마음을 갖고 있을까?" 분명히 이렇게 생각하셨을 것이다. 하나님의 생각대로 아브라함은 의로운 자들을 위해 불의한 도시를 용서해 달라고 간청했다. 이 마음을 보신 주님은 아브라함을 의로운 자, 곧 하씨드로 인정하신 것이다.

우리는 우리를 둘러싸고 있는 사람들이 항상 예리한 눈빛으로 우리를 주시하고 있다는 사실을 잊지 말고, 토라 말씀을 지키면서 이웃과 선한 관계를 맺도록 더 각별히 유의하며 삶을 살아야 한다. 다른 사람을 관대하게 대하며 사랑으로 돌보고, 세상 죄악에 대해서는 과감히 물리치되, 죄인들을 불쌍히 여기고 그들을 위해 하나님께 용서를 구할 줄 아는 사람이 될 때, 이는 곧 우리가 아브라함의 의로운 후손임을 입증하는 확실한 증거로 삼을 수 있다. "내가 그를 택했나니, 결국은 그가 그의 자식과 후손들에게 주의 명령을 전하여 그 법을 지키게 하고 공의를 행하게 하려 함이라"(창18:19, 사역). 참 신앙이란 우리가 믿는 바를 행함으로 보여주는 것까지 나아가야 한다. 참 신앙은 행함을 통해 보존되는 것이다. 이는 아직도 길을 잃고 헤매는 불쌍한 영혼들을 찾아 그들이 구원받도록 복음의 메시지를 전하는 이유이기도 하다.

오늘 토라 본문 Parashat Vayera 나타나시니라를 통해 내릴 수 있는 결론은 무엇인가? 이것은 다음 질문과 관계가 있다. "왜 주님은 소돔과 고모라에서 행하실 일을 미리 아브라함에게 말해 주셨을까?" 이제까지 이 질문에 대한 대답을 찾기 위해서 여러 문헌에서 다양한 해석을 살펴보았다. 왜 하나님은 아브라함에게 미리 계획을 알려 주셨을까? 왜 그와 상의하셨을까? 왜 몇 차례에 걸친 그의 간구를 다 들어 주셨을까? 결론은 이것이다! 아브라함은 항상 주의 말씀에 복종했다는 것, 이것을 증거로 삼아 그의 삶 가운데 나타나신 하나님의 역사를 빠짐없이 자식과 후손들에게 가르쳤다는 것, 이런 믿음을 하나님이 좋은 본보기로 삼아 그를 의로운 자의 표상이 되게 하신 것이다.

토라는 물론 성경 전체가 예수 그리스도를 계시하고 있다. 그러므로 우리 역시 아브라함처럼 믿음의 표상인 예수 그리스도를 자녀들과 모든 이웃에게 전하고 가르쳐야 한다. 우리가 우리 안에 역사하고 계신 예수 그리스도를 증거로 삼아 날마다 전하고 가르칠 때, 하나님은 비로소 우리를 자녀로 부르시고, 불의한 세상에 대하여 행하실 계획을 자세하게 알려주신다. 우리가 전할 증거 가운데 가장 명백한 것은, 우리를 위해 십자가에서 죽으시고 무덤에서 살아나신 '주님의 부활'이다. 이보다 더 분명한 증거가 어디 있겠는가? 이제 우리는 이 사실을 전하는 일에 멈춤이 있어서는 안 되다. 끊임없이 주의 십자가와 부활을 전하고, 이 일을 미리 알려주기 위해 일찍이 주의 선지자들에게 주신 토라를 힘써 가르쳐야 한다. 토라가 가리키는 분이 곧 예수 그리스도이고, 따라서 토라가 곧 예수 그리스도를 계시하는 말씀이다. 우리는 토라 안에서 예수 그리스도를 만날 수 있다.

토라를 배우고 그 말씀을 삶에 적용하는 것을 주님은 강력하게 요구하신다. 토라의 말씀을 근거로 하여, 우리들 스스로가 믿음의 본이 되어 의로움과 거룩함이 모든 사람 앞에 드러나도록 요구하신다. 이것은 하나님이 독생자 예수를 통해 우리에게 보여주신 것이며, 이것은 그리스도 안에 있는 하나님의 은혜와 자비이다! 주님은 지금도 믿음의 사람들에게 자신의 뜻과 계획을 알려주신다. '성경(토라)의 말씀대로' 우리가 그리스도 예수만 붙들고 살면 주의 은혜 안에 나타난 하나님의 자비가 얼마나 풍성하고 위대한지 저절로 깨닫게 된다. 그 은혜의 정점은 '죄인인 우리를 구원해 주신 복음'이다! 오 할렐루야! "여호와 우리 주여, 주의 이름이 온 땅에 어찌 그리 아름다운지요"(시8:9).

오 찬양받기에 합당하신 주님, "우리를 구원하신 하나님의 은혜가 어찌 그리 크고 아름다운지요." 할렐루야!

제5주 차
Parashat Chayei Sarah 사라가 누린 햇수 (23:1~25:18)

하나님 앞에서 걷는다는 것:
토라, 랍비문헌, 신약성경과의 해석학적 상호연관성

Parashat Chayei Sarah 사라가 누린 햇수 (창23:1~25:18)에는 아브라함의 아내 사라의 죽음(23:1~3)과, 그녀를 장사하려고 헷 사람에게서 매장지를 구입하는 이야기(23:4~20)로 시작된다. 매장지 구매를 끝낸 아브라함은 아들의 혼인을 위해 늙은 종을 불러 고향 땅에 보낸다(24:1~4). 아쉽게도 아브라함의 종이 누구인지 우리는 알 길이 없다. 엘리에셀(15:2)이라고 생각할 수도 있으나, 본문에는 그 이름이 어디에도 나오지 않는다. 다만 성경은 이 종이 얼마나 신실하게 주인의 명을 따랐는지, 그리고 그로 인해 하나님이 그에게 이삭의 처를 순조롭게 찾을 수 있도록 인도하셨다는 이야기(24:11~21) 정도만 소개되고 있다.

그러나 아브라함의 종과 관련된 본문을 통해 알 수 있는 몇 가지 분명한 사실이 있다. 아브라함의 종은 자기 주인이 섬긴 여호와 하나님을 신실히 믿었고, 자기가 맡은 책임을 잘 수행하기 위해 하나님께 기도하며 도움을 청했다. 하나님이 그런 믿음을 보시고 그를 도와주셔서 종이 책임을 잘 완수하도록 인도하셨다.

성경이 증언하고 있는 내용으로 비춰 볼 때 아브라함의 종이 리브가^{Rebecca}를 본 순간, 그는 그녀가 이삭을 위해 하나님이 준비한 사람이라는 것을 금방 알아챘다. 심지어 주님은 리브가뿐만 아니라 그녀의 가족들 마음마저 움직여 주셨다. 아브라함의 종은 하나님의 약속을 기억했고 주를 경외하며 그 뜻을 이루기 위해 주님이 자기 앞에 마련해 두신 길을 묵묵히 따라 걸었다. 이것은 오늘 우리에게 매우 중요한 교훈을 준다. 우리도 아브라함의 종처럼, 하나님의 뜻을 이루기 위하여 토라의 길을 따라 걸어야 한다. 이것이 주 앞에서 살기 원하는 사람이 마땅히 행할 바이다.

본문의 마지막 부분 창25장은 아브라함이 그두라^{Keturah}를 후처로 얻은 이야기, 그리고 그두라가 여섯 아들을 낳았고 아브라함은 그들에게 약간의 재산을 나눠주며 이삭의 곁을 떠나도록 하지만, 사라가 낳은 이삭에게는 나머지 모든 재산을 물려주는 내용이 이어진다. 그런 후에 아브라함은 세상을 떠난다(25:7~8).

[창24:40, 개역개정]
주인이 내게 이르되 내가 섬기는 여호와께서 그의 사자를 너와 함께 보내어 네게 평탄한 길을 주시리니, 너는 내 족속 중 내 아버지 집에서 내 아들을 위하여 아내를 택할 것이니라.

아브라함의 종은 주님이 이삭의 아내로 택한 여인이 바로 리브가라는 사실을 그녀 가족에게 알리면서, 이렇게 손쉽게 찾을 수 있도록 주님이 베푸신 은혜에 대해 자기 주인 아브라함에게 들었던 말을 그대로 인용하며 설명했다. "주인이 내게 이르되 내가 섬기는 여호와께서 그의 사자를 너와 함께 보내어(잇쉘라흐 말레아코), 네게 평탄한 길을 주시리니 너는 내 족속 중 내 아버지 집에서 내 아들을 위하여 아내를 택할 것이니라." 앞에서 아브라함이 자기 종을 보내면서 당부했던 본문을 읽어 보라. 창24:7절을 직역하면, "내가 섬기는 여호와께서 그의 사자를 너와 함께 보내어 네가 거기서 내 아들을 위해 아내를 택하라." 이 구절을 원문에 기초하여 다시 풀어 보면 다음과 같은 의미이다. "내가 걸어왔던 길에 '항상' 계셨던 여호와께서, '이제 네가 가는 길에도' 그가 사자를 네 앞에 보내실 것이다." 아브라함의 종은 자기가 떠나올 때 주인이 했던 말을 리브가의 가족들에게 그대로 인용하고 있다.

40절에서 또 하나 주목해야 할 것은, 아브라함이 '내가 섬기는 (히트할라크티; התהלכתי) 여호와'라고 말한 부분이다. 우리말 성경 대부분이 이 부분을 '내가 섬기는'이라고 번역해 놓았으나, 여기 히트할라크티라는 단어는 '내가 걸어왔다'[1]라는 뜻으로. 토라에서 이 단어는 매우 중요한 의미를 갖고 있다. 사람이 누구와 함께 걷는다는 것은 두 사람 사이가 매우 특별한 관계라는 사실을 말해 준다. 따라서 아브라함이 이 단어를 사용한 것은, 하나님과의 특별한 관계를 내포하고 있다. 성경에서 구체적인 예가 하나님께 특별한 사명을 받아 수행했던 노아의 이야기에서 찾아볼 수 있다. 유대 랍비 주석서인 쉘라흐 토라 오흐르는 이 단어의 중요성에 대해 다음과 같이 말한다.

---

1) I have walked (NIV, NASB 참조)

[쉘라흐, 노아, 토라 오흐르 35]

이 단어를 정확히 설명하려면 우선 창6:9절과 24:40절의 차이점에 대해 먼저 바르게 인식해야 한다. "노아는 하나님과 동행했다 (엣트-하엘로힘 히트할레크-노아흐Noach walked with the God"). 그러나 24:40절에서 아브라함은 아쉐르-히트할라크티 레파나브, 즉 '내가 걸어왔던 길에서before whom I have walked'라고 말한다. 미세하지만 노아와 아브라함과는 분명한 차이가 있다. 아브라함은 자기 스스로 주도권을 가지고 주님과 함께 걸어온 반면, 노아는 하나님 손에 이끌림 받기를 원했다. 당시 노아는 세상이 너무 타락하고 부패한 나머지 사악한 세상에 물들까 봐, 오직 하나님 외에는 다른 것들과 섞이기를 두려워하였고, 그런 까닭에 하나님과의 동행만을 생각하며 스스로 세상으로부터 고립되기를 힘썼다. 그러나 이에 반해서 아브라함은 자신이 살던 세상이 부패하고 타락했음에도 불구하고, 스스로 이에 맞서 싸우려는 마음을 가졌을 뿐만 아니라, 함께 거주하는 사람들이 선한 삶을 살도록 이들을 하나님의 길로 이끌려고 노력했다. 토라는 여러 차례 아브라함의 이런 노력을 보여주고 있다. 아브라함이 "내가 걸어왔다"라고 한 말을 이해하는 데 있어 매우 중요하다.

위에서 본 것처럼 쉘라흐 토라 오흐르는 이 단어의 형태에 따라 하나님과 함께 길을 걷는다고 하더라도 똑같은 의미에서의 동행이 아니라는 점을 강조하고 있다. 노아는 타락한 세상 때문에 스스로 고립되기 위해 주님과 '함께(with)' 걸었던 반면, 아브라함은 타락한 세상을 구원하기 위해 주님 '앞에서(before)' 걸었다.

이 같은 해석은 오늘 우리가 성경을 이해하는 데 있어 큰 유익을 준다. 종종 이런 해석은 토라 각 본문들이 특정한 상황에서 보여준 아주 미세한 부분들까지 다시 한 번 깊이 생각해 볼 수 있게 한다.

또 토라가 강조하는 핵심을 정확히 집어낼 수 있게 하여, 본문에서 주님이 말씀하시려는 가장 중요한 메시지를 분별하고 파악하도록 만든다. 탈무드 바블리에는 모세프 라쉬Mosef Rashi라는 제목의 섹션이 있다. 모세프 라쉬는 랍비인 라쉬의 가르침에 대한 참고서이다. 라쉬는 오늘 본문 Parashat Noach 노아 주석에서, 아브라함과 노아의 차이점에 대하여 언급하고 있다. 특히 노아와 하나님과의 관계에 대해서 아래와 같이 말하고 있다.

[모세프 라쉬, 노아에 대한 논평]
"노아는 하나님과 동행했다." 그러나 주님은 창24장에서 아브라함에게 말씀하셨다. "너는 내 앞에서 걸어가라!" 노아는 하나님이 그를 붙잡아 주기를 원했지만, 아브라함은 늘 모든 일에 주도적이었으며, 자기 믿음에 따라 주의 길 안에서 의롭게 나아갔다.

라쉬의 해석에 의하면, 노아는 하루하루 두려운 세상 속에서 어떻게든 하나님 뜻대로 의로운 삶을 살려고 나약한 자신을 붙들어 주기 원하며 주님과 동행했지만, 아브라함은 믿음으로 하나님 말씀에 순종하며 모든 일에 주도적으로 행하기 위해 날마다 하나님과 동행했다는 것이다. '함께 걷는다' 또는 '곁에 있다'는 말은 무슨 일을 계속 진행해 나가기 위해 누군가로부터 도움을 받거나 지원을 받고 싶다는 의미를 띠고 있다. 노아는 이런 기대를 하고서 주님과 동행하기 원했던 것이다. 그러나 아브라함은 달랐다. 아브라함이 '하나님 앞에서 걸었던' 것은, 그가 하나님으로부터 도움이나 지원을 받는 일보다는, 하나님이 원하는 삶을 위해 자기 의지로써 순종하며 동행하기를 힘썼다는 뜻이다.

한편 창세기 미드라쉬(미드라쉬 랍바 Bereshit Parashat 30, Part 10)는 아브라함과 노아의 차이에 대해 어린아이와 성인으로 비유한다. 어린아이는 혼자 걷는 것을 두려워하여 부모와 함께 가길 원하는 것처럼, 노아 역시 자기 보호자로서 주님과 함께 걷기 원했던 것이다. 그러나 아이가 커서 성인이 되면 혼자서 충분히 걸어갈 수 있고, 아무도 곁에 없어도 얼마든지 자기 의지에 따라 주도적으로 행동한다. 성인이란 자기 스스로 독립적 존재가 되어야 한다. 아브라함은 '성인답게' 주님 앞에서 걸어갔던 것이다.

아브라함과 노아를 비교할 수 있는 예는 다른 본문에서도 발견되고 있다. 두 사람에 관한 토라의 기록을 보면, 노아보다 아브라함의 믿음이 훨씬 더 진일보되었음을 알 수 있다. 이 두 사람 믿음을 비교하기 위해서는 '히트할레크 레파나이(לְפָנַי הִתְהַלֵּךְ)', 즉 하나님이 아브라함에게 나타나 "내 앞에서 걸어가라"(창24:40, 6:9, 17:1 참조) 하신 말씀의 의미가 무엇인지 먼저 살펴봐야 한다. 이 표현은 노아와 아브라함 이야기에서 아주 결정적인 역할을 한다.

먼저 창17:1절의 상황을 들여다보자. 아브라함이 99세 되었을 때 하나님이 그에게 나타나서 말씀하셨다. "나는 전능한 하나님이라. 너는 내 앞에서 행하여 완전하라". 이 구절을 원문대로 옮기면 다음과 같은 뜻이다. "나는 전능한 하나님이다. 내 앞에서 '너 스스로' 걸어가라. 그리고 흠이 없도록 하라."[2] 라쉬는 주님이 여기서

---

2) 영어성경 NASB (New American Standard Bible)는 "I am God Almighty; Walk before Me, and be blameless"라고 번역하고 있다.

'히트할레크'라는 단어를 쓰신 것은, 하나님 섬기는 일에 더 힘을 쏟으라는 뜻을 말씀하신 것이라고 보았다. 그래서 아브라함이 늙은 하인을 떠나보내면서 당부했던 말, 즉 '내가 걸어온 길 앞에 함께 계셨던 여호와께서 네가 가는 길 앞에도 함께 하심으로 그의 사자를 보내실 것'(24:40)이라고 했던 것이다. 따라서 이 말은 아브라함이 주님을 그만큼 각별하게 섬겼다는 의미로 해석할 수 있는 것이다. 그래서 우리말 성경 대부분, 이 구절을 '<u>내가 섬기는</u> 여호와께서 그의 사자를 너와 함께 보내어'라고 옮긴 것도, 라쉬의 견해와 같은 입장을 밝힌 것이라고 할 수 있다. 아브라함이 하나님께 더 간절히 매달렸기에, 주님이 주신 언약 곧 '하나님을 잘 믿고 섬긴다면 네 자손이 번성할 것'이라는 약속을 붙잡고 주님과 동행할 수 있었다. 오늘 우리도 아브라함처럼 이런 믿음으로 살고 있는가?

히브리어 히트할레크는 또 에녹과 야곱 관련 이야기에서도 등장한다. 먼저 에녹의 경우를 보면, 창5:22절과 24절에서 "그때 에녹은 하나님과 함께 걸었다(봐잇할레크 하녹크 엣트-하엘로힘)"고 증언하고 있다. 라쉬는 비록 에녹이 의로운 사람이긴 했지만, 언제든지 악에 걸려 넘어질 만큼 마음이 약한 사람이었다고 말한다. 그런 까닭에 하나님은 에녹의 이름이 이 땅에서 계속 의인으로 남게 하려고 육신의 생명이 다하기 전 그를 데려가셨다는 것이다. 창세기 미드라쉬에서는 에녹을 가리켜 '때로는 의롭고 때로는 악했던 사람'[3])이었다고 평가하고 있다.

---

3) 미드라쉬 랍바 Bereshit Parashat 25, Part 1.

그렇다면 야곱의 경우는 어떤가? 야곱은 죽기 전에 아들들을 한자리에 불러놓고 하나하나 축복해 주었다. 그중 요셉에게 축복하고 있는 창48:15절은 "내 조부 아브라함과 아버지 이삭이 섬기던 하나님(하엘로힘 아쉐르 히트할레크 아보타이 레파나이브 아브라함 베이츠학크)"이라는 말로 시작한다. 원문에는 이 구절이 약간은 어색하게 표현되어 있다. 굳이 직역하면 '나의 조상 아브라함과 이삭이 그 앞에서 걸어갔던 하나님'이다. 스포르노는 여기에서 야곱이 요셉을 축복할 때 '나의 조부 아브라함과 아버지 이삭이 섬기던(히트할레크) 하나님'이라고 먼저 말을 꺼낸 이유에 대해, 평생을 하나님 앞에서 살아온 아브라함과 이삭의 믿음을 생각하고 하나님이 이들에게 선한 은혜를 내려주신 것처럼, 요셉에게도 그와 같은 은혜를 주기 원하는 마음이 깃들어 있었기 때문이라고 주장했다.

이 히브리어의 뜻을 파악하는 일은 Parashat Chayei Sarah 사라가 누린 햇수 본문 전체를 이해하는 데 매우 중요하다. 창24:40절은, '내가 섬기는 여호와께서 그의 사자를 너와 함께 보내어(예흐바 아쉐르-히트할라크티 레파나이 잇쉘라흐 말레아코)'라고 말한다. 토라에는 히트할레크라는 단어가 여러 번 나오고 있지만, 이것이 누구에게 또 어떤 상황에서 나오는지에 따라 다른 의미를 보여주고 있다. 하나님께 대한 믿음과 순종과 헌신의 차이에 따라 각기 다른 의미로 해석되어야 한다는 것이다. 예컨대 랍비들의 해석대로라면, 에녹은 죄악에 쉽게 물들 만큼 그 믿음이 연약한 상태였고, 따라서 만약 계속 그 상태에서 계속 살아가면 혹시나 의롭지 못한 삶으로 되돌아갈 우려가 있다고 보고 하나님이 그를 미리 '데려가신(לקח)'

것이다. 하나님은 그의 의로운 이름이 훼손되지 않도록 배려하셨다는 역설적인 은혜로 볼 수 있는 것이다.

한편 노아의 믿음은 에녹보다는 진일보했지만, 노아도 역시 의로움과 거룩함의 길을 걸어가는 데는 무엇보다 주님의 직접적인 도움이 절실했다. 거기에 비해 아브라함은 하나님 뜻을 주도적으로 순종하려고 했던 최상의 믿음을 보여주었다. 그는 수많은 어려움 속에서도 온 마음으로 하나님을 섬겼으며, 주님의 의와 공도를 자식들에게 가르쳤고 주변 사람들에게까지 전하는 데 힘썼다. 그는 오직 믿음으로 살기 위하여 말씀을 붙잡았다. 이런 절대적인 믿음을 갖고 살았기에, 자신을 둘러싼 이교도들의 우상숭배에 물들지 않았다.

랍비들이 히브리 단어 히트할레크를 다각적인 관점에서 해석한 것을 보면서, 우리도 삶에서 갖가지 어려움을 만날 때 어떤 믿음으로 하나님께 나아가야 하는지를 다시 한번 깨닫게 된다. 아브라함은 자신과의 끝없는 싸움에서 믿음을 지키려고 부단히 애썼다. 변명같이 들리겠지만 아브라함이 하갈과의 관계에서 자식을 낳으려고 한 것도 어찌 보면 하나님의 언약을 이루기 위한 일이었다. 누구나 세상에서 살 때 자기의 앞에 항상 서로 다른 두 갈래 길이 놓여 있다. 믿음이 아닌 길을 선택했다가 삶 전체가 어긋나는 경우가 얼마나 많은가! 잘못된 결과로 인해 자신의 불신앙을 탓할 때도 얼마나 많은가! 그러나 문제는 실패가 계속 되풀이되면 낙심이 겹쳐 자칫 습관으로 굳어지게 되고 이로 인해 결국은 도덕적이고 영적인 회의감에 빠져들어, 다시는 극복할 수 없는 상황까지 이르게 된다는 데 있다.

우리 삶에 찾아온 현실적인 어려움으로 인해 자신과의 투쟁을 격렬하게 치를 때, 토라 말씀은 이런 싸움에서 승리하도록 우리에게 큰 힘과 용기를 보태준다. 하나님은 '우리가 단지 어려움을 이겨 내는 것보다, 그 어려움을 어떻게 이겨 내는가'를 더 주목하신다. 자신과의 영적 싸움을 통해 오히려 진정한 자유를 맛보고, 이로써 우리 삶의 참된 변화가 일어나기를 원하고 계신다. 이것이 바로 주님이 가장 원하시는 일이다. 우리는 영적인 싸움과 극복의 모든 과정을 통해, 주님이 오늘도 우리 삶 속에서 가장 알맞은 하나님의 방식대로 역사하고 계시는 것을 체험해야 한다. 하나님이 이렇게 도우시는 이유는 그리스도를 통해서 우리에게 약속하신 언약 때문이다.

여러 가지 면에서 우리는 에녹이나 노아와 같다. 우리도 에녹처럼 자꾸 불의한 길로 나가려는 성향을 가지고 있다. 그러면서도 때론 하나님의 말씀대로 살려고 주님께 간구하곤 한다. 그럴 때 주님은 우리가 더 이상 불의한 길로 나가지 못하도록 끌어내리기도 하고, 심지어 어떨 때는 더 강력한 방법을 동원하기도 하신다. 때로는 노아의 경우에서 본 것처럼, 우리가 실족하지 않도록 강제 연행하듯 강압적인 방식으로 우리를 붙드신다. 우리로 하여금 옛 방식을 벗어버리고 토라의 가르침에 따라 새롭게 변화된 삶을 살도록 강력한 손으로 우리를 이끄신다.

우리가 하나님의 도움을 받기 위해서 벌이는 싸움은 내면 깊은 곳에서 시작되는 영적 전쟁이다. 우리가 이 전쟁을 통해 얻어야 할 것은, 그동안의 잘못된 생각이나 선택, 신앙에 유익하지 않았던 취미나 습관, 또 우리를 부끄럽게 만들었던 행동들이 무엇이 있었는지를 깨닫는 것이다. 하나님은 이런 부끄러운 모습과 잘못된 삶을 씻고 다시 믿음으로 살도록 돕기 위해, 그리스도 예수 안에 계신 성령을 우리에게 보내셨다. 아브라함을 보라! 아브라함처럼 우리도, 성령의 능력으로 예수 그리스도를 주로 섬기며 토라의 말씀을 배우는 일에 더욱 힘써서, 많은 이들을 가르치고 하나님의 뜻을 전하는 일에 더 적극적으로 나서야 한다. 그렇게 함으로써 세상 모든 만민이 주를 경외하며 믿음을 통해 구원받도록 해야 한다. 우리 안에 성령이 내주하고 계심을 의심치 않고 믿는다면, 우리의 내적 변화를 위해 나를 돕고 계신 주님만을 의지하고, 우리 삶의 모든 영역에서 주님과 함께하면서 또 '그 앞에서 동행하는 (히트할레크 레파나이)' 믿음으로 살아갈 수 있다.

토라는 오늘 우리가 어떻게 삶을 살아야 하는지 가장 중요한 가르침을 주고 있다. 하나님이 인간에게 토라를 주셨다는 것은, 사람들의 발걸음이 하나님의 길과는 많이 벗어나 있다는 것을 전제하고 있다. 특히 토라에서 율법은 우리의 부족함과 죄의 실체를 여실히 드러낸다. 그러나 믿음의 사람은 이런 죄의 실체를 볼 수 있도록 한 율법을 오히려 기뻐하며 주께 감사해야 한다. 죄에 대한 깨달음이 있어야 주께 나아가 회개하여 용서를 받을 수 있다. 사죄의 은혜를 경험해야만 세상 속에서 죄를 이길 수 있도록 날마다 성령의 도움을 청할 수 있다. 바울이 갈라디아 교회를 향해 한 말(갈 3:24)을 기억하자. "이같이 율법이 우리를 그리스도께로 인도하는

초등교사가 되어 우리로 하여금 믿음으로 말미암아 의롭다 함을
얻게 하려 함이라."

또 토라는 속죄의 필요성을 강조한다. 우리가 하나님을 믿고 주
일마다 주의 전에 나올 때, 우리가 결코 잊어서는 안 될 것은 '속죄
의 은혜'이다. 시편 79편 미드라쉬도 하나님께 용서받는 일이 얼마
나 중요한지 잘 설명하고 있다.

[미드라쉬 테힐림 79, Part 5]

만약 누군가가 자기 친구에게 100데나리온을 빌려줬다고 치자. 때가
되어 빚을 갚으라 하는데도 돈이 없다고 하면서 갚지 않는다면, 당신
은 그런 친구에게 어떻게 할 것인가? 주 안에서 사는 성도는 그래서
는 안 된다. 빚진 자는 갚을 돈이 없으면 몸으로라도 갚아야 한다. 돈
을 빌려준 자에게 자기 몸을 종으로 드려 섬겨야 한다. 하나님께 우리
는 영혼의 빚을 졌다. 따라서 우리의 영혼이 주 앞에 나아갈 때, 우리
의 몸을 주님께 종으로 드려야 한다. "주께서 우리 몸과 영혼을 다 소
멸하리라"[4]한 사10:18절 말씀을 읽어보라. 만일 몸이나 영혼으로 갚
을 수가 없다면, 예레미야가 예언에서 "유다 왕들의 뼈와, 지도자들의
뼈와, 제사장들의 뼈와, 선지자들의 뼈와, 예루살렘에 사는 주민들의
뼈를, 그 무덤으로부터 꺼내 가져오라"(렘8:1)고 명한 것처럼, 뼈들이
라도 빚을 갚아야만 한다.

시79편 미드라쉬는 전쟁과 이스라엘 땅에 쏟아진 백성들의 피
에 대해 논평하고 있다. 그 땅에 쏟아진 백성들의 피는 자기 형제
에게 돈을 빌려준 사람의 모습과 대조적으로 보여주고 있다. 친구

---

4) 개역개정은 "그의 숲과 기름진 밭의 영광이 전부 소멸되리니 병자가 점점 쇠약하여
   감 같을 것이라"고만 되어 있는데, 원문에는 '영혼과 육체 모두를 함께'라는 말이 덧
   붙어 있다.

에게 빚을 갚으라고 해도 돈이 없어 갚지 못할 때는, 빚을 다 청산할 때까지 자기 몸으로라도 갚아야 한다고 가르친다. 주님은 하나님께 빚진 우리를 위하여 자신의 몸과 영혼과 모든 것을 다해 빚 전부를 탕감해 주셨다. 십자가에서 죽음으로 값을 치르시고 우리의 죄로 인한 모든 빚을 갚아주신 것이다. 그래서 바울은 "값으로 산 것이 되었으니 그런즉 너희 몸으로 하나님께 영광을 돌리라"(고전 6:20)고 말했다. 헬라어 본문에는 "에고라스쎄테 가르 티메스 독싸사 테 데 톤 테온 엔 토 소마티 휘몬"으로 되어 있다. 여기 첫 단어 에고라스 쎄테(ήγοράσθητε)는 '무엇을 사거나, 사기 위해 대가를 지불했다'는 뜻이다. 그리고 티메스(τιμης)는 '값, 가격, 대가'를 의미한다. 즉 주님은 우리 죄로 인해 하나님과 멀어져 관계상 불화가 생긴 것 때문에 그 빚을 갚기 위해 값을 치르셨다는 뜻이다.

바울은 자신의 편지에서, 주님이 우리의 죄로 인해 깨져버린 하나님과의 관계를 다시 회복시키기 위해서 우리가 지었던 죗값을 대신 갚음으로 모든 빚을 다 해결해 주신 것을 믿어야 한다고 강조한다. 이것은 미드라쉬가 "몸이나 영혼으로도 갚을 수 없다면 자신의 **뼈**들이라도 갚아야 한다"고 말한 것과 맥락을 같이 한다. 주님도 마5:26절에서 "네가 한 푼이라도 남김이 없이 다 갚기 전에는 결코 거기서 나오지 못하리라"고 하셨지 않은가! 주님은 자신의 **뼈**로써 우리의 죗값을 대신 치르셨던 분이다.

무덤에서 **뼈**를 파내는 것은 마치 조롱당하는 것처럼 보인다. 한 가지 흥미로운 것은 여기서 **뼈**를 뜻하는 단어 아츠못트(עצמות)는 그 모근이 아참(עצם)인데, 이것은 **뼈**를 뜻하기도 하지만 '어떤 사물이나, 본질적인 어떤 것'을 말할 때 주로 사용된다. 즉 "뼈를 꺼내 가져오라"(렘8:1)는 선지자의 명령은, 빚을 갚을 만한 것이 아무것도 없을 때는, 그에게 남아 있는 마지막 것(본질, 또는 본질적인 것)이라도 가져와 갚으라고 요구한 것이다. 우리에게 마지막 남은 본질이 무엇인가? 바로 예수 그리스도이시다!

이렇듯 하나님의 은혜가 우리에게 임하는 방식은, 우리 생각과는 완전히 다른 강력한 능력으로 나타난다. 우리 가운데 주님이 오신 것은 그 정도로 구원이 절실히 필요했기 때문이다. 오늘 우리역시 에녹이 그랬던 것처럼, 그리고 노아와 아브라함이 그랬던 것처럼, 주님이 우리 삶 가운데 임하시도록 해야 한다. 우리는 만민의 죄를 용서하시고 구속하기 위해 성육신하신 예수 그리스도 안에 거해야 한다. 그래서 히브리서 저자는 다음과 같이 증언한다.

[히4:13~16절, 개역개정]
(13) 지으신 것이 하나도 그 앞에 나타나지 않음이 없고 우리의 결산을 받으실 이의 눈앞에 만물이 벌거벗은 것 같이 드러나느니라. (14) 그러므로 우리에게 큰 대제사장이 계시니 승천하신 이 곧 하나님의 아들 예수시라. <u>우리가 믿는 도리를 굳게 잡을지어다.</u> (15) 우리에게 있는 대제사장은 우리의 연약함을 동정하지 못하실 이가 아니요, 모든 일에 우리와 똑같이 시험을 받으신 이로되 죄는 없으시니라. (16) 그러므로 우리는 긍휼하심을 받고 때를 따라 돕는 은혜를 얻기 위하여 은혜의 보좌 앞에 담대히 나아갈 것이니라.

히4:13~16절은, 주 하나님 앞에는 그 어떤 것도 숨길 수 없고 우리에게는 하늘로 올라가신 큰 대제사장, 곧 하나님의 아들 예수가 있다고 말한다. 그러면서 "우리가 믿는 도리를 굳게 잡으라"고 권면하고 있다. "도리를 굳게 잡으라"는 말은 "참회(회개)를 속히 붙잡으라^{Let us hold fast our confession}"는 뜻으로, 정확히 말하면 하루속히 주님께 참회하며 회개할 것을 강력하게 요청한 것이다. 그런데 여기에서 히브리서 저자가 "속히 참회하며 회개하라"고 요구한 것이, 앞에서 라쉬가 히트할레크에 대한 의미를 설명하며 하나님만 경외하며 그 앞에서 걸었던 아브라함의 믿음과 완벽하리만큼 일치하고 있다. 다시 말해 주님께 참회하며 회개하는 것은, 아브라함이 항상 주님 앞에서 믿음으로 살았던 삶과 다르지 않은 것이다. "내가 걸어온 길에 항상 계셨던 여호와께서, 이제 네가 가는 길 앞에도 그의 사자를 보내실 것이라"고 말한 아브라함의 모습에서, 오늘 우리는 여러 차례의 실수에도 불구하고 그때마다 참회하면서 하나님께로 돌아왔던 아브라함의 믿음을 엿볼 수 있다.

따라서 이러한 믿음이 오늘 우리에게도 있다면, 우리는 주님만 의지하며 섬기는 일에 힘써야 한다. 토라의 가르침을 믿고 부지런히 말씀을 전함으로, 우리를 통하여 모든 만민이 주님이 곧 길이요 진리요 생명이심을 믿을 수 있도록 복음의 사명을 감당해야 한다. 에녹과 노아와 아브라함의 삶에서 보았던 것처럼, 우리는 사는 날 동안 끊임없이 자신과 영적 싸움을 벌여야 한다. 성경의 증언처럼 주님도 자신과 영적 싸움에서 이기셨다. 주님도 우리와 똑같이 시험받으셨다.

주님은 우리의 연약함과 육신의 한계까지 다 아시고 작은 신음과 상처까지 품어주신다. 이런 주님의 은혜로 말미암아 오늘도 우리는 담대하게 하나님이 계신 보좌 앞으로 나갈 수 있으며, 확신을 품고 하나님을 향해 기도할 수 있다. 우리는 말씀과 기도를 통해 주의 은혜와 자비를 경험하게 된다. 토라는 우리를 메시아이신 주께 한 걸음씩 나아가도록 돕는다. 바울이 롬1장에서 말한 것처럼, 아니 성경 전체가 증언하고 있는 것처럼, "예수 그리스도가 토라, 곧 복음이다!" 이 고백은 오직 복음의 능력을 아는 사람만이 최종적으로 선언할 수 있다.

제6주 차
Parashat Toledot 족보 (25:19~28:9)

에서, 도대체 무슨 짓을 했기에?

    Parashat Toledot 족보 (창25:19~28:9)의 첫 페이지는 리브가의 태 속에서 서로 다투고 있는 쌍둥이에 대한 이야기(25:21~23)로 부터 시작하고 있다. 성경에 의하면 그들이 장성한 후에 형 에서 는 '익숙한 사냥꾼'이 되었고, 동생 야곱은 장막에 거주하고 있었 다(25:27~28). 야곱은 장막에 거주하며 주의 계명과 언약에 대해 배우는데 힘쓴 반면, 에서는 주변 무리들과 이곳저곳에 어울려 다 니며 사냥하는 일에만 몰두하였다. 에서가 주의 계명이나 언약에 대해 무관심할 수밖에 없었던 것은 그가 항상 장막 가까이에 머물 지 않았고, 따라서 부모로부터 하나님에 관해 배울만한 기회를 스 스로 얻지 않았다는 점에서, 언약과 축복의 은혜에서 멀어지게 되 었다.

    하나님의 언약이나 축복과 관련하여 Parashat Toledot 족보의 첫 부분에 나오는 야곱과 에서 이야기는, 누구든지 하나님의 장막 과 멀어지게 되면, 이는 자연적으로 언약과 축복으로부터 멀어질 수밖에 없다는 점을 가르쳐 주고 있다. 즉 하나님 장막(교회)에 거

주하는 삶은, 토라의 언약에 의한 복된 삶과 서로 끊을 수 없는 상
관관계 안에 있는 것이다. 이것은 스포르노가 창25:27절을 해석
한 견해와도 일치하고, 또 저자가 '우리의 장막과 가정, 그리고 창
조 목적'이라는 제목으로 초막절에 대해 밝힌 견해[1]에도 나타난다.

비록 토라에서 이 이야기를 짧게 소개되어 있지만, 그런데도 이
이야기의 핵심은 에서가 자신의 장자권birthright을 가벼이 여겼다는
사실을 아주 무겁게 다루고 있다. 그의 불신앙은 팥죽 한 그릇에 자
신의 장자권을 팔아버린 모습(25:29~34)에서 극명하게 드러난다.
거기에 가나안 땅 여자들을 아내로 삼은 이야기(26:34)에서 더 확
실해진다. 특히 이방여인들과의 혼인은 하나님이 아브라함과 언약
을 맺을 때부터 엄격하게 금지했던 일이다.

야곱과 에서에 관한 이야기를 계속 들어보면, 그 땅에 기근
이 찾아왔고 하나님은 이삭에게 이집트로 내려가지 말라고 말씀
(26:1~2)하신다. 이삭은 이집트 대신에 그랄 땅을 택하였고 거기
서 아비멜렉과 만나게 된다. 이삭은 그곳 백성들이 아내 리브가를
취하기 위해 자신을 죽일까 봐, 옛날 자기 아버지가 그랬던 것처럼
리브가를 누이라고 속인다. 그러나 이내 이 거짓말은 들통이 나고
말았다. 오늘 본문 마지막 부분은 이삭이 큰아들 에서에게 복 주
기를 원했으나 야곱이 아버지를 속이고 그 복을 가로챈 이야기와,
그로 인해 야곱은 형의 복수가 두려워 하란으로 도망치는 이야기

---

1) Duane Miller, "Our Tent, Our Home, and the Purpose of Creation," on Chol
   HaMo'ed Sukkot: http://www.matsati.com/in dex.php/bits-of-torah-truths-
   chol-hamoed-sukkot-our-tent-our-home-and-the-purpose-of-creation/

로 끝을 맺는다.

오늘 우리는 야곱과 에서의 삶을 다룬 이 이야기를 통하여, 이스라엘 역사는 물론이고 토라 전체에 걸쳐서 나타나는 하나님의 역사를 올바르게 이해하는 발판으로 삼고자 한다. 특히 자기 뱃속에서 쌍둥이가 자라면서 서로 다투고 있는 것을 알아차린 리브가가, "이럴 경우에 내가 어찌할꼬?" 하며 하나님께 물었을 때, 하나님은 이들이 두 민족을 이룰 두 족속이 될 것을 미리 일러주셨다. 주께서 이렇게 말씀하신 것은 그 다툼이 그들의 신앙과 관련되어 있음을 암시해준 것이었다. 한 민족은 주님이 기뻐하는 믿음의 길로 나갈 것이고, 다른 하나는 주님의 뜻을 저버리고 불신앙의 길로 나갈 것을 예언하신 것이다. 이것이 얼마나 중요한지 본문을 더 깊이 살펴보자.

[창25:24~34, 개역개정]

(24) 그 해산 기한이 찬즉 태에 쌍둥이가 있었는데 (25) 먼저 나온 자는 붉고 전신이 털옷 같아서 이름을 에서라 하였고 (26) 후에 나온 아우는 손으로 에서의 발꿈치를 잡았으므로 그 이름을 야곱이라 하였으며 리브가가 그들을 낳을 때에 이삭이 육십 세였더라. (27) 그 아이들이 장성하매 에서는 익숙한 사냥꾼이었으므로 들사람이 되고 야곱은 조용한 사람이었으므로 장막에 거주하니, (28) 이삭은 에서가 사냥한 고기를 좋아하므로 그를 사랑하고 리브가는 야곱을 사랑하였더라. (29) 야곱이 죽을 쑤었더니 에서가 들에서 돌아와서 심히 피곤하여 (30) 야곱에게 이르되 내가 피곤하니 그 붉은 것을 내가 먹게 하라 한지라. 그러므로 에서의 별명은 에돔이더라. (31) 야곱이 이르되 형의 장자의 명분을 오늘 내게 팔라. (32) 에서가 이르되 내가 죽게 되었으니 이 장자

의 명분이 내게 무엇이 유익하리요. (33) 야곱이 이르되 오늘 내게 맹세하라 에서가 맹세하고 장자의 명분을 야곱에게 판지라. (34) 야곱이 떡과 팥죽을 에서에게 주매 에서가 먹으며 마시고 일어나 갔으니 에서가 장자의 명분을 가볍게 여김이었더라.

본문 "에서가 사냥하러 나갔고, 심히 피곤했다"고 짧막하게 적고 있다. 에서가 피곤한 몸으로 돌아왔을 때 야곱은 붉은 죽(팥죽?)을 쑤고 있었다. 이것을 본 에서는 그 죽을 먹게 하라고 말한다. 30절을 히브리어로 읽으면 다음과 같다. "봐이메르 에싸브 엘-야코브 할레이테니 나 민-하아돔 하아돔 핫쩨 키 아예프 아노키 알-켄 콰라-쉐모 에돔". 이 부분을 히브리어로 읽어보면 아주 재미있는 말장난이 있다는 것을 알게 된다. 30절에서 에서가 동생 야곱에게, "내가 피곤하니 <u>그 붉은 것(하아돔 하아돔)을 내가 먹게 하라(할레이테니)</u> 한지라. 그러므로 에서의 별명은 에돔이더라." 여기 "할레이테니 나 민-하아돔 하아돔 핫쩨" 부분을 정확하게 번역하면, "나에게 그 붉고 붉은 죽을 삼키게 하라"는 뜻이다. 그런데 여기서 에서가 한 말, '할레이테니(הַלְעִיטֵנִי)'는 미완료형 동사이다. 그러므로 그 의미는 "그 붉은 색깔의 붉은죽을 (아주 게걸스럽게) 먹어 치우도록 삼키게 하라"는 의미로 읽을 수 있다.

또 하나, 여기서 에서가 야곱이 쑨 죽을 '하아돔 하아돔(הָאָדֹם הָאָדֹם)'이라고 부르고 있다. 붉다는 뜻을 가진 단어 '하아돔(הָאָדֹם)'은 '땅, 흙, 토양'을 가리키는 '아다마(אֲדָמָה)'에서 비롯된 말이다. 에서가 많고 많은 단어 중에 왜 하필이면 이 단어를 택했을까? 토라 오흐르는 이 점을 매우 중요하게 생각한다. 그리고 이로 인해서 에서는 붉다는 뜻의 '에돔'이라는 별명을 얻게 되었다. 스포르노는 에서가 에돔이라는 별명을 얻은 것만 언급했지만, 사실 이 별명이 암시하고 있는 바는 이보다 훨씬 중요하다.

[쉘라흐, 쉼미니, 토라 오흐르 19]

에돔, 그는 매우 부정한 자였다. 족장 에서가 야곱이 요리한 팥죽을 원했던 사실에서 보는바와 같이, 그는 이방인들보다 더 나쁜 식습관을 가지고 있었음이 입증된다. 그는 야곱에게 말했다. "할레이테니 나 민-하아돔 하아돔." 즉 "그 붉은색의 붉은죽을 내 목구멍에 쏟아 넣으라." 이것은 마치 돼지들이 음식을 탐욕스럽게 삼키는 모습을 연상케 한다. 에돔인에 의해 지배당했던 유대 역사는 가장 최악의 순간이었다. 토라는 돼지를 부정한 짐승이라고 말한다. 그 이유는 굽은 갈라져 있으나 되새김질을 하지 않기 때문(레11:4, 신14:8)이다. 다시 말하면 겉으로 보이는 돼지의 외관상 모습은 정결한 것처럼 보일지 모르나, 토라가 규정한 것처럼 하나님을 경외하는 상징으로 표현된 되새김질을 거부함으로써, 돼지는 '순결한 척 가장한 부정한 것'으로 대표되는 짐승이다.

신33:2~3절은 하나님의 말씀을 받는 것과 관련하여 신비한 방식으로 설명한다. "여호와께서 시내 산에서 오시고 세일 산에서 일어나시고 바란 산에서 비추시고 일만 성도 가운데 강림하셨고... 여호와께서 백성을 사랑하시나니 모든 성도가 그의 수중에 있으며 주의 발아래에 앉아서 주의 말씀을 받는도다." 사람이 먹는 음식이 얼마나 중요한지, 또한 그 본성이 얼마나 신성한 것인지를 잘 보여준 말씀이다. "모든 사람의 눈이 주를 앙망하오니 주는 때를 따라 그들에게 먹을 것을 주시며, 손을 펴사 모든 생물의 소원을 만족하게 하시나이다"(시위의 글에서 에돔을 부정한 음식으로 비유하고 있다. 에서와 또 미래의 에돔에 대한 토라 오흐르의 해석은, 에서가 야곱에게 붉은 죽의 음식을 요구했을 때 사용한 말과, 그의 음식에 대한 부적절한 태도를 부정하게 보고 있다는 것이다. 분명한 것은 이때 야곱이 일부러(?) 강한 냄새를 나는 음식을 택하여 요리하고 있었다는 것이다. 에서가 야곱에게 음식을 요구할 때의 상황을 보라. 에서가 특정한 음식 이름을 대면서 가져오라 요구하지 않았다. 또 야곱이 지금 요리하고 있는 음식이 무엇인지 물어보지도 않았다. 그는 그냥 다짜고짜 말했다. "내가 '그 붉고 붉은 죽', 지금 네가 냄새를 풍기면서 쑤고 있는 그것을 내가 삼키길 원한다."

이것을 통해 성경이 말하려고 한 것은 무엇일까? 에서는 이삭의 장자로 태어났다. 평생 하나님을 경외하며 섬긴 믿음의 가정에서 태어난 사람이었다. 아브라함의 축복과 하나님 언약이 있는 가정이었다. 게다가 그의 아버지 이삭은 야곱보다 그를 더 사랑했고(25:28), 그에게 축복하려고 하였다(27:1~4). 이는 이삭이 에서를 장자로 인정했고, 조상에게 물려받은 유업과 언약의 계승자로 에서를 생각하고 있었음을 의미한다. 그런데 에서는 늘 육신적이고 탐욕스런 생활에 빠져 있었고, 하나님의 언약이나 조상의 유업에 대해 중요성을 인식하지 못했고, 그래서 장자권도 소홀히 여겼다.

또 위의 글을 보면 에서를 돼지로 비유하고 있다. 이는 돼지가 지니고 있는 상징적인 이미지를 말한 것이다. 돼지는 외관상으로 볼 때는 굽이 갈라졌기 때문에 정결한 짐승처럼 보이지만, 그러나 속에서는 되새김질을 하지 않기 때문에 부정한 짐승으로 분류되어 있다. 토라에서 되새김질은 주님을 경외하여 그 말씀을 사랑하며 순종하는 믿음의 삶을 상징한다. 그러므로 되새김질을 하지 않는 것은 곧 하나님과 그의 토라를 거부하는 것으로 여긴다. 에서를 돼지로 비유한 것은 바로 그것을 꼬집고 있는 것이다. 그의 겉모습은 하나님을 경외하는 사람처럼 보였을지라도 실제로는 전혀 그렇지 않았다는 것이다. 토라는 우리에게 겉모습만이 아니라 내면까지 정결해야 한다고 말한다. 에서처럼 겉모습만 정결해서도 안 되고, 또는 그 반대로 마음으로는 주를 경외한다고 할지라도 겉의 행동이 의롭지 않다면, 이 두 가지 행동 모두 문제 아니겠는가!

> [쉘라흐, 레에, 데레흐 차임 토카촛 무사르 5]
> 사람은 누구나 먹는 음식과, 또 음식을 먹는 태도 모두 다 중요하다. 에서가 자기 장자권을 팔았을 때처럼 음식을 가리지 않고 먹는 것도 문제이고, 또 짐승처럼 꿀꺽꿀꺽 삼키는 것도 문제이다. 성경을 보면 사악한 자는 항상 무언가 배 속에 채우려고 하는 허기진 자의 모습으로 그리고 있다. "의로운 사람은 배부름을 느껴도, 악인의 배는 항상 배고픔을 느낀다"(잠13:25). 이 말의 정확한 의미는 "의로운 자는 (적게 먹어도) 배부름으로 만족하여도, 사악한 자는 (아무리 많이 먹어도 더 먹으려고 하므로) 항상 배고픔을 느낀다"는 뜻이다. 의인은 어떤 상황에서도 부정적인 마음이 아니라 긍정적인 마음으로 살아야 한다. 이것이 성경이 말하는 정결한 상태이다.

이 글은 에서가 "나에게 그 붉고 붉은죽을 삼키게 하라"고 한 말과 관련하여 또 다른 통찰력을 제공해 준다. 여기서도 에서가 장자권에 대한 중요성보다 자기 배를 채우는 일에 급급하였음을 보여주고 있다. 또한 음식을 먹는 태도, 예컨대 에서가 짐승처럼 꿀꺽꿀꺽 삼켰던 행동이 더 문제라고 말한다. 그 원인이 어디 있었을까? 에서는 왜 그런 짐승 같은 모습으로 행동했을까? 그는 오직 식욕만을 위해서 음식을 탐닉했다. 이것은 그가 육신적인 정욕에만 빠져 있었고, 그래서 자기가 애타게 찾고 있던 것을 발견하기라도 하면, 그 순간 그것을 집어삼키기 위해 짐승과 같이 동물적인 감각만을 발휘하며 삶을 살았다.

우리는 에서의 모습을 통해, 악한 자는 하나님이 기뻐하는 방식대로 살지 않고, 토라가 지시한 길로 가지도 않으며, 하나님의 의나 진리에 대하여 귀를 기울이지 않는다는 것을 알 수 있다. 하나님의 의나 진리에 담긴 하나님의 약속은, 하나님의 백성 됨과 교회 공동체, 그리고 다른 사람을 사랑하고 섬기는 삶과도 밀접하게 관계되어 있다. 이것은 토라를 비롯한 모든 성경이 요구하는 하나님 명령이며, 이것은 또 주 하나님을 진실로 경외하며 섬기는 일로부터 시작된다.

반대로 악한 자들은 이런 삶에 관심을 기울이지 않는다. 사악한 자는 오로지 자기 배를 채우는 일에만 몰두한다. 그들은 아무리 배불리 먹어도 항상 허기를 느낀다. 그들은 육체의 정욕에만 목말라 있는 자들이다. 우리가 이것을 바르게 인식해야 주께서 사랑하는 자기 백성에게 "너희는 네 하나님 임재 앞에서 살라"고 하신 토라의 가르침을 비로소 깨닫게 된다. 성령이 우리 안에 거하시면 우리는 하나님의 임재 안에 사는 것이다. 하나님의 임재 안에 살면, 설령 좋지 않은 극도의 상황을 맞이한다고 할지라도 부정적인 생각보다는 긍정적인 믿음이 우리 안에 더 강하게 역사한다. 이 믿음을 가질 때, 주님은 비로소 우리를 '육체의 정욕에서 이긴 하나님의 자녀'로 인정하신다. 주님은 모든 세상 불의로부터 구별하여 하늘의 의를 이루시기 위해 우리를 부르셨다. 그리고 예수 그리스도를 통해 주신 성령의 능력으로 의로운 뜻을 이룰 수 있도록 날마다 우리를 돕고 계신다.

> [창25:30절 '에서의 별명은 에돔이더라' 에 대한 스포르노의 해석]
>
> "그러므로 에서의 별명은 에돔이더라": 에서가 쓸데없는 일에만 정신이 팔려 돌아다니는 모습을 보고, 사람들은 그런 에서의 모습에서 누구나 세상을 살면서 마땅히 감당해야 하는 책임감 같은 것은 전혀 발견할 수 없었다. 오죽하면 그의 별명을 지을 때, 그가 먹은 팥죽의 이름이나, 또 먹는 모습과 아무런 상관없이 단지 팥죽 색깔을 뜻하는 에돔(붉다)이라고 지었을까! 이 별명이 뜻하는 바가 무엇인가? "붉은 죽을 들이키고 너 자신을 붉게 하라!"

스프르노는 에서가 집안의 장자로서의 책임은 아랑곳하지 않고 오직 자신의 욕정대로 사냥에만 몰두했다고 지적한다. 에서가 하나님의 언약 가문에서 장자로 태어났다는 사실을 깊이 인식했다면, 그는 하나님을 섬기고 말씀을 좇는 삶을 살려고 힘썼을 것이다. 그러나 에서는 그 중요성을 인식하지 못했고, 그 결과 철저히 속임을 당했다. 자기 생각이나 의지와는 상관없이, 단지 팥죽의 색깔에 의해서 에돔이라는 수치스러운 이름을 얻은 것이다. "붉은 죽을 들이키고 너 자신을 붉게 하라"는 말은 그의 삶을 조롱한 것이다. 에서가 이런 조롱을 받은 것은 그가 자기 삶을 돌보지 않음으로, 그가 얻을 수 있었고 또 충분히 얻을 자격이 있음에도 그것들을 단 하나도 얻지 못한 채, 오로지 그가 추구했던 욕망에 따라, 그의 이름은 물론 그의 삶 전체가 수치만을 남겨 주고 말았다.

[창25:30절 '그 붉고 붉은 것'에 대한 라닥의 해석]
'그 붉고 붉은 것': 이것은 껍질을 벗기면 붉은색을 띠는 팥을 가리킨 것으로 보인다. 본문은 왜 '하아돔 하아돔'이라고 불필요하게 반복해서 말하는 것일까? 이는 아마도 에서의 욕구가 강렬했기 때문에 그의 눈에 '붉고 붉게' 비쳤을 것이다. 이로 인해 그는 에돔붉다이라는 이름을 얻게 되었는데, 이는 그가 언제나 붉은색에 매력을 느꼈기 때문으로 보인다. 아니 어쩌면 항상 붉은 것(짐승의 피)을 쫓아다녔던 이유 때문이었을 것이다.

위에서 보는 것처럼 라닥은, 에서가 죽을 달라고 할 때 왜 '그 붉고 붉은 죽'이라고 하며 '하아돔'을 연거푸 외쳤을까 하는 데 초점을 맞추고 있다. 이것은 그가 무엇을 바라보던지 붉은색에 대한 강렬한 욕구가 있었기 때문이라고 보았다. 붉은 색깔은 사람 이목을 가장 강렬하게 끄는 특징이 있다. 그만큼 강한 이미지를 풍기는 색이다. 그 외에도 붉은색이 주는 이미지로는 진지함, 위풍당당함, 불, 분노 등을 떠올릴 수 있다. 또 붉은색은 사람 몸의 신진대사를 상승시키는 역할을 한다. 열정이나 사랑을 상징하기도 하고, 사람 마음을 흥분시키거나 자극적 행동을 유발하는 색깔로 알려져 있다. 때론 위험을 예고하기 위해 행동을 멈추라는 정지 신호로도 쓰인다. 반면에 너무 붉은색을 많이 사용하면 사람 마음에 포악함을 불어넣을 수 있기 때문에 주의해야 한다고 말하는 사람도 있다.

붉은색이 매우 강렬한 색깔임은 틀림없다. 그런데 문제는 왜 본문에 이런 강렬한 색깔을 반복해서 언급하고 있느냐는 것이다. 라닥의 설명에 의하면, 그는 자기 장자권이나 장자권에 달린 하나님의 언약을 무시했고, 이는 결국 하나님의 약속이나 명령에 대해 무관심 내지 무감각한 상태에 있었기 때문이라고 말한다. 오히려 에서의 마음속에는 항상 육신적인 정욕에 불타 있었고, 이는 그로 하여금 더욱 포악한 삶으로 이끌었다. 그가 '하아돔'을 거듭 반복하며 외친 것은, 그의 인생을 아주 적절하게 표현해 준다. 이로써 그의 후손이 에돔으로 알려지게 된 빌미를 제공했다.

아삽의 시로 알려진 시80편은 이스라엘을 대적하러 오는 이방 나라의 민족에 대해 묘사하고 있다. 여기에도 에서에 대해 참고할 만한 좋은 구절이 등장한다. 바로 시80:12~14절 말씀인데, 개역개정과 아람어 탈굼, 그리고 70인역을 비교하며 읽어 보자. 참고로 탈굼은 13~15절에 해당한다.

[시80:12~14, 개역개정]
(12) 주께서 어찌하여 그 담을 허시사 길을 지나가는 모든 이들이 그것을 따게 하셨나이까? (13) 숲속의 멧돼지들이 상해하며 들짐승들이 먹나이다. (14) 만군의 하나님이여, 구하옵나니 돌아오소서. 하늘에서 굽어보시고 이 포도나무를 돌보소서.

[시80:13~15, 탈굼]
(13) 어찌하여 주님은 그녀의 담을 치셨나이까? 지금 지나가는 모든 사람이 그녀의 가지를 치고 있나이다. (14) 숲에서 나온 멧돼지들이

그녀를 **뿌리** 뽑고 있으며 들짐승들이 그녀로 인해 살게 될 것입니다. (15) 만군의 하나님야웨 사밧: YHWH Sabaoth이여, 지금 돌아오소서. 하늘에서 보시고 내려오셔서 자비로 이 포도나무를 돌보소서.

[시80:12~14, 70인역]
(12) 무슨 까닭에 이 울타리가 무너져 내렸는가? 길을 지나가는 모든 이들이 그것을 뽑았는가? (13) 나무에서 나온 멧돼지가 그것을 훼손하여 넘어뜨리고 맹수가 먹어 치웠구나. (14) 오 주 하나님이여, 돌아오소서. 당신께 기도하나이다. 하늘에서 우리를 보시고 보소서, 이 포도나무로 임하소서.

아삽은 주님께 왜 담을 헐었는지를 묻고 있다. 길을 지나던 사람들이 왜 그것을 뽑게 하셨는지 묻고 있다. 이 시에서 아삽은 길을 지나가던 모든 사람이 그 포도나무를 뽑는다고 말하고 있다. 이스라엘 백성은 자기들만 좋은 것을 가질 수 있다고 믿었다. 그런데 아삽은 이방나라가 이스라엘로부터 좋은 것들을 **빼앗았다**고 말하고 있다. 이에 대해 탈굼은 "길을 지나던 모든 사람이 그녀의 가지를 치고 있다"고 말한다. 분명한 것은 이 가지치기가 열매를 따기 위해 가치를 치는 것과는 완전히 다른 가지치기라는 점을 탈굼은 말하고 있는 것이다.

여기에서 중요한 것은, 지금 아삽이 이방나라를 멧돼지로 비유하면서 이 멧돼지들이 포도나무 주위를 어슬렁거리며 그 **뿌리**를 노리고 있다가, 결국은 뿌리를 뽑아내어 포도나무가 죽어버리고 말았다는 것이다. 어떤 나무든지 **뿌리**가 뽑히게 되면 열매도 맺을 수 없을 뿐만 아니라 나무 자체가 죽고 만다. 지금 시편 저자는 이것을 에서가 사냥에서 돌아와 취한 행동과 비유하고 있다. 에서를 멧돼지처럼 묘사하고 있는 것이다. 장자권을 우습게 여기고 하나님의 계명과 언약을 무시해버린 채, 자기 영혼은 돌보지 않고 오로지 육신의 정욕이 이끄는 대로 포악한 삶을 사는 모습이 멧돼지와 다를 바 없다는 것이다. 이방 나라들이 멧돼지처럼 이스라엘 땅에 들어가 마음껏 노략질하는 행동에서, 하나님에 대한 경외심이나 약자에 대한 배려 같은 것을 찾아볼 수 있겠는가?

성경의 여러 본문은, 이와 같은 일이 하나님을 경외하며 그 앞에서 믿음으로 주님을 섬기는 일과 어떻게 비교될 수 있는지에 관하여 말하고 있다. 에서는 하나님의 말씀 자체를 무시했다. 우리가 절대 잊어서는 안 될 것은, '하나님을 예배하는 일'이 우리가 그분 앞에서 믿음으로 사는 모습들, 이를테면 토라를 존중하고 그 가르침에 순종하며 살아가는 모습과 긴밀하게 연결되어 있다는 것이다. 이런 점을 고려한다면 우리는 다음과 같이 질문할 수 있다.

(1) 하나님은 우리가 어떻게 예배하는지 항상 관심을 기울이고 계시는가?
(2) 이교도들이 그들의 신들을 경배하는 방식으로 주님을 섬겨서는 안 된다고 한 말씀은 무슨 뜻인가? 어떤 점에서 우리는 이 명령을 관대하게 생각하는가?
(3) 신12장을 읽어 보면, 그 처음(1절)과 마지막 절(32절)에 하나님 명령에 순종해야 한다고 말하는데, 왜 주님은 이것을 이토록 강조하고 계신 것일까?

신12장은 토라에 대한 순종을 아주 특별히 강조하고 있다. 무엇보다도 하나님 앞에서 드리는 예배의 중요성에 관해 명시적으로 규정해 놓았다. 또 신12장을 읽어 보면, 에서가 살아온 길이 얼마나 불신앙적인 삶이었는지 가늠해 볼 수 있다. 신12장은 신명기법전(12~26장)을 이끄는 아주 중요한 본문이고, 주된 말씀이 토라 명령에 대한 절대적인 복종을 요구하는 내용이다.

[신12:1~32, 개역개정]

(1) 네 조상의 하나님 여호와께서 네게 주셔서 차지하게 하신 땅에서 너희가 평생에 지켜 행할 규례와 법도는 이러하니라. (2) 너희가 쫓아낼 민족들이 그들의 신들을 섬기는 곳은 높은 산이든지 작은 산이든지 푸른 나무 아래든지를 막론하고 그 모든 곳을 너희가 마땅히 파멸하며 (3) 그 제단을 헐며 주상을 깨뜨리며 아세라 상을 불사르고 또 그 조각한 신상들을 찍어 그 이름을 그 곳에서 멸하라. (4) 너희의 하나님 여호와께는 너희가 그처럼 행하지 말고, (5) 오직 너희의 하나님 여호와께서 자기의 이름을 두시려고 너희 모든 지파 중에서 택하신 곳인 그 계실 곳으로 찾아 나아가서, (6) 너희의 번제와 너희의 제물과 너희의 십일조와 너희 손의 거제와 너희의 서원제와 낙헌 예물과 너희 소와 양의 처음 난 것들을 너희는 그리로 가져다가 드리고, (7) 거기 곧 너희의 하나님 여호와 앞에서 먹고 너희의 하나님 여호와께서 너희의 손으로 수고한 일에 복 주심으로 말미암아 너희와 너희의 가족이 즐거워할지니라. (8) 우리가 오늘 여기에서는 각기 소견대로 하였거니와 너희가 거기에서는 그렇게 하지 말지니라. (9) 너희가 너희 하나님 여호와께서 주시는 안식과 기업에 아직은 이르지 못하였거니와, (10) 너희가 요단을 건너 너희 하나님 여호와께서 너희에게 기업으로 주시는 땅에 거주하게 될 때, 또는 여호와께서 너희에게 너희 주위의 모든 대적을 이기게 하시고 너희에게 안식을 주사 너희를 평안히 거주하게

하실 때에, (11) 너희는 너희의 하나님 여호와께서 자기 이름을 두시려고 택하실 그 곳으로 내가 명령하는 것을 모두 가지고 갈지니, 곧 너희의 번제와 너희의 희생과 너희의 십일조와 너희 손의 거제와 너희가 여호와께서 원하시는 모든 아름다운 서원물을 가져가고, (12) 너희와 너희의 자녀와 노비와 함께 너희의 하나님 여호와 앞에서 즐거워할 것이요, 네 성중에 있는 레위인과도 그리할지니 레위인은 너희 중에 분깃이나 기업이 없음이니라. (13) 너는 삼가서 네게 보이는 아무 곳에서나 번제를 드리지 말고, (14) 오직 너희의 한 지파 중에 여호와께서 택하실 그 곳에서 번제를 드리고 또 내가 네게 명령하는 모든 것을 거기서 행할지니라. (15) 그러나 네 하나님 여호와께서 네게 주신 복을 따라 각 성에서 네 마음에 원하는 대로 가축을 잡아 그 고기를 먹을 수 있나니 곧 정한 자나 부정한 자를 막론하고 노루나 사슴을 먹는 것 같이 먹으려니와 (16) 오직 그 피는 먹지 말고 물 같이 땅에 쏟을 것이며, (17) 너는 곡식과 포도주와 기름의 십일조와 네 소와 양의 처음 난 것과 네 서원을 갚는 예물과 네 낙헌예물과 네 손의 거제물은 네 각 성에서 먹지 말고, (18) 오직 네 하나님 여호와께서 택하실 곳에서 네 하나님 여호와 앞에서 너는 네 자녀와 노비와 성중에 거주하는 레위인과 함께 그것을 먹고 또 네 손으로 수고한 모든 일로 말미암아 네 하나님 여호와 앞에서 즐거워하되 (19) 너는 삼가 네 땅에 거주하는 동안에 레위인을 저버리지 말지니라. (20) 네 하나님 여호와께서 네게 허락하신 대로 네 지경을 넓히신 후에 네 마음에 고기를 먹고자 하여 이르기를 내가 고기를 먹으리라 하면 네가 언제나 마음에 원하는 만큼 고기를 먹을 수 있으리니, (21) 만일 네 하나님 여호와께서 자기 이름을 두시려고 택하신 곳이 네게서 멀거든 내가 네게 명령한 대로 너는 여호와께서 주신 소와 양을 잡아 네 각 성에서 네가 마음에 원하는 모든 것을 먹되 (22) 정한 자나 부정한 자를 막론하고 노루나 사슴을 먹는 것 같이 먹을 수 있거니와, (23) 다만 크게 삼가서 그 피는 먹지 말라 피는 그 생명인즉 네가 그 생명을 고기와 함께 먹지 못하리니 (24) 너는 그것을 먹지 말고 물 같이 땅에 쏟으라. (25) 너는 피를 먹지 말라 네가 이같이 여호와께서 의롭게 여기시는 일을 행하면 너와 네 후손이 복을 누리리라. (26) 오직 네 성물과 서원물을 여호와께서 택하신 곳으로 가지고 가라. (27) 네가 번제를 드릴 때에는 그 고기와 피를 네 하나님 여호와의 제단에 드릴 것이요, 네 제물의 피는 네 하나님 여호와의 제단 위에 붓고 그 고기는 먹을지니라. (28) 내가 네게 명령하는 이 모든 말을 너는 듣고 지키라. 네 하나님 여호와의 목전에 선과 의를 행하면 너와 네 후손에게 영구히 복이 있으리라. (29) 네 하나님 여호와께서 네가 들어가서 쫓아낼 그 민족들을 네 앞에서 멸절하시고 네가 그 땅을 차지하여 거기에 거주하게 하실 때에, (30) 너는 스스로 삼가 네 앞에서 멸망한 그들의 자취를 밟아 올무에 걸리지 말라 또 그들의 신을 탐구하여 이르기를 이 민족들은 그 신들을 어떻게 섬겼는고, 나도 그와 같이 하겠다 하지 말라. (31) 네 하나님 여호와께는 네가 그와 같이 행하지 못할 것이라. 그들은 여호와께서 꺼리시며 가증히 여기시는 일을 그들의 신들에게 행하여 심지어 자기들의 자녀를 불살라 그들의 신들에게 드렸느니라. (32) 내가 너희에게 명령하는 이 모든 말을 너희는 지켜 행하고 그것에 가감하지 말지니라.

신12장은 1절부터 그들 조상의 하나님 여호와께 복종하며 살아야 함을 강조하고 있다. 이스라엘은 이교도들이 우상을 섬기던 곳은 어디를 막론하고 다 없애야만 하고(12:2~3), 하나님을 섬길 때는 이교도의 방식을 본받거나 그들의 신을 탐구하려 해서도 안 된다(12:30). 하나님께 예물을 드릴 때는 기쁜 마음으로 자원하여 드리되, 단 주님이 '자기 이름을 두시려고 택하신 곳'으로 나와서 드려야 한다. 절대로 자기가 원하는 장소나 이교도들이 예배하는 장소에서 드리면 안 된다는 뜻이다. 또 짐승 피를 마셔서도 안 되고 땅에 쏟아야 한다(12:16). 이것은 행15:20절에서도 사도들이 명령한 바이다. "다만 그들에게 편지를 보내서, 우상에게 바친 더러운 음식과 음행과 목매어 죽인 것과 피를 멀리하라고 하는 것이 좋겠습니다"(새번역). 한 가지 주목할 것은, 신12:20~25절에서 피 마시는 행위를 엄격하게 금지하는 명령이 고기를 먹고 싶을 때 마음대로 원하는 만큼 먹어도 된다는 말씀과 함께 반복적으로 언급되고 있다는 점이다. 신12장의 끝부분은 하나님 명령을 반드시 지키라는 말씀과 함께, 이 말씀에서 하나라도 더하거나 빼지 말라고 명하고 있다.

신12장 말씀이 오늘 본문(Parashat Toledot 족보)과 어떤 연결점이 있을까? 그것은 이교도나 이방민족이 벌이는 행위는 어떤 것이든지 그것을 따라 하거나 물들어서는 안 된다는 것이다. 에서는 주변에 사는 이교도들과 어울렸고 그들이 하는 짓을 본받으려 했다. 하나님께 순종하라는 명령을 어겼다. 하나님 명령은 주를 경외하고 그 명령을 신실히 따랐던 아브라함의 믿음을 지키는 것이다. 또 이는 주님을 생명의 주로 믿고 그 말씀을 진리로 여겨 지키며 순종하는 삶과도 관계가 있다. 그리고 이 모든 것은 하나님께 예배하는 일로부터 시작하는 것을 믿고 하나님을 경외하며 사는 것이다.

그러나 에서에게서 이런 믿음을 찾아볼 수가 없었고, 단지 그는 철저히 육신의 욕심에 따라서 살았다. 그랬기 때문에 그의 눈에는 장자로서의 권리 따위는 보이지 않았고, 하나님의 명령이나 언약 같은 것은 마음속 어디에도 존재하지 않았다. 그는 아버지의 가르침을 무시했고 주의 말씀을 지키는 것이 얼마나 중요한지 관심조차 두지 않은 채 살았다. 토라의 계명을 지키고 그 가르침에 순종하는 것이 왜 중요한가? 그 이유는 이 모든 것이 하나님을 섬기고 경배하는 일과 관련되어 있기 때문이다. 이는 신앙공동체를 향한 하나님의 언약을 이루어가는 일이고, 그뿐만 아니라 이를 통해 모든 구성원이 서로 돕고 서로 섬기며 다른 사람들을 위해 진정으로 사랑을 베풀며 사는 아름다운 결과를 가져오기 때문이다.

오늘날 사람들이 예배드리는 모습을 보면 처음 신앙생활 시작했을 때보다 진지함과 뜨거움이 많이 식어버린 느낌이다. 그리스도인들에게 예배드리는 일이 얼마나 중요한가! 그런데 왜 이렇게 속히 식어버렸을까? 신12:32절에서 하나님은 토라 계명 가운데 단 하나라도 보태거나 빼서는 안 된다고 명령하신다. 이것은 예배에도 똑같이 적용된다. 우리가 하나님께 예배드릴 때, 절대로 이교도의 방식이나 세속적인 풍습에 따라 예배드리면 안 된다. 하나님은 그런 행위 자체를 싫어하시고 가증하게 보시며 부끄럽게 여기신다. 특히 신12장 전체에 걸쳐 하나님은 이스라엘이 이방인 관습이나 이교도 전통을 따르는 죄에 빠지지 말라고 강력하게 경고하고 있다.

하나님이 토라에서 이처럼 강력하게 경고하신 이유는, 인간들은 그 본성상 이교도들의 우상숭배나 또는 이방나라의 해괴망측한 관습들에 대해 호기심을 갖고 따라 하려 하는 성향이 있다. 이교도들이 즐기는 특이한 행위나 풍습, 또 인간의 본능적 정욕을 일으키게 만드는 음란한 문화, 비윤리적이고 반인륜적인 비의秘儀의식, 이러한 행위들은 사람의 욕정을 자극하여 쉽게 걸려 넘어지게한다. 아무리 하나님의 백성이라도 이 유혹에 한 번 걸리면 넘어갈가능성이 매우 높다. 그래서 하나님은 주의 백성이 이런 달콤한 사탄의 유혹에 넘어가지 않도록 하시려고 토라의 명령을 통해 이를근원적으로 차단하신 것이다.

그러나 에서는 이러한 하나님의 마음을 헤아리지 못하고 말씀을 가벼이 여겼다. 그는 오직 육체가 원하는 대로 정욕에 이끌린 삶을 살았고, 그래서 음식을 먹을 때에도 '마치 돼지처럼' 게걸스럽게 들여 삼켰다. 에서가 육신의 정욕을 이기지 못했기 때문에, 그는 할아버지와 아버지가 섬기던 하나님을 예배하는 일보다 이방인들의 전통과 풍습대로 살기를 더 좋아했다. 그가 사냥에서 돌아왔을 때 먼저 하나님께 예배를 드렸다거나 주의 말씀에 귀를 기울였다는 말은 단 한마디도 없지 않은가! 그는 이런 일에는 아예 관심조차 없었고, 오로지 지금 자신의 눈에 보이는 것만을 탐닉하며짐승처럼 살았다.

막7:6~8절에서 주님은 "이 백성이 입술로는 나는 공경한다 하면서도 마음은 내게서 멀도다. 사람의 계명으로 교훈을 삼아 가르치니 나를 헛되이 경배한다"고 말씀하시며, 그 이유에 대해 "이들이 하나님의 계명은 버리고 사람의 전통을 따르기 때문이라"고 설명해 주셨다. 오늘날 많은 그리스도인이 예배 때마다 신앙고백은하지만 하나님에 대하여 잘 모른 채 살아가고 있다. 도대체 누구를경배하는지조차 제대로 알지도 못한 채, 단지 교리적 신앙에만 머물러 있는 사람들이 적지 않다. 그런데 성경은 이런 예배를 가리켜

'헛된 예배'라고 말한다. 물론 교리도 중요하다. 그러나 교리는 성경 말씀을 기초로 하고는 있지만, 엄밀히 말하면 '사람에 의해' 정립이 된 것이다. 교리적인 신앙은 부모나 어떤 권위자가 만든 좋은 전통을 지키는 믿음 또는 신념에 불과하다. 기독교 교리나 예배의식과 같은 교회 전통은 하나님의 존재와 속성, 그리고 메시아가 왜 오셨고 무슨 일을 하셨는지에 대해 잘 설명해 주고 있다. 하지만 우리가 살아계신 주님을 만나고 성령의 역사를 체험하며, 주님과 동행하면서 그의 말씀에 따라 살아가도록 하는 일에는 그것만으로는 충분치 않다.

많은 사람이 신앙생활을 하면서 주님에 대해 잘 알고 있다고 생각하지만, 실제 삶에서는 주님을 한 번도 만나보지 못한 채 입술로만 신앙고백을 하는 경우가 많다. 수많은 사람이 지금 주의 일을 하고 있다고 생각하지만, 실제로는 주의 일보다 '자기 일'을 하는 사람이 얼마나 많은가(마7:21~23 참조). 그리스도께서 십자가의 은혜로 죄를 씻어주시고 우리를 자녀 삼으신 것은, 더 이상 세상의 관습이나 전통을 따르지 말고, 이제 토라 말씀을 따라 사는 사람이 되라는 뜻이다. 따라서 우리는 이제부터 주님의 뜻에 따라 살겠다는 신앙의 결단이 있어야 한다. 이삭의 맏아들 에서, 그가 도대체 무슨 짓을 했기에, 그가 어떻게 살았기에, 하나님은 그를 버렸을까? 오늘 우리가 정말로 주님의 부르심을 믿고 예수 그리스도 안에서 살기 원한다면 확실하게 선택해야 한다. "나는 야곱처럼 살 것인가, 아니면 에서처럼 살 것인가?"

제7주 차
Parashat Vayetze 떠나 (28:10~32:2)

하나님 말씀, 믿음과의 상관관계

Parashat Vayetze 떠나 (창28:10~32:2)의 첫 단어 봐예쩨(vayetze)는 '그리고 그가 떠났다'는 뜻이다. 본문은 야곱이 어머니 권고에 따라 형을 피하여 떠나는 이야기이다. 야곱은 도망치던 길에 잠이 들게 된다. 그때 꿈에 하나님의 사자가 나타나 그의 조부 아브라함과 부친 이삭에게 주셨던 언약에 대해 말씀하시며, 이제 그 언약대로 야곱과 함께해주실 것을 약속하신다(28:10~19). 드디어 하란에 도착한 야곱은 거기서 외삼촌 라반을 만나 그의 집에 머물면서, 라반의 두 딸인 라헬과 레아와 혼인하여 아들 11명을 낳았다. 그때는 아직 막내 베냐민이 태어나지 않았었다.

야곱이 두 아내와 결혼한 이야기는 매우 흥미진진하다. 원래 야곱이 마음에 품었던 여인은 라헬이었다. 그는 라헬을 아내로 얻으려고 외삼촌 집에서 7년간 열심히 일했다. 그러나 라반은 야곱을 속이고 작은딸 라헬 대신 큰딸 레아와 첫날밤을 보내게 하였다. 야곱은 하는 수 없이 또다시 7년간 일한다는 조건으로 라헬까지 아내로 얻을 수 있었다. 야곱은 이후에 레아와 라헬의 두 하녀 실바와 빌하 사이에서도 아들들을 낳았다. 그 결과 그의 아들들은 이스라엘 12지파를 이루게 된다.

야곱은 라반과 품삯을 정하고 서로 각자의 가축을 치게 된다. 그런데 하나님은 야곱의 가축 떼를 더 번성하게 해주셨고, 그로 인하여 라반과 그의 자식들이 야곱을 미워하기 시작했다. 그러자 하나님이 야곱에게 또다시 나타나셔서, 이제 고향 땅 아버지 집으로 돌아갈 때가 되었으니, 처자식들과 또 이제까지 모았던 모든 재물과 가축들을 이끌고 다시 가나안 땅으로 돌아가라고 말씀하신다. 이 본문 마지막 부분에서는, 몰래 도망친 야곱의 뒤를 쫓아온 외삼촌 라반과 서로 해치지 않겠다는 언약을 맺으면서, 그 증거로써 돌무더기를 세웠다는 이야기로 끝을 맺는다.

하나님은 하란으로 도망가던 야곱에게 꿈으로 나타나 천사들이 사닥다리를 오르락내리락하는 모습을 보여주셨다. 28:13절을 보면, 야곱의 꿈에 나타나신 하나님이 사다리 '위에 서서(닛차브 알 라브)' 말씀하셨다고 말한다. 그때 야곱은 사다리 곁에 서 있었다. 토라는 이때가 하나님이 야곱에게 자기의 모습을 처음으로 계시하여 나타나셨다고 전한다. 예전에 하나님은 야곱의 조부와 부친에게 나타나셔서 하나님이 얼마나 선하신지, 그리고 그 가족들에게 어떻게 역사하셨으며 또 무엇을 약속하셨는지에 대해 말씀해주신 적이 있다. 그런데 하나님이 다시 야곱에게 말씀하신 내용을 보면, 이미 아브라함과 이삭에게 약속하신 내용과 똑같다. 하나님은 야곱에게 그의 조상과 맺은 언약을 다시 확인해주신 것이다. 이것은 분명 야곱에게 큰 영향을 끼쳤을 것이다. 이로 인해 야곱은 그곳을 벧엘, 곧 '하나님의 집'이라고 불렀고, 아버지 집으로 다시 돌아오게 된다면 거기에 하나님 집을 세우고 소득의 십일조를 드리겠다고 서원한다.

[창28:18~22, 개역개정]

(18) 야곱이 아침에 일찍이 일어나 베개로 삼았던 돌을 가져다가 기둥으로 세우고 그 위에 기름을 붓고 (19) 그 곳 이름을 벧엘이라 하였더라. 이 성의 옛 이름은 루스더라. (20) 야곱이 서원하여 이르되 하나님이 나와 함께 계셔서 내가 가는 이 길에서 나를 지키시고 먹을 떡과 입을 옷을 주시어 (21) 내가 평안히 아버지 집으로 돌아가게 하시오면 여호와께서 나의 하나님이 되실 것이요, (22) 내가 기둥으로 세운 이 돌이 하나님의 집이 될 것이요 하나님께서 내게 주신 모든 것에서 십분의 일을 내가 반드시 하나님께 드리겠나이다 하였더라.

야곱은 하나님이 보여주신 꿈에 아주 중요한 암시가 담겨있다는 사실을 바로 알아차렸다. 하나님은 그의 임재를 보여주시고 야곱의 서원을 받으셨다. 야곱은 큰 돌 하나를 가져다가 기둥(미츠바 מַצֵּבָה)을 세운 후 거기에 기름을 부었다. 그는 이 기둥을 하나님과의 언약의 증거로 삼았다. 야곱은 하나님께 "나와 함께 계셔서 내가 가는 길을 지켜주시고 먹을 떡과 입을 옷을 주시어 아버지 집으로 평안히 돌아오게 해주시면 여호와가 나의 하나님이 될 것이라"(28:20~21)고 하면서, 기둥(미츠바)를 붙잡고 다시 "이 돌이 하나님 집이 될 것이고, 주님이 내게 주신 모든 것에서 십 분의 일을 반드시 드리겠다"며 서원하였다.

여기서 우리는 야곱이 세웠던 돌기둥 미츠바에 주목할 필요가 있다. 미츠바는 예언자 호세아가 이스라엘의 죄를 지적할 때, 그의 예언(3:4절) 가운데도 나온다. 그런데 호세아가 여기에서 말한 미츠바는, 하나님이 가증하게 여기는 우상 이미지를 나타낸다. "이스라엘 자손들이 많은 날 동안 왕(멜렉)도 없고, 지도자(싸르)도 없고, 제사(쩨바흐)도 없고, 주상(미츠바)도 없고, 에봇(에포드)도 없고, 드라빔(테라핌)도 없이 지내다가"(호3:4). 호세아는 머지않아 이스라엘 땅에 왕이나 지도자는 물론이고, 희생제사와 형상과 에봇과 드라빔이 없는 날이 다가올 것이라고 경고하고 있다. 여기서 말한 주상(미츠바)은 문맥상 돌기둥이라기보다는 우상을 가리키는 이미지로 해석하는 것이 타당하다.[1] 왜냐하면 바로 그 뒤에 드라빔 Teraphim이 언급되어 있기 때문이다. 드라빔은 유대문헌에서 가증스러운 물건을 가리킨다. 그래서 영어성경도 이를 우상이나 가족신상household gods으로 번역하고 있다. 그러므로 호세아의 예언은, 이스라엘 백성이 예배드릴 때 사용하던 가증한 물건들, 그것이 주상이든 이미지든 하나님이 혐오할만한 물건은 그 어떤 것도 더는 사용하지 못할 날이 다가오고 있음을 선지자를 통하여 말씀하신 것이다.

그러나 야곱이 세운 돌기둥 미츠바를 꼭 우상이나 형상이라고 이해할 필요는 없다. 그가 돌기둥을 세운 것은 거기에서 하나님을 뵈었고 주께 서원한 것을 지키기 위해 다시 그곳으로 돌아올 수 있도록 장소를 확인하기 위한 의도였을 것이다. 야곱은 하나님과 서

---

1) 영어성경은 이를 다양하게 번역한다. NIV는 '신성한 돌들(sacred stones)'로, NASB는 '신성한 기둥(sacred pillar)'으로 옮기고 있다. 이와는 달리 KJV는 '이미지 (image)'라고 번역하였다.

약을 맺기 위하여 지금 자신이 할 수 있는 방법으로 돌기둥을 쌓은 후에 그 위에 자신이 갖고 있던 기름을 부어 주님과 언약을 맺은 것이다. 그러면서 하나님께 자신과 함께하셔서 안전하게 집으로 돌아올 수 있도록 지켜주실 것과, 또 어느 곳을 가든지 먹을 떡과 입을 옷을 제공해 달라고 요청했다. 야곱이 하나님께 서원한 말을 들어보면, 마치 하나님이 자기 필요를 채워주시느냐 그 여부에 따라 '여호와께서 나의 하나님이 되실 것'(28:21)이라는 조건을 달고 있는 것처럼 비치고 있다. 그러나 그렇게 보기보다는 야곱이 그만큼 절박한 심정으로 주님께 간구했던 것이며, 지금 자신이 집을 떠날 수밖에 없게 된 것을 매우 두려워하면서 아버지 집으로 빨리 돌아오기만 간절하게 원했던 마음을 반영한 것으로 이해해야 한다.

"하나님이 나와 함께 계셔서 내가 가는 이 길에서 나를 지키시고, 먹을 떡과 입을 옷을 주시어 내가 평안히 아버지 집으로 돌아가게 하시오면 여호와께서 나의 하나님이 되실 것이요…" 이것은 야곱이 하나님께 도움을 청하면서 내걸었던 조건(?)이었다. 시편 80편 미드라쉬에도 이와 비슷한 해설이 나온다. "주님은 구원의 날에 우리를 위해 필요한 것들을 공급하시고, 우리 삶에 필요를 공급하는 해에 구원이 임하게 될 것이다"(미드라쉬 테힐림 80, Part 2). 여기서 미드라쉬는 본문의 핵심적인 의미를 강조하기 위해, 글을 쓸 때 같은 단어나 비슷한 표현을 앞뒤로 서로 바꿔가며 반복함으로써 그 단어에 주목하고 집중하도록 하는 글쓰기 기법인 에파노도스 epanodos 기법을 사용하여 본문의 의미를 더욱 강조해 주고 있다. 예컨대 "구원의 날(쇼낫트 게올라)에 우리의 필요(파르니싸)를 공급하신다"고 말한 후, 이번에는 서로 바꿔서 "우리 삶의 필요가 채워지는 해(쇼닛트 파르니싸)에 구원(게올라)이 임하게 될 것"이라고 말함으로, '구원'과 '필요'라는 두 단어를 강조하고 있다.

그럼 구원의 날에 어떻게 우리의 필요를 공급하시고, 또 그 필요가 채워질 때 어떻게 구원이 임하는가? 이것을 야곱이 서원했던 말과 연결해 본다면, 여기서 야곱이 말한 필요(파르니싸)는 '먹을 떡과 입을 옷'을 뜻한 것이고, 구원(게올라)이라 함은 "아버지 집에 다시 돌아올 수 있게 해 달라"고 부탁한 것을 가리킨다고 볼 수 있다. 미쉬나 피르케이 아봇트에 나온 글은 이 점에 관해 몇 가지 중요한 통찰력을 제공해 준다.

[미쉬나 피르케이 아봇트 6:6]
제사장의 권위나 왕의 권위보다 토라의 권위가 훨씬 크다. 왜냐하면 왕권은 30단계의 과정을, 그리고 사제권은 24단계의 과정을 거쳐야 하지만, 토라는 48단계의 과정을 거쳐야지만 얻을 수 있기 때문이다. 거쳐야 할 단계들은 다음과 같다. 배우기, 잘 듣기, 말하려고 준비하기, 마음을 이해하기, 공경하기, 경외하기, 겸손, 행복, 순결, 지혜의 헌신, 친구 돌보기, 학생들과의 토론, 정결, 읽기, 훈련, 검소한 생활, 세속적인 일 줄이기, 쾌락/향락 절제, 잠 줄이기, 대화 절제, 웃음 절제, 인내, 관용, 지혜 신뢰, 고난에 대한 수용, 자기 자리 지키기, 자기 몫에 만족하기, 자기 말에 책임지기, 지나친 자기팽창을 삼가기, 사랑스러움, 하나님 사랑, 피조물 사랑, 정의 사랑, 바른 삶, 책망 받아들이기, 명예를 탐하지 않기, 지식을 뽐내지 말기, 가르치는 일 삼가기, 친구의 부담을 덜어주기, 편파적으로 편들지 않기, 진리 위에 바로 서기, 평화를 세우기, 배운 것에 신중을 기하기, 질문하고 응답하기, 듣고 내 생각을 더 하기, 가르치기 위해 배우고 행함을 위해 습득하기, 주인이 현명해

지도록 돕기, 자기 일에 집중하기 등, 총 48단계가 있다.

이를 위해서 사람의 말이나 특별한 자료를 참고하고 적용하는 것도 매우 중요하다. 무언가를 참고하여 실제의 삶에서 이를 실천한 사람은 세상에 구원을 가져다줄 수 있다고 말한다. 에스더의 경우에서 보듯이, 모르드개^{Mordekhai}는 내시 두 사람이 왕을 암살하려고 음모를 꾸민 사실을 알고 이를 에스더에게 알려 주었고, 이에 에스더는 지체하지 않고 이 사실을 '모르드개의 이름으로'(에2:22) 왕께 고하였다.

우리가 위의 글에서 주목해야 할 것은, 구원을 위한 토라의 가르침과 우리의 육신을 위해 필요한 것들과의 관계를 어떻게 설명하고 있는가이다. 미쉬나는 토라의 권위가 제사장이나 왕들의 권위보다 더 크다고 말한다. 이것을 미쉬나는 게마트리아 방식, 즉 권위를 얻는 데까지의 과정을 단계적으로 밟아가는 것으로 설명함으로써 토라의 권위와 탁월성을 나타낸 것이다. 이렇게 함으로써 토라를 연구하는 것이 얼마나 중요하고 귀한 일인지 강조하고 있다. 그리고 마지막으로 자료를 제공해준 사람보다는 그것을 참고하여 자기 삶에 실제 행동으로 옮긴 자가 세상을 구원한다고 말한다.

자료를 참고한다는 것은 무엇을 말할까? 이것은 두 가지 측면에서 생각해야 한다. 하나는 자료를 인용한 사람의 동기가 무엇인가? 즉 왜 그 자료를 인용하여 말하고 있는 것인가, 여기에 초점을 맞춰 생각하면 쉽게 결론을 얻을 수 있다. 또 다른 측면은, 성경에서든 아니면 사람의 말을 자료로 삼았든, 그 단어의 출처를 찾아보는 것이다. 유대 랍비들은 대다수 경우 탈무드나 미쉬나, 미드라쉬의 말을 인용하여 성경을 해석한다. 그렇다면 우리는 신약성경을 위대하신 구주 예수 그리스도에 관한 자료로 삼아 해석할 줄 알아야 한다. 주께서 왜 이 땅에 육신의 모습으로 오셨는지, 우리를 위해 행하신 일이 무엇이고 왜 그래야 하셨는지, 그리고 우리가 주님을 믿는다면 이 땅에서 어떻게 살아야 하는지, 이 모든 것들을 신약성경에 나타난 자료들을 통하여 해석하고 그것을 우리 삶에 적용하는 데 힘써야 한다.

신약성경에서 바울은 주님이 어떻게 세상에 구원을 가져왔다고 증언하고 있는가? 그는 롬10:17절에서 "믿음은 들음에서 나며 들음은 그리스도의 말씀으로 말미암았다"고 말하며, 믿음의 출처가 그리스도의 말씀임을 강조한 바 있다. 오직 말씀만이 우리를 영원한 생명으로 인도(요6:63)한다. 또 주님은 요12:50절에서 "나는 그의 명령(하나님의 말씀)이 영생인 줄 아노라. 그러므로 내가 이르는 것은 내 아버지께서 내게 말씀하신 그대로라"고 가르치셨다. 곧 하나님의 명령이 영생임을 말씀하신 것이다.

주님은 토라를 가르치시며 토라를 우리 삶의 길로 받아들이길 원하셨다. 만약 주께서 가르친 말씀들이 구약의 토라를 인용하여 가르치셨고 이 말씀들이 사람들을 영생으로 인도한다는 것을 믿는다면, 우리는 토라를 더욱 깊이 있게 연구해야 할 것이며, 토라의 가르침을 우리 삶에 적용하며 사는 일이야말로 이 세상에서 구원을 받고 영생을 얻는 일에 가장 중요한 기초석이 된다. 그리고 이것은 위에서 미쉬나가 말한 가르침과도 직접적으로 상통하고 있다.

또한 이것은 우리의 삶에 필요한 것들을 구하는 일과도 무관하지 않다. 토라의 권위에 대해 미쉬나가 언급한 48단계에서 보듯이, 그 단계 하나하나가 상당히 구체적이고 실제 삶에서 적용하며 살도록 요구하고 있는 성격들이 강하다. 토라를 주석한 유대문헌들 안에 자주 등장하는 단어들을 살펴보면, 이런 표현이 신약성경에서 주님과 그의 제자(사도)들이 사용했던 말들 안에도 아주 빈번하게 나타나고 있다. 특히 그 가운데 구원과 관련된 단어가 그렇다. 모든 인간이 다 죄인이고 그렇기 때문에 오직 메시아 안에 머물러 있어야 생명을 얻을 수 있다는 말씀은, 신약성경에서 주님과 제자(사도)들이 가장 강조한 바 있는 가르침이었다.

또 하나 예를 들면, 대화를 절제$^{\text{minimal conversation}}$하고 심지어 웃음까지 절제$^{\text{minimal laughter}}$할 것을 명한 미쉬나의 가르침은, 바울이 엡5장에서 부적절한 말들을 삼가고 오히려 감사하는 말을 하라(엡5:4)고 권한 것에 상응하는 가르침이라고 볼 수 있다. 신약성경을 보면 여러 형태의 음담패설이나 어리석은 말, 또는 야비하고 조잡스러운 농담들을 피하라고 할 뿐만 아니라, 이런 말을 즐기면서 낄낄대고 웃는 행위까지 엄히 지적하고 있다. 미쉬나 피르케이 아봇트는 계속해서 토라의 중요성을 강조한다.

[미쉬나 피르케이 아봇트 6:7]
토라는 위대하다. 그 이유는 지금 이 땅에 살고 있는 사람들뿐만 아니라 장차 이 땅에 살아야 할 사람들에게까지, 토라의 계명을 지키며 사는 자에게 생명이 되기 때문이다. 잠언에는 토라가 생명에 어떤 영향을 끼치는지에 대해 잘 설명하고 있다. "그것은 얻는 자에게 생명이 되며 그의 온 육체의 건강이 됨이니라"(잠4:22). "이것이 네 몸에 양약이 되어 네 골수를 윤택하게 하리라"(잠3:8). "지혜(토라)는 그 얻은 자에게 생명나무라. 지혜를 가진 자는 복되도다"(잠3:18). "이는 네 머리의 아름다운 관이요 네 목의 금 사슬이니라"(잠1:9). "그가 아름다운 관

을 네 머리에 두겠고 영화로운 면류관을 네게 주리라 하셨느니라"(잠 4:9). "나 지혜로 말미암아 네 날이 많아질 것이요 네 생명의 해가 네 게 더하리라"(잠9:11). "그의 오른손에는 장수가 있고 그의 왼손에는 부귀가 있나니"(잠3:16). "그러면 그것이 네가 장수하여 많은 해를 누 리게 하며 평강을 더하게 하리라"(잠3:2). "그 길은 즐거운 길이요 그 의 지름길은 다 평강이니라"(잠3:17).

우리는 여기서 잠언에 나온 단어들이 주님이 가르치신 말씀과 얼마나 일치하고 있는지 주목해 볼 필요가 있다. 주님도 "나는 그 의 명령(토라)이 영생인 줄 아노라. 그러므로 내가 이르는 것은 내 아버지께서 내게 말씀하신 그대로니라"(요12:50)고 말씀하셨다. 그런데 자세히 들어 보면, 이 말씀이 미쉬나가 "구원의 날에 우리 를 위해 필요한 것들을 공급하시고, 우리 삶에 필요를 공급하는 해 에 구원이 임하게 될 것이라"고 했던 말과 다르지 않음을 알 수 있 다. 또 시80편에서 아삽은 주님께 자기 말에 귀 기울여 줄 것을 기 도하면서, 하늘의 하나님께 자신의 처지를 간구하고 있다. 구속의 날(쇠낫트 게올라)은 주님을 만나는 일로 시작된다. 주님은 자기를 찾고 만나기 원하는 자에게 구원을 약속해 주셨다.

토라에 기록된 대로 생명은 오직 하나님께 있으며, 이것은 또한 메시아로 오신 예수님과 관련되어 있다. 성경이 말하는 구원의 해 the year of redemption란 주가 약속한 구원과 관계가 있다. 그렇기 때문 에 누구든지 주님을 찾기만 하면, 세상의 모든 사람이 구원받기를 원하시는 주님이 '조건 없이, 제한 없이, 차별 없이' 구원을 요청한 사람에게 큰 자비를 베풀어 주신다.

위에 잠언서 가르침은, 우리가 메시아 안에 거할 때 그 가운데 계신 하나님이 어떻게 일하시는지를 잘 보여주고 있다. 새로운 인생의 목표를 설정해 줌으로써, 새롭게 변화된 심령으로 오직 주님만 섬기며 사는 인생으로 이끄는 힘이 바로 이런 말씀들과 연결되어 있다. 또 미쉬나의 가르침처럼, 이것은 구원의 날에 주님이 우리의 필요를 채우시고, 또 우리 필요가 채워질 때 구원이 임하게 되는 것과도 연결되어 있다. 왜냐하면 이 모든 것이 다 하나님의 절대적인 주권이기 때문이다. 시80편 미드라쉬의 말을 들어보자.

> [미드라쉬 텔힐림 80, Part 2]
> 들으소서, 오 이스라엘의 목자시여(시80:1). 구속의 해에 우리 생명의 필요를 가져다주신 것처럼, 생명의 필요가 채워지는 해는 그것과 함께 주의 구원이 옵니다. 따라서 우리가 주님의 구원을 받아야 살 수 있는 것처럼, 우리 삶의 필요가 채워진 것 또한 우리 생명을 유지하게 하는 일입니다. 주의 구원을 받은 것이 기적과 같고, 주님이 날마다 우리 삶에 필요를 채워주시는 것도 기적입니다.
>
> 랍비 나흐마니Nahmani의 아들 사무엘은, 하나님의 구원이 당신의 천사에 의해 임한다는 점에서, 구원의 기적보다 오히려 생명의 양식이 주어지는 기적이 더 위대하다고 가르쳤습니다. 야곱은 창48:16절에서 '나를 모든 악으로부터 건지신 주님의 사자'라고 말하면서, 그의 생명에 필수적인 일용할 양식은 복의 근원이신 하나님 손에서 나온다고 믿었나이다. 그래서 그는 "주께서 오늘날까지 평생 내 목자가 되셨다" (창48:15)고 고백하지 않았습니까?
>
> 그러므로 들으소서, 오 이스라엘 목자시여. 주님은 요셉을 양 떼같이

인도하십니다(시80:1). 요셉이 7년 기근을 위해 7년 동안 양식을 예비했던 것처럼, 나도 장차 올 세상을 위하여 지금 이 땅에서 생명을 살리는 일에 힘쓰겠나이다. 나중에 요셉이 형제들을 만나 '아버지와 형들뿐만 아니라 온 집안 식구에게 먹을 것을 주어 봉양했던 것처럼'(창47:12), 주님도 오늘 우리 행위를 보시고 날마다 먹을 것을 주십니다. 악한 흉계를 꾸몄던 형들이었음에도 불구하고 이것을 선으로 갚은 요셉같이, 우리가 말과 행동으로 하나님께 악한 범죄를 저질렀음에도 불구하고 하나님은 언제나 죄인인 우리를 선한 길로 이끌어 주십니다. 그래서 시인은 하나님을 향해 '요셉을 양 떼같이 인도하신 주님'(시80:1)이라고 찬양한 것입니다.[2]

위 해석에서 랍비 사무엘은 "구속의 기적보다 하나님이 우리에게 일용할 양식을 주신 것이 더 큰 기적이라"고 말하고 있다. 우리가 날마다 먹는 일용할 양식을 하나님이 주신 기적이라고 생각해 본 적이 있는가? 이어서 신8:16~19절을 읽어보자. 이 말씀은 Parashat Ekev (지켜 행하)면 (신7:12~11:25) 가운데 있는 말씀으로, 특히 18절을 주목해 보라.

[신8:16~19, 개역개정]

(16) 네 조상들도 알지 못하던 만나를 광야에서 네게 먹이셨나니 이는 다 너를 낮추시며 너를 시험하사 마침내 네게 복을 주려 하심이었느니라. (17) 그러나 네가 마음에 이르기를 내 능력과 내 손의 힘으로 내가 이 재물을 얻었다 말할 것이라. (18) 네 하나님 여호와를 기억하라. 그가 네게 재물 얻을 능력을 주셨음이라. 이같이 하심은 네 조상들에게 맹세하신 언약을 오늘과 같이 이루려 하심이니라. (19) 네가 만일 네

---

2) 이 글은 랍비 메나헤마(R. Menahema)가 랍비 아빈(Abin)의 이름으로 주석한 것이다.

하나님 여호와를 잊어버리고 다른 신들을 따라 그들을 섬기며 그들에게 절하면, 내가 너희에게 증거하노니 너희가 반드시 멸망할 것이라.

위 본문에서 모세는, 하나님이 이스라엘 백성을 광야에서 어떻게 먹이고 돌보셨는지에 대해 잘 설명해 주고 있다. 하나님이 그들을 낮추고 시험하신 이유는 약속의 땅을 차지한 것이 자기들 힘으로 한 것이 아님을 알게 하려 하심이었다. 모세는 땅을 차지하게 하신 하나님이 그곳에서 재물 얻을 능력도 주신다고 말한다. 그리고 이것을 통해 주님이 그들의 조상들에게 맹세하신 언약을 이루신 것을 확인할 수 있게 해 주셨다는 것이다. 즉 하나님은 항상 생명을 유지하는데 필요한 것들을 우리에게 주시며, 이 일을 행한 분이 하나님이심을 우리가 알기 원하신다.

그러나 무엇보다 중요한 것은 이것이다! 오늘 우리에게 생명을 주신 분이 하나님이심을 깨닫고, 이방인이 섬기는 신들에게 나아가 경배하는 일이 없도록, 그리하여 토라의 길을 등지고 다른 길로 나아가는 일이 없도록 하려는 게 가장 중요하다. 만약 우리가 얻은 재물과 양식이 자기 힘으로 얻었다고 생각한다면, 하나님을 경배하는 일과 다른 사람을 사랑으로 돌보는 일에 게을리 하면서, 오직 이 땅의 재물과 행복을 구하는 일만 추구할 것이고, 그로 인해 자기들이 추구하는 부와 재물이 오히려 마음속에 우상으로 자리하게 될 가능성이 크다. 이러한 우려가 이 말씀의 바탕에 깔려 있는 것이다.

교만도 마찬가지이다. 교만하게 되면 자기 의를 드러내려고 할 뿐만 아니라, 진리의 길보다는 자기 마음속에 품고 있는 속된 것을 좋게 된다. 그러나 야곱을 보라. 그는 자기가 가진 모든 것이 하나님으로부터 왔으며, 그렇기 때문에 그가 가진 것으로 하나님께 어떻게 갚아야 할지에 대해 알고 있었다. 위에서 보았듯이, 랍비 사무엘이 일용할 양식과 같이 사람의 생명을 유지하는데 필요한 필수품에 대해 논평한 글을 다시 읽어보면, 흥미로운 사실 하나를 발견하게 된다.

랍비 나흐마니의 아들 사무엘은, 하나님의 구원이 당신의 천사에 의해 임한다는 점에서, 구원의 기적보다 오히려 생명의 양식이 주어지는 기적이 더 위대하다고 가르쳤습니다. 야곱은 창48:16절에서 '나를 모든 악으로부터 건지신 주님의 사자'라고 말하면서, 그의 생명에 필수적인 일용할 양식은 복의 근원이신 하나님 손에서 나온다고 믿었나이다. 그래서 그는 "주께서 오늘날까지 평생 내 목자가 되셨다"(창48:15)고 고백하지 않았습니까?

이 글에서 사무엘은 우리가 하나님으로부터 구원을 받은 것보다, 하나님이 우리 생명을 위해 매일같이 일용할 양식을 주신 것이 더 위대한 기적이라고 말한다. 왜 사무엘은 이렇게 말한 것일까? 우리가 앞에서 살핀 Parashat Toledot 족보 (창25:19~28:9) 본문과 함께, 오늘 본문 안에 나타난 야곱과 요셉의 생애를 생각해보자. 여기서 하나님이 우리 생명을 위해 복을 주신 것 가운데 가장 중요한 복은, 우리가 이 땅에서 살아갈 때 절대 없어서는 안 될 육신적인 필요를 채워주신 복이다. 다만 하나님은 이것을 통해 영적인 구원까지 이루기 위해 하나님의 사자들을 통해 끊임없이 말씀하고 계신다.

시80편 미드라쉬에도 주님의 구속하심과 우리 삶의 필요를 채워주신 은혜에 대해 요셉의 삶을 비추어 보여주고 있다. 주님은 요셉에게 큰 은혜를 베푸셨고, 많은 이들을 살릴 수 있는 자리까지 오르게 하셨다. 그의 삶은 마치 하나님이 당시의 사람들뿐만 아니라 장차 올 만민을 위해 세워주신 것으로 보이고 있다. 이것은 또 장차 임하실 메시아가 이 땅에 오셔서 보여주실 일들을 미리 알려주고 있는 듯하다. 이렇듯 하나님의 역사는 이 땅에 사는 모든 만민을 살리는 데 목적이 있는 것이다.

우리가 신8:18절이나, 미드라쉬, 미쉬나를 통하여 토라의 핵심적인 가르침을 생각해 볼 때, 주님이 우리 삶의 필요와 일용할 양식을 주시는 가장 중요한 목적은, 결국 우리로 하여금 하나님께 대한 절대적인 믿음을 갖고 선한 삶을 살게 하려는데 있다. 오늘날 우리가 어떻게 살아야 할 것인가? 우리는 이 질문이 하나님 나라에서의 삶과 연관되어 있다는 점을 항상 유념해야 한다. 따라서 오늘 우리는 자신을 향해 날마다 다음과 같이 질문해야 한다. "내 모습과 나의 삶이 정말 하나님 나라에 합당한가?" 달리 말한다면, "나는 매일의 삶에서 주님이 내 안에서 역사하고 계심을 경험하며 살아가는가?" "내 안에 계신 성령이 나로 하여금 겸손하게 살도록 이끌며, 하나님의 의와 진리 안에서 선을 행하는 성화의 삶을 살도록 역사하고 있는가?" 또한 "주변에 어려운 이웃들을 즐거운 마음으로 도와주면서 그들과 함께 사는 것을 기뻐하고 있는가?" 만약 이렇게 살지 않고 있다면 그 이유는 무엇일까? 야곱을 보라! 그는 하나님이 자신에게 이런 삶을 살도록 이끄셨음을 잘 알고 있었다. 그렇다면 오늘 우리도 야곱과 같이 주님이 기뻐하는 일에 우선을 두어야 하지 않겠는가?

시80편을 주석한 메나헤마는 다음과 같은 말로 마무리를 짓고 있다. "악한 흉계를 꾸몄던 형들이었음에도 불구하고 이것을 선으로 갚은 요셉같이, 우리가 말과 행동으로 하나님께 악한 범죄를 저질렀음에도 불구하고 하나님은 언제나 죄인인 우리를 선한 길로 이끌어 주십니다. 그래서 시인은 하나님을 향해 '요셉을 양 떼같이 인도하신 주님'(시80:1)이라고 찬양한 것입니다." 이 말은 곧 우리가 비록 악한 일을 도모할지라도, 하나님은 그 악한 행위를 오히려 선으로 바꾸어 결국 우리를 복된 길로 이끄신다는 뜻이다. 주님은 항상 우리를 선한 길로 인도하신다. 여기 '선한 길로 이끄신다'라는 말에서 쓰인 히브리어 가믈롯트(גמלות)는 유익하다는 뜻이다. 비록 우리가 토라의 명령을 어기고 잘못을 저질렀다고 할지라도, 하나님은 선하심과 의로우심으로 우리에게 유익이 되는 길로 이끄시어, 이를 통해 우리를 주의 선한 길로 돌아오게 하시고, 이로써 하나님이 우리를 구원해 주셨음을 믿도록 하는 데 그 목적이 있다.

오늘 Parashat Vayetze 떠나는 '하나님 말씀과 우리의 신실한 믿음 사이에는 어떤 상관관계가 있는지'를 밝혀 주고 있다. 본문에서 가장 중요한 것은 토라 말씀이 우리 삶 속에서 어떻게 작용하는지, 또 우리 믿음에 어떤 영향을 끼치고 있는지를 묻는 것이다. 야곱은 토라의 약속을 온전히 믿었다. 신약성경 저자들이 주의 말씀을 가르칠 때 구약성경의 토라와 선지서를 참고하면서 첫 들머리에 인용하고 있다는 점은 매우 놀랍다. 이것은 토라의 율법과 선지자들의 예언이 얼마나 우리 신앙에 중요한 바탕이 되는지 반증해 준 것이다. 그러므로 오늘 우리가 신앙생활을 바르게 수행하려면, 무엇보다도 먼저 토라 말씀을 부지런히 배워야 한다.

히브리서는 토라와 주님과의 관계를 잘 설명해 준다. 우리는 이 말씀을 잘 해석함으로 온전히 이해하도록 힘써야 한다. 신약성경 저자들은 서로 각기 다른 배경에서 기록했기 때문에 비슷한 가르침이라도 그 의미가 완전히 다를 수 있다. 그래서 사실 성경 해석은 우리의 정서와는 거리가 있을 수밖에 없다. 사람들의 정서가 토라를 이해하는 데 큰 영향을 끼치는 것은 분명하다. 특히 전통을 지키려는 의지에도 직접적으로 영향을 끼친다. 그러나 우리가 정서적인 감정 때문에 전통을 지키는가, 아니면 반대로 전통을 지키기 위해 우리의 정서적인 감정을 끌어들이고 있는 것은 아닌가, 잘 생각해 봐야 한다. 히4:7~12절은 하나님 말씀이 얼마나 위대한지에 대해 말하고 있다.

[히4:7~12, 새번역]
(7) 그렇지만 하나님께서는 다시 '오늘'이라는 어떤 날을 정하시고, 이미 인용한 말씀대로, 오랜 뒤에 다윗을 통하여 "오늘 너희가 그의 음성을 듣거든 너희 마음을 완고하게 하지 말라"고 말씀하셨습니다. (8) 여호수아가 그들에게 안식을 주었더라면, 하나님께서는 그 뒤에 다른 날이 있으리라는 것을 말씀하시지 않았을 것입니다. (9) 그러니 하나님의 백성에게는 안식하는 일이 아직 남아 있습니다. (10) 하나님께서

주실 안식에 들어가는 사람은, 하나님이 자기 일을 마치고 쉬신 것과 같이, 그 사람도 자기 일을 마치고 쉬는 것입니다. (11) 그러므로 우리는 이 안식에 들어가기를 힘씁시다. 아무도 그와 같은 불순종의 본을 따르다가 떨어져 나가는 일이 없도록 해야 하겠습니다. (12) 하나님의 말씀은 살아 있고 힘이 있어서, 어떤 양날 칼보다도 더 날카롭습니다. 그래서 사람 속을 꿰뚫어 혼과 영을 갈라내고, 관절과 골수를 갈라놓기까지 하며, 마음에 품은 생각과 의도를 밝혀냅니다.

성경에서 영(루아흐)과 혼(네페쉬)은 하나님이 인간에게 주신 특별한 선물로, 이것은 육신적인 것과 구별된다. 롬7장을 보면, 영은 하나님의 일을 원하지만 혼은 육체적인 것을 원한다고 말한다. 사도들의 서신에서는 믿는 자를 가리켜 '영적으로 살아있다'(고전 2:12, 약2:26)라고 말한 것에 비해, 불신자들은 '영적으로 죽은 자'(엡2:1~5, 골2:13)라고 표현한다. 또 바울은 믿는 자들의 삶에 하나님의 영은 중추적인 역할을 하고 있다(고전2:14, 3:1, 엡1:3, 5:19, 골1:9, 3:16)는 점을 강조한 바 있다. 여기에서 혼은 생명이나 몸과 같이 물리적인 질료라고 이해하는 듯하다.

따라서 하나님 말씀은 사람의 영혼이 주의 뜻을 따라 사느냐, 아니면 '에서가 그랬던 것처럼' 육체가 원하는 대로 사느냐의 사이를 구분하는 결정적인 기준이 된다. 오늘 토라 본문 Parashat Vayetze 떠나를 보면, 야곱은 결코 세상과 타협하지 않았고 항상 하나님께 대한 신실한 믿음으로 살았다는 것을 보여주고 있다. 그는 하나님과 그 계명을 온전히 믿었다. 야곱을 비롯해서, 창세기에 나오는 택함 받은 하나님의 사람들은 주님의 계명을 철저하게 지켰던 사람들이었다. 신6:5절 말씀처럼, 그들은 '마음을 다하고 뜻을 다하고 힘을 다해 (베콜-레바빔 우베콜-나페쉼 우베콜-메오딤)' 하나님을 사랑했다.

여기에 마지막 단어 '베콜-메오딤all their means'을 문자적으로 읽으면, '모든 것의 십일조a tithe of everything'라는 뜻이다. 사실 모든 소득의 십일조를 드리는 것은 야곱이 하나님께 서원(창28:22)한 것이지, 토라의 규례에는 "반드시 10분의 1을 드려야 한다"는 명령이 없다.[3] 특히 제사장 몫으로 배정된 십일조는 드리는 자의 마음에 따라 결정했기 때문에 그 양이 정확하지 않았다.[4]

따라서 예물을 드린 사람의 마음(레바브)이 무엇보다 중요하고, 이것은 토라에 대한 믿음의 척도를 가늠해 볼 수 있는 결정적인 기준이 된다. 그렇기 때문에 토라는 먼저 "너는 마음을 다하고, 뜻을 다하고, 힘을 다하여 네 하나님 여호와를 사랑하라"(신6:5)고 주문한 것이다. 이것이 바로 하나님의 말씀에 대한 믿음의 신실성 사이의 상관관계라 할 수 있다.

---

3) 참조: 레27:31, 32; 민18:26, 28; 신12:6, 11, 14:22~28, 26:12~14 등
4) 참조: 민18:21, 24, 26; 신26:12 등

제8주 차
Parashat Vayishlach 보내며 (32:3~36:43)

완악한 마음을 버리지 않는다면

먼저 본문 Parashat Vayishlach 보내며(창32:3~36:43)는, 야곱이 형 에서의 마음을 살피기 위해 사람을 보내는 이야기로부터 시작한다. 야곱이 보낸 사자가 돌아와 전한 말은 실로 두려움 자체였다. 형 에서가 야곱을 죽이려고 400명의 무사를 거느리고 오고 있다는 것(32:6)이다. 야곱은 재빨리 형의 마음을 누그러뜨리기 위해 엄청난 양의 예물을 형에게 보낸다. 그런 후 그는 홀로 남아 어떤 남자와 씨름을 하게 되는데, 이것을 통해 야곱은 '하나님 얼굴을 직접 대면했으나 생명이 보전되었음'을 고백(32:30)한다. 결국 야곱은 에서를 만나고, 그 후 에서는 자신의 거주지 세일로 돌아가고 야곱은 세겜을 거주지로 삼는다. 그리고 세겜의 맞은편 땅을 하몰의 아들들에게서 매입(33:19)해서 거기에 장막과 우릿간을 짓는다.

그러나 그곳에서 하몰의 아들 세겜Shechem이 야곱의 딸 디나를 강간하는 사건이 터지게 된다. 그리고 분노한 그녀의 오라비 시므온과 레위 두 사람이 그 성읍의 모든 사람을 죽이려고 결심하고, 할례를 행한다면 서로를 받아들이고 한 민족처럼 함께 살겠노라고 속인다. 세겜 사람들이 이 말을 믿고 할례를 행하여, 그들이 아직 고통 중에 있을 때 야곱의 자식들이 성읍을 기습하여 모든 거민을 무참히 죽이는 끔찍한 일을 일어난다(34:5~27). 이 사건 직후 하나님이 야곱에게 나타나 그에게 벧엘로 올라가 거기 머물 것을 명하신다. 주께서 야곱에게 다시 나타나신 것은, 그가 형을 피해 도망칠 때 하나님께 맹세했던 약속을 기억하고, 또 얍복에서 그의 이름을 이스라엘로 바꿔주며 야곱을 축복하셨던 하나님의 은혜를 상기시켜 주기 위함이었다.

그러나 야곱은 벧엘을 떠나 에브랏으로 가는 도중 아내 라헬이 자식을 낳다가 세상을 떠나게 되는 아픔을 겪는다(35:16~19). 그리고 이어지는 본문에서는, 이삭이 180세를 살다가 죽어 장사 되었다(35:28~29)고 전한다. Parashat Vayishlach 보내며 마지막 부분인 36:1~43절에서는 야곱과 에서의 재산과 가축이 너무 많아 함께 동거하기 힘들었기 때문에, 에서가 그의 소유와 모든 가족을 데리고 다른 거처로 옮겨갔다고 전한다. 하나님은 야곱과 에서, 두 형제 모두에게 엄청난 복을 주신 것이다.

창32:10절에서 야곱은 다음과 같이 말한다. "나는 주께서 주의 종에게 베푸신 모든 은총(하하싸딤)과 모든 진실하심(하에멧트)을 조금도 감당할 수 없사오나, 내가 내 지팡이만 가지고 이 요단을 건넜더니 지금은 두 떼를 이루었나이다." 이 말을 다시 풀어 보면, "주께서 제게 베풀어주신 은총과 진실을 이 종은 감히 받을 자격이 없습니다. 제가 이 요단강을 건널 때에 가진 것이라고는 지팡이 하나뿐이었습니다만, 이제 저는 이처럼 두 무리나 이루었습니다"라는 뜻이다. 지금 야곱은 하나님을 향해 주가 베푸신 모든 은총과 진실을 "이 종이 감히 받을 자격이 없다"고 말하고 있다.

이러한 야곱의 고백을 통해, 우리는 야곱이 브니엘에서 하나님의 현존을 체험한 이후에 그의 생각과 삶이 얼마나 크게 변화되었는지 짐작할 수 있다. 야곱이 하나님에 의해 이스라엘이라는 이름으로 바뀐 것은, 단순히 이름만이 아니라 이를 통하여 자신이 누구인지와 그리고 어디를 향해 가야 할지를 깨닫게 된 것이다. 이와 같이 하나님과 만남이 중요한 이유는, 우리의 겉모습은 물론 속사람까지 온전히 바뀔 수 있는 길이 오로지 주님과의 영적인 만남에 있기 때문이다. 오늘 우리가 주님과 만나야 할 이유가 바로 여기에 있다.

[창32:9~13, 개역개정]

(9) 야곱이 또 이르되 내 조부 아브라함의 하나님, 내 아버지 이삭의 하나님 여호와여 주께서 전에 내게 명하시기를 네 고향, 네 족속에게로 돌아가라. 내가 네게 은혜를 베풀리라 하셨나이다. (10) 나는 주께서 주의 종에게 베푸신 모든 은총과 모든 진실하심을 조금도 감당할 수 없사오나 내가 내 지팡이만 가지고 이 요단을 건넜더니 지금은 두 떼나 이루었나이다. (11) 내가 주께 간구하오니 내 형의 손에서, 에서의 손에서 나를 건져내시옵소서. 내가 그를 두려워함은 그가 와서 나와 내 처자들을 칠까 겁이 나기 때문이니이다. (12) 주께서 말씀하시기를 내가 반드시 네게 은혜를 베풀어 네 씨로 바다의 셀 수 없는 모래와 같이 많게 하리라 하셨나이다. (13) 야곱이 거기서 밤을 지내고 그 소유 중에서 형 에서를 위하여 예물을 택하니…

야곱은 형 에서의 노여움을 풀기 위하여 먼저 사자들을 보냈다.

"야곱이 세일 땅 에돔 들에 있는 형 에서에게로 자기보다 앞서 사자들을 보내며 그들에게 명령하여 이르되, 너희는 내 주 에서에게 이같이 말하라. 주의 종 야곱이 이같이 말하기를 내가 라반과 함께 거류하며 지금까지 머물러 있었사오며, 내게 소와 나귀와 양 떼와 노비가 있으므로 사람을 보내어 내 주께 알리고, 내 주께 은혜받기를 원하나이다 하라"(32:3~5). 야곱이 사자들을 형에게 보낼 때 지시했던 말을 잘 읽어보라. "내가 라반과 함께 거류(가르티, גַּרְתִּי)하며 지금까지 머물러 있었습니다." 여기서 '거류했다'는 가르티는 말은 원래 이방인을 가리키는 게르(גֵּר)라는 단어에서 왔다. 따라서 야곱은 이제까지 라반과 함께 보냈던 시절을, 옛날 아버지 집에서 지낸 삶과는 전혀 다른 이방인의 삶이었음을 고백하고 있다.

야곱은 라반의 집에 거하면서 큰 부자가 되었으나, 그러나 이는 하나님이 영원한 유업으로 주신 영적인 복과는 다른 것이었다. 즉 토라가 말하는 복이 아니라 이 땅의 물질적인 복만 받은 것이다. 야곱은 9절에서 하나님께 자신의 믿음을 고백한다. "내 조부 아브라함의 하나님, 내 아버지 이삭의 하나님 여호와여, 주께서 전에 내게 명하시기를 네 고향, 네 족속에게로 돌아가라. 내가 네게 은혜를 베풀리라 하셨나이다." 야곱의 말을 들어보면 그는 토라에 나오는 하나님 명령을 이미 잘 알고 있었다. 그는 이 언약을 잘 알고 있었기 때문에 우상숭배 같은 불신앙적인 환경 속에서도 항상 말씀을 의지하면서 믿음으로 살 수 있었다.

야곱이 라반의 집에서 마치 이방인처럼 살았다는 고백에서 알 수 있듯이, 그는 하나님을 위해 살기로 굳게 다짐하며 오로지 주의 말씀에 순종하며 신실한 믿음으로 토라가 지시하는 길을 걸어갔다. 중요한 것은 그가 하나님으로부터 큰 복을 받았음에도 불구하고, 그것이 자신의 신실함 때문이었다고 생각하지 않고 있다는 것이다. 오히려 복을 받게 된 이유가 자신보다는 아브라함과 이삭의 신실함에 있다고 말하며, 자신은 단지 하나님이 조상에게 약속하신 말씀을 믿었을 뿐이라고 고백하고 있다. 야곱의 고백을 다시 들어 보자. "나는 주께서 주의 종에게 베푸신 모든 은총과 모든 진실하심을 조금도 감당할 수 없사오나 내가 내 지팡이만 가지고 이 요단을 건넜더니 지금은 두 떼나 이루었나이다." 우리는 이 말을 어떻게 이해해야 할까? 다음 라닥의 말에 귀를 기울여 보자.

> [창32:10, 라닥]
> 주님은 제가 아버지의 집을 나섰던 순간 저에게 다음과 같은 확신을 주셨습니다. "네 조상으로 인하여 내가 너를 지켜주고 도와주리라." 저는 주님이 제 조상 아브라함과 이삭에게 하신 이 약속을 믿기에 조상들이 받았던 언약에 의지하여 지금 주께 돌아온 것입니다. 더군다나 주님은 제가 하란에 있을 동안에도 "저 땅은 너의 유업이 될 것이니 네 조상에게로 돌아가라"고 말씀하셨습니다.

라닥은 야곱이 아브라함과 이삭에게 말씀했던 하나님의 언약, 즉 유업에 대한 언약을 확실히 믿고 있었다고 말한다. 여기서 중요한 것은, 라닥이 이것을 하나님의 영적인 구원역사와는 연결하지 않았다는 점이다. 본문은 하나님께 대한 조상들의 믿음의 결과로서 복이 임했음을 강조하면서, 조상들의 신실한 믿음이 자손들에게 어떠한 영향을 주고 또 그 결과가 어떻게 나타나는가를 알려주는 데 더 치중하고 있다. 다시 말해서 부모의 믿음이 신실할 경우, 그 믿음의 결과는 자신뿐만 아니라 그의 모든 자손에게까지 영향이 미친다는 뜻이다. 또한 그 믿음 때문에 세상에 대한 주의 심판 때에 하나님의 진노를 피할 수 있게 된다. 그러므로 믿음이 신실한 자는 누구보다 먼저 사랑하는 자녀들에게 하나님을 경외하는 법과, 믿음으로 하나님 계명에 순종해야 함을 부지런히 가르쳐야 한다. 한 사람의 신실한 믿음이 수없이 많은 자손을 메시아의 길, 곧 구원과 영생의 길로 인도하게 되는 것이다. 이는 자녀들의 신앙은 부모에게 가장 크게 영향 받기 때문이다.

이와는 반대로 하나님을 경외하지 않는다면 그 자녀들도 자기 부모처럼 악한 길로 나감으로, 결국에는 하나님의 진노를 불러오고야 말 것이다. 야곱은 아브라함과 이삭이 신실한 믿음으로 주께 받았던 은혜를 생각하며, 조상들이 자기에게 전해준 하나님의 언약을 믿고 자신의 삶을 이끌어 갔다. 그는 하란 땅에서 살면서도 순간마다 자기를 도우시고 보호하시는 하나님을 믿고 의지했다. "내가 주께 간구하오니 내 형의 손에서, 에서의 손에서 나를 건져내시옵소서. 내가 그를 두려워함은 그가 와서 나와 내 처자들을 칠까 겁이 나기 때문이니이다." 이 11절 말씀에 대해 라닥은 어떻게 해석했을까?

> **[창32:11, 라닥]**
> "저는 이 모든 것이 적절치 않은 것을 온전히 깨달았기 때문에, 주님께 도움을 청할 때 저의 공로를 생각하면서 구하지 않았습니다." 야곱이 10절에서 사용한 은혜(헤세드)라는 말은 '하나님이 그에게 값없

이 주신 전적인 사랑의 행위'를 뜻한다. 반대로 진실(아멧트)이란 말 '주께 약속한 것을 지킴으로 나타난 마땅한 보상'을 가리킨다. 그는 모든 것이 좋은 상태에서 하나님이 약속을 지킬 것이라는 기대를 하는 것은 지극히 당연하다고 생각했다. 하나님이 그에게 '네가 어디를 가든지 너와 함께 있어 지켜줄 것'(28:15)이라고 약속하신 말씀에는 그 어떤 조건도 달지 않았다. 이는 무조건적인 약속이었다. 다만 야곱이 과연 주의 보호를 받을 만하나 그것이 문제였다. 야곱은 자신도 죄를 지을 수 있는 연약한 존재임을 알고 있었지만, 그런데도 하나님은 아브라함과 이삭을 위해 그 약속을 지키실 것이고, 주께서 스스로 약속을 지키려고 자기를 부르신 것을 믿은 것이다. 그는 자신이 주님 보호를 받게 될 것을 의심치 않았고, 그렇기에 형 에서가 여전히 변화되지 않고 자신에 대한 적개심을 갖고 있다는 말을 들었던 순간에도 하나님의 약속을 믿고 더욱 간절히 보호하심을 구할 수 있었다.

라닥이 강조하는 바는, 우리가 구원받게 된 것은 물론이고 계속 하나님이 우리를 도와주시고 우리 가운데 행하시는 일들은, 우리가 착하게 살고 어떤 대단한 업적이나 공로가 있기 때문이 아니다. "주님께서 종에게 베푸신 이 모든 은총(헤세드)과 온갖 진실(아멧트)을, 이 종은 감히 받을 자격이 없습니다." 야곱의 이 고백은 무슨 뜻일까? 하나님은 철저히 자비와 사랑에 의거하여 구원과 도움을 베푸시는 분이심을 야곱은 믿어 의심치 않았다.

라닥은 또 야곱이 고백한 진실이란, '하나님이 약속한 것을 지킴으로 나타난 마땅한 보상'이라고 설명한다. 야곱은 언제부터 하나님을 절대적으로 신뢰했을까? 야곱은 하나님이 그에게 "네가 어디를 가든지 너와 함께 있어 지켜줄 것이라"고 하셨을 때, 이 말씀 안에 어떠한 조건도 없는 무조건적인 약속임을 깨달았다. 하나님의 약속은 우리가 무엇을 했기 때문에 그 결과로써 주어진 것이 아니다! 주님의 약속은 철저히 아브라함과 이삭의 믿음에 근거하고 있으며, 야곱 또한 하나님의 말씀을 온전히 믿고 의지했기 때문에 약속을 얻어낸 것이다.

창32:3~5절에 나오는 야곱의 말을 들어보면, 그가 외삼촌 라반과 함께 지냈던 시절은 마치 낯선 땅에서 이방인 같이 살았던 세월이었다고 고백하면서, 이는 아버지 집에서 살았던 때와는 비교할 수 없다고 말한다. 야곱은 하나님의 약속을 듣고 온전히 그 말씀을 신뢰하였으며, 이 믿음으로 살았기에 그 결과 영적인 축복을 받을 수 있었다. 토라와 주의 계명을 의지하여 하나님이 그 조상들에게 약속하셨던 땅을 영원한 유업으로 받을 수 있었던 것이다. 주님을 사랑한 우리의 행위, 그리고 주께서 베푸신 자비, 이 둘 다 그리스도인의 신앙에 있어서 중요하다. '행위와 믿음', '공로와 은혜' 이 둘 다 중요한 신학적 주제이다. 이 둘 사이의 관계를 더 깊은 통찰력으로 바라볼 수 있는 말씀이 아삽의 시(81편) 안에 나온다.

[시81:8~11, 개역개정]
(8) 내 백성이여 들으라 내가 네게 증언하리라. 이스라엘이여 내게 듣기를 원하노라. (9) 너희 중에 다른 신을 두지 말며 이방신에게 절하지 말지어다. (10) 나는 너를 애굽 땅에서 인도하여 낸 여호와 네 하나님이니 네 입을 크게 열라 내가 채우리라 하였으나, (11) 내 백성이 내 소리를 듣지 아니하며 이스라엘이 나를 원하지 아니하였도다.

8절에 '네게 증언한다'는 말과 '내게 듣기를 원한다'는 말은 같은 뜻이다. 그러면 여기서 말한 '증언(עדות)'은 무엇을 의미할까? 아람어 탈굼과 70인역은 이 단어가 신12장 안에 반복적으로 나타나고 있는 것에 유념하면서, 이는 이방신들을 섬기거나 이방인들처럼 우상숭배를 하지 않는 것과 관련이 있다고 생각했다. 이스라엘이 주의 말씀증언을 들었기 때문에 이집트 압제로부터 구원을 얻게 되었고, 말씀에 대하여 흔들림이 없는 믿음을 가졌기에 주께서 그들을 굶주리지 않도록 날마다 먹을 양식을 주셨다고 본 것이다.

하나님이 이스라엘 백성을 그의 거룩한 임재 앞으로 인도하셨다는 맛소라 텍스트의 증언을 유대 랍비들은 어떻게 이해하였는지에 주목할 필요가 있다. "하나님이 압제 받던 이스라엘에게 왜 구원의 은혜를 베푸셨을까? 왜 그들을 거룩한 성산으로 인도하여 율법을 주시고 하나님 백성으로 삼았을까?" 하나님 스스로 이 모든 일의 증인이 되셨다고 말한다. 이스라엘 백성을 대신하여 하나님이 스스로 증인 되신 이유는 무엇일까? 그것은 '그들이 하나님을 신실하게 믿는 것!' 오로지 이것 하나였다고 보는 것이다.

그래서 하나님은 "너희 중에 다른 신을 두지 말며 이방신에게 절하지 말라"고 하시며 오직 토라의 말씀에만 귀를 기울이라고 요구하신다. 시81:10절에는 "네 입을 크게 열라. 그리하면 내가 가장 좋은 것들을 네 입에 채우리라"고 약속한다. 우리 입에 토라의 말씀을 두면 어떤 좋은 것이 채워질까? 시편의 고백들은 주님을 영화롭게 하는 일과 관련되어 있다. 성경에는 모세에게 보여주신 하나님의 계시에 대해 얼마나 많이 언급하고 있는가? 우리가 흔히 토라라고 일컫는 율법과 예언과 시 안에 얼마나 많이 나타나는가? 물론 신약성경 안에도 마찬가지이다. 중요한 것은 성경에 나온 놀라운 일들을 우리의 삶 속에서 경험하려면, 단지 그런 일을 볼 수 있도록 우리 눈을 열어달라는 기도만으로는 부족하다. 성경에 나온 놀라운 일을 경험하기 원한다면, 무엇보다 예수 그리스도께서 삶을 통해 보여주신 것처럼, 우리도 토라가 명령하는 길을 따라 걸어가야 한다.

[요일2:3~6, 개역개정]

(3) 우리가 그의 계명을 지키면 이로써 우리가 그를 아는 줄로 알 것이요, (4) 그를 아노라 하고 그의 계명을 지키지 아니하는 자는 거짓말하는 자요 진리가 그 속에 있지 아니하되, (5) 누구든지 그의 말씀을 지키는 자는 하나님의 사랑이 참으로 그 속에서 온전하게 되었나니 이로써 우리가 그의 안에 있는 줄을 아노라. (6) 그의 안에 산다고 하는 자는 그가 행하시는 대로 자기도 행할지니라.

[겔8:9~12, 개역개정]

(9) 또 내게 이르시되 들어가서 그들이 거기에서 행하는 가증하고 악한 일을 보라 하시기로 (10) 내가 들어가 보니 각양 곤충과 가증한 짐승과 이스라엘 족속의 모든 우상을 그 사방 벽에 그렸고, (11) 이스라엘 족속의 장로 중 칠십 명이 그 앞에 섰으며 사반의 아들 야아사냐도 그 가운데에 섰고 각기 손에 향로를 들었는데 향연이 구름 같이 오르더라. (12) 또 내게 이르시되 인자야 이스라엘 족속의 장로들이 각각 그 우상의 방안 어두운 가운데에서 행하는 것을 네가 보았느냐? 그들이 이르기를 여호와께서 우리를 보지 아니하시며 여호와께서 이 땅을 버리셨다 하느니라.

에스겔이 본 것은 단지 은밀한 이교도 제사의식만이 아니었다.

그 의식을 행한 자들의 마음속에 자리 잡고 있는 가증한 생각들과 죄악을 본 것이다. 거기서 본 부정한 곤충과 짐승들의 그림, 그리고 온갖 더러운 우상을 누가 그렸고 누가 만들었겠는가? 우상 앞에서 절한 것보다 우상을 만들고 가증한 것들을 생각한 것부터가 모든 죄악의 출발이었다. 하나님이 왜 토라의 길을 따라 걸어야 한다고 말씀하실까? 왜 우리로 하여금 예수 그리스도 안에서 그의 말씀에 순종하라고 명하시는 것일까? 이 길만이 살 수 있고, 또 하나님의 은혜를 맛볼 수 있는 유일한 길이기 때문이다. 이것이 얼마나 중요한지 아는 자만이 그 길을 걸어간다. 시81편에서 아삽은 다음과 같이 결론짓는다.

[시81:12~16, 개역개정]

(12) 그러므로 내가 그의 마음을 완악한 대로 버려 두어 그의 임의대로 행하게 하였도다. (13) 내 백성아 내 말을 들으라. 이스라엘아 내 도를 따르라. (14) 그리하면 내가 속히 그들의 원수를 누르고 내 손을 돌려 그들의 대적들을 치리니, (15) 여호와를 미워하는 자는 그에게 복종하는 체할지라도 그들의 시대는 영원히 계속되리라. (16) 또 내가 기름진 밀을 그들에게 먹이며 반석에서 나오는 꿀로 너를 만족하게 하리라 하셨도다.

위 말씀을 보면, 하나님이 완악한 자에게는 이미 그들 마음속에 있는 악한 의지대로 행하도록 내버려 두셨다고 말한다. 여기에서 우리는 주께서 사람에게 행하는 일에 관해서 또 다른 시각을 얻게 된다. 사람이 하나님 뜻과는 반대로 자기 고집대로 행하는 완고함조차도, 하나님에 의해 부여받은 마음일 수 있다는 것이다. 이것이 무슨 말인가? 하나님은 사람들이 토라의 말씀을 듣지 않고 자기 뜻대로 계속 어긋난 길을 고집하며 산다면, 이제는 '그들이 원하는 대로' 완악한 길로 이끄신다는 뜻이다.

또 다른 한편으로 끊임없이 죄와 싸우는 사람과 죄를 극복하고 주님께 도움을 청하는 사람 사이에는 차이가 있다. 모에딤^{Moedim}을 생각해 보라. 모에딤은 세상의 풍습에 따라 살기를 거부하며 오직 토라 명령을 준행하며 살기로 작정한 사람들이다. 그런데 많은 사람은 이런 생활을 원하지 않고 오히려 모에딤을 비웃기까지 한다. 그러나 분명하게 우리가 알아야 할 것은, 마음속에 있는 완악함을 드러내지 않은 채 은밀한 죄에 빠져 있다든지, 그로 인해 하나님 음성 듣기를 꺼려하는 태도를 고집하는 한, 누구도 진리를 쉽게 볼 수 없도록 하나님이 직접 막으신다는 사실이다.

"그러므로 내가 그의 마음을 완악한 대로 버려 두어 그의 임의 대로 행하게 하였도다"(시81:12). 히브리어로 읽으면 "바아살르헤 후 비쉘리루트 리밤 옐르쿠 베모아쪼테헴"인데, 이는 '내가 그들의 마음을 지배하고 있는 권세대로 보내어 그들 스스로 도모한 길로 걷게 할 것이라'는 뜻이다. 민15:39절은 "너는 네 마음을 따라가지 말 것이고 네 눈을 좇아가지 말 것이라"고 경고한다. 이 두 문장에서 '마음을 지배하고 있는 권세' 혹은 '마음을 따라' 등의 표현이 나온다. 그런데 이 둘 중에 '마음을 지배하고 있는 권세'가 훨씬 더 강렬한 느낌을 준다. 이는 자기가 기뻐하고 원하는 것을 행하려고 선택했다는 뜻이다.

성경은 여러 곳에서 이교도 전통과 풍습을 따르는 행위는 우상 숭배와 같다고 말한다. 사람들은 세속적인 것을 통해 쉽게 쾌락을 얻을 수 있기 때문에 이런 쾌락을 포기하는 것이 얼마나 어려운 일인지 잘 안다. 그래서 하나님은 이런 일을 강력하게 금하신 것이다. 욥은 욥31:7절에서 '만일 내 걸음이 길에서 떠났거나, 내 마음이 내 눈을 따랐거나, 내 손에 더러운 것이 묻었다면'이라고 말하였다. 욥은 왜 이런 표현을 썼을까? 자신은 한 번도 토라의 길에서 떠난 적이 없었고, 눈에 보이는 것을 쫓아가지 않았으며, 그래서 손에 더럽고 속된 것을 묻힌 적이 없었음을 고백하고 있다. '토라의 길에서 떠난 걸음, 눈에 보이는 것만 따르는 마음, 더러운 이익을 잡으려는 손,' 이런 행위들은 곧 우상숭배와 같으며, 사람들로 하여금 심각한 죄에 빠지게 하는 사탄의 강력한 무기이다. 이는 또한 신앙의 양심과 의지를 버리고 죄를 선택한 결과이다. 그들은 하나님을 믿는다고 말하면서도 '마음의 욕심에 따라' 세상의 쾌락만을 좇아간다.

히브리 본문에 대한 유대문헌(미드라쉬, 미쉬나)의 해석을 보면 새로운 통찰력을 많이 얻게 된다. 그들은 이스라엘이 하나님의 음성을 듣지도 않았다고 말한다. 만약 이스라엘이 정말로 하나님을 신뢰했다면 사악한 생각을 버리고 죄악의 길에서 떠났을 것이다. 하나님은 우리에게 토라의 길을 걸으며 주의 발자취를 따라 살라고 요구하신다. 그런 삶을 살려고 애쓰는 자를 도와주시려고 불꽃같은 눈동자로 우리를 바라보고 계신다.

사도 바울은 엡2:10절에서 다음과 같이 증언했다. "우리는 그가 만드신 바라. 그리스도 예수 안에서 선한 일을 위하여 <u>지으심을 받은 자</u>(포이에마, ποίημα)니, 이 일은 하나님이 전에 예비하사 우리로 그 가운데서 행하게 하려 하심이니라." 우리는 모두 하나님으로부터 지음을 받은 사람 포이에마이다. 그러므로 우리의 구원은 내 힘으로 이룬 것이 아니라 온전히 하나님이 주신 선물이다. 우리는 모두 예수 그리스도 안에서 선한 일을 위하여 지음을 받았다(엡2:10). 앞서 읽은 아삽의 시(81편)를 어떻게 이해했는가? 하나님이 우리를 지으신 포이에마의 은혜는, 우리가 세상 속에서 날마다 경건하고 또 윤리적으로 살기 원하신 하나님의 뜻과 관련이 있으며, 이로 인해 우리 영혼이 날로 새로워져 하나님과 주 예수 그리스도께 가까이 나아가고자 하는 열망을 품게 하신 은혜인 것이다.

우리가 본문 Parashat Vayishlach 보내며를 읽으면서, 하나님이 야곱으로 하여금 하나님의 언약에 대한 생각을 떠올리게 하시려고 어떻게 역사하셨는지 보게 된다. 32:10절에서 야곱은 겸손하고 진실한 마음으로 감사를 올렸다. "주께서 주의 종에게 베푸신 이 모든 은총과 온갖 진실을, 이 종은 감히 받을 자격이 없습니다. 제가 이 요단강을 건널 때에 가진 것이라고는 지팡이 하나뿐이었습니다만, 이제 저는 이처럼 두 무리나 이루었습니다."

하나님은 토라에 기록된 언약을 근거로 은혜와 자비를 이스라엘 백성에게 베풀어 주셨다. 그의 신실함으로 이스라엘을 부르시고 당신의 백성으로 삼으신 것이다. 그 하나님은 오늘 우리에게도 똑같이 역사하신다. 주님을 믿고 메시아에 관해 약속하신 말씀을 믿는 자에게 똑같이 은혜와 자비를 허락하신다. 우리가 이것을 정말로 믿는다면, 하루속히 마음의 완악함을 버리고 겸손히 주를 섬기면서, 주님이 우리에게 행하신 자비와 은혜에 대해 늘 감사하며 살아야 한다. "사망 길에 있던 우리를 건지시고, 사랑으로 품어주신 그리스도의 은혜에 감사와 찬송을 드립니다." 할렐루야!

제9주 차
Parashat Vayeshev (야곱) 거주하다 (37:1~40:23)

증오심, 그 뿌리는 무엇인가?

Parashat Vayeshev (야곱) 거주하다 (창37:1~40:23)의 첫 부분에 "야곱이 다른 아들들보다 특별히 요셉을 더 사랑했다"(37:3)는 말이 나온다. 이는 앞으로 장차 전개될 형제들 사이의 미움과 갈등, 그로 인한 요셉의 고난의 삶을 예고해 주고 있다. 여기에 한술 더 떠서, 요셉은 꿈을 통해 보았던 하나님의 계시를 함부로(?) 형들에게 말함으로써, 형들에게 분노와 질투를 일으키게 했다(37:11). 형들은 동생 요셉을 죽이려고 했지만 차마 죽이지 못하고, 구덩이 속에 빠진 요셉을 지나가던 이스마엘 상인에게 몸값을 받고 노예로 팔아넘겼다.

따라서 오늘 본문은 야곱과 라헬 사이에서 태어난 요셉에 관한 이야기가 주된 내용이다. 앞에서 말했듯이 야곱은 다른 아들들보다 요셉을 더 편애했다. 요셉만 편애했기 때문에, 좋은 일이든 나쁜 일이든 형제들의 행위를 아버지에게 와서 고하도록 만들었다. 그러나 비록 요셉이 아버지의 총애를 독차지했음에도 불구하고, 그는 언제나 형들보다 의롭고 정직하게 살았다. 하나님은 그런 요셉과 늘 함께하심으로 그의 삶을 형통하게 하셨고, 이로써 장차 이스라엘을 구원하기 위한 토대를 마련하신 것이다.

본문에 따르면 요셉의 형들은 세겜 땅에서 양 떼를 치고 있었다. 앞의 본문 Parashat Vayishlach 보내며를 보면, 시므온과 레위가 여동생 디나가 강간당한 일에 대한 분풀이로 사람들을 속이고 할례를 받게 한 후 사람들을 무참히 살육했던 곳이 바로 세겜이었다. 그 일로 인해 야곱은 그 땅을 떠날 수밖에 없었다. 그런데도 요셉의 형제들은 아직도 피 냄새가 가시지 않은 그 땅에 가서 양 떼를 치고 있었던 것이다. 이것과 관련하여 탈무드 바블리 샤바트Talmud Bavli Shabbat는 아주 흥미로운 이야기 하나를 소개하고 있다.

> [탈무드 바블리 샤바트 63a]
> 미쉬나는 말한다. 누구에게 나아갈 때 칼이나 활이나 방패나 둥근 방패나 창을 들고 나아가지 말아야 할 것은, 만약 그것 중에 하나라도 손에 들고 나가면 그 사람은 그로 인해 발생하는 죄에 대하여 책임을 져야 하기 때문이다.

이 가르침을 근거로 생각해 볼 때, 야곱의 아들들은 지금 자신들의 손에 든 칼로 사람들을 무참히 죽임으로 피를 흘렸던 그곳, 그리고 동생 디나가 강간을 당했던 성범죄 현장에 버젓이 돌아온 것이다. 그렇기에 탈무드는 야곱의 아들들이 살인을 저지른 곳이자 또 성범죄 현장에 돌아온 것만으로도, 그들은 그 죄악에 대해 이미 무감각한 상태에 있었다고 꼬집고 있다. 바로 그런 이유로 야곱은 항상 죄에 대해 무감각한 아들들을 걱정하여 요셉을 보냈던 것이고, 요셉은 분명히 형들의 악한 행위를 아버지에게 고하지 않을 수 없을 만큼 그들의 죄는 심각한 상태였다고 짐작해 볼 수 있다. 또한 아버지께 고자질하는 동생을 형들은 미워했고, 그래서 요셉 앞에서는 "편안하게 말할 수 없었다"(37:4)고 생각했다.

[창37:1~4, 개역개정]

(1) 야곱이 가나안 땅 곧 그의 아버지가 거류하던 땅에 거주하였으니 (2) 야곱의 족보는 이러하니라. 요셉이 십칠 세의 소년으로서 그의 형들과 함께 양을 칠 때에 그의 아버지의 아내들 빌하와 실바의 아들들과 더불어 함께 있었더니 그가 그들의 잘못을 아버지에게 말하더라. (3) 요셉은 노년에 얻은 아들이므로 이스라엘이 여러 아들들보다 그를 더 사랑하므로 그를 위하여 채색옷을 지었더니, (4) 그의 형들이 아버지가 형들보다 그를 더 사랑함을 보고 그를 미워하여 그에게 편안하게 말할 수 없었더라.

1절은 "야곱이 가나안 땅 곧 그의 아버지가 거류하던 땅에 거주하였으니 야곱의 족보는 이러하다"고 말한다. 랍비 라쉬밤은 37:2절에 대해 다음과 같은 논평을 내놓았다.

[창37:2절, 라쉬밤의 해석]

순수한 이성을 사랑하는 사람은 항상 기억해야 할 것이 있다. 일찍이 현자들은 성경 말씀들을 너무 깊게 해석하려고 아주 평범한 의미를 놓쳐서는 안 된다는 점을 강조했다. 토라가 말한 율법의 핵심은 본문 안에 담긴 뜻을 알려주고 암시를 일러주기 위한것이다. 이는 학가다[1]와

---

1) 학가다(hagadot)는 이야기라는 뜻으로, 하나님 백성의 내적인 경건과 종교적인 헌신을 목적으로 성경을 해석하여 이야기체로 전하였다. 설화나 민담, 잠언, 격언, 주석, 전설, 비유 등이 이에 속한다.

할라카[2]의 경우에도 마찬가지이다. 또 율법은 우리가 토라 본문으로부터 유출해 낸 법에 의해 32개와 13개의 법조문, 그리고 긴 문장을 통해 만들어진 것이다. 라쇼님Rashonim 시대에는 랍비들이 자신의 경건을 유지하는 데 여념이 없었기 때문에, 토라의 평범한 뜻을 파고들면서 해석하지는 않았다. 이들로부터 배운 학생들을 학카밈(Chachamim)이라고 한다. 이들은 토라를 논리적으로 사고하는 일에 시간을 많이 쓰지 않았기 때문에, 토라 말씀보다는 권위가 못한 탈무드에 더 큰 비중을 두었고, 따라서 토라의 의미를 선명하게 드러내는 해석학적 노력에는 다소 소극적이었다.

그런 흐름 속에서도 내 어머니의 부친이셨던 랍비 라쉬는 토라 본문의 평범한 의미를 먼저 해석하는 연구에 심혈을 기울였다. 또 나의 할아버지인 슐로모Shlomo는 토라학교의 후원자이기도 하였다. 나 역시 매일의 삶 속에서 일어나는 일에서 그 의미를 새롭게 해석하려고 힘썼을 뿐만 아니라, 이로써 토라 본문이 말하는 평범한 의미를 찾았고, 이것에 관하여 서로 논의하는 일에도 게을리 하지 않았다.

라쉬밤의 말은 우리가 주님을 섬기는 일에 집중하는 것도 중요하지만, 올바르게 섬기려면 무엇보다도 토라를 더욱 깊이 연구하여 주의 뜻을 깨달아야 한다는 점을 강조하고 있다. 그는 탈무드와 또 각종 유대문헌들이 가르치는 교훈들은 토라 본문을 주석한 것에 불과하다고 보았다. 토라를 연구에 있어서 가장 중요한 것은 토라 본문이며, 거기에 토라를 기초로 이야기로 다듬어진 학가다와, 신앙지침을 가르치는 할라카에 나타난 평범한 의미들을 이해하는

2) 할라카(halachot)는 이스라엘의 도덕법, 법률, 관습 등의 총괄한 내용을 담고 있으며, 하나님 백성으로서의 실생활을 하도록 성경의 가르침을 해석한 일종의 종교적이고 사회적인 지침서라 할 수 있다.

것, 이것을 삶에 잘 적용할 수 있도록 가르치고 깨닫게 하는 일이라고 말한다. 학가다와 할라카는 우리가 토라를 읽을 때마다 가장 중요하게 짚어봐야 할 신앙의 핵심이다. 그러나 라쉬밤은 우리들 자신만의 할라카를 만들도록 요구하지 않았다. 그보다는 하나님 영광을 위한 삶을 영위할 수 있도록 우리에게 능력을 주신 토라 말씀을 연구하고 기억하는 것이 더 중요하다는 입장을 밝히고 있다.

Parashat Vayeshev (야곱) 거주하다의 첫 부분에서 우리는 야곱과 요셉, 그리고 그의 형제와의 관계에 대해 몇 가지 흥미로운 점을 보게 된다. 창37:2절을 읽어보자. "야곱의 족보는 이러하니라. 요셉이 십칠 세의 소년으로서 그의 형들과 함께 양을 칠 때에, 그의 아버지의 아내들 빌하와 실바의 아들들과 더불어 함께 있었더니, 그가 그들의 잘못을 아버지에게 말하더라." 2절 말씀은 "야곱의 족보는 이러하다 (엘레 톨레도트 야코브; אֵלֶּה | תֹּלְדוֹת יַעֲקֹב)."는 말로 시작하고 있다. 분명히 야곱의 족보(톨레도트) 라고 한다면 야곱과 그의 아들들에 대한 가계도를 설명하는 것이 당연할 테이지만, 그러나 자세히 읽어 보면 요셉의 이름만 언급되었을 뿐, 형들은 단지 '그의 아버지의 아내들, 빌하와 실바의 아들들'이라고 묶어서 처리해 놓았다.

더 희한한 것은, 창세기 저자가 단지 요셉 이름만 언급한 후에 '빌하와 실바의 아들들'이라고 했지 레아와 라헬의 이름은 아예 언급하지도 않았다는 것이다. 우리가 알다시피 빌하와 실바는 레아와 라헬의 여종으로서, 레아와 라헬이 야곱과 결혼한 뒤에 자녀를 더 얻으려고 야곱에게 주었던 여자들이다. 창세기의 특징적 요소

중의 하나가 바로 족보의 책이라는 점을 고려할 때, 여기에 기록한 방식은 분명히 이전에 기록한 방식[3]과는 확연히 다르다. 그렇다면 본문은 왜 이러한 방식으로 설명하고 있을까? 이것은 무엇을 말하려고 한 것일까? 아래 라닥의 설명을 들어보자.

[창37:2, Part 1, 라닥]

"엘레 톨레도트 야코브(אלה תולדות יעקב)", 곧 "이것은 야곱의 족보이다." 여기에 나온 단어 '톨레도트'는 원래 무슨 사건이 '벌어졌다. 발전했다'는 뜻이다. 이 단어는 야곱이 살면서 경험한 모든 종류의 아픔까지 포함하는 의미로 읽어야 한다. 창6:9절을 보면 노아의 자식들을 소개한다기보다는 장차 그에게 일어날 일을 말하기 위해 이 단어를 쓰고 있다. 그렇기 때문에 이 단어는 생물학적인 족보[자손]를 소개할 때만 쓰이는 것이 아니라, 문학적인 차원에서 이해할 필요가 있는 것이다. 예를 들어 잠27:1절에, "그날에 어떤 일이 일어날지 네가 알 수 없다"고 했는데, 여기서 '어떤 일이 일어나다'는 '그날을 낳을 것이다the day will give birth to'라는 의미로 읽어야 하는 것처럼 말이다.

라닥의 말에 따르면 족보를 뜻하는 히브리어 '톨레도트(תולדות)'는 단지 자손들의 이름을 소개하는 세대목록의 의미로만 이해해서는 안 된다고 말한다. 사람의 생애에서 일어난 각종 사건이나 변화된 상황까지 포괄적인 의미가 담긴 것이다. 그 비근한 예를 노아의 경우에서 찾고 있다. "이것은 노아의 족보이다(엘레 톨레도트 노아흐)"로 시작하는 창6:9절을 보면, 노아의 자손들 목록에 대한 설명이라기보다는 장차 노아에게 일어날 일들, 세상의 변화, 특별

---

3) 참조: 5:1~32, 10:1~32, 11:10~26, 11:27~29 등

한 상황, 이 모든 것을 설명하기 위한 머리말처럼 쓰이고 있다. 따라서 톨레도트는 꼭 혈연으로 맺어진 가족을 소개하는 족보로만 이해할 필요는 없다.

그렇기 때문에 창37:2절 "이것은 야곱의 족보이다"라고 한 말은, 그의 자손들을 소개하기 위한 머리말이기보다는 그가 살면서 겪었던 일들, 변화된 상황, 그리고 특별히 자식들로 인해 겪었던 아픔이나 상처들을 언급하기 위한 머리말 정도로 이해하는 것이 더 타당한 해석이다. 라닥은 이어서 또 다음과 같은 설명을 덧붙이고 있다.

[창37:2, Part 6, 라닥]

"봐야베 이요셉 엣트 딥바탐 라아(ויבא יוסף את דבתם רעה)", 즉 "요셉이 그들의 잘못을 (아버지에게) 말하더라." 요셉은 먼저 형들이 자기를 미워하고 있는 사실을 아버지에게 고했다. 여종 빌하와 실바의 아들들은 요셉이 어렸을 때부터 그를 미워했고, 레아의 자식들 역시 자신들에게 우선권이 있다는 우월감으로 인하여 아버지 사랑을 독차지했던 요셉을 눈엣가시처럼 여겼다. 따라서 어떻게든 요셉을 해칠 기회를 엿보고 있었다. 아버지 야곱은 이것을 알아차리고 오히려 요셉의 형들을 꾸짖었다. 형들이 요셉을 미워한 것은 그가 요셉을 편애했기 때문에 생긴 질투 때문임을 야곱도 잘 알고 있었다. 마이어 조셉R. Meir Joseph에 따르면, 요셉은 형들이 짐승을 피 채 먹어서는 안 된다는 토라의 계명을 지키지 않은 것까지 아버지에게 일러바쳤다고 주장한다.

그러나 랍비 예후다R. Yehuah는 이와는 다른 관점에서 본문을 해석하고 있다. 그에 따르면 빌하와 실바의 아들들은 요셉이 자기들을 노예처럼 경멸했고, 또 항상 그런 눈으로 형들을 바라보면서 그들의 잘못된 행실 하나하나를 아버지에게 말해야겠다는 생각을 하고 있었다고 한다. 또 한편으로 랍비 시몬^{R. Shimon}은, 요셉이 아버지에게 고한 형들의 잘못이란, 형들이 가나안 여자들에게 수시로 호감을 느끼고 접근했던 일이라고 말한다.

랍비 예후다는 잠16:11절, "공평한 저울과 접시저울은 여호와의 것이요 주머니 속의 저울추도 다 그가 지으신 것이니라"는 말씀에 근거하여, 하나님이 요셉에게 모두 세 가지 고소에 대해 대답해 주셨다고 주장한다. "첫째로 너는 네 형제가 주의 법을 어기고 산다고 고소했다. 또 너는 네 형들이 네 옷에 피를 묻혀 아버지에게 보여준 악한 모략에 대하여 고소했다. 이제 네가 증인이다. 그들이 수시로 짐승을 잡아먹었던 것처럼, 네 옷에 피를 묻힐 때 숫염소를 잡은 것을 알고 있지 않느냐? 둘째로 너는 네 형들이 실바와 빌하의 자식들을 향해 종의 자식들이라 부른 것을 고소했다. 그래서 나는 너를 노예로 팔려가게 했다. 셋째로 너는 네 형들이 이방여자들을 유혹한다고 고소했다. 이로 인해 언젠가 너는 한 여자로부터 유혹을 받게 될 것이다." 예후다가 말한 이 마지막 유혹은 보디발의 아내가 요셉에게 접근하여 시도했던 일을 가리킨 것이다.

라닥은 창37장의 야곱 가정의 족보에서 왜 요셉 이름만 기록해 놓았는지, 왜 그의 형들 이름은 없고 '그의 아버지의 아내 빌하와 실바의 아들들'이라고 묶어 놓았는지, 이 점에 대해 그 이유를 요셉과 형들과의 사이에서 일어났던 일과 관련지어 해석하고 있다. 창세기 저자는 야곱의 족보를 설명할 때 왜 요셉의 이름만 기록했을까? 아마도 야곱이 가장 사랑했던 아내와의 사이에서 낳은 요셉에 비해, 그들은 여종들과의 관계에서 낳은 아들이었다는 사실을 염두에 둔 것일까? 어쨌든 다른 아들들과는 달리 요셉에 대한 지나친 야곱의 편애로 인해, 그 자식들 간에 반목이 시작되었다는 점은 부인할 수 없다. 하지만 그런데도 잊어서는 안 될 것은, 요셉이 형들의 행위를 보면서 잘잘못을 구분하였다는 사실과, 그들의 잘못을 아버지 야곱에게 이야기할 수밖에 없었던 근본적인 책임은 '빌하와 실바 아들들'의 불신앙에 있었다는 사실은 분명하다.

유대문헌들 중에는 요셉과 그의 형들에 대한 이야기를 다룬 주석들이 많다. 특히 그중에 라쉬와 스포르노의 해석을 눈여겨볼 필요가 있다. 이들은 요셉의 형들이 보여준 행동에 주목하면서, 형제들 사이에도 분노를 일으킨 정도에 상당한 차이가 있다는 사실에 대해 논평을 내놓았다.

[창37:2, 라쉬]

요셉은 레아의 소생인 형들에게서 나쁜 행위들을 보고 아버지에게 고하였다. 첫째로 그들은 짐승을 산 채로 잡아먹었고, 둘째로 빌하와 실바가 낳은 아들들을 '노예 자식'이라고 부르며 모욕했고, 또 그들은 가나안 여자들과 부적절한 관계를 맺고 있는 사실을 야곱에게 고했다. 이 세 가지는 주로 레아 소생의 자식들이 저지른 잘못이었다. 형들은 살아있는 짐승을 잡아먹은 자신들의 잘못을 요셉이 아버지에게 일러바쳤기 때문에, 나중에 요셉을 상인들에게 팔아넘길 때 숫염소를 잡아 그 피를 요셉의 옷에 적셨지만, 그 염소의 고기는 먹지 않았다. 또 빌하와 실바의 아들들을 '노예 자식'이라고 놀림당한 것에 대한 보복으로, 라헬의 소생 요셉을 이스마엘 상인에게 '노예'로 팔아버렸다. 주님은 요셉이 형들의 문란한 성관계, 즉 형들이 이방여자들과 놀아난 것을 일러바친 것을 기억하고, 나중에 요셉으로 하여금 보디발 아내로부터 강한 성적 유혹을 받는 시험을 주셨다.

[창37:3, Part 3, 스포르노]

"베앗싸 로 케토넷 팟씸(ועשה לו כתונת פסים)", 곧 "그를 위하여 채색옷을 지어 입혔다." 왜 야곱은 요셉에게만 채색옷을 지어서 입혔을까? 채색옷은 가장이 집안에서 제일 으뜸 되는 자에게 입게 했다. 그리하여 채색옷 입은 자가 어디에 있든지 주인 눈에 금방 띄도록 했다. 요셉은 비록 동생이었지만 아버지 야곱은 다른 형제들보다 더 높은 지위를 요셉에게 준 것이다.

으뜸으로 삼은 자에게 채색옷같이 특별한 옷을 입도록 한 경우가 사 22:21절에도 나온다. "네 옷을 그에게 입히며(והלבשתיו כתנתך, 베힐르바쉐티브 쿳타느테카)." 하나님께서 당시 국고와 왕궁을 맡고 있던 셉나를 쫓아내시고, 그를 대신하여 힐기야의 아들 엘리아김을 세우실 때 하신 말씀이다. 힐기야가 입고 있던 웃옷을 엘리아김에게 입혀 그가 가진 모든 권한을 엘리아김에게 넘겨주시겠다는 뜻이었다. 탈무드 바바 카마Talmud Baba Kama에도 보면, 이처럼 구별된 옷을 입혔다는 것은 모든 지위와 권한까지 양위해 주겠다는 표현이라고 말한다. 아마 요셉의 형들은 요셉의 옷을 벗김으로 요셉이 가지고 있던 권한을 뺏고자 했을 것이고, 아주 멋진 옷차림을 하고 다니면 어떻게든 자기들에게 유익이 되리라 생각했던 것 같다. 그만큼 그들은 이미 가나안 사람들의 풍습에 익숙해져 있었다는 것이다.

라쉬의 말에 의하면, 요셉이 형들의 행위가 잘못되었다고 보았던 이유는, 그들이 가나안의 이방 풍습에 따라 토라의 계명과는 거리가 먼 불순종의 삶을 살고 있었기 때문이었다. 또 스포르노는 야곱이 오직 요셉에게만 채색옷을 입게 한 것은, 야곱이 다른 자식들보다 요셉에게 더 높은 지위를 주어 형제들을 다스릴 권한을 주려했기 위함이었다고 해석했다. 채색옷이 바로 그런 권한을 준 것임을 확인하기 위해 다른 성경 본문을 증거로 삼고 있다. 실제로 사람이 어떤 옷을 입느냐는 그 사람의 권세가 얼마나 큰지를 보여 준다. 따라서 형들이 요셉을 질투하고 미워한 까닭은, 요셉에 대한 아버지의 그런 편애가 원인이었다고 볼 수 있다. 누군가를 편애하는 것은 사실 편견에 따른 차별적인 행동이라고 말할 수 있다. 편애는 어떤 특정한 자에게만 우선권을 주는 불공평하고 부당한 처사이다. 이것은 의복의 구별을 통하여 사회적인 계급을 나눔으로써, 서로 다르게 대우하겠다는 생각에 기인하는 것이므로 심각한 차별 행위에 해당한 일이다.

그러나 성경에는 부모가 자식을 편애하는 것이 결코 하나님 뜻이 아님을 분명히 밝히고 있다. 바울도 롬2:11절에서 "하나님은 외모로 사람을 취하지 아니 하신다"고 말하였다. 즉 하나님은 결코 어느 누구도 편애하지 않는 분임을 밝힌 것이다. 하나님은 절대 외모로 사람을 취하지 않는다는 말을 영어성경에서는, "그 어떤 편애도 없다."(엡6:9)[4]라고 번역했다.

또 이와 비슷한 표현이 골3:25절에 나온다. "불의를 행하는 자는 불의의 보응을 받으리니 주는 사람을 외모로 취하심이 없느니라." 이 말은 정확히 "불의를 행한 자는 그가 행한 불의 때문에 보응을 받을 뿐, 거기에는 어떤 편애도 없다"[5] 라는 뜻이다. 또 야고보가 "내 형제들아 영광의 주 곧 우리 주 예수 그리스도에 대한 믿음을 너희가 가졌으니 사람을 차별하여 대하지 말라"(약2:1)고 권

---

4) there is no favoritism with the Lord

5) NIV: Anyone who does wrong will be repaid for his wrong, and there in no favoritism.

한 것 역시, 사람을 편애하여 차별해서는 안 된다는 점을 강조한 것이다. 특히 이 가르침은 당시 부자와 가난한 자를 차별했던 교회를 향해 권고한 것이다. 어떤 의복을 입고 오느냐에 따라 그의 지위와 경제 형편을 판단하고, 그런 인간적인 판단에 의해 사람을 차별하는 교회를 향하여, 이는 대단히 잘못된 일일 뿐 아니라 결코 주의 뜻이 아님을 가르친 것이다.

[약2:1~10, 현대인의 성경]

(1) 형제 여러분, 영광스러운 우리 주 예수 그리스도를 믿는 성도답게 여러분은 사람의 겉모양만 보지 마십시오. (2) 교회에 금반지를 끼고 화려한 옷을 입은 사람과 남루한 옷을 입은 가난한 사람이 들어올 때 (3) 만일 여러분이 화려한 옷을 입은 사람은 좋은 자리에 앉히고 가난한 사람에게는 '거기 섰든지 내 발 앞에 앉으시오' 하고 푸대접한다면 (4) 사람을 차별하여 악한 생각으로 판단한 셈이 되지 않습니까? (5) 사랑하는 형제 여러분, 내 말을 잘 들으십시오. 하나님은 세상의 가난한 사람들을 택하여 믿음에 부요하게 하시고 자기를 사랑하는 사람들에게 약속하신 나라를 그들이 소유하게 하지 않았습니까? (6) 그런데도 여러분은 가난한 사람들을 업신여기고 있습니다. 여러분을 괴롭히며 법정으로 끌어가는 사람들은 부자들이 아닙니까? (7) 그들은 여러분에게 주어진 고귀한 이름을 모독하지 않았습니까? (8) 만일 여러분이 성경이 기록되어 있는 대로 '네 이웃을 네 몸과 같이 사랑하라' 하신 최고의 법을 지키면 잘하는 것입니다. (9) 그러나 여러분이 사람의 겉모양만 보고 판단한다면 죄를 짓는 것이며 율법이 여러분을 범죄자로 선언할 것입니다. (10) 누구든지 율법을 다 지키다가도 그 중에 하나를 어기면 율법 전부를 범한 것이 됩니다.

그런데 구약성경에도 보면 편애와 관련하여 이와 유사한 말씀이 나온다. "재판관은 부정한 재판을 해서는 안 된다. 가난한 자라고 해서 두둔하거나 세력 있는 자라고 해서 유리한 판결을 내리지 말아라. 재판은 어디까지나 공정하게 해야 한다"(레19:15, 현대인의 성경). "가난한 자의 송사라고 해서 편벽되이 두둔하지 말라"(출23:3). 하나님이 기뻐하시는 정의란 누구 앞에서나 공정한, 소위 '커튼 뒤에서 나온 정의'가 되어야 한다. 이로써 모든 사람이 법 앞에서 똑같이 대우받아야 한다.

위 본문 약2:8~10절을 다시 읽어 보자. "만일 여러분이 성경이 기록되어 있는 대로 '네 이웃을 네 몸과 같이 사랑하라' 하신 최고의 법을 지키면 잘하는 것입니다. 그러나 여러분이 사람의 겉모양만 보고 판단한다면 죄를 짓는 것이며 율법이 여러분을 범죄자로 선언할 것입니다. 누구든지 율법을 다 지키다가도 그중에 하나를 어기면 율법 전부를 범한 것이 됩니다." 편애favoritism는 "네 이웃을 네 몸과 같이 사랑하라"는 토라의 계명들을 어긴 심각한 범죄 행위이며, 다른 율법들을 다 지켰다고 할지라도 누군가만 편애한다면, 이는 율법 전부를 어기는 일과 같다.

오늘 읽은 Parashat Vayeshev (야곱) 거주하다 본문은, 요셉과 그의 형제들 사이에서 어떤 일이 일어났는지 명확하게 보여 준다. 비록 첫 구절에서 "이것은 야곱의 족보이다"라고 말하고 있지만, 여기엔 요셉의 이름만 나올 뿐 형제들의 이름은 나오지 않는다. 또 요셉은 하나님의 계획이 암시된 꿈을 두 번이나 꾸었다. 그리고 꿈을 형들에게 이야기해 주었다. 형들을 찾아온 요셉을 보면서 그들이 서로 뭐라고 말했는가? "보라 저기 꿈꾼 자가 오고 있다. 이리 모이라, 그를 죽이자. 그런 후에 여기 있는 구덩이에 그를 던지고 들짐승이 그를 먹어 치웠다 말하자. 그러면 우리가 그의 꿈이 어떻게 되었는지를 보게 될 것이다"(창37:19~20). 토라는 그들이 요셉을 미워했다고 여러 번에 걸쳐 말하고 있다(37:4, 5, 8, 11). 우리는 여기서 자신에게 이렇게 질문해 보자. "나는 누군가를 미워해 본 적이 없는가?" "누구를 미워하고 증오한다는 것은 무슨 의미일까?" 또 "누군가를 사랑하면서 동시에 미워할 수도 있는가?"

우리는 토라가 전하는 편애의 위험성에 대해 깊이 생각해야 한다. 한 가정, 한 교회에서 누군가를 편애하면 거기엔 늘 긴장이 흐르게 되고 질투가 유발되어서, 결국은 되돌이킬 수 없는 이별의 아픔과 고통들이 수반된다는 것을 생각해야 한다. 또 하나, 요셉은 형들의 잘못을 아버지에게 고하였다고 말한다. 그런데도 형들은 자신들의 잘못된 행동을 보려고 하기보다는, 아버지가 요셉에게 입혀 준 특별한 의복만을 생각하며 증오심을 더욱 키워갔다. 그래서 그들은 요셉을 미워했고 분노했으며 결국 죽이려고 하였다. 그뿐만 아니라 그들 모두가 서로서로 남처럼 마음의 벽을 치며 살아갈 수밖에 없었다. 본문이 "이것은 야곱의 족보이다"고 말한 후, 단지 요셉 이름만 언급했을 뿐 그 형제들의 이름은 '그의 아버지의 아내들, 빌하와 실바의 아들들'이라고 기록한 이유가 무엇이겠나? 이와 같이 족보를 설명한 방식 안에 하나님의 모든 뜻이 고스란히 드러나 있다.

오늘 Parashat Vayeshev (야곱) 거주하다 본문이 던져주는 의미는 무엇인가? 미움과 분노, 이런 형제들의 증오심에 대해 토라는 무엇을 말해 주고 있는가? 37:4절을 보면 "그의 형들이 아버지가 형들보다 그를 더 사랑함을 보고 그를 미워하여 그에게 편안하게 말할 수 없었다"고 한다. 이 말을 좀 더 쉽게 옮기면 이런 뜻이다. "그의 형들은 아버지가 다른 자식들보다 요셉을 더 사랑한다는 것을 알고 있었기 때문에, 그래서 형들은 그럴수록 요셉을 싫어했고, 따라서 요셉에게는 상냥하게 말할 수 없었다."

이 구절에 대한 해석은 분분하다. 어떤 이들은 형들이 요셉에게 편안하게 말할 수 없었다는 뜻으로 해석하고, 또 어떤 이들은 "요셉에게 말할 때마다 화를 냈다" 또는 "형들끼리도 요셉에 대해 말할 때는 항상 그들 사이에 다툼이 있었다"고 이해하기도 한다. 그러나 라쉬의 해석은 이와 약간 다르다. 그는 "모든 형제가 요셉 앞에서는 일절 입을 열지 않았다"고 해석한다. 어쨌든 본문은 이것과 관련하여 형제들이 요셉에게 행한 짓에 대해 초점을 맞추고 있다. 형들은 요셉을 미워했고 죽이고 싶을 정도로 증오심이 키워갔다. 그들은 마음속으로부터 요셉을 극도로 싫어하였고, 겉으로 사랑하는 척하지도 않았다. 다시 말해 그들은 요셉을 미워했을 뿐만 아니라 자기들 마음속에 있는 증오심을 감추려고 하지 않았다. 그들은 생각한 대로 말했고 기회가 왔을 때 이를 행동으로 옮겼다.

형들이 왜 요셉을 미워했는지 그 모든 것의 발단은 야곱이 오직 그에게만 특별한 옷을 입혔던 것에 있다. 아마도 야곱은 이미 오래 전부터 다른 아내들보다 라헬을 더 사랑했기 때문에, 라헬이 낳은 아들 요셉에게 더 많은 애정을 쏟았던 것 같다. 만약 이것이 사실이라면 요셉을 편애한 것은 라헬에 대한 편애에서 비롯된 것이고,

더 거슬러 올라가 보면 그의 아버지 이삭이 에서에게만 복을 주려고 했던 상처에 기인한 것이라고 볼 수도 있다.

더군다나 요셉 자신도 형들의 잘못을 아버지께 고할 때마다 자기에게 우월적인 특권이 있다고 생각했을지도 모른다(라쉬의 해석). 게다가 요셉은 야곱이 노년에 얻은 아들 아닌가! 그런데 문제는 아버지가 여러 자식보다 요셉만을 더 사랑했다는 것이다. 고대 사회에서 장자로 태어난 것은 가정의 모든 권리를 행사하는 데 있어 엄청난 특권을 가지고 있었다. 그러나 창세기에는 이와 반대로 동생이 오히려 특권을 누린 경우도 많이 나온다. 야곱 자신도 형이 받을 아버지의 축복을 빼앗지 않았던가! 아마도 이런 일들이 야곱의 전반적인 삶에 다소나마 영향을 끼쳤을 것이다. 그래서 요셉이 어렸을 때부터 야곱은 오직 그에게 더 많은 애정을 쏟았을 것이다.

그렇다면 형들이 요셉에게 "편안하게(상냥하게) 말하지 않았다"는 말은 무슨 뜻일까? 본문은 요셉의 형들이 "그에게 편안하게 말할 수 없었다(벨로 야켈루 다베로 레샬롬)."는 점을 강조하고 있다. 그런데 이 말을 바꿔 생각해 보면, 형들이 동생 요셉에 대해 품고 있었던 미움과 분노와 증오심, 이런 감정을 얼마든지 자기 힘으로 통제할 수 있는 자유의지가 있었다는 것을 말해 준다. 그런데도 형제들은 마음속에 품고 있던 미움과 분노를 스스로 억제하려고 하지 않고, 오히려 증오심이 그들의 생각과 언어와 행동을 지배하도록 함으로 그로 인해 더 큰 죄악으로 나아가게 되었다.

오늘 본문은 자기 내면에서 일어나는 증오심이 결국 다른 사람을 향한 폭력으로 나타나게 된다는 사실을 증언하고 있다. 증오심은 과거에 받은 상처에 기인하는 경우가 많다. 차별이나 거절을 통해 경험한 상처들로 인해 질투심과 시기심이 원인으로 작용한다. 문제는 이런 증오심이 단지 미워하는 마음 정도로 끝나지 않는다는 것이다. 증오는 '더 포악하고, 더 심각하고, 더 다양한' 죄의 모습으로 삶을 망치게 한다. 요셉의 형들처럼 사람을 죽이는 살인으로까지 나아가게 한다. 바울은 에베소에 보낸 글을 생각해 보자.

[엡4:21~27, 개역개정]
(21) 진리가 예수 안에 있는 것 같이 너희가 참으로 그에게서 듣고 또한 그 안에서 가르침을 받았을진대, (22) 너희는 유혹의 욕심을 따라 썩어져 가는 구습을 따르는 옛 사람을 벗어 버리고 (23) 오직 너희의 심령이 새롭게 되어 (24) 하나님을 따라 의와 진리의 거룩함으로 지으심을 받은 새 사람을 입으라. (25) 그런즉 거짓을 버리고 각각 그 이웃과 더불어 참된 것을 말하라 이는 우리가 서로 지체가 됨이라. (26) 분을 내어도 죄를 짓지 말며 해가 지도록 분을 품지 말고 (27) 마귀에게 틈을 주지 말라.

우리는 예수 그리스도 안에서 부름을 받은 자들이다. 이제 그 부르심에 합당하게 다른 사람들에게 선을 행하며 항상 그들과 더불어 참된 것만을 말해야 한다. 태양의 분노가 우리 위로 내리지 않도록 설령 화가 나더라도 우리 몸이 죄짓는 일로 나아가서는 안 된다. 그래서 바울은 "해가 지도록 분을 품지 말라"고 권한 것이다. 분노를 다스리지 못하면 더 큰 죄를 짓게 되고, 결국 마귀의 노리개가 되고 만다.

[창4:6~7, 개역개정]

(6) 여호와께서 가인에게 이르시되 네가 분하여 함은 어찌 됨이며 안색이 변함은 어찌 됨이냐? (7) 네가 선을 행하면 어찌 낯을 들지 못하겠느냐? 선을 행하지 아니하면 죄가 문에 엎드려 있느니라. 죄가 너를 원하나 너는 죄를 다스릴지니라. (아멘).

제10주 차
Parashat Miketz(이 년) 후에 (41:1~44:17)

그리스도인의 믿음, 그 언어와 행위의 중요성

Parashat Miketz (이 년) 후에 (창41:1~44:17)의 핵심 내용은, 주께서 요셉과 그의 가족을 위해 치밀한 계획을 세우시고, 그 계획에 따라 드디어 움직이기 시작하셨다는 것이다. 이집트 왕 바로는 장차 벌어지게 될 두 가지 일, 곧 풍년과 흉년에 관한 꿈을 두 번이나 꾼다(41:1~13). 그 순간 2년 전에 죄를 짓고 죽을 위기에 처했던 관원장이, 감옥 속에서 꾼 꿈을 요셉이 해몽해 주었고 그 해몽대로 이루어졌던 사실을 기억해내고, 즉시 이 사실을 왕께 고하였다. 이 말을 들은 왕은 곧바로 요셉을 불러 자신이 꾼 꿈을 해석해 달라고 부탁했다. 왕이 꾸었던 꿈의 내용을 들은 요셉은 이내 왕에게 "오직 하나님만이 평안(샬롬)한 대답을 주실 것이라"고 말한 후에 그가 꾼 꿈을 해석해 준다. 꿈 해석을 들은 왕은 하나님의 영이 요셉과 함께하심을 보고, 그에게 나라의 총리로서 다스릴 모든 권세를 부여한다(41:16~46).

총리가 된 요셉은 곧바로 7년 대 풍년 기간에 최대한 식량을 아끼며 남은 곡물을 창고에 저장하기 시작한다. 드디어 7년간의 풍년이 끝나고 이제 무서운 7년간의 대 흉년이 들이닥쳤다. 사람들은 땅과 집과 밭과 모든 소유를 요셉에게 팔아가며 식량을 구한다. 이때 가나안 땅에 살던 그의 형제들이 식량을 구하려고 이집트로 내려온다. 요셉은 한눈에 형들을 알아보았다. 그러나 그들의 속마음을 알아보려고 일부러 형들을 정탐꾼으로 몰아 그들을 시험한다 (42:7~15). 요셉은 몇 사람을 옥에 가두고 3일간을 지켜본다. 오늘 본문의 마지막 부분은 형들이 베냐민을 데리고 다시 이집트에 있는 요셉에게 오는 이야기로 맺고 있다. 요셉은 또다시 형들의 마음을 알아보기 위해 동생 베냐민의 곡식 자루 안에 은잔을 넣게 하고, 그 뒤를 쫓아가 그들을 붙잡아 도둑이요 정탐꾼이라고 다그친다(44:1~7).

오늘 본문에서 우리가 생각해야 할 것은, 왜 요셉이 그의 형들을 이런 식으로 계속 속이면서 몰아붙인 것일까 하는 것이다. 그러나 무엇보다 본문에서 중요한 것은, 하나님이 요셉의 가족뿐만 아니라 이 땅에 사는 모든 사람을 기근으로부터 구해 주시려고, 요셉의 삶 속에 본격적으로 개입하기 시작했다는 것이다. 요셉은 이집트 땅에 억류되어 살면서 많은 세월 동안 하나님께 기도했다는 사실에는 의심의 여지가 없다. 그렇다면 요셉의 형들은 과연 기도하지 않았을까? "천만에, 그렇지 않다!" 그들도 왜 하나님께 기도하지 않았겠나? 특히 기근이 닥쳐왔을 때 더욱 하나님께 도움을 청하지 않았겠는가?

그런데도 하나님의 응답은 형들이 아닌 요셉에게 허락되었다. 그 이유가 무엇일까? 우리가 오늘 Parashat Miketz (이 년) 후에를 통해 꼭 짚어봐야 할 것이 있다면, 그것은 요셉의 형들이 올바른 삶을 살지 않은 까닭에, 그들은 하나님이 내린 기근의 형벌로부터 피할 수가 없었다는 것이다. 반면에 요셉은 이집트에서 거하는 내내, 노예로 살든지 죄수로 살든지, 오직 하나님만 바라며 신실한 믿음으로 살았다. 이것은 그가 이집트 왕인 바로 앞에서 했던 말을 들어보면 더 확실히 알 수 있다. "요셉이 바로에게 대답하여 이르되, 내가 아니라 하나님께서 바로에게 편안한 대답을 하시리이다"(41:16).

[창42:9~16, 개역개정]

(9) 술 맡은 관원장이 바로에게 말하여 이르되 내가 오늘 내 죄를 기억하나이다. (10) 바로께서 종들에게 노하사 나와 떡 굽는 관원장을 친위대장의 집에 가두셨을 때에, (11) 나와 그가 하룻밤에 꿈을 꾼즉 각기 뜻이 있는 꿈이라. (12) 그곳에 친위대장의 종 된 히브리 청년이 우리와 함께 있기로 우리가 그에게 말하매, 그가 우리의 꿈을 풀되 그 꿈대로 각 사람에게 해석하더니 (13) 그 해석한 대로 되어 나는 복직되고 그는 매달렸나이다. (14) 이에 바로가 사람을 보내어 요셉을 부르매 그들이 급히 그를 옥에서 내 놓은지라. 요셉이 곧 수염을 깎고 그의 옷을 갈아입고 바로에게 들어가니, (15) 바로가 요셉에게 이르되 내가 한 꿈을 꾸었으나 그것을 해석하는 자가 없더니 들은즉 너는 꿈을 들으면 능히 푼다 하더라. (16) 요셉이 바로에게 대답하여 이르되 내가 아니라 하나님께서 바로에게 편안한 대답을 하시리이다.

요셉이 바로에게 한 말을 다시 들어보자. "내가 아니라 하나님께서 바로에게 편안한 대답을 하시리이다." 먼저 앞부분을 히브리어로 읽으면 "빌레아다 엘로힘 야아네", 즉 "내가 아니라 하나님이 대답하실 것입니다."이다. 이어서 '엣트-샬롬 파레아' 즉 '바로에게 평안을'이다. 여기에 나오는 첫 단어 '빌레아다'는 '멀리 떨어지다', '제외하다', '~없이', '~외에' 등의 의미로 쓰이고 있다. 이 단어는 주로 어떤 특정한 위치나 역할을 나타낼 때 쓰인다. 이 점을 감안하고서 이 구절을 다시 읽는다면, 요셉은 왕이 꾼 꿈에 관해 말하면서, 지금까지 자신이 살아온 물리적인 공간(위치) 안에서 하나님의 자신과 함께 계셨고, 또 자기를 위하여 어떤 일을 행하셨는지 그 역할에 대한 확신을 가지고 말하고 있다.

또 앞에서 술 맡은 관원장이 왕에게 했던 말(41:12~13)을 다시 읽어보자. "그곳에 친위대장의 종 된 히브리 청년이 우리와 함께 있기로 우리가 그에게 말하매, <u>그가 우리의 꿈을 풀되</u> 그 꿈대로 각 사람에게 해석하더니 <u>그 해석한 대로 되어</u> 나는 복직되고 그는 매달렸나이다." 술 맡은 관원장은 꿈 해석의 주권이 요셉에게 있다고 생각했지만, 요셉은 꿈의 해석은 오직 하나님께 있다고 믿었다. 이것이 바로 요셉의 삶이었고 그의 믿음이었다!

이집트 왕이 요셉에게 한 말(15절)도 들어 보라. "바로가 요셉에게 이르되 내가 한 꿈을 꾸었으나 <u>그것을 해석하는</u> 자가 없더니 들은즉 너는 꿈을 들으면 능히 푼다 하더라." 이집트 왕은 자기가 꾼 꿈을 해석할 수 있는 자는 아무도 없다는 사실을 명확하게 밝히면서, 자기 꿈을 해석할 수 있는 자로서 오직 요셉뿐이라는 기대감을 나타내었다. 그러나 요셉은 단호하게 대답했다. "꿈을 해석할 수 있는 분은 오직 하나님 한 분밖에 없소. 이것이 내 해석이오!" 이 대답을 미드라쉬는 어떻게 이해하고 있을까? 스포르노의 말을 들어보자.

[창41:16, 스포르노]

"비록 왕께서 '그것을 해석하는 자가 없다'고 말한 것이, 내가 왕의 꿈을 해석할 수 있는 유일한 지혜자라는 뜻으로 하신 말이기는 하겠지만, 나는 꿈을 해석하고 그 답을 알고 있는 분은 항상 내 곁에 함께 하시는 하나님밖에 없음을 나는 확신합니다. 바로 그분이 내게 답을 주실 것입니다. 내가 뭐라고 해석하든 그것은 하나님이 나에게 알려주신 계시입니다."

스포르노가 한 말의 뜻은 무엇인가? 지금 왕이 자기의 꿈을 해석해 줄 수 있는 누군가를 계속 찾고 있으나, 요셉은 '그 누군가가 바로 하나님'이라는 사실을 이집트 왕에게 일깨워주고 있다는 점을 지적하고 있다. 요셉은 꿈의 해석보다 하나님께 대한 자신의 믿음을 더 강조한 것이다. 그런데 우리가 여기에서 주목해야 할 것은, 요셉이 왕에게 이 말을 하였을 때, 그의 말이 끝나자마자 하나님이 그에게 '즉시' 꿈의 해석을 내려주셨다는 것이다. 요셉은 하나님이 자신에게 뭐라고 해석해 주실지 기다릴 필요가 없을 만큼 빠르게 답을 주셨다. 왕이 자기가 꾸었던 꿈의 내용을 지체 없이 요셉에게 설명했던 것처럼, 하나님 역시 '지체 없이' 해석을 주셨다.

[창41:16, 스포르노]

바로에게 평안을(엣트-샬롬 파레아): "나는 왕의 마음에 다시 평안함이 찾아올 수 있도록 해석할 것입니다. 그리고 왕이 꿈에서 본 일들은, 꿈의 해석자이신 하나님의 말씀에 의해 반드시 이루어지게 된다는 사실을 왕께서도 알게 될 것입니다."

스포르노의 해석에 따르면, 바로 왕의 마음에 평화가 깃들게 할 수 있는 길은 오직 꿈의 해석자이신 하나님의 말씀에 의해 가능하게 된다고 보았다. 꿈의 해석자는 바로 하나님이심을 분명히 한 것이다. 우리가 이 말을 다시 한번 깊이 생각해 보면, 우리가 본질적으로 토라 말씀만을 붙잡고 토라가 명령한 길로 곧장 돌아와야만 함을 가르쳐주고 있다. 오직 성경 안에서 평화와 진리를 찾을 수 있고, 토라 말씀을 통해 우리 마음과 영혼이 안식을 누리게 된다.

또 하나님께 기도할 때 마음에 평강이 깃들고, 하나님과 예수 그리스도 안에 있는 소망을 믿음으로 바라볼 때 참된 평안함을 맛보게 된다. 특히 기도는 무엇보다 중요하다. 우리는 기도와 관련한 랍비들의 가르침도 들어볼 필요가 있다. 특히 탈무드 가운데 보면 기도에 관해 우리가 새겨들을 만한 내용이 있다.

[탈무드 바블리 베레크홋 55a]

기도를 머리로 계산하면서 길게 하는 자에게는 마음에 고통만 안기게 될 것이다. 잠13:12절 말씀처럼, '소망이 더디 이루어지면 그것이 마음을 상하게' 할 뿐이기 때문이다.

아이작R. Isaac의 말에 따르면 사람은 대개 세 가지 경우의 죄를 기억한다고 한다. 담 아래를 지나가며 무너지기를 바란 것, 오랫동안 날을 정하여 기도할 때, 그리고 어떤 사람을 대적하여 그 사람을 하늘 뜻에 맡기며 기도할 때이다. 이 세 가지는 서로 다르지 않다. 뒤에 언급한 두 가지 기도는, 기도를 수단으로 하여 자기 머릿속으로 계산한 것을 이루려는 생각에서 비롯되었다. 또 첫 번째도 비록 계산하고 기도한 것은 아니지만 뒤의 두 경우와 마찬가지라 할 수 있다.

그렇다면 우리는 어떻게 기도해야 할까? 만약 내가 잘 차려진 식탁 앞에 있다고 가정해 보자. 그는 비록 기도하지 않는다고 할지라도 배고

폰 이가 오면 기꺼이 자기 음식을 그에게 줄 것이다. 왜냐하면 그는 성경(겔41:22)에서 "나무 제단의 높이는 세 척이요... 그가 내게 이르되 이것은 여호와의 앞의 상table이라"고 하신 교훈을 알고 그대로 행하려고 했기 때문이다. 잊지 말라. "제단으로 시작하지만, 식탁으로 매듭 짓는다!" 이것은 우리의 신앙생활에서도 매우 중요하고 의미 있는 일이다. 우리 모든 신앙생활은 예배로 시작하지만, 예배의 결론은 다른 이들을 보살피고 돌보는 일이 되어야 한다!

조하난R. Johanan과 엘리자르R. Eleazar의 말처럼, 성전의 제단은 이스라엘의 속죄를 위해 세워진 것이지만 그러나 이제 많은 사람들을 위한 화해의 식탁으로 나아가야 한다. 사람은 자신만의 은밀한 공간에 머물기를 원한다. 그러나 과연 이것이 좋은 일일까? 여기에도 우리가 알아야 할 점이 있다. 사람이 한계를 정하는 이유로 다음의 열 가지 경우들이 있다. ① 갈댓잎을 먹는 일, ② 포도 잎을 먹는 일, ③ 포도의 싹, ④ 짐승의 미각, ⑤ 물고기의 등뼈, ⑥ 충분히 굽지 않고 소금에 절인 생선, ⑦ 포도주를 마시는 일, ⑧ 석회를 바르고 문지르는 일, ⑨ 도공의 흙, ⑩ 누군가 돌로 자신을 닦아내는 것 등이다. 여기에 한 가지 추가한다면, 사람은 자신만의 공간에서는 전혀 다른 행동을 취하는 경향이 있다. 여기에는 상호모순이 없다. 대개 뒤의 다섯 가지는 긴장감 속에 머무는 사람에 대한 언급이라면, 나머지는 오래도록 머물더라도 긴장감 없이 사는 사람에 대한 언급이다.

히스다R. Hisda는 어떤 꿈이든 기도하지 않으면 꿈이 성취되지 않으며, 기도가 없다면 그 꿈은 마치 읽지 않은 책과 같다고 말했다. 그러므로 좋은 꿈을 꾸었든 나쁜 꿈을 꾸었든 그 꿈의 상세한 부분까지 그대로 이루려면, 꿈 꾼 자는 자신의 꿈이 성취되도록 반드시 기도해야 한다고 그는 말한다. 그의 말을 깊이 생각해 보면, 좋은 꿈을 꾼 것보다 오히려 나쁜 꿈을 꾼 것이 더 낫다고 말할 수 있다. 왜냐하면 혹시 나쁜 꿈을 꾸었다면 어떻게든 그 꿈이 이루어지지 않도록 더 힘써 기도할 것이고, 좋은 꿈을 꾸었다면 설령 기도하지 않아 꿈을 이루지 못했어도 기분 좋은 것으로 만족하지 않겠는가.

요셉R. Joseph도 말하기를 좋은 꿈은 사람으로 하여금 기분 좋게 만들지만, 오히려 기분이 상기되어 실제로 성취되지 않는 좌절을 맛보기 일쑤이다. 히스다는 또 말하였다. "나쁜 꿈은 채찍질보다 더 괴롭다. 전3:14절은 하나님이 이같이 행하심은 그의 앞에서 경외하게 하려 하심이다"라고. 이는 곧 나쁜 꿈을 의미한다.

사람이 기도할 때에 얼마나 오랫동안 기도하는지, 자기가 기도한 시간을 체크하는 일은 중요하다. 탈무드의 가르침을 보면, 사람이 기도하기 위해 그 시간을 충분히 정하고 오랫동안 기도하다 보면 자연스럽게 자신의 죄까지 생각난다고 말한다. 이런 생각은 우리로 하여금 좀 더 오랫동안 기도하는 자리에 머물도록 하는 효과가 있다. 이는 성전이 없을 때 주의 제단이 속죄하는 장소였다는 점에서, 제단은 죄를 용서받는 속죄와 매우 밀접한 관계가 있다. 따라서 우리가 기도의 자리에 무릎을 꿇는 순간 우리는 이미 제단 앞에 서 있는 것이다. 중요한 것은 우리가 제단 앞에 얼마나 오랫동안 서 있든지 그것이 우리에게 얼마만큼 가치 있는 일인가 하는 문제라고 할 수 있다. 그런데 여기서 한 가지 재미있는 것은, 사람이 오랫동안 기도하려고 제단에 머무르는 일을 설명하면서, 자신만의 공간을 가지기 어려운 10가지 한계를 말하고 있다는 것이다.

또 토라의 계명을 보면, 토라 읽기를 거부하거나 축복기도를 거부하는 교만에 빠지게 되면 결국 생명을 잃게 될 것이라고 경고한다. 이는 기도와 관련된 계명이고, 또 하나님 말씀을 받는 일과도 연결된 계명이다. 이처럼 탈무드의 견해를 전제해 생각해 볼 때, 오늘 본문에 하나님이 요셉에게 바로가 꾼 꿈에 대해 해석을 주신 것은, 가장 중요한 세 가지 요건이 충족되었기 때문이라고 말할 수 있다. 첫째는 왕의 겸손함, 둘째로는 하나님이 정한 시기, 셋째는 다른 사람들이 해석하지 못했던 의미심장한 꿈, 바로 이 세 가지이다. 분명한 것은 왕이 꾸었던 꿈이, 오늘 본문 Parashat Miketz(이 년) 후에 전체를 이해하는데 결정적인 열쇠 역할을 하고 있다는 것이다.

창41:15~16절은 다음과 같이 말한다. "바로가 요셉에게 이르되 내가 한 꿈을 꾸었으나 그것을 해석하는 자가 없더니 들은즉 너는 꿈을 들으면 능히 푼다 하더라. 요셉이 바로에게 대답하여 이르되 내가 아니라 하나님께서 바로에게 편안한 대답을 하시리이다." 여기서 우리가 절대 간과해서 안 될 것은, 지금 요셉이 왕의 꿈을 해석해 줄 수 있는 유일한 분으로 하나님엘로힘을 언급할 때, 왕이 그 어떤 거부감이나 불쾌감을 나타내지 않았다는 점이다. 오늘 우리도 하나님께 간구했음에도 때로는 어떤 응답도 듣지 못할 때가 있다. 요셉의 경우에도 마찬가지였다. 그는 감옥 속에 갇혀 있는 동안 오랜 세월을 쉬지 않고 주님께 기도했지만, 그 어떤 확실한 응답도 듣지 못했다. 성경은 그가 얼마나 오랫동안 기도했는지 말하고 있지는 않지만, 그러나 분명한 것은 요셉이 감옥에 갇혀 있을 때도 하나님은 늘 그와 함께하셨고, 이로 인하여 그의 삶이 형통했다 (39:3, 21)고 전하고 있다.

주님은 마7:7~8절에서 다음과 같이 말씀하신다. "구하라 그리하면 너희에게 주실 것이요, 찾으라 그리하면 찾아낼 것이요, 문을 두드리라 그리하면 너희에게 열릴 것이니, 구하는 이마다 받을 것이요 찾는 이는 찾아낼 것이요 두드리는 이에게는 열릴 것이니라." 이집트의 바로 왕이 요셉을 불렀을 때, 제일 먼저 그는 하나님께 감사의 기도를 드렸다. 그가 뭐라고 기도했는지 잘 알 수 없으나 하나님은 그의 기도를 들으셨고, 그에게 바로 왕이 꾸었던 꿈이 무슨 뜻인지 알려 주시고 해석의 결과를 왕에게 말하도록 하셨다. 즉 하나님이 드디어 움직이기 시작하셨다.

본문에 나타난 요셉의 삶을 들여다보면, 하나님께 대한 그의 믿음은 '믿는 대로 말하고, 말한 대로 행동한' 실천적 믿음이었다는 것을 알게 된다. 그랬기에 하나님도 가장 적절한 시기에 그에게 역사하시고 그를 통해 뜻을 이루어가기 시작한 것이다. 우리도 요셉처럼, 오늘 우리 믿음이 살아있는 역동적인 믿음이 되어야 한다. 믿는 바를 말하고, 말한 대로 행동하는 믿음! 이것이 살아있는 믿음 아니겠는가! 이런 믿음으로 기도하고 행한다면 그 즉시 주님이 움직이실 것이고, 기도했던 모든 것들이 우리 안에 이루어질 것이다. 할렐루야!

제11주 차
Parashat Vayigash 가까이 가서 (44:18~47:27)

당신의 영적 상태를 점검하라

Parashat Vayigash 가까이 가서 (창44:18~47:27) 첫 부분은, 베냐민의 곡식 자루에서 나온 요셉의 은잔으로 인하여 형제들이 다시 요셉 앞으로 끌려오는 이야기로 시작되고 있다. 요셉이 베냐민을 볼모로 잡아두려고 하자 형들은 그를 아버지에게 데리고 가야만 하는 이유를 요셉에게 설명하며 간청한다. 그리고 형제들 가운데 유다가 요셉 앞에 나서서 자신이 베냐민을 대신해서 종이 되겠다(44:33)고 말한다. 바로 그 순간, 요셉은 정을 억제하지 못하고 주변의 사람들을 물러가게 한 후에 형들을 가까이 오라 하여 자신의 정체를 형들에게 알리는(45:1~8) 극적인 상황을 연출한다.

"나에게 가까이 오시오. 그러자 그들이 가까이 갔다." 요셉은 또 계속해서 말한다. "그런즉 나를 이리로 보낸 이는 당신들이 아니요 하나님이시라. 하나님이 나를 바로에게 아버지로 삼으시고 그 온 집의 주로 삼으시며, 애굽 온 땅의 통치자로 삼으셨나이다"(8절). 그러면서 형들에게 물었다. "아버지는 아직 살아계십니까?"

여기에서 요셉이 형들과 나눈 대화 내용을 주목해 보자. 먼저 요셉은 자신이 누구인지를 밝히고, 아버지가 아직도 살아 계신지를 묻고 있다. 그런 후 요셉은 형들에게 말한다. "나에게 가까이 오시오." 히브리어로 읽으면 "게슈-나 엘라이 (אֵלָי נָא־גְּשׁוּ)" 즉 "당신들의 몸을 내 앞으로 가까이 오게 하시오"라는 뜻이다. 그러자 요셉이 말한 대로 형들 모두가 "그렇게 하였다"고 말한다. 그러면서 형들에게 "나는 당신들이 이집트에 팔았던 아우 요셉이라"고 다시 한 번 자신을 정확히 밝힌다.

여기서 중요한 것은, 왜 요셉이 동생 베냐민을 제외하고 형들에게만 자기 앞으로 가까이 오게 했을까? 그리고 제일 먼저 한 말이 "나는 당신들의 아우 요셉이니 당신들이 애굽에 판 자라"고 하면서, 과거 형들이 자신을 상인들에게 팔았던 이야기를 꺼낸 것일까? 이에 대해 닷트 즈케님^{Daat Zkenim}은 나름대로 의미 있는 해석을 내놓았다. 그에 해석에 따르면, 첫째로 베냐민을 제외한 이유는 형들이 자신을 팔았던 옛 과거의 일에 대해 전혀 알지 못하는 동생에게 이 사실을 굳이 알리고 싶지 않았기 때문이고, 형들이 과거에 자신을 판 이야기를 먼저 꺼냈던 것은 오히려 형들에게는 그 사건을 다시 상기 시켜 주기 위함이었다는 것이다. 그러나 중요한 것은 본문의 전체적인 흐름을 볼 때, 요셉은 자기 형들을 비난하거나 과거 잘못에 대한 책임을 물으려고 하지 않았음은 분명하다. 요셉은 그만큼 의로운 자였다.

요셉은 아직 온 땅에 흉년이 5년이나 남아 있음을 이야기하면서, 형들로 하여금 아버지와 모든 가족을 데리고 내려와 고센 땅에 머물며 살라고 권한다(45:9~15). 한편 이 소식을 들은 바로 왕

은 야곱과 그의 가족들이 이집트에 내려오면 가장 좋은 땅을 주겠
노라고 약속한다. 그리고 드디어 야곱과 모든 가족이 주 하나님께
제사를 지낸 후에 이집트로 내려오게 된다(46:1~27). 토라의 기록
에 의하면, 야곱이 이집트에 내려올 때의 나이가 130세였고, 그때
부터 고센 땅을 거주지로 삼아 정착하였다고 전한다. 요셉은 흉년
으로 인해 기근이 계속될 동안만 아니라 죽는 날까지 그 형제들과
가족을 돌봐 주었다.

그러나 날이 갈수록 점점 흉년이 더 극심해져 갔다. 온 땅의 사
람들은 어떻게든 기근의 재앙으로부터 살아남기 위해, 자신들이
애써 모은 모든 재산과 소유를 팔아, 오로지 식량 구하는 데 힘을
쏟지 않을 수가 없었다. 그러나 얼마 가지 않아 재산까지 다 탕진되
자, 이제는 가축들과 양 떼까지 넘기게 되었고, 그래도 해결이 되
지 않자 급기야 그들 스스로 자기 몸을 노예로 삼아달라고 간청하
기에 이르렀다. 오직 생명을 부지하기 위하여 결국 요셉의 노예가
되어, 자기 생명에 대한 모든 권한까지 요셉의 손에 맡기는 상황에
이른 것이다. 본문 마지막 부분은, 고센 땅에 살던 이스라엘 자손의
수가 급증하였고, 그뿐만 아니라, 그들의 재산도 늘어나 모든 삶이
점점 번성하여 갔다(47:27)는 말로 마무리하고 있다.

요셉은 드디어 형제들 앞에서 자신이 누구인지 밝혔다. 그런데
여기서 우리는 몇 가지 궁금한 것이 있다. 그가 왜 처음부터 자신이
누구인지 드러내지 않고 마치 이집트 사람인 것처럼 행동했을까?
또한 요셉이 자기 정체를 밝혔음에도 불구하고 왜 형들은 동생을
얼른 알아보지 못했을까? 세월 탓일까? 아니면 모른 척했을까? 그

것도 아니라면 그들이 일상의 삶에서 불의를 저지르며 살았기 때문에, 영적 상태가 어두워 알아보지 못한 것일까? 창44:18~29절을 다시 읽어보자.

[창44:18~31, 개역개정]

(18) 유다가 그에게 가까이 가서 이르되 내 주여 원하건대 당신의 종에게 내 주의 귀에 한 말씀을 아뢰게 하소서. 주의 종에게 노하지 마소서. 주는 바로와 같으심이니이다. (19) 이전에 내 주께서 종들에게 물으시되 너희는 아버지가 있느냐 아우가 있느냐 하시기에, (20) 우리가 내 주께 아뢰되 우리에게 아버지가 있으니 노인이요 또 그가 노년에 얻은 아들 청년이 있으니, 그의 형은 죽고 그의 어머니가 남긴 것은 그뿐이므로 그의 아버지가 그를 사랑하나이다 하였더니, (21) 주께서 또 종들에게 이르시되 그를 내게로 데리고 내려와서 내가 그를 보게 하라 하시기로 (22) 우리가 내 주께 말씀드리기를 그 아이는 그의 아버지를 떠나지 못할지니 떠나면 그의 아버지가 죽겠나이다. (23) 주께서 또 주의 종들에게 말씀하시되 너희 막내 아우가 너희와 함께 내려오지 아니하면 너희가 다시 내 얼굴을 보지 못하리라 하시기로, (24) 우리가 주의 종 우리 아버지에게로 도로 올라가서 내 주의 말씀을 그에게 아뢰었나이다. (25) 그 후에 우리 아버지가 다시 가서 곡물을 조금 사오라 하시기로, (26) 우리가 이르되 우리가 내려갈 수 없나이다. 우리 막내 아우가 함께 가면 내려가려니와 막내 아우가 우리와 함께 가지 아니하면 그 사람의 얼굴을 볼 수 없음이니이다. (27) 주의 종 우리 아버지가 우리에게 이르되 너희도 알거니와 내 아내가 내게 두 아들을 낳았으나 (28) 하나는 내게서 나갔으므로 내가 말하기를 틀림없이 찢겨 죽었다 하고 내가 지금까지 그를 보지 못하거늘, (29) 너희가 이 아이도 내게서 데려 가려하니 만일 재해가 그 몸에 미치면 나의 흰 머리를 슬퍼하며 스올로 내려가게 하리라 하니, (30) 아버지의 생명과 아이의

생명이 서로 하나로 묶여 있거늘 이제 내가 주의 종 우리 아버지에게 돌아갈 때에 아이가 우리와 함께 가지 아니하면 (31) 아버지가 아이의 없음을 보고 죽으리니 이같이 되면 종들이 주의 종 우리 아버지가 흰 머리로 슬퍼하며 스올로 내려가게 함이니이다.

18절에서 형 유다가 요셉에게 한 말을 들어보자. "내 주여 원하건대 당신의 종에게 내 주의 귀에 한 말씀을 아뢰게 하소서. 주의 종에게 노하지 마소서. 주는 바로와 같으심이니이다." 여기 유다가 "주는 바로와 같으심이니이다(כִּי כָמוֹךָ כְּפַרְעֹה: 키 카모카 케파르오흐)."라고 대답한 것에 주목할 필요가 있다. 왜냐하면, 이 말은 히브리인의 정체성에 관한 질문과도 연결되어 있기 때문이다. 오랜 세월이 흐른 후 형들이 요셉을 만났을 때, 요셉을 히브리 사람이 아닌 이집트 사람으로 인식하였다는 것이다. 요셉이 형들에게 취한 행동으로 미루어 짐작할 때, 요셉이 과연 히브리인인지 아니면 이집트인인지, 그 정체성에 대해 유다는 매우 혼란스러웠을 것이다.

자신의 정체성과 관련하여 또 하나의 질문은, "과연 요셉은 어디에 충성하고 있나" 하는 것이다. "이스라엘인가 이집트인가? 또는 여호와 하나님인가 이집트 신인가?" 그가 이집트에 와서 거주한 지 오랜 세월이 지났고, 그동안, 마치 이집트 사람처럼 이집트 문화와 언어에 익숙해진 요셉의 모습을 보면서, 형제들은 과연 요셉이 여전히 하나님의 언약을 붙잡고 있는가에 대한 의문이 들었을 것이다. 토라는 요셉을 매우 긍정적으로 묘사하고 있지만, 그러나 면밀히 그의 삶을 들여다보면, 그의 형들이 했던 짓과 아버지를 생각하면서, 요셉은 오랫동안 정신적인 고통에 시달리며 살았다고 봐야 한다. 과연 요셉은 형들을 만나고 있는 지금 이 순간에도 여전히 하나님의 언약, 즉 아브라함과 이삭과 야곱에게 주신 언약을 믿고 있었을까? 우리는 단연코 그가 언약을 붙잡고 있었다고 믿는다. 그러나 그런데도 요셉이 형들에게 취했던 태도를 보면, '정의에 대한 토라의 가르침'을 더 앞세우고 있는 듯 보인다.

우리는 정의에 대한 토라의 가르침을 아삽의 시편에서 많은 부분 공감할 수 있다. 시82:1절을 직역하면 "아삽의 시, 하나님은 강한 자의 모임 가운데 계시며, 그는 재판관 중에서 판단하신다"라고 읽을 수 있다. 이 구절에 대해 미드라쉬는 다음 같이 설명하고 있다. "이 말은 모세가 이스라엘 재판관들이 지녀야 할 품성을 이야기한 것이다. 재판관은 재판할 때 절대 사람의 외모를 보고 판단해서는 안 된다. 왜냐하면 재판은 하나님께 속한 일이기 때문이다." 이런 미드라쉬 해석은 신1:17절 말씀을 바탕으로 한 것이다.

[신1:17, 개역개정]
(개역개정) 재판은 하나님께 속한 것인즉, 너희는 재판할 때에 외모를 보지 말고 귀천을 차별 없이 듣고 사람의 낯을 두려워하지 말 것이며, 스스로 결단하기 어려운 일이 있거든 내게로 돌리라 내가 들으리라 하였고…

[신1:17, NASB]
너희는 재판할 때에 편견을 갖지 말라. 너희는 작은 소리도 큰 소리처럼 들어야 한다. 너희는 사람을 두려워하지 말라. 재판은 하나님께 속한 것이기 때문이다. 판결하기 어려운 경우에는 나에게로 가져와라.

그러면 내가 들을 것이다.[1]

이것은 출22:8~9절에 나오는 모세의 말과도 연관이 있다.

[출22:8~9, 개역개정]

(8) 도둑이 잡히지 아니하면 그 집주인이 재판장 앞에 가서 자기가 그 이웃의 물품에 손 댄 여부의 조사를 받을 것이며, (9) 어떤 잃은 물건 즉 소나 나귀나 양이나 의복이나 또는 다른 잃은 물건에 대하여 어떤 사람이 이르기를, 이것이 그것이라 하면 양편이 재판장(엘로힘) 앞에 나아갈 것이요, 재판장이 죄 있다고 하는 자가 그 상대편에게 갑절을 배상할지니라.

모세가 말한 것을 잘 살펴보라. 만약에 도둑이 잡히지 않는다면 그 집 주인은 재판장(엘로힘: 하나님) 앞에 가야 한다. 재판받기 위해 재판장에게 가는 것을 하나님께 나가는 것으로 이해한 것이다. 여기서 모세는 재판장을 '엘로힘' 즉 하나님이라고 부르고 있다. 우리가 이것을 생각한다면, 44:18절에서 유다가 "주(요셉)는 마치 바로와 같다"고 한 말에는 깊은 의미가 담겨 있다고 볼 수 있다. 당시 사람들은 이집트 왕 바로를 신이나 신들의 아들로 믿었다. 이러한 생각은 이집트의 문화나 종교 안에 잘 반영되어 있다.

그런데 모세는 토라(출22:8~9)에서 재판장을 엘로힘이라 부르면서 특별한 사람으로 여기고 있다. 아마 그는 하나님이 재판장에게 하나님의 이름으로 판결하고 이를 집행할 수 있는 신적인 권위를

---

1) You shall not show partiality in judgment; you shall hear the small and the great alike. You shall not fear man, for the judgment is God's. The case that is too hard for you, you shall bring to me, and I will hear it.

부여해 주셨다는 점을 강조하려고 했던 것으로 보인다. 재판을 받는 사람들도 재판장을 하나님처럼 여겨 그가 내린 판결을 하나님의 판결로 받아들이도록 했다. 왜냐하면 재판장이 내린 판결은 토라를 근거로 하고 있기 때문이다. 토라의 증언에 의하면, 모든 재판장은 하늘에 계신 하나님이 보내신 신적인 대리자로서, 주의 이름만이 아니라 그분의 성품까지 담지擔持한 자들이고, 또 재판장들은 이 땅에 하늘의 공의를 세우고 실현하기 위한 권세를 부여받은 자들이다. 다시 말해 재판장은 하늘 아버지의 이름으로 모든 사건을 하나님의 뜻에 따라 판결할 책임이 있는 사람임을 보여준 것이다.

그러나 그런데도, 시편 저자의 고백처럼 설령 어떤 특별한 자가 하늘의 지혜와 신적인 능력을 담지하고 있다 할지라도, 그 사람도 때가 되면 반드시 죽을 수밖에 없는 유한적 존재이며, 또 죽은 후에는 전능하신 심판주(재판장) 앞에서 자기 삶에 대한 판결을 받아야만 한다는 사실을 잊으면 안 된다. 시82:6~8절에서 시인 아삽은 다음과 같이 노래한다. "내가 말하기를 너희는 신들이며 다 지존자의 아들들이라 하였으나, 그러나 너희는 사람처럼 죽으며 고관의 하나 같이 넘어지리로다. 하나님이여 일어나사 세상을 심판하소서. 모든 나라가 주의 소유이기 때문이니이다." 우리가 여기서 주목할 것은, 재판을 통해 사람들의 삶에 최소한의 공의가 실현될 수 있도록, 하나님의 뜻이 담긴 토라가 재판에 결정적 영향을 끼칠 수 있는 합법적인 제도를 마련하여 놓았다는 점이다. 그리고 토라의 법에 근거한 재판장의 판결에 의해, 만약 죄악에서 벗어나지 않고 계속 죄악 가운데 머문다면 결국은 주님의 이름으로 처벌을 받을 수밖에 없도록 한 것이다.

　주님 말씀 가운데 요10:34절을 보면 흥미로운 언급이 나온다. "너희 율법(토라)에 기록된 바, 내가 너희를 신이라 하였노라 하지 아니하였느냐?" 수전절 날 성전에 모인 군중을 향해 주님이 '나와 아버지는 하나'(요10:30)라고 말씀하셨다. 이 말을 들은 유대인들이 주님을 향하여 신성모독죄라고 비난을 퍼부었다. 사실 '아버지와 하나'라는 말은 '토라를 따라 걷는 삶'을 의미하는 말로, 이는 그리스도께서 하늘 아버지의 대리자로서 우리를 구원하려고 이 땅에 오셨고, 실제로 토라의 말씀대로 자기 생명을 스스로 버리심으로 영생의 길을 열어주신 그리스도의 삶을 암시한 표현이다. 그런 점에서 요10:34절 말씀은 토라의 맥락에서는 전혀 새로운 말이 아니다.

　주님은 이것을 더욱 확실히 하기 위해, 모든 재판은 하나님께 속했다는 신1:17절과, 또 재판장을 엘로힘이라고 부른 출22:8~9절 말씀을 끌어들인 것이다. 분명히 재판장은, 실제로 신의 위치에 오를 수 없는 한낱 인간임에도 불구하고, 예로부터 '하나님' 또는 '전능하신 분의 아들'이라고 불렀다. 그래서 주님은 하나님께 신성모독을 한다고 비난하는 유대인들을 향해 이렇게 물으셨다(요10:35~36). "성경은 폐하지 못하나니 하나님의 말씀을 받은 사람들을 신이라 하셨거든, 하물며 아버지께서 거룩하게 하사 세상에 보내신 자가 '나는 하나님의 아들이라' 하는 것으로 너희가 어찌 신성모독이라 하느냐?" 주님이 그들에게 이 질문을 던진 요지가 무엇인가? "누군가 토라를 따라 걸으며 토라 안에서 삶을 살고 있다면, 그 사람을 가리켜 '하나님의 아들이요 하나님과 하나라'고 말한 것이 과연 신성모독이라는 말이냐?" 또 이 말을 다르게 바꿔 보면 이런 질문이 된다. "하나님의 대리자로서 특별한 사명을 받고 온 것이 과연 신성모독에 해당되느냐?" "어떤 이가 행한 일이 전적으로 하나님 영광을 위해 한 것이라는 증거가 명백할 때, 그를 향하여 하나님의 아들이라고 부른 것이 잘못이란 말이냐?"

유다는 이집트 총리가 갑자기 야곱과 그의 아들들에 관해 관심을 나타내면서 이것저것 꼬치꼬치 묻고 있는데도, 설마 그가 요셉일 것이라는 생각을 하지 못했다. 단지 요셉을 이집트 사람으로 생각했을 뿐 다른 사람일 거라고는 전혀 상상조차 하지 않았다. 또 7년간의 대기근 동안 요셉이 살린 사람들은 단지 이집트인들만이 아니었다. 요셉은 많은 나라와 민족들을 구했다. 식량을 나눠줄 때도 이집트인에게만 국한하지 않았다. 그런데도 유다는, 요셉이 이집트인이 아닐 수도 있겠다고 하는 생각은 전혀 하지 않았던 것이다.

여기에서 한 가지 궁금한 것이 있다. 요셉이 양식으로 사람의 생명을 구할 때마다 주님께 영광을 돌렸을까? 오늘 Parashat Vayigash 가까이 가서를 보면, 요셉은 단 한 번도 조상의 하나님을 잊어본 적이 없었고, 오로지 하나님의 언약을 믿고 자기가 해야 할 일에 대해 최선을 다한 '의로운 자'임을 밝히고 있다. 카나넬R. Chananel은 창6:2절을 주석하면서 다음과 같이 말한 바 있다.

[창6:2, 카나넬]

"하나님(엘로힘)의 아들들이 사람의 딸들의 아름다움을 보고 자기들이 좋아하는 모든 여자를 아내로 삼는지라." 우리는 여기에 나오는 엘로힘이 때로 하나님께 적용하는 호칭이기도 하지만, 어떤 경우는 어떤 특정한 사람을 가리키기도 하고, 또 때때로 전혀 거룩한 모습이 없는데도 불구하고 그것을 경배하는 어떤 현상을 가리키는 단어이기도 하다는 것을 알고 있다. 창1:1절은 "태초에 하나님(엘로힘)이 천지를 창조하시니라"고 말한다. 여기에 나온 엘로힘은 분명히 하나님을 가리킨 말이다. 그러나 창20:3절에서 "그 밤에 하나님(엘로힘)이 아비멜렉에게 현몽하셨다"고 할 때, 여기에 엘로힘은 하나님을 가리키기보다는 하나님을 대신하여 신적인 일을 행하는 천사를 일컫는다. 또 한편 출22:8절에 나오는 엘로힘은 인간 재판장을 가리킨다.

시82:6절에 나오는 시인의 고백처럼, 이 용어 엘로힘은 뛰어난 영적 상태에 있는 구별된 사람에게 적용하고 있다. 사람이 죄를 짓기 전까지는 거룩하다고 말할 수 있다. 그렇다면 창6:2절에서 언급한 '하나님 아들(베네 하엘로힘)'은 그 당시에 땅에서 가장 뛰어난 인간을 지칭한 것으로 볼 수 있다. 그러면 당시 가장 뛰어났던 사람은 누구였을까? 토라가 말하는 여러 정황을 고려해 볼 때, 이는 재판장을 가리킨 것으로 봐야 할 것이다.

카나넬은 엘로힘을 어떻게 이해하고 있나? 엘로힘은 하늘로부터 특별한 사명을 받고 이 땅에서 그 사명을 위해 일하는 어떤 특별한 존재를 가리킨다고 보았다. 하나님으로부터 이런 사명을 부여받은 자는 죄악의 자리를 떠나 거룩함과 의로움으로 오직 주의 뜻을 이룰 수 있도록 그 명령에 복종하며 충성을 다해 헌신한다. 카나넬은 또 계속해서, 창6:2절에 나오는 '하나님의 아들(베네 하엘로힘)'은 당시 사람들 중에 가장 뛰어난 자를 일컫는다고 말한다. 이런 정황들로 볼 때 본문에 나온 엘로힘은 재판장을 가리킨다고 본 것이다. 그래서 출22:8~9절은 엘로힘을 재판장으로 번역하였고, 이를 통해 재판장들이 수치를 당하지 않기 위해서라도 하나님과 사람들 앞에서 위선적인 삶을 살아서는 안 된다는 점을 강조한 것이라고 해석했다. 이와 관련하여 시82편 미드라쉬를 살펴보자.

[미드라쉬 테힐림 82, Part 1]

(1절) 아삽의 시, 하나님은 강한 자의 모임 가운데 계시며, 그는 재판관(엘로힘) 중에서 판단하신다. 이 말은 모세가 이스라엘 재판관들이 지녀야 할 책임이라는 관점에서 바라봐야 한다. 재판관은 재판할 때에 절대 사람의 외모만 보고 판단해서는 안 된다. 왜냐하면 재판은 하나님께 속한 일(신1:17)이기 때문이다. 또 대하19:6절에서 여호사밧은 이스라엘 재판관들에게 다음과 같이 말했다. "너희가 무엇을 해야 하는지 잘 생각하여 보라. 너희가 재판할 때는 사람을 위해 하지 말고, 너희와 함께하시는 주를 생각하고 재판하도록 하라." 여호사밧의 말과 신1:17절의 가르침은, 재판장이 곧 거룩하신 하늘의 재판장 여호와 하나님 앞에 앉아 있는 자라는 사실을 잊지 말고, 따라서 재판장은 어떤 경우에도 함부로 판결해서는 안 된다는 점을 부각한 것이다.

사61:8절에 "무릇 나 여호와는 정의(재판)를 사랑한다"는 말씀에는 그런 뜻이 담겨 있다. 너희가 만일 올바른 재판을 하지 않으면 내가 너희를 밀어낼 것이다. 내가 말했듯이 "내가 너희를 심판하러 너희 가까이 임할 것이다. 품꾼의 삶에 대해 억울하게 만든 자, 과부들과 고아들을 압제하며 나그네를 억울하게 하고, 나를 경외하지 아니하는 자들에게 속히 증언하리라"(말3:5). 그러므로 시82:1절 말씀은 다음과 같이 읽을 수 있다. "그는 하나님(엘로힘) 가운데 있는 재판관이며, 그는 재판관들 가운데 있는 재판관이다." 그러므로 출22:8절 말씀은, 엘로힘을 재판장이 아닌 다른 의미로 해석하기가 어렵다고 보았기 때문에, 이 본문은 엘로힘을 재판장이라고 번역한 것이다.

위에서 본 바와 같이 미드라쉬는 시82편을 해석하면서, 이것을 신명기에서 "재판은 하나님께 속했다"(신1:17)는 가르침과 연관시키고 있다. 또 여호사밧이 이스라엘 재판관들에게 당부한 말(대하19:6)을 생각하면서 시편의 의미를 풀어간 것이다. 재판은 분명 사람들 사이에 일어난 문제를 다루고 있지만, 그러니 하나님을 위해 재판해야 한다는 여호사밧의 가르침은 결국 정의는 하나님께 속해 있으며, 따라서 재판관은 어떤 문제를 처리하더라도 그 가운데 하나님의 정의가 나타내도록 하는 것이 가장 중요하다는 가르침이다.

엘리에젤R. Eliezer은 이 땅에 정의가 이뤄진다면 하늘은 심판을 멈추고 땅에 임한 저주도 그치게 된다고 말한다. 반대로 이 땅에 정의가 무너지면 하늘에서 심판이 시작되고 땅에는 각종 저주가 임하게 된다. 엘리에젤의 말에 따른다면, 지금 세계 곳곳이 극도로 어려운 처지에 처하게 된 근본적인 원인은 정의와 진리, 그리고 무엇보다 가난한 이와 과부같이 사회적인 약자를 돌보라는 토라의 가르침을 따르지 않고, 율법의 말씀이 무시되고 그 정신이 사라진 데 원인이 있다고 봐야 할 것이다.

앞으로 다룰 신명기 Parashat Shofetim 재판장(신16:18~21:9)에는 "너는 공의, 오직 공의만을 추구하라. 그리하면 네가 살 것이고 네 하나님이 너에게 주신 땅을 차지하리라"(신16:20)는 명령이 나온다. 여기서 말한 공의(체데카)란 하나님의 속성을 일컫는 것으로, 이는 하나님이 의로우신 분이라는 점을 나타낸 것이다. 그래서 성경은 하나님을 가리켜서 '우리의 의가 되시는 하나님, 주는 의로우신 재판장'이라고 부르고 있다. 따라서 하나님에 의해, 또 하나님의 형상대로 지음을 받은 사람은, 모든 일상생활 속에서 하나님의 의를 행하며 살아야 할 책임이 있다. 바로 이 점을 오늘 창세기 본문이 가장 강조하고 있다.

성경은 우리가 하나님의 의(체데카)에 따라 사는 것을 당연하게 여기면서, 이는 하나님의 자녀들에게 부과된 기본적인 도덕적 의무라고 가르친다. 이사야(32:17)는 "공의의 열매는 화평이요 공의의 결과는 영원한 평안과 안전이라"고 말하였다. 바울도 에베소교회에 보낸 편지(엡2:10)에서 "우리는 그가 만드신 바라. 그리스도 예수 안에서 선한 일(마씸 토빔)을 위하여 지으심을 받은 자니, 이 일은 하나님이 전에 예비하사 우리로 그 가운데서 행하게 하려 하심이라"고 전하였다. 바울의 말대로 우리는 모두 선한 일(마씸 토빔)을 위하여 창조된 존재이다. 하나님은 세상을 창조하기 전부터 우리가 선한 일을 행하며 살도록 미리 준비해 놓으셨다.

우리가 하나님의 공의를 행하므로 정의로운 세상을 만들기 위해서는, 자기 자신은 물론이고 다른 사람까지 판단해야 하는 문제가 '필연적으로' 발생한다. 굳이 다른 사람을 정죄하기 위함이 아니더라도, 최소한 무엇이 하나님의 의고 무엇이 세상의 정의인지 알기 위해서라도 판단의 기준을 정해 줄 필요가 있기 때문이다. 이는 예컨대 다윗이 시편(1:1~3)에서 고백했던 것처럼, 불의하고 악한 길로 나아가지 않도록 하려는데 그 목적이 있다. 공의나 정의는 단순히 머릿속 추상적인 개념으로만 남아서는 안 되고, 실제의 삶에서 무엇이 도덕적이고 윤리적인 행동인지 분별할 수 있도록 요구하고 있다.

사람은 누구나 하나님에 의하여 도덕적이고 윤리적인 존재로 창조된 존재임을 잊어서는 안 된다. 하나님이 사람을 '하나님의 형상대로' 빚으신 것은, 이미 우리를 창조하실 때부터 어떤 모습이 올바른 삶인지 그 표본을 제시해 주었다는 것을 의미한다. 이런 표본을 가장 확실히 알려주신 분이 그리스도이시다. 주님은 자기 삶을 통해 하나님의 심판은 항상 은혜와 사랑과 함께 어우러진 의의 결과임을 보여 주셨다. 그리하여 주님은 그를 믿는 자들로 하여금 하나님의 의를 행하며 살아가도록 성령을 통해 보살피시고 이끄신다. 그러므로 그리스도인이라면 누구나 마땅히 자기의 모든 삶의 방식에 대한 책임 있는 자세로 살아가야 한다는 것이 성경의 가르침이다. 또한 이것은 토라와 미드라쉬와 랍비들의 문헌을 통하여 전하는 가르침과도 일맥상통한다. "너희가 무엇을 해야 하는지 잘 생각해 보라. 너희가 재판하는 것이 사람을 위하여 하지 말고, 재판할 때에 너희와 함께하시는 주님을 위하여 재판하라"(대하19:6).

재판이 하나님께 속했다는 말(신1:17)은 재판장 역시도 거룩하고 전능하신 심판자 여호와 하나님 앞에 앉아 있는 자이기 때문에, 그 어떤 경우에도 함부로 판결을 내려서는 안 된다는 뜻이다. 사61:8절 "무릇 나 여호와는 정의(재판)를 사랑한다"는 말씀에는 그런 의미가 담겨 있다. 너희가 만일 올바른 재판을 하지 않는다면 내가 너희를 밀어낼 것이다. 내가 말했듯이 "내가 너희를 심판하러 네 가까이 임할 것이다. 품꾼의 삶에 대하여 억울하게 만든 자, 과부와 고아를 압제하며, 나그네를 억울하게 하고, 나를 경외하지 아니하는 자들에게 속히 증언하리라"(말3:5).

사61:8절을 보면 "무릇 나 여호와가 정의재판을 사랑한다"고 증언하고 있다. 그러므로 하나님의 백성이라면 마땅히 정의를 사랑해야 하는 것이다. 우리는 본문 Parashat Vayigash 가까이 가서를 통해 요셉이 그 형제들과 아버지를 어떻게 대우하였는지 볼 수 있었다. 요셉이 그렇게 할 수 있었던 것은 단지 가족이라는 이유 때문만은 아니었다. 그는 하나님의 뜻(공의)을 먼저 생각했고, 그 뜻이 이뤄지는 것을 가장 중요하게 여겼다. 또 형들을 시험한 것 역시, 당시에 형들이 주 하나님을 바르게 믿고 있는지 아닌지 확인하기 위함이었다.

여기서 가장 중요한 것이 있다면, 만약 우리가 하나님의 뜻을 가볍게 여기거나 토라가 말하는 공의를 무시해 버린다면, 이는 곧 우리 삶에서 하나님을 멀리 밀어내 버리는 것과 같다는 것이다. 우리가 다른 사람을 판단하거나 세상을 심판할 때, 바로 그 순간이 주님께서 우리와 가장 가까이 계신다는 사실을 잊어서는 안 된다. 주님은 누구보다 자비가 많으신 분이다. 그리고 자비로써 모든 사람을 분별하고 판단하신다. 주님이 세상을 판단하실 때는 항상 자비와 은혜가 그 바탕에 깔려 있다. 즉 주님은 단지 심판만을 위해 판단하시는 것이 아니라 모든 사람이 구원받기 원하시는 하나님의 뜻을 이루기 위해 세상을 판단하신다. 그러므로 하나님의 공의로운 심판이 얼마나 중요한가? 또 우리가 하나님의 공의로써 세상을 판단할 때, 주님이 우리와 함께하신다는 것은 의의 행함practicing justice과 주님의 현존the presence of Lord이 서로 같은 선상에서 이루어지는 일임을 알려준다. 아삽은 이런 개념을 자신의 시편에서 고백하고 있다.

[시82:4~6, 개역개정]
(4) 가난한 자와 궁핍한 자를 구원하여 악인들의 손에서 건질지니라 하시는도다. (5) 그들은 알지도 못하고 깨닫지도 못하여 흑암 중에 왕래하니 땅의 모든 터가 흔들리도다. (6) 내가 말하기를 너희는 신들이며 다 지존자의 아들들이라 하였으나…

주님은 이 땅의 정의가 무엇인지 정확히 말씀해 주셨다. 만약에 다른 사람을 기만하며 거짓을 일삼는다면, 그 사람은 이미 심령이 타락했기 때문이라고 지적하셨다. 이런 사람은 하나님의 공의와 진리로써 사람들을 대하지 않고 철저히 자기 이익만을 탐닉하는 자들이다. 그뿐만 아니라 정의를 행하지 않는 자들은 하나님을 경외하지도 않고 심판을 두려워하지도 않는다. 그러나 하나님을 경외하는 그리스도인이라면 자신이 정의를 위하여 창조되었음을 믿고, 또 토라가 세상에서 정의를 행하는 자를 가리켜 정의의 사도로서 '신들'이나 또는 '지존자의 아들'이라고 지칭한 점을 생각할 때, 오늘 우리는 언제 어디서든 항상 정의와 거룩과 공평과 진리를 붙잡고 살아가야 한다. 오늘 Parashat Vayigash 가까이 가서에 나온 요셉의 삶을 통하여 우리는 그런 모습을 만나볼 수 있었다.
오늘 우리가 본문을 통해 깨닫게 되는 것은 무엇인가? 요셉이 형들로 인해 오랜 세월 동안 기나긴 고통 속에서 살아왔지만, 그런 상황에서도 하나님께 대한 믿음에 의지하여 언약의 말씀을 붙잡았으며, 이로 인해서 놀라운 인생의 반전을 경험하게 되었을 뿐만 아니라 가족들과의 극적인 재회가 이루어짐에 따라, 한 개인의 의로운 삶으로 말미암아 모든 가족까지 구원받게 되는 하나님의 위대하신 섭리를 보여주고 있다. 하나님의 공의를 실천한 한 사람으로 인해 하나님의 거룩한 백성으로서의 이스라엘이 비로소 탄생된 것이다.

요셉이 형들을 만났을 때 자신이 누구인지 곧바로 밝히지 않고 몇 가지 방식으로 시험했던 이유가 무엇이었을까? 그가 이렇게 했던 이유를 알아야 본문의 주제와 전체적인 의미를 제대로 파악할 수 있게 된다. 그는 형들이 옛날과는 완전히 다른 새사람으로 변화된 모습을 기대했고, 따라서 이제는 하나님의 뜻대로 세상 속에서 정의와 진리로써 삶을 사는 모습을 확인하고 싶었다. 창42:6~8절은 말한다. "요셉의 형들이 와서 그 앞에서 땅에 엎드려 절하매… 요셉은 그의 형들을 알아보았으나 그들은 요셉을 알아보지 못하더라." 한 번 생각해 보라. 요셉과 형들은 한집에서 태어나 어렸을 때부터 함께 자랐다. 함께 뛰놀았고 함께 즐거워했으며 함께 생활했다. 그런데 아무리 세월이 흘렀어도 자기 동생을 전혀 알아보지 못했다. 외모가 너무 많이 변했기 때문이었을까?

성경 주석가들은 이 점에 관해 다양한 해석을 내놓은 바 있다. 그 가운데 스포르노는 요셉의 말이 너무 엄격해서 형제들이 겁에 질렸기 때문이라고 설명한다. 이집트의 고위 관료라면 일반적으로 생각해 볼 때 매우 부드러운 말투를 사용할 것이라고 기대했을 텐데, 요셉은 오히려 호되게 꾸짖는 듯 거칠게 말했기 때문에, 형들이 두려워했을 것이라는 해석이다. 이에 비하여 라쉬밤은 요셉과 형제들 사이에 통역자가 있어서 서로 간의 거리가 있었기 때문에 잘 알아보지 못했던 것이라고 보았다. 형들이 통역자의 말에 귀를 기울이느라 미처 요셉이 누구인지 알려는 시도조차 하지 않았다는 것이다.

또 람밤과 라닥의 해석을 보면, 이들은 그보다 훨씬 이전 상황, 즉 요셉과 형들이 첫 대면을 하였을 때를 생각해 보라고 말한다. 형들이 처음 요셉 앞에 섰을 때 그들은 요셉을 이집트 총리로만 생각했다. 당시 요셉은 이집트 고위 대신들이 입는 관복을 걸치고 있었고, 그뿐만 아니라 그 주변에는 많은 신하와 통역자들이 둘러싸고 있었기 때문에 감히 가까이 접근할 수도 없었을 것이다. 따라서 요셉이 누구인지 알아보기 위해 그 어떤 시도 자체가 불가능했을 것이다. 또 그들이 요셉을 본 순간, 옛날 자기들이 팔았던 동생과 많이 닮았다고 생각했을지는 몰라도, 설마 지금 자기들 앞에 있는 이집트 총리대신이 자기 동생 요셉일 거로 생각할 만큼 마음의 여유가 있지도 않았다. 즉 "옛날 내 동생 요셉과 참 많이 닮았구나"라고 생각했을지는 모르겠지만, "혹시 저 사람이 요셉 아닐까?"라고 생각하기는 어려웠을 것이다. 더군다나 수염이 더부룩한 자기들 얼굴과는 달리, 요셉은 이집트의 관습에 따라 수염을 민 상태였기 때문에(창41:14) 그를 알아보기는 더욱더 힘들었을 것이다.

그러나 우리는 여기서 요셉의 형들이 그를 알아보지 못한 이유가 무엇인가 파헤치는 것이 그렇게까지 중요한 일은 아니다. 진짜 중요한 것은, 지금 요셉이 어떤 모습으로 하나님이 그에게 주신 사명을 수행하고 있는가를 아는 일이다. 적어도 형들 눈에 비친 요셉의 모습은 구원자이며 재판장이었다. 그래서 형들은 요셉에게 "주는 바로(파라오)와 같으심이니이다"라고 고백한 것이다. 이 고백은 요셉이 이집트 사람인 줄로 알았기에 이렇게 말했을 것이다. 따라서 만약 이 말을 하나님의 백성에게 적용한다면, "당신은 우리들의 주 하나님과 같은 분입니다"로 바꿔 생각할 수 있다.

이제까지 논의한 것처럼, 지금 요셉은 형들에게서 하나님의 의와 진리를 찾고 있었고, 지금까지 형들이 살아오면서 단 한 번이라도 제대로 실천하지 않았을 것으로 여겨지는 진실한 삶의 모습을 기대했을 것이다. 그러나 그의 기대와는 달리 형들은 여전히 진실한 삶과는 거리가 있었고, 그러기에 성경은 "그들이 요셉을 알아보지 못하더라"며 우회적으로 표현하고 있다. 오늘 본문의 메시지를 우리 삶에 잘 적용하는 일이 무엇보다 중요하다. 만약 우리 역시도 요셉의 형들처럼 "하나님의 공의나 진리, 그리고 말씀 안에서 순종하는 믿음의 삶을 살아가지 않는다면, 우리 곁에 계신 하늘 아버지와 우리 주 예수 그리스도를 알아볼 수 있을까?"

의로움과 거룩함과 정의와 진리와, 그리고 자비와 사랑, 이것이 바로 우리 하나님이 원하시는 삶이다. 토라는 우리에게 이런 삶을 요구하고 있다. 이것을 바탕으로 토라를 순종하는 믿음으로 살지 않는다면, 하나님이 바로 곁에 계셔도 우리는 결코 알아채지 못할 것이다. 또 과거에 예수 그리스도를 통해 받은 은혜가 있을지라도 그것이 지금 자신의 삶에 그 어떤 효력도 발휘하지 못하고, 옛날 아련한 추억거리로만 남게 될 것이다. 오늘 우리가 토라의 말씀대로 살려고 부단히 노력하지 않는다면, 그래서 토라를 통해 하나님이 요구하신 정의의 길과는 전혀 다른 길로 나간다면, 그런 사람은 결단코 하나님의 놀라운 역사를 경험할 수 없다. 자신의 삶에서 날마다 주의 은혜를 체험하면서 그 기쁨을 즐겁게 노래할 수 있는가? 이것은 이제 자신의 결정에 달려 있다. 주님과 의로운 길을 함께 걸어가겠다는 결단이 필요하다. 그 길로 나갈 때, 주님의 풍성한 긍휼과 은혜가 우리 삶에 임하게 될 뿐만 아니라, 그리함으로써 우리의 입술에는 날마다 예수 그리스도로 인한 승리의 찬가가 넘쳐날 것이다. 할렐루야!

제12주 차
Parashat Vayechi (애굽에) 살다 (47:28~50:26)

야곱이 요셉에게 남겨준 선물

우리는 Parashat Vayechi (애굽에) 살다 (창47:28~50:26)에서, 야곱이 이집트로 내려와 17년의 세월을 살다 그의 나이 147세가 되어 세상을 떠났다는 이야기를 듣는다. 야곱이 세상을 떠나기 전 요셉을 불러 다음과 같이 말했다. "내가 조상들과 함께 눕거든 너는 나를 애굽에서 메어다가 조상의 묘지에 장사하라"(47:30). 아버지 말을 들은 요셉은 "내가 아버지의 말씀대로 행하리이다"라고 대답한다. 왜 야곱은 마지막 순간에 이렇게 부탁했을까? 지금 비록 흉년으로 인하여 이집트에 내려와 거주하며 더부살이를 하며 살아가고는 있지만, 그는 여전히 약속의 땅에 계시는 하나님을 바라보며 언약의 말씀을 잊지 않고 붙잡고 있었음을 알 수 있다. 따라서 비록 이집트 땅에서 죽더라도 자기 몸만큼은 약속의 땅에 묻히기를 원했던 것이다.

야곱은 요셉의 두 아들 므낫세와 에브라임을 이제부터는 자기 아들로 삼을 것이라고 선언(48:5)하였다. 심지어 요셉의 자손들까지 야곱의 후예라고 불리며 다른 아들과 똑같이 유산상속에 참여하게 될 것이라(48:6)고 약속하고 있다. 그리고 야곱은 이들에게 축복을 선포했다. 그런데 예전에도 그랬듯이, 야곱이 세상을 떠나기 전 마지막으로 자식들에게 축복할 때에도 편애하는 모습을 보여주고 있다. 야곱이 유다에게 빌어준 복을 다른 자식들과 비교하여 보라. "규가 유다를 떠나지 아니하며 통치자의 지팡이가 그 발 사이에서 떠나지 아니하기를 실로가 오시기까지 이르리니, 그에게 모든 백성이 복종하리로다"(창49:10). 유다에게 빈 복이 의미하는 바가 무엇일까? 야곱은 왜 유다에게 이런 엄청난 축복을 선포했을까? 과연 유다는 이런 복을 받을만한 합당한 삶의 모습이 있었는가? 특히 유다에게 선포한 축복에는 장차 오실 메시아에 관한 예언이 담겨 있다. 이처럼 그가 유다에게 메시아의 축복을 선포한 근거는 어디에 있을까?

자식에 대한 야곱의 이러한 치우친 사랑이 유다에게만 그런 것이 아니었다. 요셉의 두 아들 므낫세와 에브라임을 향해서도 야곱이 편애하는 모습은 다시 나타나고 있다. 둘째 에브라임이 아니라 므낫세가 장자인데도 불구하고 이들에게 선포한 야곱의 축복은, 에브라임이 므낫세보다 더 큰 자가 될 것이라고 말(48:10~20)하면서, 장자인 므낫세보다 차자 에브라임을 더 앞세우고 있다. 이러한 야곱의 편애는 그 옛날 요셉에게만 특별히 채색옷을 입게 함으로, 다른 형제들보다 요셉을 앞세웠던 모습을 다시 떠오르게 한다.

다시 질문을 되돌려 보자. 야곱은 왜 유다에게 이런 엄청난 메시아의 축복을 선포했을까? 이제까지의 유다 삶을 기록한 토라 내용을 잘 들여다보면 그는 요셉과 같이 완벽한 삶을 살아오지 않았다. 그러나 그런데도 불구하고 우리가 유다의 삶에서 주목해 봐야 할 중요한 부분이 있다. 창37:26절 이하를 보면, 그의 형제들이 요셉을 죽이려고 구덩이 속에 밀어 넣었을 때, 어떻게든 동생을 살리려고 힘을 다해 노력했던 사람은 오로지 유다뿐이었다. 또 그가 비록 며느리 다말에게 행한 짓을 볼 때 그가 믿음으로 의롭게 살았다고 볼 수는 없으나, 나중에 뒤늦게나마 며느리에게 자신의 잘못과 위선을 솔직하게 고백하면서 "다말이 나보다 더 의롭다"(38:26)고 인정했다. 사실 유다가 다말과 성관계를 가진 것도 그녀를 창녀로 생각했기 때문(38:18)이었다고, 창세기 본문은 그를 은근히 두둔해주고 있지 않은가!

그러나 가장 중요한 것은, 이집트 총리(요셉)가 동생 베냐민을 억류하겠다고 으름장을 놓자, 다른 형제들은 그냥 우두커니 지켜보기만 했던 것과는 달리, 유다만큼은 자기 동생을 대신하여 그 죄를 감당하겠다고 나섰다. 야곱이 유다를 축복한 말을 들어보라. "유다야 너는 네 형제의 찬송이 될지라. 네 손이 네 원수의 목을 잡을 것이요 네 아버지의 아들들이 네 앞에 절하리로다. 유다는 사자 새끼로다. 내 아들아 너는 움킨 것을 찢고 올라갔도다. 그가 엎드리고 웅크림이 수사자 같고 암사자 같으니 누가 그를 범할 수 있으랴? 규가 유다를 떠나지 아니하며 통치자의 지팡이가 그 발 사이에서 떠나지 아니하기를 실로가 오시기까지 이르리니, 그에게 모든 백성이 복종하리로다." 야곱의 축복은 유다가 다른 자식들보다 지도자로서의 뛰어난 역할을 수행하게 될 것이라는 뜻이다.

그러나 야곱이 유다에게 이처럼 축복했을지라도, 아버지로부터 가장 많은 몫을 받은 아들은 요셉이었다(48:22). 이것은 무엇을 말해주는 것일까? 그리고 오늘 우리에게 어떤 의미가 있을까?

[창48:18~22, 개역개정]

(18) 그의 아버지에게 이르되 아버지여 그리 마옵소서. 이는 장자이니 오른손을 그의 머리에 얹으소서 하였으나, (19) 그의 아버지가 허락하지 아니하며 이르되, 나도 안다 내 아들아 나도 안다. 그도 한 족속이 되며 그도 크게 되려니와 그의 아우가 그보다 큰 자가 되고 그의 자손이 여러 민족을 이루리라 하고, (20) 그 날에 그들에게 축복하여 이르되, 이스라엘이 너로 말미암아 축복하기를 하나님이 네게 에브라임 같고 므낫세 같게 하시리라 하며 에브라임을 므낫세보다 앞세웠더라. (21) 이스라엘이 요셉에게 또 이르되 나는 죽으나 하나님이 너희와 함께 계시사 너희를 인도하여 너희 조상의 땅으로 돌아가게 하시려니와, (22) 내가 네게 네 형제보다 세겜 땅(한 몫)을 더 주었나니 이는 내가 내 칼과 활로 아모리 족속의 손에서 빼앗은 것이니라.

위 본문 22절을 보면, 야곱이 요셉에게 다른 형제보다 세겜 땅[1]을 더 주겠다고 하면서, '이는 내가 내 칼과 활로 아모리 족속의 손에서 빼앗은 것'이라는 말을 덧붙인다. 그렇다면 야곱이 칼과 활로 아모리 족속의 손에서 빼앗은 것은 무엇인가? 아쉽게도 토라는 야곱이 칼과 활로 빼앗은 이것이 무엇인지 정확하게 말하지 않는다. 게다가 야곱이 므낫세와 에브라임을 축복할 때 그의 손을 서로 엇바꾸어 얹음으로써, 첫째 므낫세보다 둘째 에브라임을 더 앞세웠다. 이 모습을 바라본 요셉조차도 지금 아버지가 왜 이렇게 한 것

---

1) 개역개정은 이것을 '세겜 땅'이라고 옮겼으나, 맛소라 텍스트는 '하나의 몫/부분(one portion)'으로 되어 있다.

인지, 또 야곱이 그에게 주겠다고 한 것이 무엇인지 제대로 알지 못한 것으로 보인다. 우리는 이것을 어떻게 이해해야 할까? 미드라쉬의 설명을 들어보자.

[창48:22, 닷트 즈케님]

"봐아니 나탓티 레카(ואני נתתי לך)", 즉 "내가 너에게 (한 몫을) 주었다": 랍비 모세R. Moshe는 야곱이 처음부터 요셉에게만 채색옷을 만들어 입히면서 특별한 지위를 준 것 자체가, 형제들 사이에 서로 시기하게 만든 일차적인 책임이 있다고 지적한다. 결국 야곱 한 사람의 잘못된 사랑으로 말미암아 가족 전체가 이집트로 내려가게 된 원인이 되었고, 처음에는 환대를 받았지만 나중에 수백 년 동안을 이집트에서 노예로 살아갈 수밖에 없었다.

또 하나 주목해야 할 것은, 나중에 요셉도 아버지가 자기에게 그랬던 것처럼, 다른 형제보다 동생 베냐민에게 귀하고 값진 선물을 더 많이 주었다(창45:22). 요셉이 왜 그렇게 했는지 정말 이해가 가지 않는다. 그러나 우리가 이 문제에 답을 얻으려면 무엇보다 먼저 야곱이 요셉에게 채색옷을 입혀 주었을 때를 돌아봐야 한다. 그때는 요셉이 아직 어렸을 때였다. 토라의 규정을 보면 일반적으로 미성년자 즉 아이에서 성인으로 인정받게 되는 나이는 대략 17세라고 말하고 있다. 이런 점을 고려할 때, 아직 성인도 되지 않은 어린 요셉에게 채색옷을 입혀 주어 특별한 지위를 준 아버지의 행동은 언뜻 이해하기 힘들다. 아버지의 이런 그릇된 편애로 인해 다른 형제들이 동생 요셉을 시기할 만했다고 짐작할 수 있다.

그렇다면 요셉은 어떻게 그런 특별대우를 받았을까? 한 가지 미리 생각해 봐야 할 것은, 이집트 총리대신 자리에 오른 요셉을 만난 형들이, 그 순간 요셉이 어린 시절에 꾸었던 꿈이 이루어졌다고 하고 생각하면서 그를 시기하기는커녕, 오히려 자신들을 살리고 돌봐준 일로 인해 고마워하고 자랑스럽게 여겼다는 사실이다. 더군다나 그들은 물론 자기 자식들까지 단 한 사람도 예외 없이 요셉으로부터 경제적인 도움을 받았다. 설사 요셉이 형제들을 보살펴주지 않았다 할지라도, 요셉이 가진 권세와 법적 지위만으로도 형들은 요셉 앞에서 복종하며 살아갈 수밖에 없지 않았는가?

한편 요셉이 자기 동생 베냐민에게만 더 많은 선물을 준 것은, 베냐민만이 같은 어머니 배 속에서 나온 유일한 혈육이었고, 그뿐만 아니라 오직 베냐민만 범죄에 가담하지 않았다는 점을 고려해 본다면 쉽게 설명될 수 있다. 그러나 그런데도 불구하고 풀리지 않는 의문이 하나 더 있다. 요셉이 형들에게 자기의 정체를 아직 밝히지 않았을 때도 베냐민에게만 5배의 음식을 베풀어 주었다(43:34). 이집트 총리대신이 왜 베냐민에게만 특별한 대우를 하는지, 형제들은 당연히 궁금하게 여기며 마음속으로 의아하게 생각했음 직하다. 옛날 형들의 영적인 상태로 미뤄볼 때, 이런 차별대우에 대해 그들은 충분히 시기심이 일어났을 만하다. 아마도 형들은 전에 이집트 총리(요셉)가 자신들을 정탐꾼으로 몰아세우며 가족에 관하여 상세하게 물어보았고, 또 이를 확인하려고 동생 베냐민을 이집트까지 데리고 오라 했던 사실을 기억했을 것이다. 그래서 머나먼 길을 달려온 수고에 대해 미안한 생각이 들어 베냐민에게 더 각별한 대우를 했을 거로 생각했을 수도 있다. 게다가 요셉은 이미 마음속으로 자신의 정체를 형들에게 알리려고 작정했었다. 그리고 요셉이 정체를 밝히게 되면, 자기가 베냐민에게 5배의 음식을 준 것에 대해 형들도 충분히 이해할 것이라고 확신했을 것이다.

일부 해석자들은 48:22절에 사용된 '세켐 엑하드'라는 구절을 주목한다. 야곱이 요셉에게 추가로 준 여분의 몫이란, 나중에 오랜 세월이 지나 이스라엘이 가나안에 들어가 요셉의 유골을 매장했던 땅이라고 해석한다. 이스라엘 자손이 가나안을 정복한 후에 세겜 사람에게 값을 지불하고 구입하여 그곳에 요셉의 유골을 묻고 요셉 자손의 영원한 기업으로 삼았던 그의 무덤을 말한 것(수24:32)이다.

유대 랍비들은 이것을 포도원 주인의 물건을 빼앗아 훔친 강도 비유로 설명하고 있다. 강도들은 포도원 주인에게 들키자 포도주가 가득 담긴 상자를 강탈하였다. 그러자 주인은 강도들에게 상자 속에 있는 포도주는 다 가져가더라도 빈 상자는 돌려달라고 부탁하였다. 요셉이 어디에서 팔려갔나? 바로 도단Dothan(37:17)이었다. 도단은 세겜 땅이다.[2] 야곱이 세상을 떠나기 전 요셉을 불러서 그에게 마지막으로 주었던 선물 '여분의 몫'(세켐 엑하드)이 왜 하필 세겜이었을까? 비록 강도에게 상자 속 포도주를 다 빼앗겼지만 빈 상자만이라도 돌려달라고 했던 주인의 심정 아니었을까? 야곱은 이제 그 상자를 주인에게 돌려줘야 할 때가 왔다고 생각했을 것이다. 지금 당장은 갈 수 없지만, 나중에 요셉의 유골이라도 그곳에 묻을 수 있도록 요셉의 몫으로 따로 떼어놓고자 했던 것이다(수24:32).

우리는 야곱이 죽기 전에 요셉에게 주었던 마지막 선물 '여분의 몫'이 무엇이고, 왜 그것을 주었는지에 대해 닷트 즈케님의 해석을 살펴보았다. 그는 무엇보다 먼저, 야곱이 다른 아들들보다 요셉만을 더 각별히 사랑했기 때문에 그 가정에 불화가 시작되었다는 점을 강조하면서, 따라서 이 모든 책임이 아버지 야곱에게 있다는 점을 지적하고 있다. 마찬가지고 요셉도 다른 형제들보다 동생 베냐민에게만 더 많은 선물을 주었다. 그러나 요셉이 그렇게 한 것은 야곱의 경우와는 다르다고 보고 있다. 야곱이 다른 자식들보다 요

---

2) 도단은 세겜 땅이다. 도단은 세겜에서 북쪽으로 약 20여km 떨어진 곳에 있으며, 오늘날에는 '텔-도다'라는 지명으로 불린다.

셉만을 편애하면서 채색옷을 입혀 준 것은 요셉이 아직 어릴 때였다. 즉 토라 규정상 아직 미성년자[3]였다. 그렇다면 아직 성인도 아닌 어린 요셉에게 이렇게 막강한 권력을 준 것은, 형제들이 그에 대해 분노와 시기를 일으킬 만한 충분한 이유가 되었다. 그러나 요셉이 베냐민에게만 더 많은 선물을 준 것은 이 경우와는 완전히 다르다. 당시 그들은 모두가 성인이었다. 그러나 요셉이 자신의 정체를 밝히려고 이미 마음속에 결정했고, 그렇게 되면 요셉이 같은 어머니 소생 친동생인 베냐민에게 더 큰 친절을 베푼 것에 대해 형들이 충분히 받아들일 것으로 확신했을 것이다. 게다가 당시 요셉이 가진 권세로 온 가족 전체를 살린 공로를 생각해 보더라도, 이 일은 형제들에게 아무런 문제가 되지 않을 것으로 보았다.

이런 사실을 전제로 하고, 야곱이 요셉에게 "내가 네게 네 형제보다 세겜 땅(한 몫)을 더 주었나니 이는 내가 내 칼과 활로 아모리 족속의 손에서 **빼앗은** 것이니라"(48:22)고 축복했던 의미를 다시 되짚어 봐야 한다. 우리말 성경 대부분 '세겜 땅'이라고 옮겨 놓았으나, 정확하게 말하면 '또 하나의 몫'이라는 뜻이다. 이를 우리말 성경이 세겜 땅으로 옮긴 것은, 이 구절이 히브리어로 '세켐 엑하드'라고 발음하는 영향 때문으로 보인다. 하지만 묘하게도(?) 여기서 야곱이 요셉에게 추가로 준 '세켐 엑하드' 즉 특별한 몫이, 먼 훗날 이스라엘이 가나안에 들어가서 세겜 사람에게 값을 지불하고 사들인 세겜 땅이었다. 그리고 이스라엘은 그곳에 요셉의 유골을 묻고,

---

3) 창21:14절 아브라함 집에서 쫓겨났던 이스마엘의 경우를 생각해 보라.

그 땅을 요셉 자손들의 영원한 기업이 되게 하였다.

중요한 것은, 야곱이 왜 하필이면 세겜 땅을 요셉에게 특별한 몫으로 주었느냐 하는 것이다. 미드라쉬는 요셉이 형들에 의해 이집트 상인에게 팔렸을 때, 그 장소가 바로 세겜 땅이었음을 상기한다. 그러므로 세겜은 형들에 의해 죄악에 물들어 버린 땅이었고, 온갖 탐욕이 들끓고 우상숭배가 넘친 땅이었다. 어떤 이들은 야곱이 요셉에게 무엇을 주더라도 그것을 므낫세와 에브라임 두 아들에게 나눠줄 수밖에 없었기 때문에, 야곱이 이것을 염두에 두고 또 다른 하나의 특별한 여분의 몫을 요셉에게 준 것이라고 주장하기도 한다. 꽤 그럴듯하게 들리지만, 그러나 훗날 이곳에 요셉의 유골을 묻고 그 자손들이 영원한 기업으로 삼은 것을 생각할 때, 야곱이 요셉에게 준 몫은 하나님의 언약과 관련이 있으며, 한 걸음 더 나아가 하나님 백성의 궁극적인 구원과 밀접한 연관이 있다.

또 한편으로 이 구절을 다르게 해석하는 학자들도 있다. 다음 라쉬밤과 스포르노 두 사람의 해석을 들어 보자.

[창48:22:1, 라쉬밤]

(22절) "내가 너에게 네 형제들보다 (한 몫을) 더 주었다(봐아니 나탓티 레카 쉐켐 엑하드 알-아헤이카).": 이는 곧 땅을 가리킨 것이다. 어떤 특정한 땅을 요셉에게 더 할당해 주었다는 뜻이다. 그러므로 이것은 훗날 여호수아가 가나안 땅을 정복할 때 치른 전쟁에서, 칼과 활로 차지했던 땅 가운데 지파별로 땅을 분배하여 주기 전에 요셉 자손들을 위해 미리 따로 떼어 놓았던 특별한 몫을 말한 것이다. 여기서 야곱이 '주겠다'가 아니라 '주었다'라고 과거시제로 말한 것을 주목하라. 또 야곱이 "이는 내가 내 칼과 활로 아모리 족속의 손에서 **빼앗은 것**

이라"고 말한 것을 생각해 보라. 여기에는 의견이 분분하다. 여호수아서에서 하나님은 "내가 왕벌을 너희 앞에 보내어 그 아모리 족속의 두 왕을 너희 앞에서 쫓아내게 하였나니 너희의 칼이나 너희의 활로써 이같이 한 것이 아니라"(수24:12)고 하셨다. 이 말씀은 야곱이 했던 말과 서로 다르게 들리지만, 그러나 깊이 생각해 보면 전혀 모순되지 않는다. 왜 모순되지 않는다고 말할 수 있는가? 첫째로 하나님이 먼저 보내겠다고 하신 왕벌(전갈?)은 요단을 건넌 적이 없다. 그렇다면 여호수아가 하나님의 말씀으로 선포했던 왕벌, 곧 아모리 족속의 두 왕을 쫓아내기 위해 이스라엘보다 먼저 보내시겠다는 왕벌은 도대체 무엇을 말한 것일까?

우리는 여호수아가 선포한 말씀(수24:12)을 읽을 때, 무엇보다 그 문장의 끝부분에 대명사와 함께 이루어진 두 개의 단어, '너희의 칼이나 너희의 활'에 주목해야 한다. 여호수아가 주님의 말씀을 근거로 이스라엘에게 한 이 말의 뜻을 정확히 알아야 한다. 여호수아는 이스라엘이 가나안 땅에 들어와 지금까지 칼과 활로써 전쟁을 승리로 이끌었지만, 이스라엘이 승리할 수 있었던 것은 칼이나 활로 이긴 것이 아니라 하나님이 그들의 조상 야곱에게 약속한 언약 때문이었다고 말한 것이다. 하나님은 야곱에게 주신 언약을 이루시려고 이스라엘의 칼과 활로써 그 땅을 정복하게 하신 것이다. 바로 그런 점에서 야곱이 "이는 내가 내 칼과 활로 아모리 족속의 손에서 빼앗은 것이라"고 한 말은 전혀 모순되지는 않는다.

[창48:22:1, 스포르노]

"내가 너에게 (한 몫을) 주었다(봐아니 나탓티 레카)." : 당시 야곱이 다시 돌아갈 가나안 땅을 각 지파에게 분배하는 일에 있어서, 아직까지는 구체적인 하나님의 뜻이나 방법을 전혀 알지 못하였기 때문에, 그런 차원에서 '내가'라고 말했을 뿐이다. 가나안 땅 분배는 먼 훗날의 일이었기 때문에 아직은 당면한 문제가 아니었다. 하지만 언젠가는 틀림없이 이루어질 일이라는 사실만큼은 의심하지 않았다. 야곱은 세겜 땅이 가나안 지경에 속한 땅이었음에도 불구하고 이곳도 반드시 정복할 것이라는 확신을 갖고 있었다.

원래 그 땅에는 헷 족속이 살고 있었다. 그러나 그곳에 아모리 사람들이 거주하기 시작하면서 온갖 악행을 일삼았다. 야곱은 악행을 일삼는 아모리 족속을 쫓아내고 이스라엘의 소유지로 삼기를 원했다. 그리고 그 일을 요셉 자손이 해 줄 것이라 믿었다. 그러나 이러한 야곱의 기대는 훗날에 그 땅을 정복하고서 땅을 각 지파에게 나눠줄 때는 별로 영향을 끼치지 못했다. 실제로 하나님의 언약을 믿지 않음으로 기업을 받지 못한 이들도 있었다. 과거에 에서가 그랬던 것처럼 말이다. 에서가 야곱에게 장자권을 넘겼을 때를 기억해 보라. 그는 장자로서 가질 수 있는 모든 권한을 잃었을 뿐만 아니라, 그 어떤 유업도 받지 못하고 통째로 날려 버렸다.

이 글들이 강조한 것은, 야곱이 요셉에게 마지막으로 준 몫이 미래에 받을 특별한 유업이었다는 것을 말하고 있다. 먼저 라쉬밤은 장차 가나안에 들어가 각 지파대로 땅을 기업을 나눠준 일이나, 야곱이 요셉에게 특별한 몫을 위해 축복한 것이, 다 땅에 대한 약속으로서 비슷한 맥락 안에 있다고 본 것이다. 또 수24:12절에서 말하는 '왕벌'은 그 땅의 백성을 쫓아내는 데 사용한 칼과 활을 가리킨다고 보았고, 결국 이스라엘 백성이 가나안을 정복할 수 있었던 것은 칼과 활이 아니라 하나님의 도우심이었음을 말하고 있다.

그러나 스포르노의 해석은 사뭇 다르다. 이 본문은 야곱이 자식들에게 나눠줄 땅에 대해 언급한 것은 맞지만, 그러나 야곱이 요셉에게 그 의미에 대해서 자세히 설명하지 않은 이유는 이로 인해 혹시라도 하나님의 언약을 잊고, 장자권을 가벼이 여겼던 에서처럼 땅의 소유에 집착함으로 말미암아 모든 것을 잃어버리지나 않을까 우려했기 때문이라고 보았다. 야곱은 다음과 같이 생각했을지 모른다. 요셉은 한 사람이지만 그의 자식은 둘(므낫세, 에브라임)이니, 이들을 자기 이름 아래 둠으로써 이제부터 야곱의 아들로서의 권리를 부여해서 그들에게 두 몫을 준다면, 결과적으로는 하나의 몫을 추가로 준 꼴이 된다고 여겼을 것이다.

스포르노는 자신의 주석에 다음과 같은 말을 덧붙였다. "용사의 무기는 칼과 활이지만 의인과 학자의 무기는 지혜와 명철이다." 이것은 시45:3절에서 "용사여 칼을 허리에 차라"고 한 시편 저자의 생각을 염두에 둔 것이 아닐까 싶다. 여기서 말한 칼이란 실제로 무기를 가리키는 것이 아니라, 유대 지혜자[현자]들이 가장 중요히 여기는 지혜와 명철을 가리키는 것이다. 즉 현자에게는 지혜와 명철이 곧 무기다. 그러나 이와는 반대로 보는 학자들도 있다. 칼과 활이 지혜나 명철을 가리키는 것이 아니라, 오히려 토라 말씀에 대해 문자적인 의미를 무시하거나 인간적인 생각을 덧붙여 지나치게 비유적으로나 상징적으로 해석하는 것은 매우 위험하다는 뜻에서, 이를 칼이나 활로 표현한 것이라고 주장하기도 한다. 탈무드에도 이와 관련한 문제에 대해 많은 논쟁이 있었음을 보여준다.

어쨌든 창48:22절에서, 야곱이 요셉에게 "내가 네게 네 형제보다 세겜 땅(한 몫)을 더 주었나니, 이는 내가 내 칼과 활로 아모리 족속의 손에서 빼앗은 것이라"고 한 말은, 여러 면에 있어 그 의미가 매우 크다고 말할 수 있다. 특히 신약성경에서는 더 확연히 드러난다. 신약성경은 여기서 말한 칼과 활 등의 무기를 '토라의 말씀'이라고 이해하고 있다. 즉 이 땅의 그리스도인들이 세상 가운데에 살면서 반드시 가져야 할 영적 무기로서 토라를 일컫는 것이다. 사도 바울도 자신의 편지에서 다음과 같이 설명하고 있다.

[고후10:1~8, 개역개정]

(1) 너희를 대면하면 유순하고 떠나 있으면 너희에 대하여 담대한 나 바울은, 이제 그리스도의 온유와 관용으로 친히 너희를 권하고 (2) 또한 우리를 육신에 따라 행하는 자로 여기는 자들에 대하여 내가 담대히 대하는 것 같이 너희와 함께 있을 때에 나로 하여금 이 담대한 태도로 대하지 않게 하기를 구하노라. (3) 우리가 육신으로 행하나 육신에 따라 싸우지 아니하노니 (4) 우리의 싸우는 무기는 육신에 속한 것이 아니요 오직 어떤 견고한 진도 무너뜨리는 하나님의 능력이라. 모든 이론을 무너뜨리며 (5) 하나님 아는 것을 대적하여 높아진 것을 다 무너뜨리고 모든 생각을 사로잡아 그리스도에게 복종하게 하니, (6) 너희의 복종이 온전하게 될 때에 모든 복종하지 않는 것을 벌하려고 준비하는 중에 있노라. (7) 너희는 외모만 보는도다. 만일 사람이 자기가 그리스도에게 속한 줄을 믿을진대 자기가 그리스도에게 속한 것 같이 우리도 그러한 줄을 자기 속으로 다시 생각할 것이라. (8) 주께서 주신 권세는 너희를 무너뜨리려고 하신 것이 아니요 세우려고 하신 것이니, 내가 이에 대하여 지나치게 자랑하여도 부끄럽지 아니하리라.

바울이 고린도교회 성도들에게 쓴 글의 방식을 잘 눈여겨보라. 그는 지금 온유와 관용으로 비록 육신 안에 거하지만, 담대하고 자신감 있게 살아갈 것을 권고하고 있다. 특히 3~4절에서 그는 "우리가 육신으로 행하나 육신에 따라 싸우지 아니하노니, 우리의 싸우는 무기는 육신에 속한 것이 아니요 오직 어떤 견고한 진도 무너뜨리는 하나님의 능력이라"고 단호하게 선언한다. 그리고 이어서 이 무기는 '모든 이론'을 무너뜨리는 것이라고 말한다. 다른 말로 하면 '하나님 말씀에 대한 지식에 반대되는 그 어떤 고상한 생각이나 그럴듯한 사상들을 파괴할 수 있는 무기'라는 것이다. 토라 말씀이 영적 무기가 되어 하나님을 대적하고 스스로 교만해진 모든 것들을 다 무너뜨리고, 세상 헛된 사상이 더 이상 우리 안에 파고들어오지 못하도록 이 모든 것을 그리스도에게 복종하게 만드는 무기(고후10:5)가 토라인 것이다.

말씀을 거스르는 사람들은 겉으로는 하나님을 믿는다고 말할지 몰라도, 그러나 그들은 육신적인 생각과 말을 하고 토라 말씀에는 순종하지 않는다. 바울은 우리가 토라를 깊이 묵상하고 연구함으로써 토라의 명령을 믿음으로 순종하는 삶이 무엇보다 중요함을 강조하고 있다. 그래서 거짓과 헛된 사상을 이기게 되고, 육신적인 사고나 틀에서 벗어나 온전히 그리스도에게 속한 자가 될 수 있다고 가르친다. 그렇게 살아야 우리의 인생이 부끄럽지 않게 될 것이다. 시편은 죄와 부끄러움이 같은 의미로 쓰인다. 따라서 부끄럽지 않은 것은 곧 죄가 없다는 말과 같은 뜻이다. 중요한 것은 죄를 극복하고 부끄럽지 않게 살아야, 하나님이 이런 사람에게 파괴가 아니라 창조하는 능력을 주신다. 이런 능력을 얻은 사람은 하루하루 기쁨으로 살면서 참 행복이 무엇인지 체험하게 된다. 우리가 하나님의 말씀을 전하는 것도 세상을 파괴하기 위함이 아니요 건설하기 위한 일이 아니겠는가!

우리가 지금까지 Parashat Vayechi (애굽에) 살다 를 읽으면서 다루었던 주제들을 다시 한번 생각해 보자. 특히 48:22절에 "내가 네게 네 형제보다 세겜 땅(한 몫)을 더 주었나니, 이는 내가 내 칼과 활로 아모리 족속의 손에서 빼앗은 것이니라"고 한 야곱의 말을 심도 있게 논의했다. 야곱이 다른 아들들보다 요셉에게만 특별한 선물, '하나의 몫'을 추가로 주었다. 그리고 야곱은 이것이 칼과 활로써 아모리 족속에게서 빼앗은 것이라고 말한다. 하지만 본문 안에는 이것이 구체적으로 무엇을 가리킨 것인지, 또 이것을 어떻게 빼앗았는지에 대해서는 아무런 말도 나오지 않는다.

그러나 그런데도 불구하고 여기서 야곱이 말한 칼과 활이 이스라엘 백성을 약속의 땅으로 인도하기 위해 하나님이 토라의 약속에 의해 미리 보내신 왕벌을 뜻하고 있음은 분명하다. 중요한 것은 이스라엘이 가나안 땅을 정복하는 데 있어서 그 배후에서 도운 분이 바로 하나님임을 말하고 있다. 따라서 우리가 얻을 수 있는 결론은, 본문이 말하는 칼과 활, 또 여호수아서(24:12)에 언급된 왕벌, 이 두 가지 모두 하나님의 말씀토라을 의미하며, 이는 하나님을 거역하는 불순종의 세력들을 무너뜨리는 강력한 영적 무기인 것이다. '토라가 곧 무기이다!' 그래서 바울도 그리스도의 교회를 향하여 이것을 전하고 가르쳤던 것이다(고후10:1~8).

그러므로 우리도 오늘 본문을 통해 기억해야 할 가장 소중한 가르침은 '오직 하나님의 말씀 토라 만이' 우리 삶에 가장 강력한 영적 무기임을 깨닫는 것이다. '오직 토라 만이' 우리의 삶뿐만 아니라 세상에서 일어나는 모든 사건으로부터 승리할 수 있게 하고, 우리를 향해 강력하게 도전해 오는 사악한 사상과 세속적 문화와 가치관에 대해 담대히 싸워 이길 수 있도록 돕는다. 이로써 우리는 세상에 질질 끌려다니는 종이 아니라, 세상을 영적으로 정복하고 믿음으로 다스리는 세상의 주인으로 살아가는 것이다.

바울은 그의 사랑하는 제자 디모데에게 '모든 성경은 하나님의 감동으로 된 것'(딤후3:16)이라고 말하면서, 하나님 말씀인 토라의 권위를 강조하였다. 베드로도 예언자에 대해 말하면서, '예언은 언제든지 사람의 뜻으로 낸 것이 아니요, 오직 성령의 감동하심을 받은 사람들이 하나님께 받아 말한 것'(벧후1:21)이라며 토라의 근원이 하나님께 있음을 말해 주었다. 하나님 말씀은 믿는 자에게 주신 강력한 영적 선물이긴 하지만, 그렇기 때문에 하나님 말씀을 함부로 대하거나 무례하게 여기는 행위는 대단히 위험하다. 우리는 하나님의 말씀인 토라를 읽고 듣고 배울 때마다, 항상 우리에게 토라를 주신 하나님께 감사하며 경외하는 마음과 함께 무거운 책임감을 느껴야 한다. 토라를 주신 위대하신 하나님을 찬양하며 경배해야 한다.

오순절이 가까이 왔을 때 베드로가 앞에 모인 무리를 향해 일어나서 다음과 같이 말했다. "형제들이여, 성령이 다윗의 입을 통하여 주신 이 성경토라이 이루어져야 하는 것은 마땅한 일입니다"(행1:16). 우리가 토라를 듣고 읽고 묵상하고 또 배울 때마다, 하나님이 토라 말씀 안에서 우리와 함께 하고 계심을 믿어야 한다. 토라 연구와 하나님의 임재는 결코 따로 떼어놓고 생각할 수 없다. 이런 믿음은 유대 랍비들도 갖고 있다. 사실 이것은 유대교 안에서 구전을 통해 이어온 율법의 요체이자 신학의 핵심이다. 그러나 무엇보다 중요한 것은, 토라에 대한 이 믿음이 바로 예수 그리스도의 계시를 통해서 우리에게 주신 신앙의 본질인 것이다!

하나님은 우리에게 많은 복을 주셨다. 독생자이신 주님까지 보내주셨다. 야곱이 죽기 전에 요셉에게 준 마지막 선물이, 단지 '남은 여분의 한 몫'이 아니라 가장 소중하고 뜻깊은 선물을 주었던 것처럼, 하나님은 오늘 우리에게 가장 좋은 선물 '하나님 말씀, 토라'를 주셨고, 또 그것의 실체인 '예수 그리스도'를 보내셨다. 우리는 이 선물을 당연한 것처럼 생각해서는 안 된다. 하나님이 우리에게 주신 선물은 가장 위대하고, 가장 존귀하고, 가장 값진 것이다. 그렇기에 매우 조심스럽고 신중하게 대해야 하며, 날마다 감사와 찬송으로 읽고 배워야 한다. 우리에게 이토록 좋은 특별 선물을 주신 주님께 모든 권세와 존귀와 영광이 있기를. 할렐루야!

토라의 기쁨

출애굽기
שמות

제13주 차
Parashat Shemot 이름 (1:1~6:1)

출애굽기, '이름의 책'

Parashat Shemot 이름 (출1:1~6:1)은 이집트로 내려갔던 야곱 가족, 곧 이스라엘 자손의 명단을 소개하는 것으로부터 시작한다. 요셉과 형제들은 이미 세상을 떠났고, 요셉을 알지 못하는 새 왕이 일어나 이집트를 다스리던 시기였음을 알려 준다. 여기에서 한 가지 흥미로운 점은, 토라의 다른 본문들에서 일반적으로 나타나는 전형적인 전개 방식과는 다른 형태로 오늘 본문이 기록되어 있다는 사실이다. 예를 들어서 일반적으로 다른 본문에서는 "한 왕이 죽고 다른 왕이 그 자리에 올랐다"라는 식으로 설명하고 있는데 반해, 여기서는 "요셉을 알지 못하는 새 왕이 일어났다"(출1:8)고 말한다. 이전에 이집트를 다스렸던 왕이 누군지에 대해 전혀 언급이 없다. 그리고 또 이전 왕이 죽었기 때문에 새 인물이 왕위에 오른 것인지에 대해서도 본문은 별 관심을 두지 않는다. 그래서 일부 학자들은, 이전 왕이 아직 죽지 않았는데도 왕위가 바뀌었을 것이라고 주장하기까지 한다.

어쨌든 새로이 이집트를 통치하기 시작한 왕은 급격히 늘어난 이스라엘 자손 수를 두려워하여 이들을 노예로 만들고 강제 노역을 시키기 시작했다(1:9~14). 우리가 앞서 살펴본 본문들, Parashiot Miketz (이 년) 후에 (창41:1~44:17), Vayigash 가까이 가서(창 44:18~47:28), Vayechi (애굽에) 살다 (창47:28~50:26)에서 다룬 이야기를 보면, 이집트를 비롯하여 세계 도처에 7년간의 대 풍년이 있었고, 그 기간이 끝나자마자 곧바로 7년 동안이나 대 흉년이 이어졌다. 대 흉년이 세계를 휩쓸었을 때 사람들은 양식을 구하기 위해 모든 소유를 팔았고, 흉년이 더욱 극심해지자 결국에는 살아남으려고 자신들의 몸까지 팔아 노예가 되었다.

그런데 이집트 바로는 다음과 같이 말했다. "보라 이스라엘 자손의 백성이 이렇게 많아져서 우리보다 강하도다." 이스라엘 자손들의 인구가 급증함에 따라 이집트 왕은 두려워하였고, 결국은 그들 모두를 노예로 삼았다. 우리는 이 부분에서 이런 궁금증 하나가 생긴다. 이집트 왕이 두려움을 느낄 정도로 이스라엘 백성들의 수효가 많아졌다면, 왜 그들은 노예가 되기 전에 다른 방도를 빨리 찾지 않았을까? 그들이 살았던 땅이 가나안과 매우 가까운 고센이었음을 고려한다면 더욱 이해가 가지 않는다. 노예로 학대받기 전에 빨리 도망칠 수 있었을 텐데 그들은 왜 움직이지 않고 그대로 남아 살다가 민족 전체가 노예가 되어버리고 말았을까?

예전에 하나님이 아브라함에게 '네 자손이 미츠라임(Mitzrayim: 이집트) 이방 땅에서 객이 되어 그들을 섬기게 될 것'(창15:13)이라고 말씀하신 적이 있다. 창47:28절을 보면, 전 가족과 함께 이집트에 내려간 야곱은 거기서 죽을 때까지 17년 동안 살았다고 증언한다. 그가 이집트에 내려가 죽을 때까지 살았던 기간이 17년이었다. 야곱의 가족들이 이집트에 내려간 이유가 무엇이었나? 대 흉년으로 인하여 식량을 구하러 간 것 아니었는가? 그런데 창45:11절을 보면 야곱 가족이 이집트로 내려올 때는 대 흉년이 끝나기 5년 전이었다. 그때부터 야곱 가족이 이집트 고센 땅에서 살기 시작했다. 그런데 5년간 흉년이 끝나고, 요셉 덕분에 대기근의 고비를 넘겼는데도 불구하고, 그의 가족은 다시 가나안 땅으로 돌아오기 위해 이집트를 떠나지 않고, 상당 기간을 고센 땅에 거주하며 계속 남아 있었다.

닷트 즈케님은 야곱이 이집트에 내려와 살았던 17년의 기간(창47:28)에 대해 견해를 밝힌 바 있다. 그에 의하면, 성경에 나오는 숫자는 실제적인 의미라기보다는 상당히 의도된 숫자라는 점을 강조한다. 따라서 창47장에 야곱이 이집트에서 살았던 기간을 17년으로 명시한 것은, 실제로 야곱이 이집트에 내려와 살았던 기간이라기보다는, 요셉이 이집트로 팔려 오기 전 어린 시절에 아버지로부터 각별한 사랑을 받고 자랐던 17년 세월(창37:2)을 기억하며, 이제는 반대로 요셉이 아버지 야곱을 '그 기간만큼' 감사와 존경으로 극진히 봉양했다는 것을 말하기 위해 의도적으로 17년을 명시한 것이라 보았다. 그 결과로 하나님이 요셉에게 꿈으로 주신 예언이 결국 이루어졌다는 점을 말해주고 있다. 그럼으로써 하나님이 요셉을 통해 야곱 가족을 구원하기 위한 모든 계획을 이루신 것이다. 다시 말해서 하나님의 강한 힘과 권능으로써 이집트로부터 속박받던 야곱 가족을 구원하기 위해 요셉을 사용하신 것이다.

[출2:1~10, 개역개정]

(1) 레위 가족 중 한 사람이 가서 레위 여자에게 장가들어 (2) 그 여자가 임신하여 아들을 낳으니 그가 잘 생긴 것을 보고 석 달 동안 그를 숨겼으나 (3) 더 숨길 수 없게 되매 그를 위하여 갈대 상자를 가져다가 역청과 나무 진을 칠하고 아기를 거기 담아 나일 강 가 갈대 사이에 두고 (4) 그의 누이가 어떻게 되는지를 알려고 멀리 섰더니, (5) 바로의 딸이 목욕하러 나일 강으로 내려오고 시녀들은 나일 강 가를 거닐 때에 그가 갈대 사이의 상자를 보고 시녀를 보내어 가져다가 (6) 열고 그 아기를 보니 아기가 우는지라. 그가 그를 불쌍히 여겨 이르되 이는 히브리 사람의 아기로다. (7) 그의 누이가 바로의 딸에게 이르되, 내가 가서 당신을 위하여 히브리 여인 중에서 유모를 불러다가 이 아기에게 젖을 먹이게 하리이까? (8) 바로의 딸이 그에게 이르되 가라 하매 그 소녀가 가서 그 아기의 어머니를 불러오니, (9) 바로의 딸이 그에게 이르되 이 아기를 데려다가 나를 위하여 젖을 먹이라. 내가 그 삯을 주리라 여인이 아기를 데려다가 젖을 먹이더니 (10) 그 아기가 자라매 바로의 딸에게로 데려가니 그가 그의 아들이 되니라. 그가 그의 이름을 모세라 하여 이르되 이는 내가 그를 물에서 건져내었음이라 하였더라.

우리는 출2장에서 이집트의 속박으로부터 이스라엘을 구원해낼 어린아이의 출생에 대해 들을 수 있다. 위 본문에서 1절을 다시 읽어보자. '레위 가족 중 한 사람이 가서 레위 여자에게 장가들어' 원문대로 번역하면, "바로 그때, 레위 집안의 한 남자(잇쉬)가 레위의 딸(바트)에게로 가서 그녀와 결혼하였다(봐옐렉크 잇쉬 미베이트 레비 봐익콰흐 엣트-바트-레비)." 여기 1절에서는 결혼한 남자와 딸이 누구인지 정확하게 밝히고 있지 않다. 그냥 단지 레위지파에 속한 사람이라고만 말한다. 이는 하나님이 자기 뜻을 이루기 위해서라면 어떤 사람이든지 부를 수 있다는 사실을 말하고 있다. 그러나 나중에 출6:20절에서는 그들이 누구였는지 그 이름을 분명히 밝히고 있다. 이것은 무엇을 말하는가? 이것은 출애굽기가 이름의 책이라는 점에 있어서 매우 중요한 문제이다. "하나님이 처음에 우리를 부르실 때에 아직 이름이 기록되지 않을지라도, 하나님의 부르심에 합당하게 말씀에 순종하며 그 뜻을 이루는 자로 쓰임 받으면, 그때 비로소 우리 이름이 성경에 기록된다!" 할렐루야!

모세의 출생은 한마디로 기적 자체였다. 탈굼 슈도 요나단은 그의 출생에 대해 언급하고 있다.

[출2:1~10, 탈굼 슈도 요나단]

아므람Amram은 레위지파 사람으로서 바로 왕의 명령 때문에 떠나야 했던 아내 요게벳Jokeved에게 다시 돌아갈 수 있었다. 하지만 그가 요게벳에게 돌아왔을 때는 그녀 나이가 130세나 되어버린 할머니였다. 그런데 그녀에게 기적이 일어났다. 요게벳은 다시 생기를 되찾았고, 그로 인해 주변 사람들은 젊어진 그녀 모습을 보고 "그대가 정말 레위의 딸 요게벳이 맞나?" 하며 깜짝 놀랐다.

요게벳은 아므람과 동침하여 임신하였고, 임신한 지 6개월 만에 아이를 낳았다. 놀라운 것은 그녀가 아이를 6개월 만에 출산했는데도 불구하고, 미숙아가 아닌 완전히 정상적인 아이를 낳은 것이다. 그래서 그녀는 아이를 낳고 3개월 동안이나 몰래 숨겨 기를 수 있었다. 그러나 3개월이 지나면서, 이집트인들이 눈치를 챘기 때문에 더 숨길 수가 없었다. 그래서 그녀는 갈대로 상자 모양으로 방주를 만들고 거기에 역청과 진을 칠한 다음, 아기를 상자 안에 넣고 나일 강가 갈대숲 근처로 가서 강물에 띄웠다. 그리고 아이의 누이 미리암Miriam이 동생에게 무슨 일이 벌어질지 알고자 하여 갈대 방주 뒤를 멀찍이서 쫓아갔다.

그 당시 온 이집트 땅에는 심한 악질과 역병이 돌고 있었다. 하나님의 말씀인 메므라가 이집트 전역에 악질과 역병을 돌게 하신 것이다. 그 때 마침 역병에 걸려 있던 이집트 왕의 딸이 강물에 몸을 씻기 위해 나일강 강가로 나와 있었다. 바로 그때 공주를 따라 나왔던 시녀들이 강물에 떠내려오는 갈대방주를 발견했다. 시녀들은 즉시 이 갈대방주를 공주에게로 가져갔다. 그리고 시녀들이 가져온 방주를 공주가 팔을 내밀어 붙잡았을 때, 그 즉시로 온몸에 퍼져있던 악질과 역병이 사라지고 깨끗이 고침을 받았다.

역병으로부터 고침 받은 공주가 방주를 열어보니 그 안에 한 아기가 울고 있는 것을 보았다. 아기를 본 공주는 이내 불쌍하다는 생각이 들었다. 그녀는 이 아기가 히브리 여인이 낳은 아이라는 것을 알았다. 그 때 멀리서 이를 지켜보던 미리암이 공주에게 다가와 이렇게 말하였다. "내가 가서 이스라엘 여인 중에 이 아기에게 젖을 줄만 한 사람을 찾아 올까요?" 공주가 그렇게 하라고 허락하자 미리암은 즉시 달려가 그 아이의 어머니 요게벳을 데려왔다.

공주가 요게벳에게 말했다. "나를 위하여 이 어린아이를 안고 젖을 주라. 그러면 내가 너에게 큰 보상을 해주리라." 그러자 즉시 그 여인은 아기를 가슴에 안고 젖을 먹이기 시작했다. 그리고 아이가 어느 정도 자라자 공주에게 다시 데리고 왔다. 그때부터 공주는 이 아이를 정식으로 아들로 삼고 온 정성을 다해 사랑을 베풀었다. 공주가 처음 갈대방주 안에 누워있던 아기를 보고 그 이름을 모세라고 불렀다. 그 아기를 강물에서 건져냈기 때문이다. 모세라는 이름은 이렇게 지어지게 되었다.

위에서 보았듯이, 아람어 탈굼 출2:1절에는 남자 아므람의 이름과 레위의 딸 요게벳 이름이 명시되어 나온다. 남자는 어쩔 수 없이 아내를 떠나야만 했지만, 그녀의 나이 130세가 되었을 때 다시 만날 수 있었다. 탈굼에 의하면, 130세 나이에도 불구하고 하나님은 요게벳에게 아이를 낳을 수 있도록 젊음을 주셨다고 한다. 그리고 그녀가 임신한 지 6개월 만에 모세가 태어났고, 조산했음에도 불구하고 완전하게 정상적인 모습이었다. 오히려 일찍 태어났기 때문에 어머니는 그를 3개월 동안이나 숨기고 기를 수 있었다. 그러나 이제 더 숨길 수 없는 지경이 되자, 그녀는 갈대상자 하나를 만들어서 그 안에 아기를 눕히고 나일강물에 띄워 보냈다.

그런데 그 당시에는 이집트 온 땅에 괴질이 돌고 있었기 때문에 많은 사람이 역병에 걸려 죽어가고 있었다. 이집트 왕의 딸 공주도 역병으로 인해 고통 중에 있었다. 그래서 공주는 역병에서 낫고자 하여 나일 신에게 빌기 위해 강가로 나왔다. 이때 공주를 따라온 시녀들이 강물에 떠내려오는 방주를 발견하고 이것을 공주에게 가져갔다. 공주가 방주를 열려고 팔로 붙잡은 순간, 그녀의 역병이 물러가고 씻은 듯이 낫게 되었다. 이때 멀리서 이를 지켜보던 아이의 누이 미리암이 아기에게 젖을 줄 만한 히브리 여인을 찾아오겠다고 하자 공주가 그렇게 하도록 허락했다. 미리암은 아이를 낳은 친모 요게벳을 공주에게로 데려와 아이를 기르게 했다. 공주는 아이에게 젖을 주고 길러주는 대가를 지불하겠다고 약속하며 아이를 요게벳에게 맡겼다. 그리고 공주는 아기를 강물에서 건져냈다는 이유로 아기 이름을 모세라고 불렀다. 여기까지가 탈굼이 말하는 내용이다.

이상과 같이 우리가 탈굼을 통해 배울 수 있는 것은, 하나님이 이미 오래전 아브라함에게 "내가 이스라엘을 위하여 구원자 한 사람을 보내 주리라"고 약속한 말씀을 이루시려고, 이처럼 '기적 위의 기적'까지 행하셨다는 것이다. 이 외에도 많은 유대문헌에는, 하나님이 모세를 통하여 이집트에서 종살이하던 이스라엘 백성들을 위해 어떤 기적을 행하셨는지 자세히 보여주고 있다.

[출2:2, Part 1, 람밤]

"그녀는 그가 잘생긴 것을 보고(봐테레) 석 달 동안 그를 숨겼다." 이 말은 요게벳이 아이를 낳고 아이의 잘생긴 외모 때문에 석 달 동안 숨겼다는 뜻이 아니다. 자기가 낳은 아기를 못생겼다고 말하는 어머니가 어디 있겠나? 또 자기가 낳은 아기가 곧 죽어야 할 상황에 놓인다면, 어떤 어머니가 자식을 불쌍하게 여기지 않겠나? 그러므로 여기 '그녀가 그가 잘생긴 것을 보고'라고 할 때 보았다(봐테레)는 것은, 창1:31절에 "하나님이 지으신 그 모든 것을 보시니 보시기에 심히 좋았다"는 의미와 같은 뜻으로 이해해야 한다. 다시 말해 하나님이 아이를 보면서 앞으로 주께서 행할 일과 구원역사에 합당한 아이인지 아닌지 살피셨고, 혹시라도 무언가 보완할 것이 있는지까지 자세히 검토하신 후에, 모든 것에 부족함이 없이 완전무결함을 인정하셨다는 뜻으로 받아들여야 한다.

또 여기서 주목할 것은, 그녀가 임신한 지 6개월 만에 낳았다는 것이다. 이는 사무엘이 출생했을 때도 마찬가지였다. 우리말 성경에는 "한나가 임신하고 때가 이르매 아들을 낳았다"(삼상1:20)고 말한다. 그러나 히브리 원문을 보면, '리테쿠포트 하야밈' 즉 "해가 바뀌고 (춘분이 되어) 이틀이 지난 후에 그가 태어났다"고 말하고 있다. 그런데 당시 한나가 임신했을 때는 실로 축제the Festival of Shiloh가 한창이던 추분 때였음을 고려한다면, 그녀의 임신 기간은 6개월이 되는 셈이다.

람밤은 모세의 출생에 관하여 상당히 그럴싸한 견해로 설명하고 있다. 모세가 태어났을 때 그의 외모가 다른 아기에 비해 특별한 모습이었다는 것이 아니라, 6개월 만에 조기 출산했음에도 불구하고 하나님이 그를 정상적인 상태로 건강하게 태어나도록 해 주셨기 때문에, 아기를 낳은 어머니가 주께 감사한 마음으로 아들을 사랑스럽게 바라보았다는 뜻으로 해석한 것이다. 요게벳이 6개월 만에 출산한 아들을 사랑스럽게 바라본 것과, 태초에 하나님이 천지를 만드시고 피조물 하나하나를 사랑스럽게 바라보신 일은, 같은 맥락에서 이해할 수 있을 만한 좋은 병행을 보여준다.

다시 말해 모세가 태어났을 때의 모습은, 어느 것 하나 고칠 필요가 없을 만큼 '완벽하게 좋은 상태'였다는 뜻이다. 아울러 또 다른 의미에서는 요게벳이 6개월 만에 낳은 아들을 바라본 순간, 자기 아기의 얼굴에서 하나님의 놀라우신 섭리와 은혜의 손길을 깨닫게 되었고, 그렇기 때문에 그녀는 아이를 3개월 동안 숨기고 있으면서 주의 섭리를 가만히 지켜보고 있었다는 뜻으로도 읽을 수 있다.

> **[출2:10, Part 1, 라쉬밤]**
>
> "내가 그를 건져내었다(메쉬티후; משיתהו)": 여기 사용된 동사 메쉬티후는 '무엇인가 물에서 건져낸 것'을 의미한다. 이 단어는 시18:16절에 "하나님이 나를 큰물에서 건져주셨다"는 말씀과 관계가 있다. 이 단어는 구조적으로 볼 때 '얻다, 취하다'는 뜻을 가진 '쾨나'와 같은 패턴을 따르고 있다. 만약 '쾨나'를 같은 능동태 형식으로 바꾼다면 '케니티후'

즉 "내가 그를 얻었다"는 뜻이 된다. 그러나 이 단어를 히필형인 사역
능동태 '야케니'라고 읽게 되면, 이것은 미완료형이 되어 "그가 나를 얻
게 될 것이다"로 바뀐다.

[출2:10, Part 1, 스포르노]
"그녀가 그의 이름을 모세라 불렀다(봣티케라 쉐모 모쉐)". 여기에서 모
세라는 이름은, '재앙에 처한 많은 사람을 그 재앙으로부터 구원해 줄
수 있는 사람'이라는 뜻이다.

[출2:10, Part 1, 오르 하카임]
"그때 그녀는 그(아기)의 이름을 (모세)라고 불렀다. 그리고 그녀는 (내
가 모세)라고 말했다." 여기에서 이집트 공주가 모세 이름을 지은 방
식은 성경의 다른 본문들에서 아이의 이름을 짓는 방식과는 사뭇 다
르다. 예컨대 이삭과 야곱, 또는 그의 아들들의 이름을 지을 때를 보
면, 이름보다도 그 뜻을 먼저 밝히는 방식을 취한다. 이삭(웃음)의 경
우, 그를 낳은 사라가 말하기를 "하나님이 나를 웃게 하시니 듣는 자
가 다 나와 함께 웃으리로다(이삭)" 했기 때문에 그녀가 낳은 아들 이
름을 '이삭' 즉 '웃음'이라 불렀다(창21:6).

야곱도 마찬가지이다. 야곱이라 부르기 전에 그가 어머니 뱃
속에서부터 '손으로 에서의 발꿈치(에케브)를 잡았기 때문에'(창
25:26) 이름을 '야코브(야곱)'라 불렀다. 또 창29:32절에 보면, 레아
는 '하나님이 나를 돌아보셨기(라아) 때문에 그 아들의 이름을 르우
벤이라'고 불렀으며, '내 소리를 들으셨기(쇠마) 때문에 그 이름을
시므온이라"고 이름 지었다(창29:33).

성경에서 특별한 자의 이름을 짓는 방식이 거의 이렇다. 그런데
모세의 경우만은 달랐다. 공주는 먼저 그의 이름을 모세라고 지었

고, 그런 다음 "내가 그를 물에서 건져냈다"라고 말한다. 본문은 왜 이런 방식을 취한 것일까?

[출2:10, Part 2, 스포르노]

"그녀는 말했다. 이는 내가 그를 물에서 건져내었다(봐토메르 키 민 함마임 메쉬티후)". 이름의 뜻을 먼저 설명하는 다른 본문들과는 달리, 여기에서는 이름의 뜻보다 이름을 먼저 부른 이유가 무엇일까? 토라에서 대개의 경우, 아이가 태어나기 전 부모(모친)가 겪은 경험을 바탕으로 이름을 지었다면, 여기서는 공주가 겪은 경험과는 별 상관이 없어 보인다. 그러므로 모세라는 이름은 그가 장차 수행하게 될 위대한 구원역사를 미리 이름으로 암시해 주기 위한 성서기자의 숨은 의도가 담겨 있다고 봐야 한다. 다시 말해 이집트 공주가 나일강에서 그를 건져냈기 때문에 이름을 모세라고 한 것이 아니라, 앞으로 하나님이 이 아이를 통해 이루실 위대한 구원의 역사를 그의 이름을 통해 미리 밝혀 주신 것이다.

그러므로 이 구절은 다음과 같이 새롭게 읽어야 한다. "그녀는 말했다. 내가 물에 빠져 죽어가는 이 아이를 건져낸 것처럼, 이 아이가 장차 많은 사람이 겪을 인생의 고난과 모든 재앙으로부터 그들을 구해 낼 것이다." 그녀가 이렇게 말한 것은 자기의 생각에 의한 것이라기보다는 더 크신 힘이 작용했기 때문이었다(단4:18 참조). 따라서 토라가 이렇게 말하는 가장 중요한 이유는 이것이다. 하나님의 사람 모세는, 자신의 전 생애에 걸쳐 모든 이들을 구원하도록 계획하신 하나님 뜻을 이루기 위해, 먼저 자신이 죽음으로부터 건짐을 받은 사람(모세)이었다.

모세의 이름에 대한 여러 설명처럼, 그의 이름은 그가 어떻게 구원을 받게 되었는지를 알려주는 동시에, 또 장차 재앙과 죽음에 처한 누군가를 구원할 자라는 예언적인 선포도 함축되어 있다. 스포르노도 모세가 물에서 건짐을 받았기 때문에 그 이름이 모세라고 불리게 되었지만, 이것은 또한 먼 미래에 많은 사람을 재앙으로부터 구해 낼 자라는 사실을 예견해 준 것이라고 보았다. 라쉬밤의 해석과 거의 비슷하다고 볼 수 있다. 또 토라 해석에 고전적인 입장을 취하는 오르 학카임Or HaChaim도, 그의 이름은 모세가 하나님으로부터 사명을 받은 사건 이전과 이후를 명확히 구분해 주는 역할을 하고 있기 때문에, 토라에서 이름을 짓는 일반적인 방식과는 다르게, 여기서는 독특한 방식으로 이름을 지은 것이라고 보았다.

그 예로 몇 사람의 경우를 들고 있다. 사라는 이삭을 낳고 '듣는 자가 다 나와 함께 웃을 것'이라 하면서 자기가 낳은 아들을 이삭이라고 이름을 지었다. 그런데 그녀가 '듣는 자가 다 나와 함께 웃을 것'이라고 말한 것은, 그녀가 장차 자기 삶에 일어났으면 하는 희망이었다는 점에서, 이런 기대 가운데 자기 아들 이름을 이삭이라고 지었던 것이다. 그런 점에서 모세의 이름도 이런 이중적인 희망이 담겨 있다고 볼 수 있다. 결과적으로 모세라는 그의 이름은, 과거 갈대방주에서 건짐 받았던 사건은 물론이고, 앞으로 장차 그를 통해 일어나게 될 일, 즉 많은 사람을 구원하는 기념비적인 사건까지 그의 이름 안에 담아 놓은 것이다.

특히 우리가 스포르노의 해석에서 주목할 것이 있다면, 이집트 공주가 아이를 강물에서 건졌을 때, 그녀는 이 아이에게서 어떤 특별한 섭리가 작용하고 있다는 사실을 순간적으로 느꼈다는 것이다. 그 섭리란 이 아이가 미래에 많은 사람을 구원할 자로 태어났다는 것을 확신했기 때문에 그 이름을 모세라고 지었다. 따라서 모세의 이름에 관해 우리가 끌어낼 수 있는 근본적인 개념은, 모세가 앞으로 행하게 될 일, 즉 많은 사람을 구원할 위대한 역사를 기대한 미래적인 소망이 그의 이름에 암시되어 있었다는 것이다.

그러나 이보다 더 중요한 것이 있다. 오르 학카임이 언급했던 것처럼, 이름과 관련하여 이와 비슷한 방식이 메시아이신 예수의 이름에도 그대로 반영되어 있다는 것이다. 예수 역시, 만백성의 구원을 위한 신적 사명을 수행하기 위해 이 땅에 오셨다. 그래서 그분에게는 '만민을 구원할 자'라는 이름(예수)이 붙여진 것이다. 마태복음은 "아브라함과 다윗의 자손 예수 그리스도의 계보라"(마1:1)는 말씀으로 시작하고 있다. 그런데 이것은 16세기 공인 헬라어 성경인 텍스투스 레셉투스(Textus Receptus)[1]나 알렉산드리아 사본(Codex Alexandrinus) 본문 등에도 이것과 똑같은 표현이 나온다. '아브라함과 다윗의 자손 예수 그리스도'라는 말은 이것을 기록한 저자가, 구약성경 율법서 토라에 나오는 아브라함과의 언약은 물론이고, 예언서 느비임(Neviim)과 성문서 케투빔(Ketuvim)에 나타난 다윗과의 언약에 이르기까지, 이 모든 것에 기초해 기록했다는 사실을 보여준다.

마태복음 저자는 이 한 구절 안에 아브라함과 다윗의 이름을

---

1) 16세기 에라스무스에 의해 번역된 Textus Receptus는, 그동안 필사자가 직접 필사하는 전통적 방식으로 이어온 헬라어 신약성경을 최초로 인쇄하여 제작한 인쇄본 신약성경이다. 비록 인쇄본이긴 하지만 그 권위에 있어서는 필사본과 동등하다. 독일어 역본인 루터성경(Luther Bible)과, 영국의 윌리엄 틴들(William Tyndale)의 번역본, 킹제임스(King James Version), 스페인의 레이나 발레나(Reina-Valera) 역본 등이, Textus Receptus를 기초로 하여 번역되었다. 이 성경들은 19세기에 알렉산드리아 사본이 개신교 공인 성경으로 채택되기 이전까지 거의 모든 교회에서 사용된 공인 성경이다.

헬라어로 옮겨 놓았다. 이 구절의 핵심은 바로 예수 그리스도이며, 그는 아브라함과 다윗의 자손으로 오신 분이다. '많은 사람을 물에서 건져낼 자'라는 이름 뜻을 가진 모세와 같이, 예수의 이름도 '만민에게 구원을 행하실 자'라는 뜻이다. 예수아(ישוע: Yeshua)라는 히브리식 발음을 헬라어로 예수(Ιησου)라고 선언한 것이다. 그리고 우리가 이제까지 모세의 이름에 관해 살펴본 것처럼, 예수라는 이름 역시 과거에 일어난 사건보다는 앞으로 이 땅에서 우리를 위하여 무슨 일을 행하실 것인지에 초점을 맞추고 있다. 그래서 마1:21절은 왜 예수라는 이름이 주어졌는지 더욱 명확하게 증언해 준다. "(그녀가) 아들을 낳으리니 이름을 예수라 하라. 이는 그가 자기 백성을 그들의 죄에서 구원할 자이심이라 하니라."

신약성경이 헬라어로 번역되었음에도 불구하고, 모세의 이름이나 예수의 이름이 모두 히브리식 발음에 기초해서 표기한 것은 무엇을 의미할까? 이는 모세가 그랬듯이, 예수도 만민들을 구원하기 위한 목적으로 오신 분이심을 분명히 알려주기 위해, 헬라어 발음으로는 이름의 의미를 전달할 수 없기 때문에 그보다는 히브리식으로 발음하여 그 의미를 알리고자 했다. 그러므로 히브리식으로 표기한 것 자체가 "이제까지 주님이 무슨 일을 하셨습니까?"를 묻고 있는 동시에, "이제부터 주님은 우리를 위하여 무슨 일을 하실 겁니까?"를 묻고 있는 것과 같다. 마1:21절에 따르면, 주님은 만민을 구원하려고 우리가 사는 세상 안에 오셨다. 주님은 비록 육신적으로는 아브라함과 다윗의 자손이지만, 우리의 그리스도(메시아)시고 구원자이며 만왕의 왕이 되신다. 모세가 행한 구원의 역사와는 비교할 수 없다. 왜냐하면 주님은 우리의 육신뿐만 아니라, 죄와 사망으로부터 건져 주신 참 메시아이기 때문이다. 할렐루야!

제14주 차
Parashat Va'era 나타났으나 (6:2~9:35)

하나님의 이름이 갖는 의미

이번에 읽을 Parashat Va'era 나타났으나 (출6:2~9:35)는, 하나님
이 이집트 노예로 학대를 받던 자기 백성 가운데 나타나, 그들을
구원하신 위대한 능력에 대해 전하고 있다. 모세 앞에 현현하신 여
호와 하나님의 모습을 보면, 예전과는 달리 새로운 방식으로 백성
에게 자신을 계시하겠다는 의지를 보여주셨다. 하나님은 "내가 아
브라함과 이삭과 야곱에게는 전능한 하나님으로 나타났으나, 나
의 이름 여호와로는 그들에게 알리지 아니하였다"(출6:3)고 말씀
하신다. 그리고 이어 4절에서 "나는 또한 그들이 거주하는 땅, 곧
가나안 땅을 그들에게 주기로 그들과 약속했다"고 하시며, 하나님
이 예전에 아브라함과 이삭과 야곱에게 약속하신 언약을 상기 시
켜 주신다. 하나님은 그들의 주가 되시고, 자기가 약속한 대로 이
스라엘을 그 땅으로 인도하실 계획을 갖고 계심을 재차 확인해 주
신 것이다.

하나님은 모세에게 형 아론과 함께 이집트에 있는 이스라엘
백성과 바로 왕에게 가라고 명하셨다. 명을 받은 모세는 이집트

에 갔고 지팡이 하나로 많은 기적을 행했다. 지팡이가 뱀으로 변하고(7:8~10), 나일강을 핏빛으로 물들게 했으며(7:15~24), 개구리(8:1~15)나 이(8:16~19) 또 파리 떼(8:20~24)를 몰고 와 이집트인들을 괴롭혔다. 이집트 땅의 가축들은 전염병(9:1~7)으로 죽어갔고, 악성 종기(9:8~12)로 인해 고통을 받는가 하면, 갑자기 멀쩡하던 하늘에서 불타는 우박 덩어리가 쏟아져 내린 바람에 농작물이 심각한 타격(9:22~26)을 입는 재앙이 계속되었다. 이로 인해 바로는 더 견디지 못하겠다며 모세를 불러 하나님께 죄를 고백하게 된다. "이번은 내가 범죄하였노라. 여호와는 의로우시고 나와 나의 백성은 악하도다. 여호와께 구하여 이 우렛소리와 우박을 그만 그치게 하라. 내가 너희를 보내리니 너희가 다시는 머물지 아니하리라"(9:27~28). 그러나 우박이 멈추자 왕과 그 신하들은 마음이 바뀌었다. 그리하여 약속한 것을 지키지 않고 오히려 더욱 완악한 마음으로 돌변했다. 본문은 이것을 반복적으로 보여주고 있다.

오늘 본문을 통해 배워야 할 점이 무엇인가? 사람이 살다 보면 때때로 어려움을 만나기도 한다. 하지만 그 어려움 때문에 오히려 자신의 삶을 되돌아보고 잘못된 것을 회개하며 다시 하나님께 돌아오는 기회로 삼는 것이 중요하다. 반면에 일이 잘되고 형통하면 분명히 이것은 좋은 일이긴 하나, 이로 인하여 하나님께 감사하고 의지하기보다는 오히려 마음에 자신만의 우상으로 세워놓고 그것만을 붙잡고 살아간다면, 형통한 삶이 오히려 더 위험이 될 수 있다. 바로 이런 까닭에, 하나님은 모세와 이스라엘에게 자기의 이름(여호와)을 밝히기로 작정하셨다. 하나님의 이름을 아는 것이 왜 중요한가? 우리가 하나님이 어떤 분인지 확실히 알고, 또 하나님의 백성은 어떻게 살아야 하는지에 대해 명확하게 깨닫고 마음속에 항상 두어야만, 하나님이 원하시는 길로 나갈 수 있기 때문이다.

[출6:2~8, 개역개정]

(2) 하나님이 모세에게 말씀하여 이르시되 나는 여호와이니라. (3) 내가 아브라함과 이삭과 야곱에게 전능의 하나님으로 나타났으나 나의 이름을 여호와로는 그들에게 알리지 아니하였고, (4) 가나안 땅 곧 그들이 거류하는 땅을 그들에게 주기로 그들과 언약하였더니, (5) 이제 애굽 사람이 종으로 삼은 이스라엘 자손의 신음 소리를 내가 듣고 나의 언약을 기억하노라. (6) 그러므로 이스라엘 자손에게 말하기를 나는 여호와라. 내가 애굽 사람의 무거운 짐 밑에서 너희를 빼내며 그들의 노역에서 너희를 건지며 편 팔과 여러 큰 심판들로써 너희를 속량하여 (7) 너희를 내 백성으로 삼고 나는 너희의 하나님이 되리니, 나는 애굽 사람의 무거운 짐 밑에서 너희를 빼낸 너희의 하나님 여호와인 줄 너희가 알지라. (8) 내가 아브라함과 이삭과 야곱에게 주기로 맹세한 땅으로 너희를 인도하고 그 땅을 너희에게 주어 기업을 삼게 하리라. 나는 여호와라 하셨다 하라.

하나님이 모세에게 자기 이름을 어떻게 소개하셨는지 6:2절을 읽어보자. "하나님이 모세에게 말씀하여 이르시되 나는 여호와이니라." 하나님이 자신을 가리켜 '나는 여호와(אֲנִי יְהוָה; I am YHWH)'라 말씀하셨다. 중요한 것은, 이 말을 들은 모세가 여호와(יהוה)라는 이름을 어떻게 이해했을까? 또 하나님이 마치 예전과는 다른 새 이름을 가르쳐 준 것처럼 말씀하셨을 때, 모세는 이 이름의 뜻을 즉시 깨달았을까, 아니면 깨닫는 데까지 얼마간 시간이 필요했을까?

또 이어지는 6:3절을 보면, 하나님이 자기 이름을 아브라함과 이삭과 야곱에게는 알려주지 않았다고 말한다. 그 대신 자신을 엘 샷다이(אֵל שַׁדַּי), 즉 '전능하신 하나님'으로만 계시하셨다는 것이다. "내가 아브라함과 이삭과 야곱에게는 전능한 하나님(엘 샷다이)으로 나타났으나, 나의 이름 여호와로는 그들에게 알리지 아니하였다."

이상과 같이, 이 이야기가 그 당시 모세와 이스라엘 백성에게 말하려고 한 것은 과연 무엇이었을까? 우리가 이 이야기를 통해 알수 있는 것은, 당시 이집트에서 고통받던 이스라엘 백성을 구하려고 하나님은 뜻을 이미 정하셨고, 이 모든 역사를 오직 주의 능력과 권세로써 이루겠다는 의지를 분명히 천명하신 것이다. 하나님이 자기 이름을 알려 주신 것도 이런 맥락에서 이해해야 한다. 그리고 이런 능력과 권세로 베푼 구원 역사는 '그때만이 아닌 오늘날'에도, 그리고 '이집트 땅에서만이 아닌 전세계적'으로, 그뿐만 아니라 '모든 피조물 위'에 동일하게 작용하고 있다.

하나님이 자기 이름을 계시하신 것이 무엇을 의미하는지에 대해 더 많은 통찰력을 얻기 위해서, 우리는 하나님의 이름에 관해 많은 논의를 거듭했던 랍비들의 견해를 참고해 볼 필요가 있다.

[출6:3, Part 1, 람밤]
아브라함을 비롯한 족장들에게 주님이 모습을 나타내셨을 때는, 하나님이 모든 창조 세계와 자연현상의 최초 근원자로써 자신을 드러내셨다. 그러나 주님이 자기 백성을 위해서는 때로 자연의 질서까지 거스르면서 그들을 도우신다. 기근이 오면 죽음의 위기로부터 그들을 구하고, 전쟁이 발생하면 칼로 지켜 주신다. 그들에게 재물과 명예 등 가장

좋은 것들을 아끼지 않는다. 축복과 저주에 관해 토라가 증언한 약속과 같이, 사람의 행위가 옳았는가 악했는가에 따라서 마땅히 상과 벌을 받는 것 또한 하나님의 은혜이다. 그들은 오직 주의 은총으로 기적을 맞본 것이다. 그런 점에서 사람이 행한 모든 행위가 곧바로 좋은 결과나 나쁜 결과를 가져오는 것만은 아니다. 그러나 토라에 기록된 상과 벌에 대한 약속은 세상에서 일어나는 기적 가운데서 나타난다. 마치 자연적인 움직임처럼 보이는 여러 현상 속에 기적의 의미가 담겨 있다. 자연적인 현상처럼 보이지만 실제로는 하나님의 섭리가 작용하여, 상과 벌이 마치 자연적인 현상처럼 보일 뿐이다.

하나님은 모세에게 말씀하셨다. 내가 이제까지는 나의 권능으로 내가 택한 백성을 돕기 위해 자연의 질서를 깨뜨리지 않은 채 그들에게 나타났었다. 그동안은 자연의 질서를 지키면서 그들을 도왔기 때문에, 백성들은 내가 권능의 팔로 놀라운 기적들을 행하여 세상을 얼마든지 뒤집을 수 있는 전능의 주라는 사실을 모른 채 살아왔다. 그러나 이제 '나는 여호와, 곧 나는 스스로 있는 자'(출3:14)이심을 알도록 하라. 이것이 내가 이름을 밝힌 이유이다. 물론 이 이름만으로는 내 존재의 모든 본질을 다 보여줄 수는 없는 일이지만, 그러나 너는 이제 내 백성 이스라엘에게 가서 내 이름을 전하여 내가 너희의 주님이라는 사실을 고하고, 또 이제부터 너희가 경험하게 될 놀라운 기적들을 행한 분도 바로 나 여호와라는 사실을 알게 하라. 그리하여 너희 하나님 나 여호와의 이름을 영원토록 잊지 않게 하라.

람밤은 위의 글에서, 하나님이 모세에게 나타나 자신의 이름을 여호와라 가르쳐 주신 것이, 과거 아브라함과 이삭과 야곱에게 알린 하나님 이름과 어떤 차이점이 있는지에 관해 설명하려고 애쓰고 있다. 하나님은 족장들에게 많은 기적을 행하셨다. 특히 기근이

나 전쟁 시에는 더 많은 기적을 행하신다. 람밤은 이 모든 것이 하나님의 은총으로 이루어진 일이라 말한다. 그는 또 사람이 선한 행위를 하느냐 악한 행위를 하느냐에 따라, 그 결과도 그대로 선^善 또는 악^惡으로 나타나는 것은 아니지만, 그런데도 토라는 사람이 어떤 마음이나 동기로 행위를 하였느냐에 따라서, 상이나 벌이 결정된다는 점을 중요하게 받아들이고 있다.

람밤은 계속해서 말한다. 하나님은 족장들을 위해 가급적 자연 질서를 깨지 않는 선에서 강한 손으로 도우셨다. 그런데도 어떤 때에는 하나님이 그들을 구원하려고 자연 질서까지 거스르며 기적을 행한 적도 있다. 그 기적을 통하여 그들이 하나님 이름 여호와(YHWH)를 영원히 기억하고 살기를 원하셨기 때문이다. 람밤은 계속해서 아래와 같이 말하고 있다.

> **[출6:3, Part 2, 람밤]**
>
> 우리는 하나님이 당신 이름을 계시하신 것에 관련하여 다음과 같은 순서를 이해해야 한다. "나는 나 자신을 '엘 샷다이' 즉 전능한 하나님이라는 나의 속성을 족장들에게 먼저 알려 주었다. 그 이름은 내 원래 이름이며 내가 누구인지 본질을 가르쳐 주고 있다." 그렇다면 여기에서 "나는 그들에게 알리지 아니하였다(로 노다에티 라헴)"고 하신 말씀은 무슨 뜻일까? 우리는 이 말씀을 어떻게 이해해야 하는가? 하나님은 다시 말씀하신다. "내가 이제까지 족장들에게 나의 모든 속성들을 속속히 가르쳐 준 것이 아니라, 다만 '엘 샷다이'라는 속성만을 알려 준 것이다. 그러나 너 모세야, 이제는 내가 너에게 영원히 기억해야 할 이름 '여호와'를 알려 준다. 이 이름은 나의 본질과 속성을 말해 주는 있

다. 앞으로 네가 사는 날 동안 나는 이 약속을 반드시 지킬 것이다."

람밤의 말에 의하면, 하나님이 모세와 이스라엘 백성에게 자기 이름을 계시하신 것은, 이집트의 압제로부터 구원받는 것은 오직 하나님의 능력에 의해서만 가능한 일이며, 이는 하나님이 그들의 조상에게 약속한 말씀을 기억하여 행한 기적이라는 것을 알게 하려는 데 목적이 있었다고 한다. 다시 말하면 하나님이 자기 이름을 가르쳐 준 가장 중요한 이유는, 하나님이 이스라엘 백성들을 위해 얼마나 놀라운 일을 행하셨는지 이 은혜를 기억하며 살도록 하는 데 있었다는 것이다. 쉬네이 루콧트 하브릿트[1]에는 하나님이 모세에게 이름을 알리신 일에 대해 논평한 내용이 나온다.

> [쉬네이 루콧트 하브릿트, 미쉬파팀, 토라 오호르19]
> 하나님이 모세에게 나타나 굳이 자기 이름을 밝힌 이유가 무엇일까? 하나님이 옛날 족장들에게는 주로 '자비의 속성'(מדת הרחמים)을 가진 이름으로 알려 주셨으나, 이제 그 속성으로 자신을 계시할 필요가 없었기 때문이다.

하나님의 속성 가운데 가장 중요한 것은 자비이다. 하나님이 옛날 족장들에게는 자비의 하나님으로 나타나셨다. 왜 그랬을까? 아브라함과 이삭과 야곱은 연약한 믿음 때문에 실패한 경우가 많았다. 그래서 주님은 항상 그들에게 자비로운 모습을 보여 주셨다. 흔히 사람이 주의 자비에 관해 어떤 생각을 하고 있는가? 자비와 관

---

1) 쉬네이 루콧트 하브릿트(Shney Luchot HaBrit)는 체코 출신 유대학자로, 예루살렘 아쉬케나쯔(אשכנז) 공동체 수석 랍비였던 이사야 호르비츠Isaiah Horowitz에 의해 출간된 총 3권의 토라 연구서이다. 쉬네이 루콧트 하브릿트는 오랜 세월에 걸쳐 완성되었으며, 이후에 많은 랍비가 이 책을 통해 큰 영감과 지혜를 얻을 수 있었다.

련한 토라 본문을 읽어 보면, 보통 주의 자비를 경험할 때마다 믿음이 점점 강해지는 것을 볼 수 있다. 하나님은 우리가 세상과 상호작용을 하면서 살아갈 때, 주님이 얼마나 자비로운 분인지 인식하게 되는 것만으로도 기뻐하시고 이를 통해 영광을 받으신다.

하나님의 존재와 그의 위대한 능력은 우리 삶의 모습을 통해 분명하게 드러나기를 원하시며, 이것은 죄인들이 회개하고 주께 돌아와 하나님의 이름을 부르는 일을 통해 최절정을 맛보게 된다. 우리가 아는 바와 같이, 회개는 철저히 주님의 자비에 의한 것이다. 따라서 하나님의 위대한 능력 가운데 딱 하나만 꼽자면, 주의 자비에 기초한 그의 용서하심이라고 말할 수 있다. 주의 자비는 이 땅이 여전히 죄로 오염되어 있음에도 불구하고, 아직도 멸망하지 않고 계속 존재할 수 있는 원천이기도 하다. 그러므로 하나님이 자기 이름을 우리에게 알려 주신 것 그 자체가, 우리를 위해 끊임없이 은혜와 기적을 베풀어 주시겠다는 주의 자비를 약속한 것이나 다름없다. 이제 우리는 주께서 행한 놀라운 일들을 기억하며 감사로 전하기만 하면 된다.

랍비 라닥은 하나님이 이름을 계시해 준 일에 대해 깊은 관심을 가졌다. 그는 창17:1절에서 하나님이 99세가 된 아브람에게 찾아와 "나는 전능한 하나님이라"고 말씀한 뜻이 무엇인지에 대해 다음과 같이 해석하였다.

> [창17:1, Part 2, 라닥]
>
> "나는 전능한 하나님이라.(아니 엘-솟다이; אני א-ל שדי)." : 여기 '전능한'이라고 번역된 솟다이(שדי)의 어근 솟다드(שדד)는 "강하다, 승리를 거두

다"라는 뜻을 가지고 있다. 겔1:24절에서 "많은 물소리와도 같고 전능자의 음성과도 같다"고 표현할 때도 이 단어를 사용하고 있고, 겔10:5절에서도 똑같은 형태가 나온다. 따라서 창17:1절에서 하나님이 아브라함에게 '나는 전능한 하나님이라'고 말씀하신 것은, "아브라함, 네가 비록 육신적으로 늙었고 사라는 이미 생리가 그쳤지만, 나 하나님이 너의 이런 불가능한 상황을 얼마든지 가능하게 할 수 있다. 나여호와는 모든 자연법칙을 주관하고 있으며, 따라서 내가 원할 때마다 언제든지 바꿀 수 있다는 것을 너는 알라"는 의미로 하신 말씀이다.

출6:3절에도 이와 비슷한 상황이 나온다. 하나님이 모세를 부르시고 이집트로 가라 하셨을 때, 모세가 이 명령에 대해 주저하자 하나님이 그에게 "나는 아브라함과 이삭과 야곱에게 전능의 하나님으로 나타났다"고 말씀하신 것이다. 이때 하나님이 아브라함과 이삭과 야곱 세 사람을 거론하신 것은, 그들의 아내들이 이미 생물학적으로는 아이를 가질 수 없는 불임 상태였음에도 불구하고, 하나님이 전능한 능력으로 그녀들이 아이를 낳을 수 있도록 해 주셨음을 강조하기 위함이었다. 그래서 그들과 아내들은 자식을 갖기 위하여 더욱 간절히 기도했고, 하나님은 자연법칙을 거스르면서까지 이들의 기도를 응답해 주신 것이다.

한 가지 덧붙이자면, '솟다이'가 하나님 속성을 의미한다면 이것은 '솟데다이(שדדי)'로 고쳐 써야 한다. 이것은 잠28:23절이 말하려고 하는 의미와도 비슷하다. "잘못을 지적해 주는 사람이 결국 아첨하는 자보다 더 많은 사랑을 받는다." 이 말은 잘못을 책망하면 그로 인해 책망을 받은 자가 결국에는 책망한 사람이 자기를 얼마나 사랑했는지 깨닫게 된다는 뜻이다.

라닥은 히브리어 '솟다이(שדי)'가 어떤 일이든 할 수 있는 전능한 분이라는 뜻이라고 보았다. 그는 이것을 설명하기 위해 하나님은 불가능한 일도 자연법칙까지 바꾸면서 행하는 우주의 주관자라는 점을 강조하고 있다. 이는 이제까지 하나님 이름이 계시된 것과 관련한 주장들을 전부 함의한 해석이라고 볼 수 있다. 누구나 자기 삶에서 하나님의 역사를 경험한다면 주님의 전능하심을 고백하게 될 것이다. 그러나 이런 경험을 원한다면 하나님을 간절히 찾아야 한다. 그렇지 않으면 주님의 은혜를 결코 경험하지 못한다. 신자가 불신자보다 훨씬 할 말이 많은 이유가 이 때문 아닐까? 우리가 정말 하나님을 믿는다면, 우리는 날마다 삶 속에서 주의 은혜를 맛볼 수 있다. 그러나 하나님을 믿지 않고 메시아를 거부한다면, 회개하고 돌아오기 전까지는 하나님을 만날 수도 없고 은혜를 경험할 수도 없다.

하나님 이름과 관련하여 스포르노도 의미 있는 해석을 내놓은 바 있다. 그의 해석은 오늘 우리에게 또 하나의 통찰력을 제공해준다.

[창17:1, Part 2, 스포르노]
"나는 전능한 하나님이라(아니 엘-솨다이).": 이 말의 뜻은 이렇다. "나는 어떤 존재의 도움 없이도 나 스스로 힘만으로 창조된 우주에서 자신만의 특수한 기능을 수행하는데 충분한 존재이다." '엘-솨다이'의 끝에 있는 '다이'라는 말은, 창조주 하나님 스스로 충분한 능력self-sufficiency을 나타낸다. 이와 반대로 창조주에 의해 지어진 피조물은 단지 우리 눈에 보인 현상에 해당할 뿐이다. 그러면 창조주와 피조물의 차이는 무엇인가? 창조주는 스스로 시작하는 시동자self-starter인 반면, 피조물은 어떤 일을 시작하든지 그것을 제대로 수행하려면, 그 기능을 발휘할 수 있도록 무엇인가의 도움을 받을 수밖에 없는 존재이다.

또 창조주가 어떤 특별한 이미지나 비전을 보여 줄 때, 이것을 눈으로 볼 수 있는 사람은 이를 통해 창조주의 존재나 능력을 깨닫게 된다. 하지만 이것을 보지 못한 사람은, 창조주의 도움 없이는 그런 일들의 저변에 깔려있는 근본적인 부분조차도 전혀 알아차릴 수 없다. 모세와 후대에 활동했던 선지자들은 주로 사람의 눈으로 확인할 수 있는 가시적인 기적들을 행했던 것과는 달리, 족장들은 사람 눈에는 보이지 않는 기적들을 행함으로 하나님의 존재와 능력을 증거한 증인들이었다.

여기서 보이지 않는 기적이라 함은, 예컨대 하나님이 아브라함과 사라에게 '내년 이맘때에 아들을 낳게 될 것이라'고 미리 말씀하셨던 것처럼, 은혜를 입을 자에게 시간과 장소를 사전에 가르쳐 주는 방식을 사용했기 때문에 보이지 않는 기적이라고 말한 것이다. 반면에 보이는 기적은 물이 피로 변한다든지, 나라 안에 모든 사람의 맏아들이 다 죽는 것처럼, 우리 눈으로 분명하게 볼 수 있는 기적을 일컫는다. 대개 이런 기적은 사건이 발생하기 전 미리 예언자를 통하여 사람들에게 고지된다. 그런데 후자의 기적이 전자의 기적보다 우주를 다스리시는 주권자요 모든 역사의 근원이신 하나님을 더욱 선명하게 드러내는 증거로 활용된다.

그런데 하나님은 출6:3절에서 "나는 아브라함과 이삭과 야곱에게는 전능의 하나님으로 나타났으나, 나의 이름을 여호와로 알리지는 아니하였다"고 말씀하셨다. 이것은 후자의 기적, 다시 말해 사람의 눈에 보이는 가시적인 기적을, 모세 이전까지만 해도 하나님이 사용하지 않았다는 사실을 알려 주고 있다.

스포르노의 말에 의하면, 사람은 모든 존재의 근원인 하나님을 통해서만 비전을 보게 되고, 이것을 보게 될 때 하나님이 우주의 주인이라는 사실을 비로소 깨달을 수 있다. 하나님은 사람 눈에 보이지는 않지만, 우리가 사는 이 세상 속에서 계속 역사하시는 것만큼은 명약관화하다. 그런데도 하나님이 자기 이름을 계시하신 것은, 이스라엘을 위해 하나님이 행하실 일이 예전과는 확연히 다를 것이라는 암시를 주기 위함이었다. 즉 예전에는 '눈에 보이지 않는 기적'을 사용하셨다면, 이제부터는 하나님의 존재와 능력을 더욱 선명하게 보여 주기 위해 '보이는 기적'을 통해 역사하겠다는 의지를 나타낸 것이다.

하나님은 언제나 그랬듯이, 자기 백성을 통하여 자신의 존재를 세상에 알리신다. 그래서 하나님은 선지자 이사야를 통해 '나의 종 이스라엘아, 내가 내 영광을 네 속에 나타낼 것'(사49:3)이라고 선포하신 것이다. 그렇다면 하나님은 자기 백성 이스라엘에게 자신의 영광을 어떻게 나타내실까? 우리가 이것을 논의하려면 먼저 시 84:7절을 참고할 필요가 있다. "그들은 힘에 힘을 더 얻어 시온에 계신 하나님 앞에 각자 나타날 것이다"(사역). 이 말이 무슨 뜻인가? 탈무드는 이 구절에 대하여 아래와 같이 말한다.

> [탈무드 바블리 베라콧트 64a]
> 회당에서 예배를 드린 후에, 토라의 말씀으로 자기의 내면을 충만하게 하려고 말씀을 연구하는 사람은 하나님의 거룩한 현존을 만나는 쉐키나(Shekinah)의 체험을 하게 될 것이다. 그리고 쉐키나 체험을 반복하다 보면, 누구든지 힘에 힘을 얻게 되어 시온에 계신 하나님 앞에 나아가게 된다.

이것은 탈무드가 시84:7절의 "그들은 힘에 힘을 얻어 시온에 계신 하나님 앞에 각자 나타날 것이라"는 구절을 풀이한 것이다. 이것을 오늘의 관점에서 재해석하면, 교회에서 예배를 드린 사람이 예배에서 들은 말씀을 자기 내면에 완전히 새겨 하나님의 영에 충만한 삶을 살기 위해서는, 날마다 토라 말씀을 묵상하고 연구함으로써 토라의 사람이 되어야 한다는 가르침이다. 이렇게 사는 사람들은 어느 곳에 거하든지 하나님의 현존, 즉 쉐키나 영광을 체험하게 되고, 날마다 하루하루 모든 삶이 하나님의 거룩한 현존 앞에서 살아가는 체험을 맛보게 된다. 다시 말해 하나님의 백성은 토라 말씀을 연구할 때, 자기 위에 임한 놀라운 쉐키나 영광을 바라볼 수 있는 눈이 열리게 되는 것이다. 이러한 내용은 탈굼에서도 찾아 볼 수 있다. 시84:7~8절에 대해 탈굼은 다음과 같이 옮기고 있다.

[시84:7~8, 탈굼]
(7) 의인은 성소에서 아카데미(토라학교)로 나아간다. 율법을 연구하는 그들의 노력은 시온에 머물고 계신 주의 현존 앞에 나타나게 될 것이다. (8) 다윗이 고백하기를 "오 주님, 만군의 하나님, 내가 기도하오니 들어소서, 오 야곱의 하나님이여, 영원하소서."

알고 있는 것처럼, 유대교와 랍비들은 토라 연구를 무엇보다도 중요하게 여겼기 때문에 이렇게 번역했을 것이다. 그래서 또 하나 살펴볼 것은 에인 야콥의 주석Ein Yaakov's Commentary이다. 특히 미쉬나 베락코트[2] 는 위 시편의 의미를 다음과 같이 설명하고 있다.

---

2) 베락콧트(Berakhot)는 '축복들'이라는 뜻으로 미쉬나 해석을 수집한 모음집이다. 여기에는 농사나 식물과 관련된 규례가 많이 담겨 있다. 베락콧트의 내용에는, 토라를 외우며 드리는 기도 쉐마(Shema), 조용히 서서 드리는 기도 아미다(Amidah), 식후에 드리는 감사기도 비르캇 하마존(Birkat Hamazon), 안식일 기도 키두쉬(Kiddush), 그리고 안식일과 휴일의 마지막 기도인 합달라(Havdalah) 등이 있다.

레위 사람 아빈[R. Abin]은 다음과 같이 말했다. "친구가 떠날 때는 그를 멀리서 따라가면서 절대로 '평안히 가라 go in peace'고 하지 말고 '평안과 함께 하라 go with peace'고 말하라. 왜냐하면 이드로가 모세를 떠나보낼 때(출4:18)에 '평안과 함께하라'고 말했기 때문이다. 모세는 이 말을 듣고 성공적으로 사명을 수행할 수 있었다. 그러나 다른 예로, 다윗은 압살롬에게 '평안히 가라'(삼하15:9)고 말했지만, 압살롬은 나무에 목이 달린 채 죽고 말았다."

레위 사람 아빈은 또 이렇게 말했다. "죽은 사람을 장례 치르고 나서 떠나보낼 때는 절대로 '평안과 함께하라'고 하지 말고, 대신 '평안히 가라'고 말하며 작별해야 한다. 창15:15절에서 하나님이 아브라함에게 '너는 평안히 네 조상에게로 돌아갈 것이라'고 말씀하신 것을 기억하라."

한편 로비 키야[R. Lovi b. Chiya]는 다음과 같이 말한다. "기도를 마치고 회당 문을 나서는 자는 토라를 연구하고 배우는 일에 힘쓰라. 그리하면 시84:8절에 '그들은 힘에 힘을 얻어 시온에 계신 하나님 앞에 각자 나타날 것이라'고 말씀하신 것처럼, 너는 그곳에서 거룩하신 주의 영광이 임하는 것을 경험하게 될 것이다." 또 카니나[R. Chanina]의 이름으로 엘라자르[R. Elazar]는 말했다. "학자들은 세상 안에 평화가 깃들기를 원한다. 이는 '네 모든 자녀는 여호와의 교훈을 받을 것이니 네 자녀에게는 큰 평안이 있을 것'이라고 말한 이사야 예언(54:13)을 생각나게 한다.

"바나이크(Banaich)가 아닌 보나이크(Bonaich)를 읽으라"[3]는 말이 있

---

3) '바나이크(Banaich)'는 '너의 자녀들'이라는 뜻이고, '보나이크(Bonaich)'는 '세우는 자'를 의미한다. 여기 '세우는 자'란 하나님의 계명인 토라를 말하기도 하고, 또는 토라를 가르치는 토라학교를 일컫는 말이기도 하다. 그러므로 "바나이크가 아닌 보나이크

지 않은가! 토라를 사랑한 사람은 큰 평강을 맛볼 것이며 그 심령 안에
는 어떠한 악도 깃들이지 않는다. 그래서 시119:115절은 '너 악행 하
는 자야, 나를 떠나라. 그래서 나로 하여금 내 하나님의 계명을 지키
게 하라'고 말한다. 평강은 너의 성벽 안에 있고 번영은 네 궁궐 안에
있다는 말이 있듯이, 평강은 외부로부터 오는 것이 아니다. 그러므로
나는 내 형제들과 백성들을 위해 평강이 있으라고 말하기를 기뻐하리
라. 여호와 하나님의 집을 위하여 사는 자에게 내가 항상 좋은 것을 채
워 주리라. 내 사랑하는 자들에게 힘을 더해 주고, 거기에 평강의 복
까지 부어 주리라."

에인 야콥은 시84:7절 "힘에 힘을 얻는다"는 말의 뜻에 대해, 회
당에서 예배를 드린 후에 토라를 배우기 위해 토라학교로 나아간다
는 의미로 해석하였다. 이는 곧 우리 삶이 단지 예배로 끝나지 않
고 토라를 실천하는 삶으로 연결되어야 한다는 것을 가르치고 있다.
이렇게 살 때 참 평강을 누리게 되고, 이런 자에게 하나님이 시온에
서 나타나 주의 영광을 경험하는 은혜를 주신다고 말한다.

그는 또 시119:115절에 "너 악행 하는 자야 나를 떠나라. 그래
서 나로 하여금 내 하나님의 계명을 지키게 하라"는 말씀에 대해서
도, 사람들이 토라를 사랑하고 계명을 지키는 일과 연관시키고 있
다. 반대로 사람들이 토라를 사랑하지 않고 계명을 지키지도 않는
이유는 이미 그 사람 내면에 악이 도사리고 있는 까닭이다. 그러므
로 우리가 토라의 계명대로 살기 위해서는 무엇보다도 이런 악한

를 읽으라"는 말은, 정말 자기 자식을 사랑하고 소중하다고 생각한다면 무엇보다 먼
저 그들의 삶을 세워주는 토라를 읽는 일이 중요함을 가르친 것이다.

마음을 먼저 쫓아내도록 해야 한다.

또 에인 야콥은 "평강은 성벽 안에 있고 번영은 궁궐 안에 있다"는 가르침을 인용하면서, "나는 내 형제들과 백성들을 위하여 평강이 있으라고 말하기를 기뻐하리라. 여호와 하나님의 집을 위하여 사는 자에게 나는 항상 좋은 것을 주리라. 나의 사랑하는 백성들에게 힘을 주리라. 그리고 평강의 복을 주리라"는 축복의 메시지를 전하고 있다. 회당에서 예배드린 후에 그 말씀을 묵상하고 연구하며, 자기 삶에 적용하는 사람이 곧 하나님과 주 예수 그리스도를 위해 사는 사람이다. 토라 말씀은 우리가 이런 삶을 살 수 있도록 모든 마음을 하나로 모으는 일에 도움을 준다. 이렇게 사는 사람에게 하나님이 주시는 은혜는 참 평안이다. 즉 샬롬의 복이다. 주께서 주신 샬롬! 이것은 토라의 말씀으로부터 나온 복이다.

유대 랍비들은 하나님의 이름에 담긴 계시를 이해하기 위해 큰 노력을 기울였다.[4] 특히 그들은 이름에 담긴 계시를 이해할 때 카발리스트[5] 접근법을 자주 사용했다. 카발리스트 접근법은, 이를테면 시84:3절에 '둥지, 보금자리'라는 표현들을 그다음에 나오는 '주의 제단, 제 집'이라는 말과 연결하여 해석하는 방식을 말한다. 즉 이 땅에 있는 것을 하늘에 있는 어떤 것과 연관시키는 것이다. 하나님의 이름을 이해하는 일에도 이런 방법론을 사용하곤 한다. 그러려면 무엇보다도 '이해'와 '지혜'가 필요하다. 이해와 지혜가 있어

---

4) 쉬네이 루콧트 하브릿트, Vaetchanan, 토라 오호르 86-88.

5) 카발리스트(kabbalist)는 유대교의 전통 안에서 새로운 텍스트를 개발하여 성경의 신비로운 이야기를 설명하고 가르치는 학교를 말한다. 랍비들의 전통적인 글 안에 담긴 내적인 의미를 밝히고, 그동안 숨겨져 왔던 것들을 꺼내어 유대교의 종교적 의식의 중요성을 설명하기도 한다. 히브리어 '카발라'는 '수용' 또는 '전통'이라는 뜻이다

야 하나님 이름 안에 담긴 계시를 올바르게 파악할 수 있다. 여기에서 이해란, 지적 능력이나 판단력 뿐만 아니라, 어떤 말이나 행동을 읽어내는 이해력을 포괄하는 뜻이고, 지혜란 사리를 분별하거나 또는 수많은 경험을 통해 얻은 견문이나 통찰력을 의미한다.

랍비들의 주장에 따르면, 토라 본문이 하나님 이름 '여호와'의 철자를 'ה-ו-ה-א(야웨)'라고 표기한 것은, 우리가 지적으로 분명히 알아차릴 수 있도록 하나님이 나타나신 명백한 현현[6) 顯現: manifestation]임을 의미한 것이라면, 이와 달리 철자가 'ה-ו-ה-י(예흐바)'로 표기되었을 때는 하나님이 나타나신 현현을 지적으로는 알 수 없으나, 내 안에 현현한 그분의 존재를 하나님이 주신 지혜로 온전히 깨닫게 된 것을 뜻한 것이다. 다시 말하면, 하나님이 우리 앞에 나타나시는 방식에는 최소한 주님의 이름과 관련하여 두 가지 형태 또는 두 가지 방식이 있다는 것이다. 즉 보이는 방식과 보이지 않게 임하는 방식, 또는 실제 모습으로 나타나시는 때와 눈에 보이지 않는 영적인 현현이 있다. 이것을 또 다르게 말한다면 '우리가 이해할 수 있는 방식과 지혜로만 깨닫게 되는 방식'이 있다는 것이다.

이것은 또 우리가 하나님의 현현을 알 수 있는 길이 토라에 대한 이해와 지혜를 통해 가능하다는 사실과 맞닿아 있다. 어떻게 가능한가? 토라의 계명을 잘 듣고 그대로 순종하며 살아갈 때 가능하다. 토라의 증언에 의하면, 하나님은 우리 마음에 토라 계명을 새기기 위해 날마다 성령을 통해 우리 안에 역사하신다. 따라서 우

---

6) 현현(顯現): 명백하게 나타나거나 나타냄.

리도 토라 말씀을 마음속에 새기기 위해 더 적극적으로 토라가 제시하는 길 안에서 걸어가도록 힘써야 한다. 더 적극적으로 하나님을 찾고, 더 적극적으로 토라의 말씀을 붙잡고 그 길 안에서 순종하며 나아가야 한다.

사실 이런 삶은 우리의 미래를 위해서도 반드시 필요한 일이다. 토라를 읽고 배우는 것이 우리 미래를 밝게 만든다. 예레미야는 하나님이 이스라엘과 새 언약을 맺을 때 우리 마음속에 토라를 기록할 것(렘31:33)이라고 예언하였다. "그러나 그날 후에 내가 이스라엘 집과 맺을 언약은 이러하니, 곧 내가 나의 법을 그들의 속에 두며 그들의 마음에 기록하여, 나는 그들의 하나님이 되고 그들은 내 백성이 될 것이라. 여호와의 말씀이니라." 이 말은 무슨 뜻인가? 토라 말씀을 거역하려고 하는 우리의 악한 본성을 제거하려고, 하나님이 우리 마음에 할례를 행하심으로써 완전히 변화시키겠다는 말이 아니겠는가!

바울은 이러한 변화를 가리켜 '중생의 씻음과 성령의 새롭게 하심'(딛3:5)이라고 표현했다. 우리가 하나님 말씀인 토라에 순종하며 사는 것이 참된 이해이고 지혜임을 가르친 것이다. 또 바울이 고후 5:17절에서 "그런즉 누구든지 그리스도 안에 있으면 새로운 피조물이라. 이전 것은 지나갔으니 보라 새 것이 되었다"고 말하였고, 고후3:3절에서 "너희는 우리로 말미암아 나타난 그리스도의 편지니, 이는 먹으로 쓴 것이 아니요 오직 살아 계신 하나님의 영으로 쓴 것이며, 또 돌판에 쓴 것이 아니요 오직 육의 마음 판에 쓴 것이라"고 가르쳤다.

이러한 바울의 가르침 모두, 믿는 자의 삶은 주님과의 언약관계 안에서 증거가 되어야 함을 강조한 것이다. 이것은 이미 하나님이 이스라엘에게 주신 약속의 계명이 성취된 것을 통해 입증된 바 있으며, 이 언약은 오늘 우리에게도 주 예수 그리스도 안에서 반드시 이루어지게 될 것이다. 그러므로 우리가 토라의 말씀에 순종하는 삶은, 바울이 가르쳤던 대로, 육체를 따라 사는 것이 아니라 하나님의 영을 따라 사는 것이다.

이제까지 우리는 하나님이 자기의 이름을 밝히신 것이 무엇을 의미하는지에 대해 살펴보았다. 하나님은 자기 이름을 모세와 이스라엘에게 계시하셨다. 우리는 그 이름을 통해 주님의 자비와 은혜가 얼마나 큰지 깨달을 수 있다. 또한 그분의 이름은 모든 불가능한 일을 가능하게 하는 능력과 소망을 보여준 것이다. 이것은 또 모든 만물을 다스리는 주권이 오직 하나님께 있음을 이름으로 알리신 것이다. 세상 만물을 통치하기 위하여 하나님은 때로 눈에 보이는 기적을 행하기도 하고, 때로는 보이지 않는 기적을 행하기도 한다. 중요한 것은, 눈에 보이든지 보이지 않든지 기적의 주관자는 하나님이라는 사실이다. 그러므로 그 능력과 권세를 아는 것이 지혜이다.

우리는 토라 말씀에 순종함으로써 하나님의 영광을 위해 살도록 부름 받은 사람들이다. 이스라엘이 하나님과 언약을 맺었던 것처럼 우리 역시 하나님과의 언약으로 맺어진 관계임을 믿고, 항상 겸손히 행하면서 살아야 한다. 또 "항상 기뻐하며, 쉬지 말고 기도

하고, 범사에 감사하면서" 하나님 말씀에 순종해야 한다. 그래야만 하나님의 자비와 은혜로 우리를 부르신 주의 뜻을 이루게 된다. 주님은 지금도 토라 말씀에 굶주린 사람들, 주님을 만나려는 간절함으로 주 앞에 나온 사람들, 이런 사람을 찾으시고 또 만나주신다.

끝으로 하나님이 자기 이름을 계시하신 것과 관련하여 우리가 생각해야 할 것이 있다면, 하나님이 자기 자신을 명백하게 드러내신 것처럼 이런 일이 오늘 우리에게도 일어나야 한다는 것이다. 날마다의 삶에서 이런 체험을 하려면, 무엇보다 주님과의 관계에 더욱 힘써야 할 것이다. 오늘 우리가 우리의 삶 안에서 주님의 현현을 분명하게 드러내는 삶을 산다면, 하나님도 '토라에서 약속하신 것처럼' 우리의 이름을 세상 가운데 드러내 주실 것이다. "과연 나는 누구인가?" "주님과 어떤 관계에 있는가?" 하나님은 이것을 분명하게 드러내라고 요구하고 계신다.

제15주 차
Parashat Bo 들어가라 (10:1~13:16)

너희는 먼저 하나님의 나라와 그 의를 구하라!

우리는 Parashat Bo 들어가라 (출10:1~13:16) 본문을 통하여 하나님이 이집트에 내린 마지막 재앙이 무엇이었는지, 그리고 결국 이로 인해 바로 왕이 이스라엘 백성을 이집트 땅에서 떠나도록 할 수밖에 없었다는 이야기를 듣는다. 10:1절에서 하나님은 모세에게 말씀하신다. "바로에게로 들어가라. 내가 그와 신하들의 마음을 완고하게 하였다. 이는 내가 그들이 보는 앞에서 나의 표적을 행하고자 함이다." 이집트의 바로 왕이 이스라엘 백성을 즉각 보내지 않은 것은, 하나님이 왕과 그 신하들의 마음을 완고하게 하셨기 때문이며, 이는 하나님이 강한 손으로 표적을 행함으로 이스라엘을 구원하기 위함이었다는 것이다. Parashat Bo 들어가라에 나온 마지막 세 가지 재앙은, 메뚜기(10:3~19)와 흑암(10:21~23)과 장자의 죽음(10:24~11:10)이다. 이 마지막 세 가지 재앙을 통해 유월절이 제정(12:1~11)되었다.

이 본문을 역사적인 관점에서 보더라도, 이때를 일 년의 첫 달로 삼은 것은 이때 이스라엘을 위한 하나님의 구원역사가 시작되었고, 그들에게 하나님이 토라를 주심으로 새로운 관계가 열렸기 때문이다. 하나님은 이스라엘을 억압으로부터 구한 후 새로운 땅, 곧 '평화와 진리와 생명의 땅'으로 인도하셨다. 이처럼 유월절은 모든 것이 시작된 기점이 되었다. 이스라엘은 이때 어린양의 피를 집 문설주에 바름으로, 죽음의 그림자(천사)가 그냥 지나가, 집 안에 있는 자가 죽임당하지 않게 된다는 하나님의 약속을 다시 상기하곤 하였다. 하나님이 이스라엘에게 "이날을 기념하여 여호와의 절기로 삼아 영원한 규례로 대대로 지키라"(12:14, 17)고 명령하신 것이다.

오늘 본문 Parashat Bo 들어가라는, 하나님이 이스라엘에게 행하신 구원역사의 시기에 초점을 맞추고 있다. 즉 이스라엘 역사에서 가장 중요한 절기인 유월절이 언제이고 왜 지켜야 하는지 알려 주고 있다. 이 본문에서 우리가 주목해 봐야 할 것이 있다면, 그것은 하나님이 뜻을 이루기 위해서는 의로운 사람만 아니라 때론 불의한 자를 통해서도 반드시 이루고야 만다는 것이다. 하나님은 의로운 사람의 마음만 아니라 불의한 자의 마음마저 다스리신다. 하나님이 모세에게 이집트 왕에 대해 하신 말씀(출10:1)을 읽어 보라. "내가 그의 마음을 완고하게 하였다(키-아니 히크바데티 엣트-리보)". 여기서 하나님이 왕의 마음을 완고하게 하셨다는 말이 무슨 뜻일까? 또 이것은 오늘 우리 삶에 어떤 의미가 있을까? 우리가 삶을 살면서 하나님 나라를 구하는 일과 무슨 관련이 있을까?

[출10:1~3, 개역개정]
(1) 여호와께서 모세에게 이르시되 바로에게로 들어가라. 내가 그의

마음과 그의 신하들의 마음을 완강하게 함은 나의 표징을 그들 중에 보이기 위함이며, (2) 네게 내가 애굽에서 행한 일들 곧 내가 그들 가운데에서 행한 표징을 네 아들과 네 자손의 귀에 전하기 위함이라 너희는 내가 여호와인 줄을 알리라. (3) 모세와 아론이 바로에게 들어가서 그에게 이르되, 히브리 사람의 하나님 여호와께서 말씀하시기를 네가 어느 때까지 내 앞에 겸비하지 아니하겠느냐? 내 백성을 보내라 그들이 나를 섬길 것이라.

Parashat Bo 들어가라에서 'Bo(בֹּא)'는, '가라'는 뜻의 강한 명령이다. 이 부분을 히브리어로 읽어보자. "보 엘-파레오 키-이니 히크바데티 엣트-리보 베엣트-레브 아바다이브 레마안 쉬티 오토타이 엘레 베퀴르보" 직역해 보면, "너는 바로에게 가라. 내가 그의 마음과 그 신하들의 마음을 완고하게 하였다. 이는 내가 그들 가운데서 나의 표적을 행하고자 함이다." 하나님이 바로 왕에 대해 "내가 그의 마음을 완고하게 하였다(키-아니 히크바데티 엣트-리보)"라고 말씀하셨다. 무슨 뜻인가? 이집트 왕이 이스라엘 백성을 즉시 보내주지 않은 것은, 하나님이 왕은 물론 그 신하들의 마음마저 완고하게 하셨기 때문이라고 말한다. 그리고 그렇게 하신 이유는 하나님이 그들에게 표적을 행하여 결국엔 이스라엘을 구원하기 위해서이다.

먼저 이 당시 상황을 잘 살펴보도록 하자. 하나님이 이집트 땅을 여러 가지 재앙으로 치셨다. 특히 하늘에서 불타는 우박이 쏟아졌을 때, 바로는 모세와 아론을 불러 "나와 나의 백성은 악하다"(9:27)고 하면서 하나님께 죄를 지었다고 인정하였고, 이스라엘 백성을 보내주겠노라 약속하였다. 그런데도 하나님은 이집트에 마지막으로 내릴 재앙이 남아있기 때문에, 이를 위하여 바로의 마음을 완고하게 하셨다고 말한다. 이집트에 내릴 표징재앙을 보이려고 그 신하들의 마음을 완고하게 하셨다는 말을 오늘 우리는 어떻게 받아들여야 할까? 유대 랍비들은 이 문제를 어떻게 생각했을까?

[출10:1, Part 1, 라쉬밤]
"내가 그의 마음을 완고하게 하였다(키-아니 히크바데티 엣트-리보).": 이전에 내렸던 재앙에서는 하나님이 모세에게 "내가 바로의 마음을 완고하게 만들었다"는 말을 한 적이 없다. 그러나 우박 재앙이 임한 후에 바로가 모세를 불러서 말했던 내용을 들어 보라. 바로가 자기 스스로 "여호와는 의로우시나 나와 내 백성은 악하다"(9:27)라고 말하지 않았는가. 이 말에는 벌써 여러 번 자기가 했던 약속을 지키지 않고 번복했다는 사실을 스스로 인정한 것이다. 그는 아주 의도적으로 약속했던 것을 또다시 뒤집어 버렸다. 모세는 또다시 약속을 어긴 왕의 태도에 대해 납득하기 어려웠을 것이다.

따라서 하나님이 바로에 대해 모세에게 말씀하신 1절은, 이런 모세의 마음을 짐작한 하나님이, 지금 바로가 약속을 번복하고 지키지 않는 심리 속에 깔린 그의 완고함을 지적한 것이다. 다시 말하자면 바로가 자신의 결정을 뒤집은 것은, 주님이 그 마음을 완고하게 하셨기 때문이라고 설명한 것이다. 그래서 토라는 "바로가 마음을 완악하게 하니, 그와 그의 신하가 꼭 같더라"(9:34)고 말한다.

"하나님이 바로의 마음을 완고하게 하셨다"는 말의 뜻에 대해 먼저 라쉬밤의 글을 살펴보았다. 그는 바로가 모세에게 한 말을 비춰 볼 때, 그 이전에 전개되어 왔던 상황을 짐작해 볼 수 있다고 말한다. 즉 바로 왕은 이미 몇 차례에 걸쳐 이스라엘 백성을 보내 주겠다는 약속을 어겼다. 이로 인해 모세의 마음이 상하였고, 그의 마음을 아신 하나님이 왕이 약속을 어긴 것은 근본적으로 왕의 심리상태가 완악하기 때문이라는 사실을 모세에게 설명하신 것이다. 또 하나님은 오직 자신만이 강한 권능으로 세상을 다스리는 유일한 주권자임을 보여주기 위해 앞으로도 계속 기적을 베풀 것이며, 따라서 하나님은 자기 뜻에 따라 왕의 마음을 완고하게도 하실 수 있다. 그리고 이제부터는 이 모든 일을 전혀 새로운 방식으로 행하겠다는 강한 의지를 알리기 위해, 하나님이 자기 이름을 '야웨(YHWH)'라고 계시한 것이다. 람밤은 여기에서 또 다른 설명 하나를 덧붙였다.

> **[람밤, 출애굽에 대하여]**
>
> "나는 바로의 마음을 완고하게 할 것이다." 이 말씀에 대한 미드라쉬 랍바 5:6절의 해석을 보면, 이집트가 이스라엘 백성을 노예로 삼고 그들을 핍박했던 일을 하나님이 심판하기 위해, 이제부터 바로의 마음을 더 완고하게 만들겠다는 뜻을 알리신 것이라고 보았다. 하나님이 바로 마음을 완고하게 하셨다는 것은, 요하난^{R. Yochanan}의 말처럼, 최소한 마음을 돌이킬 기회조차도 없었음을 암시해 주고 있다. 그러나 시몬 벤 라키쉬^{R. Shimon ben Lakish}는 다음과 같이 대답한다. "최소한 입을 닫아버려라. 하나님은 조롱하는 자를 비웃으신다. 그런데 바로는 한 번, 두 번, 세 번 경고를 받고도 마음을 돌이키지 않았다. 그래서 주님은 그가 지은 모든 죄를 심판하려고 회개의 문을 닫아 버렸다." 주님은 사악한 바로에게 무려 다섯 번이나 경고하셨지만, 그는 끝내 그 경고를 무시해 버렸다. 그래서 주님은 바로에게 말씀하셨다. "너는 네 목을 뻣뻣하게 하였고 마음을 완악하게 하였으니, 보라 이제 내가 너의

완고한 마음을 더욱 완고하게 할 것이다."

이상에서 살펴본 것처럼, 바로는 이미 수차례에 걸쳐 약속을 지키지 않았고 이것이 하나님께 죄가 되었다는 사실을 인정하긴 했지만, 하나님은 바로의 죄를 보시고 이집트 땅을 심판하기 위해 그의 마음을 더욱 완고하게 하셨다. 그로 인해 바로는 이제 회개할 기회조차 사라지게 된 것이다. 하나님은 바로 왕에게 회개할 기회를 다섯 번이나 주었지만 그는 회개하기를 거부하였다. 그 결과 하나님은 바로 왕의 마음을 더 완고하게 만들어 이제는 회개할 기회 자체를 아예 닫아버린 것이다.

이것은 오늘 우리에게도 매우 소중한 교훈을 준다. 이 땅에 살아갈 때 '죄악 중에 거하지 않는 삶'이 얼마나 중요한지를 새삼 깨닫게 해준다. 사람이 하나님의 경고를 무시하고 계속 죄 가운데 살면, 그 죄의 결과 때문에 다시는 회개할 기회조차 그 마음속에서 사라지게 되는 것이다. 죄는 사람 마음속의 순수한 동기까지 변질시키는 힘을 가지고 있다. 하나님의 나라를 구하는 순수한 마음 말이다. 죄는 이런 순수한 마음을 순식간 사라지게 만든다.

또 다른 한편, Parashat Bo 들어가라의 주석서 쉬네이 루콧트 하브릿트와 토라 오호르는 출10:1절을 신비적인 차원으로 이해하기도 한다. 예를 들면 후반부에 "이는 내가 그들 가운데서 나의 표적을 행하고자 함이다(레마안 쉬티 오토타이 엘레 베퀴르보)"고 말한 부분을 '이들 중에 내 표적을 둘 수 있도록In order that I can place these My signs in its midst'이라고 옮기고 있다. 하나님은 이집트 땅에서 오직 '야웨의 이름으로' 기적을 행하셨기 때문이다. 하나님 이름은 그의 권능을 가리키지 않는가!

하나님이 바로 마음을 완고케 하신 것에 대해 쉬네이 루콧트와 미드라쉬 랍바 쉐못트는 대체로 요하난^{R. Yochanan} 입장을 받아들이고 있다. 요하난의 해석에 따르면, 하나님은 이교도들이 회개할 기회조차 아예 차단해 버린 것처럼 말하고 있기 때문에, 그렇게 되면 바로 왕은 아무런 잘못이 없어, 그가 무죄라는 명분을 제공해 준 셈이 되고 만다.

그런 이유로 이런 관점에 대해 반대하는 입장도 있다. 예컨대 시몬 벤 라키쉬의 해석을 들 수 있는데, 그는 이 말씀으로 인해 오히려 이교도들은 더는 변명을 할 수 없게 되었다고 말한다. 하나님은 "조롱하는 자들을 비웃으시며 겸손한 자에게는 은혜를 베푸신다"(잠3:34). 하나님은 악인에게 최소한 세 번 정도 경고하신 후에 그래도 경고를 무시한 채 회개하지 않으면, 하나님은 더는 그런 사람의 마음에는 아예 회개할 생각 자체를 주지 않음으로 말미암아, 결국은 죄에 상응하는 심판으로서 그 대가를 치르게 하신다.

우리는 당시 바로 왕에게 일어난 상황을 정확하게 이해하는 일이 무엇보다 중요하다. 앞서서 이집트 땅에 다섯 차례 재앙이 있었다. 그러나 이때까지는 아직 하나님이 왕의 마음을 완고하게 하였다는 말이 나오지 않는다. 이것은 무엇을 뜻할까? 하나님이 이집트 왕에게 무려 다섯 번이나 기회를 주셨지만, 그는 전혀 반응하지 않은 것은 하나님이 그의 마음을 완고하게 하셨기 때문이 아니라, 이는 전적으로 '바로 왕의 의지와 선택에 의해' 거부했다는 사실을 암시하고 있다. 왕은 다섯 번이나 계속해서 하나님의 뜻을 거부하였고, 이런 왕에게 하나님이 드디어 입을 열어 말씀하셨다. "내가 너에게 몇 차례 경고했으나 네가 고집을 꺾지 않고 계속 거부하였으니, 이제 너의 그런 완고한 마음을 내가 더욱 완고하게 할 것이다."

출10:1절에서 "내가 그의 마음을 완고하게 하였다"는 말은 바로 이러한 하나님의 뜻을 전한 것이다. 이에 대해 스포르노도 비슷한 견해를 밝힌 바 있다.

[스포르노, 출애굽에 관해]

바로는 그 땅에 재앙이 임했을 때 자기들 힘으로는 도저히 감당할 수 없음을 분명히 알고 있었는데도 불구하고, 그는 하나님 뜻을 따르기는커녕 계속해서 자기 고집을 꺾지 않았다. 이런 왕의 모습을 본 모세는, 그동안 여러 번의 재앙을 통해 경고한 것이 별 효과가 없었다는 결론을 내리게 된다. 결국 하나님이 6번째 재앙으로 이집트 온 땅에 악성 전염병이 돌게 하셨다. 그러나 이 재앙부터는 하나님이 왕의 마음을 완고하게 하셨기 때문에 말을 듣지 않을 것(출9:12)이라고 모세에게 일러주셨다. 몇 차례에 걸친 경고에도 불구하고 왕이 계속 듣지 않고 고집을 부리자, 이제는 하나님이 바로의 마음을 완고하게 하신 것이다. 이로써 바로는 사람들이 일반적으로 생각하는 것을 훨씬 뛰어넘을 만큼 마음이 완고해졌다.

그런데 하나님이 이렇게 하신 가장 중요한 이유는, 이제부터 더 무서운 재앙을 통해 왕뿐만 아니라 모든 사람이 하나님의 전능하심과 위대한 능력을 깨닫게 하려는데 있었다. 게다가 이스라엘 백성도 이런 경험을 통해 앞으로 살면서 하나님이 얼마나 위대하시고 능력이 크신 분인지 자녀들에게 부지런히 가르쳐야 한다. 이를 통하여 하나님이 이스라엘뿐만 아니라 모든 만민을 사랑하고 계신다는 사실을 보여 달라고 요구하신다. 또 지금 죄악 중에 있을지라도 얼른 죄를 깨닫고 잘못된 길에서 돌아올 수 있도록, 하나님이 아직도 죄인들에게 기회를 주고 기다리고 있다는 믿음을 갖게 하려는데 진정한 목적이 있다. 비록 바로가 마음을 돌이키지 않았더라도 여러 차례에 걸쳐 경고하신 이유도 바로 여기에 있다.

여기에서 가장 중요한 요점은 무엇인가? 아무리 이성적이고 합리적인 교훈이나 가르침일지라도, 이미 마음속으로 토라의 길로 걷기를 거부하는 자에게는 아무런 의미가 없다는 것이다. 또 하나 분명히 알아야 할 것은, 설령 하나님이 우리 삶에 기적을 베푸실지라도 우리가 여전히 죄의 지배를 받고 산다면, 토라에 대한 이해와 진리에 대한 인식이 부분적으로만 작용할 뿐, 우리로 하여금 주의 거룩한 백성으로 살도록 우리 삶에 결정적 영향을 끼치지는 못한다는 것이다. 비록 바로는 이 땅 나라의 주인이었을지도 몰라도, 하나님의 길을 따르지 않았기 때문에, 그는 하늘 왕국을 얻을 수 있는 기회를 잃고 말았다. 하늘 왕국을 얻는다는 것은 무엇을 말할까? 하늘 왕국, 곧 하나님 나라에 대한 이해를 돕기 위해서 시84편의 미드라쉬를 읽어 볼 필요가 있다.

시인은 다음과 같이 고백(시84:4)한다. "주의 집에 사는 자들은 복이 있나니 그들은 항상 주를 찬송하리이다." 미드라쉬 해석을 보면 이 구절을 요수아Joshua, son of Levi 교훈으로 대신하고 있다. "이 말씀은 기도의 집에 들어가기 기뻐하는 자, 그리고 다가올 세상 올람 하바(Olam Haba)에 대해 연구하는데 힘쓰는 자, 그런 사람이 복이 있다는 뜻이다." 여기서 흥미로운 것은, 미드라쉬가 이 말씀을 다가올 세상 '올람 하바(Olam Haba)'의 개념으로 설명하고 있는 점이다.

사실 신약성경에도 올람 하바에 대한 가르침이 나온다. 마6:33
절에서 주님은 "그런즉 너희는 먼저 그 나라와 그의 의를 구하라.
그리하면 이 모든 것을 너희에게 더할 것이라"고 가르치셨다. 이
말씀에서 주님은 하늘나라와 의 사이를 서로 긴밀하게 연결하고
있다. 그렇다면 하늘나라를 구하라는 말씀은 무슨 뜻일까? 신약성
경에서는 '하늘나라'와 '하나님의 나라'를 거의 같은 의미로 사용
하고 있다. 과연 하늘나라와 하나님의 나라는 완전히 같은 의미로
사용한 것일까? 만약 다르다면 그 차이점은 무엇일까?

번역본에 따라 다소 차이가 있지만, 신약성경에서 '하나님 나
라'라는 말은 68회 정도 나온다. 이에 비해 '하늘나라'는 마태복음
에만 총 32회 나온다. '하늘나라'는 마태가 거의 독점적으로 사용
한 것이다. 대다수의 기독교 신학자들은 마태복음이 유대인과 친
숙한 복음서라고 주장한다. 이런 점을 고려한다면, 다른 복음서들
이 우주적이고 보편적 의미가 강한 하늘나라로 표현한 것과는 달
리, 저자 마태는 앞으로 장차 다가올 올람 하바의 천년왕국을 염두
에 두고, 복음서를 기록할 때 '하나님의 나라'를 강조하려 했을 것
이다.

그러나 우리가 이 둘을 더 면밀하게 연구해 보면 이 주장에는
허점이 있다는 것을 알게 된다. 마19장에서 주님이 젊은 부자 청년
관리에 대해 하신 말씀을 들어 보라. 여기서 주님은 '하늘나라'와
'하나님 나라'를 서로 번갈아 말씀하신다. 23절에서는 "내가 진실
로 너희에게 이르노니 부자가 천국天國, 하늘나라에 들어가기가 어려

우니라"라고 말씀하신 후, 바로 이어 24절에서는 "내가 너희에게 말하노니 낙타가 바늘귀로 들어가는 것이 부자가 하나님의 나라에 들어가는 것보다 쉬우니라"라고 말씀하신다. 이처럼 주님은 두 용어를 구별하지 않고 사용하고 계신다. 따라서 '하늘나라'와 '하나님 나라'는 같은 의미로 쓰인 동의어로 보는 것이 타당하다. 또한 신약성경 전체를 통해 볼 때도 이 두 용어는 서로 같은 뜻으로 병행하며 나타나고 있다.[1]

각 구절마다 마가와 누가는 '하나님 나라'로 언급하고 있지만, 오직 마태복음만 '하늘나라'로 고쳐놓았다. 마태는, 마가와 누가가 생각한 하나님의 나라를 하늘나라로 이해했던 것이다.

다시 앞에서 던졌던 질문으로 돌아가 보자. "너희는 먼저 하늘나라를 구하라"는 주님 말씀은 무슨 뜻일까? 사람들은 이 질문에 대해 다양한 대답을 내놓았다. 또 이 질문이 오늘 우리에게 어떤 의미가 있는지에 관해서도 견해가 다를 수 있다. 오순절주의자들은 이 말씀이 방언을 가리키거나, 또는 치유하는 능력과 같이 어떤 특별한 영적 은사를 가리킨 것이라고 주장하기도 한다. 그러나 주님이 여기서 "먼저 하늘나라를 구하라"고 하신 말씀을 성령의 은사를 구하라는 뜻으로 이해한다면, 확신하건대 이 해석은 이내 실망할 가능성이 매우 크다.

시84:4절을 생각해 보라. "주의 집에 사는 자들은 복이 있나니 그들은 영원토록 주님을 찬송할 것이다." 앞에 미드라쉬에서 살펴

---

1) 비교: 마11:11~12/눅7:28, 마13:11/막4:11/눅13:18, 마13:24/막4:26, 마13:31/막4:30/눅13:18, 마13:33/눅13:20, 마18:3/막10:14/눅18:16, 마22:2/눅13:29 etc.

봤던 것처럼, 레위의 아들 요수아는 이 구절을 "기도의 자리에 들어가기를 기뻐하고, 다가올 세상에 대해 생각하며 이것을 연구하는데 힘쓰는 자가 복이 있다"는 뜻으로 이해했다. 여기에서 '다가올 세상'이나 또는 '다가올 시대'라는 용어는, 유대인들이 종말론적 의미로 사용하는 올람 하바를 가리키고 있다. 이것은 우리가 지금 살고 있는 현세상이나 현시대를 가리킨 올람 핫쩨와 대립적인 개념으로 사용되고 있다.

우리가 사는 현 세상 올람 핫쩨는 결함이 있을 수밖에 없다. 하지만 다가올 올람 하바는 결함이나 부족함이 없는 완벽한 세상이다. 그러므로 올람 하바에는 우리가 미래에 살아갈 좋은 세상에 대한 소망이 반영된 용어로서, 이것은 메시아에 대한 믿음과 아주 긴밀한 관련이 있다. 유대인들은 올람 핫쩨의 삶도 매우 중요히 생각하며 살아가지만, 그러나 무엇보다도 장차 메시아가 이 땅에 와서 이룰 올람 하바를 더 중요하게 여긴다. 올람 하바는 유대교가 가르치는 종말사상 중에서 가장 핵심이다. 다가올 내세에 관한 유대교의 종말신앙 중에는 에덴동산이나 죽음의 불골짜기 게히놈 (혹은 게헨나) 등도 있지만, 유대인들의 종말신앙을 가장 두드러지게 보여주는 것은 바로 올람 하바이다.

그런데 여기서 중요한 것은 미드라쉬에서 유대 랍비들이 올람 하바에 대해 언급할 때, 이를 기도의 집이나 토라의 집으로 들어가는 일과 연결하고 있다는 것이다. 이것은 곧 다가올 세상 올람 하바를 믿고 기다리는 사람은 필히 기도예배와 토라 연구말씀에 몰두해야 한다는 것을 시사해 준다. 그렇다면 이것을 또 다르게 해석하면,

주님이 마태복음에서 말씀하신 '하늘나라'나 '하나님 나라'는 오직 기도와 토라를 통해서 맛볼 수 있다는 뜻이다. 여기서 기도가 예배의 의미라면, 토라 연구는 하나님의 말씀인 성경을 배우고 익힘으로써 그 말씀대로 자기 삶에 적용하여 날마다 실천하는 것까지를 뜻한다. 토라는 순종하는 믿음이 곧 의로운 삶이라고 정의하고 있다. 그렇다면 우리의 믿음은 토라에 대한 순종으로 이어져야 한다. 하늘나라에 대한 이러한 주님의 가르침은, 마5:16~20절을 보면 더 확실히 드러나 있다.

[마5:16~20, 개역개정]
(16) 이같이 너희 빛이 사람 앞에 비치게 하여 그들로 너희 착한 행실을 보고 하늘에 계신 너희 아버지께 영광을 돌리게 하라. (17) 내가 율법이나 선지자를 폐하러 온 줄로 생각하지 말라 폐하러 온 것이 아니요 완전하게 하려 함이라. (18) 진실로 너희에게 이르노니 천지가 없어지기 전에는 율법의 일점일획도 결코 없어지지 아니하고 다 이루리라. (19) 그러므로 누구든지 이 계명 중의 지극히 작은 것 하나라도 버리고 또 그같이 사람을 가르치는 자는 천국에서 지극히 작다 일컬음을 받을 것이요, 누구든지 이를 행하며 가르치는 자는 천국에서 크다 일컬음을 받으리라. (20) 내가 너희에게 이르노니 너희 의가 서기관과 바리새인보다 더 낫지 못하면 결코 천국에 들어가지 못하리라.

주님은 우리가 착한 행실을 할 때 이로 인해 하나님의 영광이 드러난다고 가르치셨다. 그러면서 17절에서, 주님이 말씀하신 착한 행실이란 율법(토라)과 관계있음을 암시해 주셨다. 즉 착한 행실은 율법이나 선지자의 가르침(토라 전체)을 완전하게 하는 일이다. 고로 주님은 결코 토라를 폐하러 오신 것이 아니라, 오히려 이 땅에서 우리가 어떻게 사느냐에 따라 완전하게 된다는 것이다. 주님은 이것을 더 확실히 하기 위해 토라를 지키고 행하고 가르치는 사람과, 토라 말씀을 하나라도 어기거나 불순종하면서 사는 사람들 사이를 대조하신다. 그리고 마지막 구절에서, 우리의 의로운 행위가 서기관이나 바리새인보다 더 낫지 않으면 결코 하늘나라에 들어갈 수 없다는 결론으로 매듭짓는다.

중요한 것은, 주님의 이 가르침이 앞에서 랍비들이 미드라쉬에서 가르친 내용과 그 결이 같다는 것이다. 토라를 연구하는 것은 곧 토라의 계명에 순종하는 것을 말하며, 이는 우리 삶에 토라의 가르침을 적용함으로써 날마다 주님 앞에서 의로운 길을 걷는 삶과도 동일한 의미이다. 기도와 토라연구와, 그리고 하나님의 뜻을 구하는 일과 의롭고 거룩한 생활에 힘쓰는 삶, 이러한 모습은 하늘나라(또는 하나님 나라)와 직결되어 있다. 성경은 이런 삶이 하나님 나라를 구성하는 요소라고 말한다. 그런 이유로, 주님이 "그런즉 너희는 먼저 그 나라와 그의 의를 구하라. 그리하면 이 모든 것을 너희에게 더하시리라"고 말씀하셨던 것이리라. 만약 우리가 예수 그리스도 안에서 하나님의 나라와 의를 먼저 구한다면, 그리스도께서 우리 삶 안에 강력한 힘으로 역사하시는 은혜를 체험하게 될 것이다.

시84편 미드라쉬는 하나님의 나라에 대한 토론을 계속 이어간다. 특히 4~5절을 주석한 서론 부문에는 이런 내용이 나온다. "우리 주께서 다음과 같이 말씀하셨다. 기도의 집을 나와서 토라의 집으로 가는 사람은, 성경이 말한 것처럼 그들은 힘 위에 힘을 얻게 될 것이다." 이와 같이 미드라쉬는, 시84:4~5절에 "주의 집에 사는 자들은 복이 있나니 그들이 항상 주를 찬송할 것이라. 주님께 힘을 얻고 그 마음에 시온의 대로가 있는 자들은 복이 있다"라고 말씀한 내용을, 주의 집에서 기도하고 토라를 연구하는 일과 관련지어 해석하고 있다. 이렇게 살면 '힘에 힘을' 얻어 육체의 연약함을 이기고 세상에서 승리할 수 있을 뿐만 아니라, 일상의 삶 속에서도 하나님의 거룩한 임재 쉐키나(Shekinah)를 경험할 수 있게 된다.[2]

이처럼 미드라쉬는 '힘에 힘을'이라는 말을 메시아의 날과 관련해 해석하였다. 이 땅에 메시아가 임할 때, 그의 부름을 받은 자들은 기도와 토라연구를 통해 '힘에 힘을' 얻게 된다.

또 한편으로 이것과 관련하여, 아람어 탈굼은 시84:9절을 다음과 같이 번역하였다. "보라, 오 하나님 우리 조상의 은덕을! 당신이 기름 부으신 자의 얼굴을 보소서." 여기서 기름 부은 자는 메시아를 가리킨다. 미드라쉬는 랍비이자 제사장 비느하스[Phinehas]의 가르침을 소개하면서, "이 말씀은 메시아가 올 때에 세계 열방들이 여전히 이스라엘을 대적하며 비웃을 것이라는 뜻이 암시된 것이라"고 보았다. 왜 메시아가 올 때 세계 열방들이 이스라엘을 대적하고 비웃을까? 중요한 것은, 이것이 복음서에 기록된 것처럼 예수 그리스도가 이 땅에 오셨을 때의 모습과 일치하고 있다는 것이다. 그뿐만 아니라 '기도와 토라, 힘에 힘을 얻는 것, 하늘나라' 이런 개념들이 메시아와 어떤 관계 안에 있는지 이 구절이 잘 보여주고 있다. 요15:7절에서 주님이 "너희가 내 안에 거하고 내 말이 너희 안에 거

2) 미드라쉬 테힐림 84, Part 4.

하면 무엇이든지 원하는 대로 구하라. 그리하면 이루리라" 한 말씀도 이런 뜻 아니겠는가?

그렇다면 오늘 우리가 왜 토라를 듣고 읽고 배우고 전해야 하는지 그 목적이 분명해진다. 토라를 잘 듣고 지켜 행하는 것(신7:12, 28:1)은 단지 올람 핫째에서의 삶뿐만 아니라 다가올 올람 하바에서의 삶과도 결정적인 관계가 있다. 토라를 잘 듣고 지켜 행함으로써, 날마다 그리스도 안에 거하며 의로운 길을 걸어가야 한다. 이것이 우리를 구원하신 주님의 뜻이고, 언젠가 다시 이 땅에 오셔서 우리에게 말씀하신 대로 잘 지켜 행하였는지 반드시 물을 날이 온다는 것을 믿고 사는 올람 하바의 신앙인 것이다.

끝으로, 이 모든 것들이 오늘 본문 Parashat Bo 들어가라와 어떤 관련이 있는지 살펴보도록 하자. 우리가 첫 부분에서 다룬 내용이 무엇인가? 하나님은 당신 뜻을 이루기 위해서는 의인이든 악인이든 그 사람의 마음 안에서 역사하신다. 그래서 바로 왕에 대해 "내가 그의 마음을 완고하게 하였다(키-아니 히크바데티 엣트-리보)"라고 말씀하신 것이다. 이는 곧 하나님 말씀을 계속 듣지 않고 자기 고집을 꺾지 않는다면, 하나님이 결국엔 그 사람으로 하여금 죄의 지배를 받은 채 살도록 내버려 두신다는 뜻이다. 이것을 "마음을 완고하게 하였다"라고 표현한 것이다. 오늘 우리도 마찬가지 아니겠나? 죄가 우리의 삶을 지배하도록 내버려 둔다면, 아무리 과거에 놀라운 기적을 체험했다 할지라도 우리 마음이 완고해짐에 따라 메시아를 진리의 주로 인식하지 못하게 되고, 이로 인해 하나님의 뜻을 깨닫지도 못하는 영적인 동맥경화 상태가 되고 만다.

우리가 시84편을 통해 깨달아야 할 것이 무엇인가? 하나님은 우리의 기도를 들으시는 분이며, 따라서 우리는 사는 날 동안 끊임없이 하나님의 나라와 그의 의를 구하는 믿음을 가져야 한다. 다윗은 하나님을 향해 "주의 집에 사는 자녀들을 위해 드리는 나의 기도를 들으소서"라며 간구하였다. 라쉬가 말한 것처럼, 다윗은 하나님이 자기 백성의 기도를 들으신다는 확신을 갖고, 주께 기도할 때마다 이 믿음으로 하나님의 자비와 은혜를 구하였다. 하나님은 믿음의 기도에 귀를 기울이신다. 만약 어떤 사람이 죄에 빠져 있다면, 그때 하나님이 가장 듣기 원하는 기도는 회개의 기도이다. 또한 하나님은 회개 기도를 했던 사람이, 더는 죄의 자리에 머무르지 않으려고 얼마나 노력하는지 유심히 관찰하신다. 그러므로 지금 죄악에 빠져 있을지라도 진정 하나님께 용서받기 원한다면, 회개 (Teshuvah)의 자리로 나아가는 것! 결코 이것을 잊어서는 안 된다.

하나님의 백성은 무엇보다 하나님의 나라를 구하는 일에 가장 우선이다. 그러기 위해서 우리는 끊임없이 다음과 같은 질문을 스스로에게 던져봐야 한다. "나는 과연 삶 속에서 하나님의 나라를 얼마나 간절하게 구하며 사는가? 나의 마음, 나의 영혼, 그리고 나의 모든 순간순간의 삶 속에서 하나님 나라를 갈망하며 사는가? 주의 임재가 내 안에서 오래도록 머물기를 뜨겁게 사모하는가?" 우리가 정말 하나님과 주 예수 그리스도를 믿는다면, 자신의 삶 가운데 하나님의 나라가 임하는 체험을 하게 될 것이다.

그런 체험을 하게 되면 겸손하지 않을 수 없고, 기도와 토라 연구를 통해 하나님께 순종하는 법을 배우는 일에 더욱 힘쓰게 된다.

또 배운 말씀을 자신의 삶에 적용하며 날마다 주님이 기뻐하는 의로운 길로 나갈 것이다. 형제뿐만 아니라 가난하고 소외된 어려운 이들을 사랑으로 돌보는 일을 기쁜 마음으로 행하며 살 것이다. 이것은 주님이 명령하신 일이며, 또 이 땅에 오신 주님이 자신의 삶을 통해 보여 주시고 가르쳐 주셨다. 시편을 포함한 모든 구약성경 말씀, 그리고 신약성경의 가르침이 다 여기에 초점이 맞춰 있다. 토라를 지킨다는 것은 곧 토라의 길을 걷는다는 뜻이며, 이것은 토라의 가르침을 그대로 따르는 삶을 의미한다. 이것이야말로 "너희는 먼저 하나님의 나라와 그의 의를 구하라"는 주님의 명령을 지키는 삶이다.

제16주 차
Parashat Pesach 유월절 (출12:21~51)

유월절 희생제물 - '너희의 가족대로?'

　본문 Parashat Pesach 유월절 (출12:21~51)는 이스라엘 종교사에서 유월절이 어떻게 왜 제정되었는지 그 근원이 되는 말씀이다. 우리는 이 본문을 이와 병행을 이루고 있는 민24:18절과 연결하여 살펴보고자 한다. 이스라엘의 달력과 절기가 유월절을 기점으로 하고 있기 때문에, 유월절 절기는 이스라엘 역사에서 한 중심을 이루고 있다고 봐도 무방할 것이다. 그뿐만 아니라 이스라엘 후손들이 이집트에서 종살이하다 하나님의 극적인 은혜로 구원받아 모든 속박으로부터 자유를 얻게 된 때가 유월절이라는 점에서, 유월절은 토라의 신앙적인 흐름에서도 극적인 전환점이 되고 있다.

　출12:14절에 의하면, 유월절은 이스라엘 백성이 대대로 기념하여 지켜야 할 영원한 규례(훗콧트 올람; חֻקַּת עוֹלָם)라고 명시해 두었다. 복음서에서 주님도 이날을 기억하시고 니산 월 14일에 유월절 식사를 했다고 기록(마26:17, 막14:12, 눅22:7, 요19:14)하고 있다. 유대인들은 유월절을 '페사흐(Pesach)'라고 부른다. 하나님이 그들을 죄의 속박과 억압으로부터 구원하여 자유 몸으로 '넘어오게'

하였다는 뜻이다. 그렇기 때문에 유월절은 이스라엘에게 있어 가장 중요하고 거룩한 절기 가운데 하나이다. 지금도 이스라엘은 이 날이 되면 구속의 은혜를 기억하며 기쁨과 감사로 절기를 지킨다.

[출12:21~25, 개역개정]

(21) 모세가 이스라엘 모든 장로를 불러서 그들에게 이르되 너희는 나가서 너희의 가족대로 어린양을 택하여 유월절 양으로 잡고, (22) 우슬초 묶음을 가져다가 그릇에 담은 피에 적셔서 그 피를 문 인방과 좌우 설주에 뿌리고 아침까지 한 사람도 자기 집 문 밖에 나가지 말라. (23) 여호와께서 애굽 사람들에게 재앙을 내리려고 지나가실 때에 문 인방과 좌우 문설주의 피를 보시면 여호와께서 그 문을 넘으시고 멸하는 자에게 너희 집에 들어가서 너희를 치지 못하게 하실 것임이니라. (24) 너희는 이 일을 규례로 삼아 너희와 너희 자손이 영원히 지킬 것이니 (25) 너희는 여호와께서 허락하신 대로 너희에게 주시는 땅에 이를 때에 이 예식을 지킬 것이라.

위 본문에서 모세는 이스라엘 장로들에게 "너희는 나가서 너희의 가족대로 어린양을 택하여 유월절 양으로 잡으라" 명령했다. 그런데 이보다 앞선 구절(12:5)에서 하나님이 모세와 아론에게 명령한 내용을 보면, "너희의 어린양은 흠 없고 일 년 된 수컷으로 하되 양이나 염소 중에서 취하라"라고 되어 있다. 분명히 이 본문에서는 양이나 염소 중에서 일 년짜리 어린 수컷 양을 준비하라고 명령하고 있다. 물론 그것은 장자를 죽음으로부터 구원하는 일에 쓰기 위함이다. 그리고 하나님은 여기에다 "각 가족대로 그 식구들을 위하여 어린양을 취하라"(12:3)는 말을 덧붙이셨다. 그런데 여기에서 가장 주목할 할 점은, 어린양을 잡기 위해 가져올 때 각자 개인적으로 가져오는 것이 아니라, '각 가족대로 그 식구들을 위해' 가져오도록 했다는 것이다. 또 이것은 양과 염소 가운데서 취한 어린양과 밀접하게 연관되어 있다.

[출12:1~5, 개역개정]
(1) 여호와께서 애굽 땅에서 모세와 아론에게 일러 말씀하시되 (2) 이 달을 너희에게 달의 시작 곧 해의 첫 달이 되게 하고, (3) 너희는 이스라엘 온 회중에게 말하여 이르라. 이 달 열흘에 너희 각자가 어린양을 잡을지니 각 가족대로 그 식구를 위하여 어린양을 취하되, (4) 그 어린양에 대하여 식구가 너무 적으면 그 집의 이웃과 함께 사람 수를 따라서 하나를 잡고 각 사람이 먹을 수 있는 분량에 따라서 너희 어린양을 계산할 것이며 (5) 너희 어린양은 흠 없고 일 년 된 수컷으로 하되 양이나 염소 중에서 취하고…

위 5절을 다시 읽어보라. '너희 어린양은 흠 없고 일 년 된 수컷으로 하되 양이나 염소 중에서 취하고.' 분명히 여기를 보면 "어린양은 양이나 염소 중에서 일 년 된 수컷으로 취하라"고 명령하고 있다. 양이나 염소 중에서 어린양을 취하라는 명령은 다른 토라 본문에서는 좀처럼 찾아보기 힘든 특이한 경우이다. 출12:5절과 관련하여 다음 라쉬의 설명을 들어 보자.

[출12:5, 라쉬]
'너희 어린양(שה)은 흠 없고 일 년 된 수컷으로 하되 양(בכבשים)이나 염소(עזים) 중에서 취하고.' 본문은 분명히 "양이나 염소 중에서 취하라"고 말한다. 정확히 말하면 "양이나 염소 가운데서 한 마리를 취하라"는 뜻이다. 여기에 붙어있는 접속사 '바브(ו)'는 '그리고and'가 아니라 '혹은or'으로 읽은 것이다. 그런데 문제는, 앞에서 언급한 어린양과 문

맥상 서로 어울리지 않는다는 것이다. 어린양으로 번역한 히브리어 쎄에(שה)는 사실은 작고 어린 가축을 의미한다. 그러므로 이 구절을 다시 정확하게 옮겨 보면, "너희는 양 떼나 염소 떼 가운데서 흠 없고 일 년 된 작고 어린 가축 수컷 한 마리를 취하라"는 의미가 된다.

이와 비슷한 경우가 신14:4절에도 나온다. 대부분의 우리말 성경은 하나님이 먹도록 허락한 짐승으로 '소와 양과 염소'를 말하고 있는데, 이를 원문대로 읽으면 '소와, 양들의 작은 새끼와, 염소들의 작은 새끼 (שור שה כשבים ושה עזים)'라고 되어 있다. 여기도 히브리어 쎄에는 작고 어린 가축을 가리킨다.

라쉬는 출12:5절의 '어린양'은 새끼 양이 아닌 '작고 어린 가축'을 가리킨다고 보았다. 히브리어 쎄에(שה)는 어린양이라기보다 작은 가축을 뜻한다. 이는 출12:3절에서도 마찬가지다. 따라서 하나님이 명령한 것은 어린양이 아니라 양이나 염소 중에서 작고 어린 새끼로서 일 년 된 수컷을 준비하라는 말로 이해해야 한다. 라쉬는 출애굽기 주석서 메킬타(Mekhilta)에서 다음과 같이 논하고 있다.

[출12:5, 메킬타, 랍비 이스마엘]
"너희는 취하라." 이 말은 무슨 뜻일까? 신16:2절은 다음과 같이 말한다. "너희는 양과 소를 잡아서 네 하나님 여호와께 유월절 희생을 드리라." 양은 유월절을 위한 희생제물이고, 소는 축제 때에 드리는 제물에 해당한다. 그러나 어쩌면 이 둘 다 유월절을 위한 제물일 수 있다. 그렇다면 출12:5절에서 말하는 '흠 없고 일 년 된 어린양'은 어떻게 이해해야 할까? 이 본문이 어쩌면 이집트에서 구원받은 유월절에 관한 언급처럼 들릴지 모르지만, 모든 세대 사람들을 향해 유월절이 되었을 때 양이나 소를 가져오라는 명령으로 이해할 수 있다. 그러면

출12:5절은 모든 사람에게 어린양이나 염소 중에서 가져오도록 명령한 것이 된다.

그러면 왜 가져오라 하는가? 이 본문은 소와 양을 가져오라고 말하지 않고 양이나 염소 중에서 단지 작은 새끼 한 마리만 가져오라고 말한다. 바로 이런 이유로, 랍비 요시야R. Yoshiyah와 요나단R. Yonathan은 유월절을 위한 희생제물 양이었고, 소는 축제를 위한 하기가 제물이었다고 주장한다.

다시 한번 생각해 보자. 과연 소와 양 둘 모두 유월절 제물이었을까? 그렇다면 출12:5절에서 말하는 '흠 없고 일 년 된 어린양'은 어떻게 이해해야 할까? 이 본문이 어쩌면 이집트에서 구원받은 유월절에 관한 언급처럼 들릴지 모르지만, 모든 세대 사람들을 향해 유월절이 되었을 때 양이나 소를 가져오라는 명령으로 이해할 수 있다. 하나님은 출13:5절에서 이스라엘에게 명령하시기를, "가나안 땅에 들어가거든 너희는 이 달에 이 예식을 지키라"고 말씀하셨다. 여기서 말하는 이 예식이란 유월절을 가리킨 것이 분명하다. 다시 말하면 하나님은 이스라엘에게 유월절 예식을 지금 이곳 이집트에서 행한 것처럼, 나중에 가나안 땅에 들어가서도 그대로 지킬 것을 명령하신 것이다. 즉 대대로 모든 세대에 걸쳐 지켜야만 하는 예식이라는 뜻이다.

과연 소와 양 둘 다 유월절을 위한 제물이었을까? 그렇다면 우리는 출12:5절에서 말하는 '흠 없고 일 년 된 어린양'은 어떻게 이해해야 할까? 이 본문이 어쩌면 이집트에서 구원받은 유월절에 관한 언급처럼 들릴지 모르지만, 모든 세대 사람들을 향해 유월절이 되었을 때 양이나 소를 가져오라는 명령으로 이해할 수 있다. 이번엔 출12:24절을 읽어보자. "너희는 이 일을 규례로 삼아 너희와 너희 자손이 영원히 지킬 것이니." 여기에 분명히 말씀하셨다. 유월절 예식은 이스라엘 모든 세대에 걸쳐 지켜야 하는 규례이다. 우리는 "너희는 양과 소를 잡아 네 하나님 여호와께 유월절 희생을 드리라"(신16:2)는 명령을 어떻게 이해해야 하나? 랍비들은 유월절을 위한 희생제물이 양이었고, 소는 축제 때 드렸던 하기가 제물이라고 주장한다.

랍비 아키바[R. Akiva]는 "유월절이 되면 소와 양을 잡으라"고 명령하고 있는 본문은 토라에서 한 구절뿐이며, 그 외 다른 본문에서는 "양 떼와 염소 가운데서 하나를 취하라"고 되어 있다는 것에 주목했다. 문제는 서로 다른 이 두 명령을 어떻게 조화롭게 이해하느냐 하는 것이다. 그는 이것을 해석학적인 차원에서 접근한다. 다시 말하면 우리가 토라를 읽으면서 서로 부딪히는 모순을 만났을 때는, 그다음에 이와 병행하는 세 번째 본문이 나올 때까지 결정을 잠시 미뤄두라고 조언한다. 그의 방식에 따른다면 그다음에 나오는 출12:21절, "너희는 너희 가족을 위하여 어린양을 택하여 유월절 양으로 잡으라"는 말씀이 본문을 해석하는 기준이 된다.

반면에 랍비 이스마엘[R. Yishmael]은 신16:2절에서 말한 '소와 양'이 유월절에서 가져온 하기가 제물이라고 말한다. 그렇다면 이 역시 유월절 제물로 여겨야 할까? 우리가 아는 바처럼 흠 없는 수컷 어린양은 분명히 유월절 제물이다. 그렇다면 "너희는 양과 소를 잡아 네 하나님 여호와께 유월절 제물로 드리라"는 명령을 어떻게 이해해야 할까? 이것은 유월절과 함께 드려야 하는 하기가를 가리킨 것일까? 랍비들의 설명에 의하면, 유월절 때 소나 양을 가져오라고 한 이유는 유월절 희생과는 별개로 화목제물을 명령하신 것이라고 해석한다. 유월절 제사를 지낸 후에 이것은 하나님께 화목제로 드릴 짐승이라고 본 것이다.

이상에서 살펴본 바와 같이, 출애굽기 주석서 메킬타는 유월절에 드릴 제물(소, 양, 염소)에 관해 토라 본문들이 왜 서로 다르게 언급하고 있는지에 관해 토론하고 있다. 메킬타는 출12:5절에 나온 흠 없고 일 년 된 수컷 짐승이 유월절 날 드릴 희생제물을 뜻하는 반면, 신16:2절에 언급된 소는 하기가 축제 예물이라고 구분하며, 이 두 종류 짐승을 드리는 이유에 대하여 설명하고 있다. 중요한 것은 이스라엘 백성들이 이집트에서 나올 때 집 문 앞에 발랐던 것은 어린양의 피였다는 사실이다. 그러나 그들의 후손들이 유월절을 지킬 때는 양이 아닌 염소까지 드릴 수 있도록 열어준 것으로 이해하고 있다. 그러면서 메킬타는 유월절 제물로써, 양만이 아닌 염소로도 가능한지에 관하여 토론을 벌이고 있다. 결론적으로 말하면, 양은 유월절을 희생을 위한 제물이었고 다른 짐승은 하기가 축제를 위해 드린 것이라고 매듭짓고 있다. 우리가 유월절 제물과 관련하여 주목해야 할 것은, 유월절 제물로 '양을 드리는 것과 염소를 드리는 것' 사이에는 매우 중요한 차이가 있다는 것이다. 이 차이가 무엇이고 또 왜 중요할까?

출12:21~23절에서 모세는 이스라엘에게, 개인적으로 양을 잡지 말고 각 가족(미슈파하)대로 유월절 양을 잡도록 명령하고 있다. 이것은 아주 중요한 의미가 있다. 그 이유가 무엇일까? 그것은 하나님이 우리 개인을 보실 때에 먼저 한 가족의 일원으로 생각하신다는 뜻이다. 가족은 혈연으로 뭉친 공동체이다. 하나님께 처음 태어난 초태생을 바치라는 명령도 마찬가지이다. 처음 태어난 초태생이 한 개인으로서 '하나'가 아닌 온전한 '한가족'을 대표하는 것이다. 초태생을 드림으로써 온 가족이 멸망으로부터 구원을 받게 된다. 그러므로 가족 전체가 하나님을 믿는 것은, 그 가족에 속한 한 사람 한 사람 모두에게 영향을 끼친다. 가족 구성원 모두 하나님 앞에서 믿음으로 사는 것, 이것은 하나님이 우리를 한 개인으로 보기에 앞서 가족의 일원으로 보신다는 의미이다.

이것은 Parashat Lech Lecha _{가라} (창12:1~17:27)에 이미 암시되어 있다. 하나님이 아브라함에게 나타나 "땅의 모든 족속이 너로 말미암아 복을 얻을 것이라" 말씀하셨다. 이 구절을 원문대로 읽으면, '이 땅의 모든 가족들(미슈프홋트)이 네 씨로 말미암아 복을 얻게 될'이라는 뜻이다. 그러므로 출12장 말씀도 이 전제를 가지고 읽어야 한다. 마찬가지로 하나님을 믿는 한가족은 세상 모든 민족들을 대표하는 한 집합체이다. 하나님이 아브라함에게 내려주신 '모든 가족들이 너의 씨로 말미암아'라는 복도 역시 그런 의미에서 바라봐야 한다.

하나님은 아브라함에게 "너는 너의 고향과 친척과 아버지의 집을 떠나 내가 네게 보여줄 땅으로 가라"(창12:1)고 말씀하셨다. 이것은 단지 고향 땅이나 일가친척들을 떠나라는 의미만은 아니다. 주께서 인도하실 새로운 땅에 가서 새로운 인생을 살라는 명령이었다. 그렇게 살면 하나님이 아브라함에게 큰 민족을 이루어 주실뿐만 아니라, 그가 축복한 자를 하나님이 복 주시고 그가 저주하는 자에게는 저주가 임하게 될 것이라 약속하셨다. 이 약속에 이어 주신 말씀이 바로 '이 땅의 모든 가족이 너의 씨로 말미암아 복을 얻게 될 것'이라는 언약이었다.

그런데 한 가지 특이한 점은, 출애굽기에서 모세가 이 세상의 땅을 말할 때는, '하아렛츠(הָאָרֶץ)^{the Land}'가 아니라 '하아다마(הָאֲדָמָה)

^{the Earth}'라 부른다. 이것은 어떤 차이가 있을까? 이는 모세가 축복하는 대상이 이 땅(이스라엘)의 가족만이 아니라 온 땅모든 민족의 가족이라는 사실을 암시해 준다. 이러한 관점은 하나님이 아브라함에게 주신 약속(창12:3) 안에 담겨 있다. '온 땅의 모든 가족'이라는 말은 하나님이 사람을 흙으로 지으셨다(창2:7)는 본문과도 같은 맥락이다. 이 구절을 탈굼은 '이 땅의 모든 씨'라 옮겼다. 탈굼은 가족을 '이 땅의 씨'라고 이해한 것이다. 이는 하나님의 언약이 이스라엘에게만이 아니라 토라를 받아들인 모든 민족에게까지 똑같이 유효하다는 점을 말해 준다. 하나님이 아브라함과 맺었던 둘 사이의 언약이 아브라함 한 개인에게서 출발하여 그의 후손 이스라엘에게까지, 그리고 더 나아가 전 세계의 모든 이방인에게까지 확장되어 간 것이다. 탈무드와 미드라쉬 안에도 이와 비슷한 증언이 나온다. "하나님이 세상의 모든 민족을 위해 토라를 주셨는데, 그것을 온전히 받아들인 민족은 오로지 이스라엘 한 나라뿐이었다."[1]

"하나님이 토라를 주실 때 이스라엘뿐 아니라 모든 민족이 다 받아들이기를 원하셨고, 토라를 통해 약속된 메시아의 복을 받아 구원에 이르기를 기대하고 계신다."[2]

히브리어 본문 안에는 하나님이 아브라함과 맺은 언약에 대해 많은 증언이 나온다.[3]

---

1) 탈무드 바블리 아보다 자라(Avodah Zarah) 2b.

2) 미드라쉬 랍바 바미드바 Parashat 1, Part 7.

3) 대표적인 구절로; 창15:18~21, 17:1~8, 18:18, 22:18, 26:4, 28:14절을 들 수 있다.

[창15:18~21, 개역개정]

(18) 그 날에 여호와께서 아브람과 더불어 언약을 세워 이르시되 내가 이 땅을 애굽 강에서부터 그 큰 강 유브라데까지 네 자손에게 주노니, (19) 곧 겐 족속과 그니스 족속과 갓몬 족속과 (20) 헷 족속과 브리스 족속과 르바 족속과 (21) 아모리 족속과 가나안 족속과 기르가스 족속과 여부스 족속의 땅이니라 하셨더라.

[창17:1~8, 개역개정]

(1) 아브람이 구십구 세 때에 여호와께서 아브람에게 나타나서 그에게 이르시되, 나는 전능한 하나님이라 너는 내 앞에서 행하여 완전하라. (2) 내가 내 언약을 나와 너 사이에 두어 너를 크게 번성하게 하리라 하시니 (3) 아브람이 엎드렸더니 하나님이 또 그에게 말씀하여 이르시되, (4) 보라 내 언약이 너와 함께 있으니 너는 여러 민족의 아버지가 될지라. (5) 이제 후로는 네 이름을 아브람이라 하지 아니하고 아브라함이라 하리니, 이는 내가 너를 여러 민족의 아버지가 되게 함이니라. (6) 내가 너로 심히 번성하게 하리니 내가 네게서 민족들이 나게 하며 왕들이 네게로부터 나오리라. (7) 내가 내 언약을 나와 너 및 네 대대 후손 사이에 세워서 영원한 언약을 삼고 너와 네 후손의 하나님이 되리라. (8) 내가 너와 네 후손에게 네가 거류하는 이 땅 곧 가나안 온 땅을 주어 영원한 기업이 되게 하고 나는 그들의 하나님이 되리라.

[창18:18, 개역개정]

아브라함은 강대한 나라가 되고 천하 만민은 그로 말미암아 복을 받게 될 것이 아니냐.

[창22:18, 개역개정]

또 네 씨로 말미암아 천하 만민이 복을 받으리니 이는 네가 나의 말을
준행하였음이니라 하셨다 하니라.

[창26:4, 개역개정]

네 자손을 하늘의 별과 같이 번성하게 하며 이 모든 땅을 네 자손에게
주리니 네 자손으로 말미암아 천하 만민이 복을 받으리라.

[창28:14, 개역개정]

네 자손이 땅의 티끌 같이 되어 네가 서쪽과 동쪽과 북쪽과 남쪽으로
퍼져 나갈지며, 땅의 모든 족속이 너와 네 자손으로 말미암아 복을 받
으리라.

하나님이 아브라함의 씨후손에 대하여 복을 약속하셨던 본문
들을 창12:3절과 비교해 보면 매우 흥미로운 사실 하나를 발견하
게 된다. 여기에서 사용된 히브리 단어가 서로 다르다는 것이다.
하나님이 창12:3절에서는 '너로 말미암아 이 땅의 모든 가족들이
복을 받게 될 것'이라고 약속한 반면에, 창18:18절에서는 '그리고
그로 말미암아 이 땅의 모든 민족들(고임)이 복을 받을 것'이라고 하
셨다. 또한 12:3절에서는 넓은 의미로서 가족을 의미하는 '미쉬프홋
트'(단수: 미쉬파하)를 사용한 데 비해, 18:18절에서는 이방 민족을
의미하는 '고임(goyim)'이라고 말하고 있다.

한편 탈굼 옹켈로스는 이 부분을 '이 땅의 모든 사람들'로 옮기
고 있다. 또한 창22:18절에서는 '그리고 네 자손(베아춤)[4]으로 말미

---

4) 히브리어 '베아춤'을 직역하면, '네 뼈들'이라는 뜻이다

암아 이 땅의 모든 민족고임이 복을 받을 것'이라고 말하고, 26:4 절은 '네 씨(베짜르아카)로 말미암아 이 땅의 모든 민족이 복을 받게 될 것'이라고 증언하고 있다. 그런가 하면 28:14절은 '너로 말미암 아(베카) 그리고 또한 네씨 (우베짜르에카)로 말미암아, 이 땅의 모든 가족들(미쉬프홋트)이 복을 받을 것'이라고 말한다.

이처럼 각 본문에 따라 '미쉬프홋트'과 '고임' 외에도, '아므메' 즉 '사람들'이라고 다르게 기술하고 있다. 이렇게 각 본문마다 서로 다르게 기술한 이유는 무엇일까? 그것은 하나님이 아브라함과 언약을 맺은 것이, 단지 아브라함이나 이스라엘 한 민족에게만이 아니라, 이 땅에 거하는 모든 민족과 나라들까지 언약의 대상에 포함된다는 것을 말해 준 것이다. 설령 이방인들이라 할지라도 예외가 되지 않는다. 하나님은 아브라함과 그의 자손들로 말미암아 이 땅 모든 민족이 복 받기를 원하며, 아브라함에게 베푸신 항구적인 구원의 은총 안으로 들어오도록 초대해 주셨다. 출12:5절은 유월절 희생제물과 관련된 대표적 본문이라고 할 수 있다. "너희 어린양은 흠 없고 일 년 된 수컷으로 하되 양이나 염소 중에서 취하고." 하나님은 양 떼와 염소 떼 중에서 어린양 한 마리를 취하라고 명령하신다.

이제까지 논했던 내용 가운데 가장 중요한 핵심이 무엇인가? 하나님이 오늘 우리에게 주신 율법(토라)의 증언에 의하면, 아브라함과 그의 후손을 통해 약속한 축복의 은혜는 각 개인에게만이 아니라 '가족, 또는 민족'에게 주셨다는 것이다. 축복의 대상이 이스라엘에게만 아니라 세상 모든 이방인에게까지 똑같이 적용된다는 점을 분명히 밝힌 것이다. 그러므로 우리는 토라를 통한 축복의 역사가 나 한 사람만을 위한 개별적인 은혜라는 이기적인 틀을 깨고, 하나님이 우리의 공동체와 나라와 민족과 모든 열방을 위해 주신 집단적인 복이 될 수 있도록 먼저 사고의 전환이 필요하다.

하나님의 복이 개인적이 아닌 공동체적이라는 것은 성경 전체에 흐르는 하나님의 뜻이다. 그런데 안타깝게도 오늘날 한국교회는 성경의 이런 가르침과 진리에 대한 해석에서 벗어나, 자꾸만 모든 것들이 개인주의화 되어 가고 있다. 그러다 보니 믿음이 이기적이고 신앙생활도 자기 소견에 옳은 대로 행하기 일쑤다. 성경의 복에 대해서도 지나칠 정도로 탐욕적이고 정복적인 개념으로 이해한다. 하나님의 복과 은혜는 사적으로 임할지라도, 그것을 사용할 때는 공동체를 위해 공적으로 유익한 결과가 나타나야 한다. 성경에서 주님은 결코 하늘의 복을 사적인 곳에 사용하라고 말씀하신 적이 없다. 즉 하나님의 복과 은혜는 지극히 공동체적이고 가정적이다. 그렇기 때문에 주님은 항상 다른 사람들과의 관계가 얼마나 중요한지에 대해 강조하셨다.

특히 토라는 가족의 중요성에 대해 크게 강조하고 있다. 개인보다는 가족 중심으로, 그리고 한 가족을 이끄는 아버지의 역할과 중요성, 또 그 결과에 이르기까지, 모든 책임이 가장家長 한 사람에게 있음을 강조한 본문들이 많다. 그 대표적인 예가 여호수아 7장이다.

[수7:1~23, 개역개정]
(1) 이스라엘 자손들이 온전히 바친 물건으로 말미암아 범죄하였으니,

이는 유다 지파 세라의 증손 삽디의 손자 갈미의 아들 아간이 온전히
바친 물건을 가졌음이라. 여호와께서 이스라엘 자손들에게 진노하시
니라. (2) 여호수아가 여리고에서 사람을 벧엘 동쪽 벧아웬 곁에 있는
아이로 보내며 그들에게 말하여 이르되, 올라가서 그 땅을 정탐하라
하매 그 사람들이 올라가서 아이를 정탐하고, (3) 여호수아에게로 돌
아와 그에게 이르되 백성을 다 올라가게 하지 말고 이삼천 명만 올라
가서 아이를 치게 하소서. 그들은 소수이니 모든 백성을 그리로 보내
어 수고롭게 하지 마소서 하므로 (4) 백성 중 삼천 명쯤 그리로 올라갔
다가 아이 사람 앞에서 도망하니 (5) 아이 사람이 그들을 삼십육 명쯤
쳐죽이고 성문 앞에서부터 스바림까지 쫓아가 내려가는 비탈에서 쳤
으므로 백성의 마음이 녹아 물 같이 된지라. (6) 여호수아가 옷을 찢고
이스라엘 장로들과 함께 여호와의 궤 앞에서 땅에 엎드려 머리에 티
끌을 뒤집어쓰고 저물도록 있다가 (7) 이르되 슬프도소이다 주 여호
와여, 어찌하여 이 백성을 인도하여 요단을 건너게 하시고 우리를 아
모리 사람의 손에 넘겨 멸망시키려 하셨나이까? 우리가 요단 저쪽을
만족하게 여겨 거주하였더면 좋을 뻔하였나이다. (8) 주여 이스라엘
이 그의 원수들 앞에서 돌아섰으니 내가 무슨 말을 하오리이까? (9) 가
나안 사람과 이 땅의 모든 사람들이 듣고 우리를 둘러싸고 우리 이름
을 세상에서 끊으리니 주의 크신 이름을 위하여 어떻게 하시려 하나
이까 하니, (10) 여호와께서 여호수아에게 이르시되 일어나라 어찌하
여 이렇게 엎드렸느냐? (11) 이스라엘이 범죄하여 내가 그들에게 명령
한 나의 언약을 어겼으며, 또한 그들이 온전히 바친 물건을 가져가고
도둑질하며 속이고 그것을 그들의 물건들 가운데에 두었느니라. (12)
그러므로 이스라엘 자손들이 그들의 원수 앞에 능히 맞서지 못하고
그 앞에서 돌아섰나니 이는 그들도 온전히 바친 것이 됨이라. 그 온전
히 바친 물건을 너희 중에서 멸하지 아니하면 내가 다시는 너희와 함
께 있지 아니하리라.

(중략)

(16) 이에 여호수아가 아침 일찍이 일어나서 이스라엘을 그의 지파대로 가까이 나아오게 하였더니 유다 지파가 뽑혔고, (17) 유다 족속을 가까이 나아오게 하였더니 세라 족속이 뽑혔고 세라 족속의 각 남자를 가까이 나아오게 하였더니 삽디가 뽑혔고, (18) 삽디의 가족 각 남자를 가까이 나아오게 하였더니 유다 지파 세라의 증손이요 삽디의 손자요 갈미의 아들인 아간이 뽑혔더라. (19) 그러므로 여호수아가 아간에게 이르되 내 아들아 청하노니 이스라엘의 하나님 여호와께 영광을 돌려 그 앞에 자복하고 네가 행한 일을 내게 알게 하라. 그 일을 내게 숨기지 말라 하니 (20) 아간이 여호수아에게 대답하여 이르되 참으로 나는 이스라엘의 하나님 여호와께 범죄하여 이러이러하게 행하였나이다. (21) 내가 노략한 물건 중에 시날 산의 아름다운 외투 한 벌과 은 이백 세겔과 그 무게가 오십 세겔 되는 금덩이 하나를 보고 탐내어 가졌나이다. 보소서 이제 그 물건들을 내 장막 가운데 땅 속에 감추었는데 은은 그 밑에 있나이다 하더라. (22) 이에 여호수아가 사자들을 보내매 그의 장막에 달려가 본즉 물건이 그의 장막 안에 감추어져 있는데 은은 그 밑에 있는지라. (23) 그들이 그것을 장막 가운데서 취하여 여호수아와 이스라엘 모든 자손에게 가지고 오매 그들이 그것을 여호와 앞에 쏟아 놓으니라.

위 본문 1절을 보면, 이스라엘 자손들이 아이(Ai) 성을 공격할 때 절대 해서는 안 될 범죄를 저질렀다고 말한다. 그 결과 전투에서 36명의 아까운 생명을 잃고 말았다. 그리고 11절에서 하나님은 이스라엘이 범죄하여 그들에게 명령한 언약을 저버렸다고 말씀하신다. 그들이 범한 죄는 무엇인가? 앞선 전투 여리고에서 싸울 때 하나님의 명령을 어기고 취해서는 안 될 물건을 몰래 훔쳐 숨겼던 아간의 행동을 가리킨 것이다. 그런데 여기서 하나 꼭 짚고 넘어가야 할 것이 있다. 지금 아간이 하나님 몰래 전리품을 훔친 일을 죄라고 지적하고 있긴 하지만, 그러나 토라의 다른 본문에도 나타나듯이, 대부분의 경우 전쟁에서 승리하게 되면 그때 빼앗은 전리품을 취하는 것은 매우 흔한 일이었다. 이것은 이스라엘이 승리했을 때도 마찬가지였다. 그런데 하나님은 유독 여리고와 전쟁할 때에만 모든 것을 진멸하고 그 어떤 물건도 취하지 말라고 명령하신 것이다.

여호수아 7장은 바로 그런 상황을 전제하고 있다. 아간이 하나님의 명령을 어기고 물건을 몰래 훔쳐 숨긴 것은 그의 탐심 때문이었다. 탐심 때문에 부정한 물건을 취하였고, 그것이 알면서도 몰래 자기 장막 안에 숨겨 놓았다. 이것은 레13장이 언급하고 있는 차라앗트다.[5] 따라서 물건을 훔친 행위 자체에 대한 죄의 문제를 묻기에 앞서, 물건을 훔치려 한 그의 탐심을 지적할 수밖에 없으며, 그 탐심은 하나님의 언약을 믿지 않은 불신앙에 기인하고 있다. 이스라엘 백성들은 이 언약을 어긴 죄로 인해 "그들의 원수 앞에 능히 맞서지 못하고 그 앞에서 돌아섰다"(수7:12)고 말한다. 그러므로 이스라엘이 대적들과 맞서 싸워 이기려면, 무엇보다 그들을 실패하게 만든 죄의 원인을 완전히 제거해야만 한다(수7:13).

하나님은 아간이 훔친 물건을 가리켜 '온전히 바친 물건'이라고 말씀한다. 이는 '하나님께 바치기 위해 온전히 따로 떼어 놓은 거룩한' 이라는 뜻이다. 이것은 오늘 우리에게도 매우 중요하다. 토라의

---

5) Tzaraat: 악성 피부병이나 곰팡이처럼 집안 전체를 부정하게 만든 일.

계명에 의하면, 하나님께 바치려고 따로 떼어 놓은 거룩한 것을 제 멋대로 훔치거나 사용하면, 어느 누구라도 결코 하나님 앞에 온전히 설 수 없을 뿐만 아니라, 온갖 재앙들이 임하게 될 것이라고 강하게 경고하고 있다. 원수와 대적들이 몰려와 이에 맞설 수조차 없는 상황을 직면하게 된다. 그러므로 우리는 혹시라도 작은 탐심 때문에 하나님께 '온전히 바칠 물건'에 손을 대고 있지는 않나 잘 살펴봐야 한다. 이것을 살피려면, 하나님이 지금도 나의 삶에 여전히 은혜로서 역사하고 계시는지 먼저 생각해 봐야 한다.

우리가 자신을 향해 던질 또 하나의 질문은, "혹시라도 나의 탐심으로 인해 하나님의 언약을 어긴 적은 없는가?" 하는 것이다. 예를 들면 토라 말씀보다는 각종 취미활동에 더 심취되어 마음을 빼앗기거나, 하나님께 나가야 할 시간에 텔레비전 드라마나 인터넷에 빠져 예배를 소홀히 한 적은 없는지 돌아봐야 한다. 친구와의 만남, 여행, 쇼핑, 스포츠, 게임이나 도박, 개인적인 일 등, 세상에는 우리 마음과 영혼을 빼앗는 요소들이 얼마나 많은지 모른다. 이것들은 사람의 탐심을 자극하여 토라 말씀과 언약을 가볍게 여기도록 만들어, 결국 하나님의 것 즉 '주님께 온전히 바칠 거룩한 것'을 훔치도록 유인한다.

또 우리의 입에서 나오는 많은 말, 그것이 개인적으로든 공개적으로든 사람들과 대화를 나눌 때, 우리의 입에서 온갖 욕설과 저주와 음담패설이 나오고 있지는 않은가 살펴봐야 한다. 만약 이러한 것들을 빨리 제거하지 않은 채로 그냥 아무렇지 않게 여긴다면, 점점 그 소리가 마음에서 커지고 또 자라게 되어, 결국 하나님의 말씀은 귀에서 멀어지고 영혼은 죽어간다. 그리고 이로 인해 삶은 점차 깊은 나락 속으로 떨어지게 된다. 처음엔 작은 탐심으로 시작되었지만 금방 눈덩이처럼 커지게 되어, 자신이 지은 죄를 자각하지도 못하는 지경에 이르게 된다. 그렇게 되면 토라 말씀과는 무관한 삶이 계속되고 하나님의 언약으로부터 멀어져, 그리스도 안에서 또 그리스도와 함께 믿음으로 산다는 것은 불가능해진다.

이것이 바로 오늘날 한국교회 문제이고, 주님이 교회를 바라보며 가장 가슴 아파하시는 일이다. 왜 교회 내에서 여전히 사람들이 차별을 받고 무시당하는가? 여기 여호수아서가 말하는 것처럼, 한 사람의 죄와 잘못이 자기 가족은 말할 것도 없고, 다른 사람들에게까지 지대한 영향을 끼친다는 점을 명심해야 한다. 교회는 공동체이다. 신앙은 지극히 개인적이지만, 개인의 신앙은 당사자에게만 국한되지 않고 많은 사람에게 영향을 준다. 마찬가지로 한 사람의 죄가 당사자만의 문제가 아니라, 가족과 더 나아가 모든 사람에게 치명적인 악영향을 줄 수 있다는 것을 기억해야 한다.

수7:22~26절을 읽어 보면, 한 사람의 죄로 인하여 '그의 아들과 딸들, 그의 가축 떼들과 모든 것들'을 포함하여 가문 전체가 파멸에 이르는 모습을 보여주고 있다. 아간은 몰래 전리품을 챙겼고 장막 안에 감추었다. 그의 가족들도 이 사실을 알고 있었다. 토라는 알고도 모른 채 묵인하면 이 또한 죄에 참여하는 것이라고 말한다. 그래서 바울은 고전5장에서, 만약 누군가 교회 안에서 노골적으로 죄를 짓는다면 교회는 이 악을 행한 사람을 용납하지 말고 가차 없이 내쫓으라고 권고하였다. 만약 죄악을 보고도 내쫓지 않고 그냥 묵인해 버리면, 다른 교인들이 교회가 이를 허용한 것으로 보고 똑같은 죄를 저지를 수 있기 때문이다. 그리고 그 결과로, 공동체 모든 구성원이 위기에 처하게 되고 급기야 죽음에 이르기까지 한다.

복과 저주에 대해 토라가 강조하는 바가 무엇인가? 모름지기 하나님은 충성스러운 한 사람의 믿음으로 인해 그 가족 전체에까지 복을 주신다. 마찬가지로 한 사람의 불신앙과 불순종으로 인해 그 가족 전체에까지 저주가 미치게 된다. 수7장은 아간 한 사람 죄 때문에 자신은 물론 가족 전체가 파멸하고 말았던 비극적인 사건에 대해 증언하고 있다. 다시 한번 말하지만, 하나님을 믿은 것은 개인이 택한 일일지만 믿음의 결과는 결코 사적인 일이 아니다. 믿음은 개인의 것이지만 믿음의 영향력만큼은 공동체성을 띤다. 한 사람의 신실한 믿음이 가족들을 구원할 수도 있고, 반대로 한 사람의 불신앙과 죄가 가족들을 죽음으로 몰고 가기도 한다. 다음의 신약성경 증언을 들어 보라.

[요4:50~53, 개역개정]
(50) 예수께서 이르시되 가라 네 아들이 살아 있다 하시니 그 사람이 예수께서 하신 말씀을 믿고 가더니, (51) 내려가는 길에서 그 종들이 오다가 만나서 아이가 살아 있다 하거늘 (52) 그 낫기 시작한 때를 물은즉 어제 일곱 시에 열기가 떨어졌나이다 하는지라. (53) 그의 아버지가 예수께서 네 아들이 살아 있다 말씀하신 그 때인 줄 알고 자기와 그 온 집안이 다 믿으니라.

[행11:12~18, 개역개정]
(12) 성령이 내게 명하사 아무 의심 말고 함께 가라 하시매 이 여섯 형

제도 나와 함께 가서 그 사람의 집에 들어가니, (13) 그가 우리에게 말하기를 천사가 내 집에 서서 말하되 네가 사람을 욥바에 보내어 베드로라 하는 시몬을 청하라. (14) <u>그가 너와 네 온 집이 구원 받을 말씀</u>을 네게 이르리라 함을 보았다 하거늘 (15) 내가 말을 시작할 때에 성령이 그들에게 임하시기를 처음 우리에게 하신 것과 같이 하는지라. (16) 내가 주의 말씀에 요한은 물로 세례를 베풀었으나 너희는 성령으로 세례를 받으리라 하신 것이 생각났노라. (17) 그런즉 하나님이 우리가 주 예수 그리스도를 믿을 때에 주신 것과 같은 선물을 그들에게도 주셨으니 내가 누구이기에 하나님을 능히 막겠느냐 하더라. (18) 그들이 이 말을 듣고 잠잠하여 하나님께 영광을 돌려 이르되, 그러면 하나님께서 이방인에게도 생명 얻는 회개를 주셨도다 하니라.

[행16:27~34, 개역개정]

(27) 간수가 자다가 깨어 옥문들이 열린 것을 보고 죄수들이 도망한 줄 생각하고 칼을 빼어 자결하려 하거늘 (28) 바울이 크게 소리 질러 이르되 네 몸을 상하지 말라 우리가 다 여기 있노라 하니 (29) 간수가 등불을 달라고 하며 뛰어 들어가 무서워 떨며 바울과 실라 앞에 엎드리고 (30) 그들을 데리고 나가 이르되 선생들이여 내가 어떻게 하여야 구원을 받으리이까 하거늘 (31) 이르되 주 예수를 믿으라. 그리하면 <u>너와 네 집이 구원을 받으리라</u> 하고 (32) 주의 말씀을 그 사람과 그 집에 있는 모든 사람에게 전하더라. (33) 그 밤 그 시각에 간수가 그들을 데려다가 그 맞은 자리를 씻어 주고 자기와 그 온 가족이 다 세례를 받은 후, (34) 그들을 데리고 자기 집에 올라가서 음식을 차려 주고 <u>그와 온 집안의</u> 하나님을 믿으므로 크게 기뻐하니라.

[행18:4~10, 개역개정]

(4) 안식일마다 바울이 회당에서 강론하고 유대인과 헬라인을 권면하

니라. (5) 실라와 디모데가 마게도냐로부터 내려오매 바울이 하나님의 말씀에 붙잡혀 유대인들에게 예수는 그리스도라 밝히 증언하니 (6) 그들이 대적하여 비방하거늘 바울이 옷을 털면서 이르되, 너희 피가 너희 머리로 돌아갈 것이요 나는 깨끗하니라. 이 후에는 이방인에게로 가리라 하고 (7) 거기서 옮겨 하나님을 경외하는 디도 유스도라 하는 사람의 집에 들어가니 그 집은 회당 옆이라. (8) 또 회당장 그리스보가 온 집안과 더불어 주를 믿으며 수많은 고린도 사람도 듣고 믿어 세례를 받더라. (9) 밤에 주께서 환상 가운데 바울에게 말씀하시되 두려워하지 말며 침묵하지 말고 말하라. (10) 내가 너와 함께 있으매 어떤 사람도 너를 대적하여 해롭게 할 자가 없을 것이니 이는 이 성중에 내 백성이 많음이라 하시더라.

위 본문들을 읽어 보라. 집의 가장 한 사람이 예수를 그리스도로 믿었더니 온 가족 다 주를 영접했다고 증언한다. 이것은 오늘 우리에게도 매우 중요한 문제이다. 아브라함과 그의 후손으로 말미암아 이 땅 모든 가족(미쉬프홋트)에게 복을 주겠다고 주님은 약속하셨다. 특히 토라에서 처음으로 복을 약속한 창12:3절을 보라. 핵심은 모든 민족들에게 임하는 축복은 아브라함의 씨를 통해 온다는 것이다.

출12:5절은 "너희 어린양은 흠 없고 일 년 된 수컷으로 하되 양이나 염소 중에서 취하라"고 말한다. 여기에서 어린양이라고 옮긴 히브리어 '쎄에'는 어린 가축을 가리킨다. 그러므로 다시 읽으면, "너희는 양이나 염소 중에서 흠 없고 일 년 된 수컷 짐승 하나를 취하라"는 명령이다. 하나님은 왜 양이나 염소 중에서 어린 짐승 하나를 취하라고 말씀하셨나? 그 이유는 가족들을 위해서이다. 한 걸음 더 나아가 이 땅에 모든 민족을 위함이다. 이처럼 하나님은 이 땅의 모든 민족에게 복 주시기를 원하신다. 이 땅의 열방 중에 하나님께 복 받을 대상에서 제외된 나라는 단 하나도 없다. 하나님의 복 가운데 최고의 복은 메시아에 관한 언약이다. 하나님은 모든 열방을 향해 메시아에 대한 소망을 약속하셨다. 누구나 메시아를 믿고 영접하기만 하면 그 사람을 통해 가족과 그에게 속한 모든 자가 '메시아 안에in the One Messiah' 또 '메시아를 통하여through the One Messiah' 하나님이 주신 최고의 복을 받아 누릴 수가 있다. 이처럼 하나님이 언약하신 복은 사람들의 상상을 초월하는 위대하고 신령한 복이다.

오늘 본문이 유월절과 관련하여 던진 메시지는 무엇인가? 이스라엘은 유월절을 보내는 동안 무엇보다 토라를 주신 하나님께 기쁨 가운데 감사의 제사를 드렸다. 하나님이 그들에게 왜 토라를 주셨을까? 토라의 핵심에는 메시아 신앙이 있다. 따라서 우리도 토라를 읽고 해석할 때는 항상 메시아 신앙과 연결하여 이해해야 한다. 즉 하나님이 토라를 우리에게 주신 가장 중요한 이유는, 예수를 메시아로 믿는 신앙을 통해 언젠가 다시 오시리라 약속한 궁극적인 하나님 나라에 대한 소망을 기대하며 살도록 하는 데 있다. 메시아가 다시 오실 때 우리를 모든 악에서 구속하시고 영원한 생명으로 인도하실 것이다.

하나님이 유월절을 이스라엘 역사의 중심에 자리하도록 하신 이유가 무엇일까? 이집트의 노예가 되어 온갖 학대와 고통을 받던 이스라엘을 구원해 주시고, 그들을 하나님의 거룩한 백성으로 삼기 위함이 아니겠는가! 그래서 하나님이 명하시기를 "너희는 이날을 기념하여 여호와의 절기를 삼고 대대로 이를 영원한 규례로 지키라"(출12:14)고 하신 것이다. 유월절 희생으로 드리는 양이나 염소는 하나님이 이스라엘을 구속하시고 백성 삼은 언약의 증표이다. 어린양 피로써 이스라엘의 죄를 다 씻으시고 그들을 구원하여 의롭게 하신 은혜가 유월절 희생제물에 담겨 있다.

유월절 어린양이 바로 우리를 구속하신 예수 그리스도(고후 5:21, 계7:14)이시다. 오늘 우리도 유월절 은혜를 기억해야 한다. 모든 성도가 한자리에 모여 유월절 식사를 나눌 때마다 '메시아 안에서, 메시아를 통해서' 우리를 구원하신 하나님의 은혜를 다시 기념하며 기쁨을 나눠야 한다. 하나님은 죄로 인해 어둠 속에 살던 우리를 구원해 주시고 하나님 나라로 이끌어 주셨다. 우리 죄를 용서하시고 참된 안식과 평안을 주신 그리스도를 기억하며, 늘 기쁨과 감사로 예배드리는 모습이 날마다 우리 가운데 충만해야 한다. 이 것이 곧 유월절 은혜다!

제17주 차
Parashat Beshalach 보낸 후에 (13:17~17:16)

만나는 시험입니다

이집트 바로는 여호와 하나님을 섬기도록 보내 달라는 이스라엘 백성들의 요구를 결국 받아들였다. 백성들은 모세의 인도하에 이집트 땅을 나와 광야를 향해 나아갔다. Parashat Beshalach 보낸 후에 (출13:17~17:16) 본문은, 하나님이 광야에서 이스라엘을 인도하실 때 낮에는 구름기둥으로 밤에는 불기둥으로 그들을 보호하셨다고 증언한다. 이 부분에서 중요한 사실 하나는, 이스라엘이 이집트를 떠나 광야에 들어섰을 때 이스라엘 백성을 보호하는 구름기둥과 불기둥이 상당히 신속하게 임했다는 것이다. 당시에는 아직 하나님의 회막이 세워지지 않았던 때였는데도 불구하고, 이제 막 광야에 들어선 이스라엘 백성에게 하나님은 자신의 현존을 알리기 위하여 구름기둥과 불기둥으로 나타나신 것이다.

한편 바로 왕은 어쩔 수 없이 이스라엘을 보냈으나 이내 마음이 다시 완악해진다. 곧바로 군대를 동원하여 홍해를 향하고 있던 이스라엘 백성들의 뒤를 쫓기 시작했다. 바로의 마음이 다시 완악해진 것도 하나님이 행하신 일이다(14:4). 이집트 군대가 뒤를 쫓아 왔으나 하나님은 이미 당신의 백성을 구원할 계획을 마련해 놓으셨다. 홍해를 가르고 그 사이를 마치 마른 땅 걷듯 지나가게 하신 것이다(14:15~22). 이집트 군대는 이스라엘을 몰살시키려고 쫓아왔으나 하나님은 오히려 그 군대를 하나도 남김없이 바닷속에 수장하여 몰살시키셨다(14:23~31). 이 어마어마한 광경을 직접 눈으로 목격한 이스라엘은 미리암의 선창으로 하나님의 위대한 이름을 찬송하게 된다(15:1~21). 이처럼 하나님은 이스라엘 백성들을 이집트의 압제로부터 완전히 구원하신 후에, 그들을 시험하기 위해 가장 먼저 쓴 물이 나오는 마라로 인도하신다(15:23~26). 그런 후 그들을 샘 열둘과 일흔 그루의 종려나무가 있는 엘림에 인도하셨고, 이스라엘은 거기서 장막을 치고(15:27) 첫 안식을 취하였다.

이스라엘은 다시 신 광야를 향해 길을 나섰다. 그러나 그곳에서 먹을 양식을 얻지 못하자 백성들은 이내 모세와 아론을 향해 원망하는 말을 쏟아냈다(16:1~3). 하나님은 불평하는 그들에게 빵(만나)과 고기(메추라기)를 하늘에서 내려주셨다(16:4~18). 그러나 이것을 먹는 일에는 반드시 지켜야 할 몇 가지 지침이 있다. 첫째로 이 양식은 하루 먹을 만큼만 거둬야 하기 때문에 그들은 매일 나가야 한다. 둘째로 안식일에는 양식을 내려주지 않을 것이므로 절대 양식을 구하러 나가면 안 된다. 다만 안식일 날 먹을 양식은 그 전날 갑절로 거둘 수 있도록 풍성하게 내려주실 것이다. 끝으로 하나님이 내려주신 하늘 양식을 먹은 이스라엘 백성은 이 은혜를 절대로 잊지 말고 하나님께 영광을 돌려야 한다(16:23~30). 하나님이 이처럼 만나와 메추라기와 관련하여 '양식 거두는 일에 대한 지침'

을 일러주신 것은, 그들이 양식으로 인하여 원망과 불평을 늘어놓았기 때문이다. 그러나 하나님이 양식 지침을 정한 가장 큰 이유는, 이스라엘이 하나님의 말씀에 순종하는지 불순종하는지 시험하기 위함(16:4)이었다.

이스라엘 백성은 다시 시내산을 향해 여행길에 올랐다. 그러나 르비딤에 이르렀을 때 마실 물이 없자 그들은 또다시 모세를 향해 원망하며 이집트에서 나온 것을 후회하였다(17:1~4). 이에 모세가 하나님께 기도하자 하나님은 그에게 지팡이로 반석을 쳐서 물을 내도록 명하신다(17:5~6). 그런데 바로 그때, 이 순간만을 노리고 있던 아말렉이 이스라엘을 습격하였다. 하나님은 아말렉의 악한 행위로 인하여 천하에서 아멜렉 이름을 기억조차 하지 못하도록 그들을 없애버리겠다고 선언하신다(17:14).

우리가 오늘 Parashat Beshalach 보낸 후에를 읽을 때 가장 주목해야 할 것이 있다. 하나님이 이스라엘 백성들에게 일용할 양식으로 만나를 내려주신 것은, 그들이 하나님의 명령 즉 토라를 따르는지 따르지 않는지를 시험하기 위함이었다고 말한다(16:4). 우리는 이 시험을 예수 그리스도와 연결 시키는 일이 무엇보다 중요하다. 왜냐하면 예수 그리스도가 곧 하늘에서 내려온 만나이며, 모든 믿는 자에게 궁극적으로 생명 양식이기 때문이다. 그렇다면 하나님이 광야의 이스라엘 백성에게 만나를 내려주신 것을 통해 토라에 대한 준행 여부를 시험하신 것, 이것은 곧 오늘 우리에게 생명양식인 예수 그리스도를 통해 그의 말씀을 순종하고 지키며 사는지를 시험하고 있음을 말해 주고 있다. 하나님이 이스라엘 백성에게 주신 만나와 토라에 대한 순종 여부, 이것은 궁극적으로, 예수 그리스도와 그 말씀에 대한 믿음과 서로 긴밀하게 묶여 있는 것이다.

[출16:1~10, 개역개정]

(1) 이스라엘 자손의 온 회중이 엘림에서 떠나 엘림과 시내 산 사이에 있는 신 광야에 이르니 애굽에서 나온 후 둘째 달 십오일이라. (2) 이스라엘 자손 온 회중이 그 광야에서 모세와 아론을 원망하여 (3) 이스라엘 자손이 그들에게 이르되, 우리가 애굽 땅에서 고기 가마 곁에 앉아 있던 때와 떡을 배불리 먹던 때에 여호와의 손에 죽었더라면 좋았을 것을 너희가 이 광야로 우리를 인도해 내어 이 온 회중이 주려 죽게 하는도다. (4) 그때에 여호와께서 모세에게 이르시되 보라 내가 너희를 위하여 하늘에서 양식을 비 같이 내리리니 백성이 나가서 일용할 것을 날마다 거둘 것이라. 이같이 하여 그들이 내 율법을 준행하나 아니하나 내가 시험하리라. (5) 여섯째 날에는 그들이 그 거둔 것을 준비할지니 날마다 거두던 것의 갑절이 되리라. (6) 모세와 아론이 온 이스라엘 자손에게 이르되, 저녁이 되면 너희가 여호와께서 너희를 애굽 땅에서 인도하여 내셨음을 알 것이요. (7) 아침에는 너희가 여호와의 영광을 보리니 이는 여호와께서 너희가 자기를 향하여 원망함을 들으셨음이라. 우리가 누구이기에 너희가 우리에게 대하여 원망하느냐. (8) 모세가 또 이르되 여호와께서 저녁에는 너희에게 고기를 주어 먹이시고 아침에는 떡으로 배불리시리니, 이는 여호와께서 자기를 향하여 너희가 원망하는 그 말을 들으셨음이라. 우리가 누구냐 너희의 원망은 우리를 향하여 함이 아니요 여호와를 향하여 함이로다. (9) 모세가 또 아론에게 이르되 이스라엘 자손의 온 회중에게 말하기를, 여호와께 가까이 나아오라. 여호와께서 너희의 원망함을 들으셨느니라 하라. (10) 아론이 이스라엘 자손의 온 회중에게 말하매 그들이 광야를 바라보니

여호와의 영광이 구름 속에 나타나더라.

출16장에는 이스라엘 자손이 이곳에서 저곳으로 장소를 옮길 때마다 오로지 먹을 양식과 마실 물 때문에 불평과 원망을 쏟아냈다는 말이 계속 반복되고 있다. 이런 백성들의 태도에 대해 하나님은 이렇게 말씀하신다. "보라 내가 너희를 위하여 <u>하늘에서(민-핫쇼마임)</u> 양식(렉켐)을 비같이 내리리니, 백성이 나가서 일용할 것을 날마다 거둘 것이라. 이같이 하여 그들이 내 율법을 준행하나 아니하나 내가 시험하리라." 하나님은 그들을 위해 하늘로부터 떡을 내려주기는 하겠지만, 그것은 단지 그들의 배를 만족하게 해 주기 위해서만이 아니라는 것이다. 만나를 주신 것은 이스라엘이 토라의 계명을 준행하나 아니하나 시험하기 위함이다.

"그들이 내 율법을 준행하나 아니하나 내가 시험하리라"(16:4)는 말을 직역해 보면, "그들이 나의 토라 안에서 걷는지 아닌지 내가 시험하겠다"는 뜻으로 읽을 수 있다. 이제까지 우리가 논의했던 토라의 가르침에 비춰본다면, "토라 안에서 걷는다^{walk in my Torah}"는 말은 곧 '하나님의 명령에 순종하는 삶'을 뜻한다. 하나님은 토라의 명령에 따라 순종하는 사람을 계속 찾고 계신다. 많은 사람이 "나를 향한 하나님의 뜻이 무엇인지 어떻게 알 수 있느냐"고 묻곤 한다. 이런 질문에 하나님은 분명히 대답하신다. "토라 안에서 걷는 삶, 즉 토라의 가르침에 따라 사는 삶이 곧 하나님의 뜻이다!"

주님의 뜻을 알려면 토라만큼 중요한 것은 없다. 막3:35절에서 주님은 "누구든지 하나님의 뜻대로 행하는 자가 내 형제요 자매요 어머니라"고 하시며, 하나님의 뜻을 알고 그대로 순종하는 사람만이 주님과 가족관계 안에 있다고 말씀하셨다. 두 아들에 관한 비유(마21:28~32)를 보라. 주님은 이 비유를 통해 하나님 뜻대로 살지 않는 대제사장과 장로들을 꾸짖으시며, 그들이 불순종하는 것은 '끝내 뉘우치지 않음으로 주를 믿지 않기 때문'이라고 하셨다. 이 말씀대로라면 믿음은 결국 죄를 깨닫고 회개하여 토라의 길로 돌아오는 테슈바(Teshuvah)로부터 시작된다. 테슈바! 이것이 곧 성경이 말하는 구원의 핵심이다. 하나님의 뜻은 우리가 죄를 깨닫고 주께로 돌아오는 것이다. 그리고 그 중심에는 토라가 있다. 토라가 하나님의 말씀임을 믿고, 토라의 주체이신 그리스도께서 보여준 믿음의 길로 나아가는 삶이 테슈바이다. 이에 관련하여 아케이닷 이츠학(Akeidat Yitzchak)[1]은 매우 중요한 가르침을 준 바 있다.

> [아케이닷 이츠학 19:57]
> 출16:4절에서 알 수 있듯이, 하나님이 이스라엘 자손에게 하늘의 양식 만나를 내려주신 것은 그들이 하나님의 말씀대로 사는지 살지 않는지 그들을 시험하기 위함이었다. 우리는 성경을 통해 적지 않은 사람들이 그 시험에서 실패했음을 알 수 있다. 이와 마찬가지로 거짓 선지자가 나타난 것도, 하나님이 백성의 믿음이 정말 진실한지 아닌지를 시험하기 위함이었다. 신13:3절에서 모세는 말한다. "너는 그 선지자나 꿈꾸는 자의 말을 청종하지 말라. 이는 너희의 하나님 여호와께서 너희가 마음을 다하고 뜻을 다하여 너희의 하나님 여호와를 사랑하는 여부를 알려 하사 너희를 시험하심이니라." 우리가 이스라엘 역사를

---

1) 아케이닷 이츠학(Akeidat Yitzchak) 주석서는, 스페인 출신의 랍비였던 이삭 벤 모세 아라마(Isaac ben Moses Arama, 1420~1494?)가 저술한 토라 설교집이다. 총 105개 문(gate)으로 구성되어 있으며, 토라에 나오는 여러 가지 문제들을 철학적 사유를 통해 해석하고 그 결과를 설교의 형태로 전하고 있다.

보면, 여러 시대 여러 모습으로 거짓 선지자들이 나타났을 때마다 수많은 사람이 시험에 실패하고 말았다는 것을 알 수 있다. 한 예로 하나님의 천사가 롯의 집에 방문한 것은, 당시 소돔 사람들이 낯선 사람이 찾아오는 것에 대해 어떻게 집단으로 반응했는지 마지막으로 그들을 시험하기 위함이었음을 보여 준다.

위에서 보는 바와 같이, 아케이닷 이츠학은 하나님이 광야의 이스라엘에게 만나를 내려주신 것은 그들이 하나님의 명령대로 순종하며 사는지 시험하기 위한 목적이었음이 분명하다고 말한다. 그러나 안타깝게도 이스라엘은 만나 시험에서 대부분 실패하였다. 여기서 중요한 것은 하나님이 하늘에서 내리신 만나가 단지 사람이 먹는 양식에 대한 시험만이 아니라는 것이다. 하나님 백성이 토라의 가르침을 따라 사느냐, 아니면 거짓 선지자들의 가르침을 따라 사느냐를 시험하신 것이다. 심지어 거짓 선지자가 나타난 것도 하나님이 행하신 일이며, 그들의 거짓 가르침을 통해 사람들의 믿음이 진실한지 거짓인지 달아보기 위한 시험이었다고 보고 있다.

사실 성문서는 물론 예언서의 증언 대부분은, 이러한 시험에서 실패한 백성들에 대한 이야기라고 할 수 있다. 그런데 여기서 한 가지 흥미로운 것은, 아케이닷 이츠학이 이것을 소돔과 고모라 이야기와 연결하고 있다는 것이다. 하나님의 사자가 소돔 땅을 방문한 이유는, 소돔 사람들이 얼마나 악한지를 알아보기 위함이었고, 또 그들 가운데서 롯이 과연 어떤 믿음을 갖고 사는 지까지도 살펴보기 위함이었다. 하나님은 이처럼 끊임없이 우리를 시험하고 계신다. 만나를 주신 것처럼 좋은 방법으로든, 또는 거짓 선지자를 보내신 것처럼 좋지 않은 방법으로든, 그것은 하나님이 결정하실 일이다.

이것은 오늘 우리에게도 매우 중요한 문제이다. 토라의 계명이라 일컫는 미츠봇(mitzvot)을 지키느냐 지키지 않느냐가 그 사람의 믿음을 확인하는 결정적 요인이 된다. 어떤 사람은 토라 계명, 즉 미츠봇을 자신의 삶에 적용하는 일에 소극적이거나 심지어 반발하기까지 한다. 이에 반해 어떤 사람은 토라 말씀을 진리로써 가장 중요한 가르침이라고 믿고, 그 말씀대로 살려고 노력한다. 이 점에 대해 라쉬는 몇 가지 흥미로운 사실을 알려 준다.

> [창19:24, '하늘로부터(민-핫솨마임)', 라쉬]
> '하늘로부터(민-핫솨마임)': 하나님은 '이런 것들'로 만민을 심판하신다(욥36:31)고 말씀한 바 있다. 여기서 '이런 것들'이란, 앞 본문에 나오듯이 '빗물, 우렛소리, 번갯불'을 말한다. 하나님이 세상을 멸하실 때, 소돔에 행하신 것처럼 하늘로부터 불을 쏟아붓겠다는 것이다(욥36:32). 마찬가지로 하나님이 하늘로부터 만나를 내려주신 것도 성경(출16:4)은 다음과 같이 말한다. "보라, 내가 너희를 위하여 <u>하늘에서 양식을 비같이 내리리니</u> 백성이 나가서 일용할 것을 날마다 거둘 것이라. 이같이 하여 그들이 내 율법을 준행하나 아니 하나 내가 시험하리라."[2]

라쉬는 창19:24절에서 언급한 '하늘로부터'라는 표현에 주목하고 있다. 그는 이러한 표현이 소돔에 비처럼 쏟아진 유황과 불을 연상시켜 주고 있다고 보았다. 하나님이 소돔을 심판하기 위해 유황

---

2) 산헤드린 104b. 참조

과 불을 '하늘로부터 비처럼(또는 우레나 번개처럼)' 쏟아부으셨던 것처럼, 이제 광야를 걸으며 육신의 양식 때문에 원망하고 있는 이스라엘에게 '하늘로부터 비처럼' 만나와 메추라기를 쏟아붓겠다고 말씀하신 것으로 이해하였다. 라쉬는 유황/불과 만나/메추라기, 이 두 사건을 같은 맥락으로 바라보도록 해석하였다.

먼저 '하늘로부터 내려온 불'과 '하늘로부터 온 만나'는 둘 다 '시험'과 '심판'이라는 공통주제를 담고 있다. 그리고 이것은 '하늘로부터 주어진 토라'는 물론 '하늘에서 임하신 메시아'와도 연결되어 있다. 이 역시 시험과 심판이 공통된 주제이다. 그렇다면 결국 이 두 사건은 모두 예수 그리스도를 가리키고 있다고 볼 수 있다. 이것은 세례 요한의 증언(마3:11, 막1:8, 눅3:16)을 들어보면 더욱 확실히 드러난다. "나는 물로 너희에게 세례를 베풀거니와, 나보다 능력이 많으신 이가 오시나니 나는 그의 신발 끈을 풀기도 감당하지 못하겠노라. 그는 성령과 불로 너희에게 세례를 베푸실 것이요."

유대 랍비인 라쉬가 하나님이 모세에게 말씀하신 출16:4절을 주목하는 이유가 여기에 있다. "보라, 내가 너희를 위하여 <u>하늘에서(민-핫솨마임)</u> 양식(렉켐)을 비같이 내리리니 백성이 나가서 일용할 것을 날마다 거둘 것이라. 이같이 하여 그들이 내 율법을 준행하나 아니 하나 내가 시험하리라." 그리고 여기서 이어서 "내가 이같이 하여 그들이 내 율법토라을 준행하나 아니 하나 내가 시험하리라"고 말씀하신 것이다. 그리고 그 시험은 바로 안식일을 준수하라는 계명에 있다. 즉 안식일을 지키는 것이 토라의 핵심이다.

한편 하나님이 백성들을 시험하신 것과 관련한 또 다른 가르침이 있다. 미쉬나(미쉬나 피르케이 아봇트)[3]의 말을 들어 보자.

> [미쉬나 피르케이 아봇트 5:6]
>
> 하나님은 첫 번째 안식일 날 해지기 전에 다음과 같이 10가지를 추가로 창조하셨다. ① 고라에게 속한 사람들과 그 재물들을 삼켜버린 '땅의 입구'(민16:32), ② 광야에서 이스라엘과 동행했던 '우물의 입구'(민21:17~18), ③ 발람에게 대꾸하였던 '나귀의 입'(민22:28~30), ④ 대홍수 후 언약의 증거로 주셨던 '무지개'(창9:13), ⑤ 광야의 이스라엘 백성을 위한 식량 '만나'(출16:4~21), ⑥ 기적을 행하도록 모세에게 주신 '지팡이' ⑦ 솔로몬이 성전을 짓기 위해 쇠 대신 사용했던 연장 '샤미르(shamir)'[4], ⑧ 그리고 '각종 서신들' ⑨ '문서들' ⑩ 십계명을 적었던 '돌판' 총 10가지이다. 어떤 이는 여기에 파괴하는 영, 우리 지도자 모세가 묻힌 무덤, 우리 조상 아브라함의 양을 덧붙이기도 하고, 또 어떤 이는 최초로 인간이 만든 도구를 포함하기도 한다.

위에서 언급한 10가지, 즉 하나님이 첫 안식일 날 저녁에 만드셨다는 모든 것들의 공통점이 무엇인가? 이것들 하나하나 모두 하나님 말씀에 순종하는 믿음과 관련있다. 특히 그 중에 솔로몬이 성

---

3) 미쉬나 피르케이 아봇트는 모세가 랍비들에게 전달한 윤리적인 가르침과 격언을 편집한 것이다. 나중에 이 문서는 유대인의 삶을 위한 교훈적 지침서 역할을 하였다. '피르케이 아봇트'는 히브리어로 '아버지의 윤리'라는 뜻이다.

4) 샤미르(shamir)는 게마라(Gemara)에 나오는 용어로, 솔로몬이 성전을 지을 때 단단한 돌이나 철 등을 자르기 위해 사용한 연장을 말한다. 예루살렘 성전은 평화를 기원하고 있기 때문에, 전쟁 무기로 쓰이던 쇠붙이를 사용하는 것을 금지하였다. 샤미르가 정확히 무엇이고 어떻게 생겼는지는 전혀 알려진 바 없고, 단지 녹색의 돌로 된 벌집 모양일 것이라는 정도로 추측하고 있다. 이것은 성전건축 후에 성전 안에 잘 보관되어 오다가, 주전 586년경 바벨론에 의해 성전이 무너질 때 땅속에 묻혀 지금까지 발견되지 않고 있다.

전을 짓는 데 사용했던 샤미르라는 도구는, 히브리어 '지키다, 보호하다'의 뜻을 가진 쇼마르(שמר)가 뿌리말이다. 또 하나 메오르 에이나임Me'or Einayim의 주석을 살펴보자.

> [메오르 에이나임 15:4, Part 1]
> 보라, 내가 너희를 위해 하늘에서 떡을 비처럼 내려줄 것이다. 백성들은 날마다 밖으로 나가 그날의 몫을 거두리라(출16:4). 토라와 거룩하신 분은 우리에게 복이라 하셨으니, 그러므로 토라는 영원하다. 과거는 물론 현재와 미래까지 초월하는 말씀이 토라이다. 그렇지만 문제는 이것이 모든 사람에게와 또 모든 순간들마다 어떻게 역사하고 있는가이다.

하나님은 이스라엘을 위해 하늘에서 떡을 빗물처럼 부어주시고 어떻게 만나를 거둬야 할지에 대한 지침까지 말씀하셨다. 중요한 것은 하나님과 마찬가지로 토라가 곧 하나님을 뜻하고 있다는 사실, 그리고 하나님이 영원한 것같이 토라도 영원하다는 점을 강조한 것이다. 주님도 요10:30절에서 '나와 아버지는 하나'라고 말씀하셨다. 주님은 하나님의 말씀에 절대적으로 복종하였고, 복종하는 삶을 통해 하나님과 하나라고 선언하셨다. 우리가 앞서 살펴보았듯이, 하나님이 이스라엘에게 만나를 내려주신 목적이, 하나님 말씀인 토라를 순종하는지 그렇지 않은지를 시험하기 위함이었다. 이것을 달리 말하면 토라가 지시한 길로 걸어가는지 아니면 그 길이 아닌 다른 길로 나가는지 알아보려고 하신 것이었다.

다시 주님을 생각해 보라. 주님은 자신이 하늘로부터 내려온 떡 '만나'라고 말씀하셨다. 주님이 하늘에서 내려온 만나라면, 하나님은 백성들이 과연 토라를 믿고 순종하는지 그렇지 않은지 만나이신 예수 그리스도를 통하여 지금 우리 믿음을 시험하고 계신 것이다. 이 사실을 우리가 의심하지 않고 믿는다면, 무엇보다 우리는 토라를 절대적으로 신뢰하며 순종하는 삶을 살아야 한다. 이것이 성경 전체를 통해 우리에게 주신 명령이다. 하나님이 독생자를 이 땅에 보내신 것도, 주님을 믿는 자로 하여금 주께 돌아와 토라의 길을 걸으며 살도록 하려는 목적에서였다.

요점은 우리가 그리스도를 믿을 때 비로소 하나님의 자녀(요 1:12)로서 인정받게 되며, 그로부터 우리는 토라 말씀을 행하며 살도록 성령의 능력으로 인도함을 받게 된다(시143:10). 그뿐만 아니라 하나님은 당신 뜻을 우리에게 숨기지 아니하고 알려주기를 기뻐하신다. 또한 우리가 성경을 읽을 때마다 주의 뜻이 무엇인지 깨달을 수 있도록 지혜도 더해 주신다. 주님은 이미 하나님의 뜻을 알도록 끊임없이 성경을 통해 말씀하신다. 바울이 뭐라고 했는가? "범사에 감사하라 이것은 그리스도 예수 안에서 너희를 향하신 하나님의 뜻이다"(살전5:18), "하나님의 뜻은 이것이니 너희는 거룩하고 음란을 버려라"(살전4:3).

또 바울은 선행에 대해서도, 하나님의 뜻이 무엇인지 가르쳐주고 있다. 그는 롬12:2절에서 말한다. "너희는 이 세대를 본받지 말고 오직 마음을 새롭게 함으로 변화를 받아, 하나님의 선하시고 기뻐하시고 온전하신 뜻이 무엇인지 분별하도록 하라." 바울은 세상의 방식을 따르지 않고 성령의 능력에 의해 새로워지기를 원하는 신자가 될 것을 끊임없이 주문하였다. 성령의 능력으로 새롭게 되려면 토라 말씀에 순종하겠다는 마음과 생각이 절대적이다. 하나님의 뜻을 알려는 마음, 의로운 삶에 가치를 두고 거룩함과 진실함으로 살기 위해 날마다 토라를 배우는 삶, 이것이 가장 중요하다고 말한다.

우리가 하나님 뜻을 구하는 것 못지않게 중요한 것은, 토라가 금지하고 있는 일이 무엇인가 생각하며, 지금 행여나 잘못을 저지르고 있는 것은 아닌지 자신을 살피고 확인하는 일이다. 그러려면 무엇보다도 토라를 배우는 일에 힘써야 하고, 한 걸음 더 나아가 토라 말씀을 깊이 있게 연구하는데 열심을 기울여야 한다. 예컨대 토라에서 "도둑질하지 마라"고 한 계명을 듣고 도둑질이 죄임을 깨달았다면, 다른 사람 물건을 훔치는 일은 하나님의 뜻이 아니기에, 어떤 것도 훔쳐서는 안 되고 훔칠 생각을 가져서도 안 된다. 또한 토라를 통해 지금 내가 주님께 영광을 돌리며 사는지, 또 영광을 돌리기 위해 구체적으로 어떻게 행동하는지, 이런 질문을 항상 스스로 던져 봐야 한다. 토라를 알아야 순종할 수 있고, 순종해야 하나님 뜻 안에서 성령의 도움을 받게 되고, 그래야 주님과 동행하며 관계를 지속시킬 수 있다.

주님은 이런 사람에게 새 마음과 새 영을 부어주신다. 우리가 말씀 안에 거할 때 비로소 하나님을 알게 된다. 솔로몬이 잠11:5절에서 "완전한 자의 공의는 자기의 길을 곧게 하려니와 악한 자는 자기의 악으로 말미암아 넘어지리라"고 말했듯이, 우리가 주님의 돌봄 가운데 의로운 길을 향해 곧게 나아갈 수 있다. 주님과 함께 걸어가는 것, 그리고 우리 삶에서 주의 뜻이 이루어지도록 간절히 구하는 것, 이것이 인생의 목표가 되어야 한다.

그러나 잊어서는 안 될 것은, 이 모든 일은 사람의 힘으로가 아니라 하나님 뜻으로 결정된다는 사실이다. 그러므로 우리가 먼저 생각해야 할 것은, 주님이 무엇을 바라는지를 깨닫는 일이다. 주님이 무엇을 원하는지 깨닫기 위해서라도 우리는 토라를 더욱 연구해야 한다. 그래야만 주께서 기뻐하는 일을 알 수 있고, 그 일을 행할 때 더욱 환히 하나님의 뜻을 깨닫게 된다. 다윗은 시37:4절에서 "또 여호와를 기뻐하라. 그가 네 마음의 소원을 네게 이루어 주시리라"고 찬양하였다. "여호와를 기뻐하라"는 말은 곧 "여호와 안에 있는 네 자신을 기뻐하라"는 뜻이다. 지금 나는 정말 여호와 안에서 기뻐하고 있는가?

이제까지 살펴본 내용을 통해서 우리는 다음과 같은 결론을 내릴 수 있다. 하나님이 광야의 이스라엘 백성을 위해 하늘에서 내려 주신 양식 만나는, 그들이 과연 하나님의 명령 곧 토라의 계명에 따라 순종하는지 알아보기 위해 하나님이 그들을 시험한 것이다. 주님은 이 땅에 육신의 몸으로 오셔서, 토라가 말한 하늘의 만나가 곧 자신을 가리킨 것이라고 가르쳐 주셨다. 주님이 곧 하늘에서 내려온 만나이다. 하나님이 만나를 통해 이스라엘을 시험하신 것처럼, 하늘의 만나로서 우리 가운데 오신 주님 역시도 이 땅에 사는 그리스도인들을 시험하고 계신다. 우리가 그리스도를 정말 하늘로부터 오신 신령한 양식으로 믿고 있는지, 또 주께서 명하신 말씀대로 살고 있는지 끊임없이 시험하신다. 성경은 오직 순종만이 주님과 하나가 될 수 있다고 말한다. 오늘 우리가 그리스도 안에서 신실하게 믿음을 지키며 산다는 것을 어떻게 증명할 수 있는가? 주님께 대한 믿음을 입증할 방법은 무엇일까? 그것은 진정으로 회개함으로써 온 마음이 주님께 향해 있는가, 또 오직 주님과 그의 말씀을 사랑하며 그 가르침대로 순종하며 사는가, 이것이 우리 믿음을 입증하는 시험지이다.

제18주 차
Parashat Yitro 이드로 (18:1~20:26)

하나님 말씀을 잘 듣고, 주를 바라보라!

Parashat Yitro 이드로 (출18:1~20:26)는 모세의 장인 이드로가 모세의 아내 십보라와 두 아들을 데리고 찾아오는 이야기로 시작한다(18:6~8). 이드로가 모세를 찾아올 때는 하나님이 이집트에서 행하신 기적들에 대해 이미 알고 있었다. 이것은 18:10~11절을 보면 더 확실히 드러난다. "이드로가 이르되, 여호와를 찬송하리로다. 너희를 애굽 사람의 손에서와 바로의 손에서 건져내시고 백성을 애굽 사람의 손 아래에서 건지셨도다. 이제 내가 알았도다. 여호와는 모든 신보다 크시므로 이스라엘에게 교만하게 행하는 그들을 이기셨도다."

이드로는 잠시 모세와 함께 머무르면서, 이스라엘 백성들 사이에 발생한 문제들을 처리하는 모습을 보게 된다. 모세 한 사람이 이른 아침부터 저녁 늦은 시간까지, 백성들의 모든 문제를 혼자서 다 처리하고 있었던 것이다. 이 모습을 본 이드로는 계속 그렇게 혼자서 하게 되면 금방 지치게 될 것이고 더 중요한 문제를 해결하지 못할 수 있음으로, 백성 중에서 몇몇 지도자를 뽑아 그들에게 토라의 율례와 법도를 가르쳐, 아주 중대한 문제를 제외한 작은 문제들은 그들에게 위임하는 것이 좋겠다고 조언한다(18:13~26).

이 일이 있고 난 후, 모세는 이드로와 작별하고 다시 이스라엘 백성들을 이끌고 시내 광야에 도착하여 그곳에 장막을 친다. 이때가 이집트에서 나온 지 3개월째였다(19:1)고 말한다. 하나님은 다시 모세를 불러서, 앞으로 3일 후에 하나님이 시내 산에 강림할 것이니 이스라엘 백성들로 하여금 자신을 성결하게 하도록 하라고 명하신다(19:7~15). 그러면서 오직 모세와 아론만 주의 현존 앞에 나아오고, 나머지 백성들은 절대 경계를 넘어서지 않도록 경고하신다. 만약 이를 어기면 어느 누구든 죽음을 면치 못할 것이기 때문이다(19:24).

Parashat Yitro 이드로의 마지막 부분은 십계명(20:1~17)과 이에 대한 백성의 반응(20:18~21), 그리고 이어 하나님의 명령(21:22~26)으로 마무리 짓는다. 율법의 핵심이라 할 수 있는 십계명은 다음과 같다.

(1) 하나님 앞에 다른 신들을 두어서는 안 된다.
(2) 너희를 위하여 우상을 새기거나 만들거나 그것 앞에 절해서는 안 된다.
(3) 하나님 이름을 헛되이 부르지 말라.
(4) 안식일을 기억하여 거룩하게 지키라.
(5) 네 아버지와 어머니를 공경하라.
(6) 살인하지 말라.
(7) 간음하지 말라.

(8) 도둑질하지 말라.

(9) 네 이웃에 대해서 거짓으로 증언하지 말라.

(10) 네 이웃의 집을 탐내지 말고, 네 이웃의 아내나 남종이나 여종이나 소나 나귀나 네 이웃에게 속한 것은 어떤 것이든 탐내지 말라.

특히 본문 19:4~6절을 주목해서 읽어 보자. "내가 애굽 사람에게 어떻게 행하였음과 내가 어떻게 독수리 날개로 너희를 업어 내게로 인도하였음을 너희가 보았느니라. 세계가 다 내게 속하였나니 너희가 내 말을 잘 듣고 내 언약을 지키면 너희는 모든 민족 중에서 내 소유가 되겠고, 너희가 내게 대하여 제사장 나라가 되며 거룩한 백성이 되리라. 너는 이 말을 이스라엘 자손에게 전할지니라." 중요한 말씀은, '너희가 내 말을 잘 듣고 내 언약을 지키면(베앗타 임-쇼모아 티쉐메우 베콜리 우쉐마르템)'이다. '내 말을 잘 듣고'라는 말은 원문에 '쇼모아 티쉐메우'를 번역한 것이다. 이 구절을 영어성경 NASB에는 완전한 복종indeed obey라는 의미로 해석하였다. NIV도 '이제 너희가 나의 계명을 온전히 복종하고 지키면'이라고 옮겨 놓았다.

여기에서 사용된 두 단어 쇼모아나 티쉐메우는, 모두 쉐마(שמע)라는 단어에서 파생된 것이다. 쉐마는 '듣다, 경청하다'라는 뜻이다. 첫 단어 쇼모아(שמוע)의 세 번째 자음인 바브(ו)는 능동형 명사로서, 이를 풀어보면 '잘 듣고 경청하는 것'을 뜻하게 된다. 그리고 그다음 단어 티쉐메우(תשמעו)는 과거의 어떤 행위가 끝나지 않고 앞으로도 계속되어야 함을 의미하고 있다. 따라서 대부분 성경은 이 말의 뜻을 '경청하여 듣는 것'으로 이해하여, "너희 주 하나님께 (계속) 온전히 복종해야 한다"는 의미로 해석하였다. 하나님의 말씀을 듣는다는 것은 귀로 들은 바 그대로 온전히 순종한다는 것이며, 이것은 결국 하나님의 언약에 대한 신실성(믿음)과 관계된 일이다.

히11:6절은 "믿음이 없이는 하나님을 기쁘시게 하지 못한다"고 증언한다. 우리가 이제까지 말한 것처럼, 믿음이란 세상 속에서 어떻게 말씀대로 순종하며 사는가와 관계되어 있다면, 결국 이 본문은 우리가 토라 말씀대로 순종하며 살아야 하나님께 기쁨이 된다는 뜻이다. 바울도 롬10:17절에서 "믿음은 들음에서 나며, 들음은 그리스도의 말씀으로 말미암는다"고 가르쳤다. 믿음은 귀로 듣는 일로부터 시작이 되고, 들은 말씀대로 순종함으로써 입증된다.

오늘 Parashat Yitro 이드로가 전하는 핵심 주제는 토라의 말씀을 듣는 것과, 그리고 토라를 우리 삶에 적용함으로써 하나님 뜻대로 사는 것이 결코 별개의 사안이 아니라는 것이다. 오늘 본문은 이것을 계속해서 반복하고 있다. 히브리서 저자는 또 이렇게 말한다. "하나님께 나아가는 자는 반드시 그가 계신 것과, 또한 그가 자기를 찾는 자들에게 상 주시는 이심을 믿어야 할지니라." 하나님과 그리스도 예수를 믿는다는 것은 살아계신 주님께 대한 신실성을 말한 것이며, 이 신실성은 토라 말씀에 대한 신실성과 같은 의미인 것이다. 이것은 우리 삶에 토라의 말씀을 얼마나 또 어떻게 적용하며 사느냐에 달려 있다. 이것은 또 '살아있는 믿음'을 증명하는 기준선이 된다. 그러므로 믿음은 들음에서 비롯된다는 바울의 가르침을 깊이 새겨야 한다. 바울이 로마서에서 말한 들음이란 그리스도의 말씀을 듣는 것이며, 그리스도의 말씀은 하나님의 말씀 곧 토라를 가리킨 것이다.

오늘 본문은 광야의 이스라엘이 하나님의 음성을 어떻게 듣고 또 무엇을 보았는지에 대해 말해주고 있다. 우리가 지금까지 논의했던 내용을 바탕으로, 우리가 토라 말씀을 듣고 보는 것이 얼마나 중요한지 깨달아야 한다. 이 본문은 하나님이 우리를 위해 어떠한 것을 계획하시고 이루어 가시는지에 대한 지식을 제시하고 있다는 점에서 모든 미래에 대한 소망이기도 하다. 즉 이스라엘 백성이 광야에서 하나님의 음성을 듣고 본 것처럼, 장차 하나님이 당신의 독생자 예수 그리스도를 우리 가운데 보내셔서 그분의 음성을 듣고 볼 수 있도록 메시아에 대해 약속한 것이다. 주님이 육신의 몸으로 이 땅에 오심으로써 사람들이 비로소 하늘 아버지의 음성을 듣고 보게 된 것이다.

[출19:4~8, 새번역]
(4) 내가 애굽 사람에게 어떻게 행하였음과 내가 어떻게 독수리 날개로 너희를 업어 내게로 인도하였음을 너희가 보았느니라. (5) 세계가 다 내게 속하였나니 너희가 내 말을 잘 듣고 내 언약을 지키면 너희는 모든 민족 중에서 내 소유가 되겠고 (6) 너희가 내게 대하여 제사장 나라가 되며 거룩한 백성이 되리라. 너는 이 말을 이스라엘 자손에게 전할지니라. (7) 모세가 내려와서 백성의 장로들을 불러 여호와께서 자기에게 명령하신 그 모든 말씀을 그들 앞에 진술하니 (8) 백성이 일제히 응답하여 이르되 여호와께서 명령하신 대로 우리가 다 행하리이다. 모세가 백성의 말을 여호와께 전하매.

이 본문은 이스라엘 백성이 하나님의 음성(말씀)을 어떻게 듣고 보았는지 전해주고 있다. 다시 5절에 '너희가 내 말을 잘 듣고 내 언약을 지키면'이라고 하신 말씀을 잘 생각해 보자. 앞에서 말한 것처럼, 이 말은 일회적이거나 한시적인 의미가 아니다. 지금은 물론 앞으로도 계속하여서 듣고 순종해야 한다는 점을 강조한 것이다. 또한 '말씀을 듣는 것과 하나님 말씀대로 행하는 것은 같은 일'이라는 점을 말해 주고 있다. 구약성경과 신약성경 전체가 하나님의 음성(토라)을 듣고, 또 주의를 기울이며, 그대로 지키고 순종하는 것, 이것이 곧 '믿음의 삶'이라고 가르치고 있다.

또 이 말씀은 하나님의 계명과 언약이 구원과 희생과 속죄의 개념을 담고 있는 은혜의 복음과도 결합되어 있다. 아울러 출20:18절에는 "온 백성이 천둥소리와 번개와 나팔소리를 듣고 산의 연기를 보았다. 백성들이 그것을 보았을 때, 그들은 두려워 떨면서 멀찍이 물러섰다"라고 말하고 있다. 백성들이 천둥소리와 번개와 나팔소리와 산의 연기를 '보았다'는 것이다. 심지어 이어진 본문에서는, "내가 하늘로부터 너희에게 말하는 것을 너희 스스로 보았다"(출20:22)고 한다. 원문을 보면 "내가 하늘로부터 너희에게 한 내 말을 너희가 보았다"이다. 생각해 보라. 산 위 구름으로부터 날아온 음성을 눈으로 보는 것이 가능한 일인가? 그러나 본문은 분명히 '하나님이 모세에게 하신 말을 백성들이 보았다'는 것이다. 하나님의 음성을 귀로 듣는 청각을 통해서가 아니라 눈으로 본 시각을 통해서 깨닫게 되었다는 뜻이다.

이어지는 20:19절에서는 백성들이 모세에게 "당신이 우리에게 말씀하소서. 우리가 듣겠나이다"라고 말한다. 이런 점을 고려해 본다면 시내 산에서 하나님의 현존을 만난 모세의 체험은 백성들이 체험과는 완전히 다른 체험이었다. 하나님이 모세에게 십계명을 말씀하실 때 사용했던 말의 표현을 유의 깊게 살펴보라. 십계명을 말씀하실 때 하나님은 '너' 즉 2인칭 단수를 사용하고 있다. 모세가 산에서 내려와서 아래에서 기다리던 이스라엘에게 자신이 들은 말씀을 고하였다. 신5:5절을 보면, "그때에 너희가 불을 두려워하여 산에 오르지 못하므로 내가 여호와와 너희 중간에 서서 여호와의 말씀을 너희에게 전했다"고 말한다. 그러나 출20:18절은 "백성들이 하나님의 음성을 보았고, 그것을 보았을 때 그들은 두려워 떨면서 멀찍이 물러섰다"고 말하고 있다. 그렇다면 하나님의 음성(말씀)을 듣고 또 보는 것이 과연 믿음과는 어떤 상관관계가 있을까? 이 점에 관해 라닥은 시19:8절을 근거로 다음과 같이 설명하고 있다.

[시19:8, Part 1, 라닥]
다윗이 시19편에서 하나님의 율법에 대해 말할 때, 그는 왜 이것을 태양과 같은 천체의 모습과 결부시키고 있는 것일까? 하늘과 태양과 지구상에 있는 모든 것들이 하나님의 영광과 지혜를 증거하고 선포하고 있는 것처럼, 하나님이 그의 백성 이스라엘에게 명한 계명들은 주님의 지혜와 의로움을 보여주는 증거이기 때문이다. 그래서 신4:8절은 다음과 같이 말한다. "오늘 내가 너희에게 선포하는 이 율법과 같이 그 규례와 법도가 공의로운 큰 나라가 어디 있느냐?" 잘 생각하여 보라. 하늘과 태양이 지구에는 반드시 필요하고, 또 그것이 있어야 모든 생명체가 존재할 수 있는 것처럼, 주의 율법도 마찬가지이다. 율법이 있어야 우리의 병든 영혼이 고침 받고 온전히 회복할 수 있다. 태양이

비쳐야 세상이 보존되기 때문에 이 세계는 태양에 의존하고 있다. 마찬가지로 율법이 있어야 우리 영혼이 보존될 수 있기 때문에 모든 영혼은 율법에 의존해야 살아갈 수 있는 것이다.

사람의 내면에 있는 영혼은 마치 아무도 도와줄 사람 없는 낯선 땅에 있는 나그네와 같다. 왜냐하면 사람의 몸은 굶주린 사람이 식욕을 쫓아다니듯 탐욕이 그 안에 도사리고 있기 때문이다. 사람의 영혼은 그런 정욕 안에 홀로 갇혀 있는 포로와 같다. 그래서 솔로몬도 전9:15절에서 율법을 가난한 지혜자로 비유한 것이다. 율법은 세상적 욕망으로 인해 우리의 삶을 망치게 하는 모든 인생의 걸림돌을 제거하고, 우리로 하여금 올바른 길로 나가도록 우리 삶을 지도하며 영혼을 회복시킨다. 또 율법은 우리로 하여금 생명의 길을 걸어가도록 은혜를 베푸신 주님의 선물로서, 우리는 율법으로 말미암아 주의 영광을 유폐시키고 가둬 놓으려고 시도하는 모든 잘못으로부터 보호받을 수 있다. 다윗도 하나님의 율법과 계명들, 그리고 그 안에 있는 주님의 공의와 진리에 대하여 찬양하지 않았는가! 율법은 하나님이 세상을 다스리는 방식에 따라 질서정연하게 수행하고 있다. 우리는 이 율법을 '토라'라고 부른다. 토라는 우리 삶을 위해 주신 가르침이다. 즉 토라의 가장 일반적인 의미는 '가르침'이다. 토라와 관련된 구절을 보자. 성경에서 토라(תורה)라는 히브리어는 가르침, 규례, 율법 등 다양한 뜻으로 쓰이고 있다.

[가르침의 뜻으로 쓰인 경우] '내 선생의 목소리를 청종하지 아니하며 나를 가르치는 이에게 귀를 기울이지 아니하였던고'(잠5:13), '또 그와 단지 파 아히사막의 아들 오홀리압을 감동시키사 가르치게 하시며'(출35:34)
[규례로 쓰인 경우] '이는 짐승과 새와 물에서 움직이는 모든 생물과 땅에 기는 모든 길짐승에 대한 규례니'(레11:46), '나병 환자가 정결하게 되는 날의 규례는 이러하니'(레14:2), '이는 아들이나 딸을 생산한 여인에게 대한 규례'(레12:7), '이 규례는 유출병이 있는 자와'(레15:32)

[율법인 경우] '또 모세가 이 율법을 써서'(신31:9), '이 율법책을 가져다가 너희 하나님 여호와의 언약궤 곁에 두어 너희에게 증거가 되게 하라'(신31:26).

그러나 가장 중요한 것은 토라가 창조 역사 속에서 하나님이 하신 일들, 특히 이스라엘 역사 안에서 보여 주신 하나님과 관련이 있다. 즉 토라와 아울러 하나님이 하신 일을 하나씩 제시함으로써 거기에 나타난 하나님 성품을 가르치기 위한 목적이 담겨 있다. 우리는 토라를 통해 하나님이 세상을 창조하셨고 세상 모든 것들은 그분의 선하심에 의해 지어졌으며, 따라서 선과 악 모두가 하나님의 주권 아래 있다는 사실이다.

또 하나님이 우리에게 토라를 주신 것은, 하나님이 우리를 종으로 삼고 주인인 하나님을 바르게 섬기며 사랑하는 방법을 가르쳐 주어 이를 지켜 행하도록 율법이라는 틀로 주신 것이다. 또 토라가 증거가 되는 것은, 이스라엘과 하나님 사이의 관계를 말한 것으로서, 이는 이스라엘이 하나님을 자기의 하나님으로 받아들이고, 하나님은 이스라엘을 특별한 성민으로 삼았다는 것을 증거한 것이다. 그래서 성경은 법궤는 증거궤(출25:22)로, 성막은 증거막(민17:7)이라고 부른다. 이스라엘이 하나님으로부터 받은 명령들이 모두 증거이고, 십계명 돌판을 넣어둔 상자가 토라 전체를 담고 있다.

하나님 입에서 나온 말씀이 메므라(Memra)[1]이다. 메므라는 천둥과 번

---

1) '메므라' 또는 '멤라'(Memra)는 물질적 세계(육체)나 정신적 세계(생각)에서 하나님의 창조 능력과 세상을 다스리시는 통치 능력을 표현한 말이다. 이 단어는 주로 탈굼에 많이 언급되어 있다. 하나님은 말씀으로 세상을 창조하시고, 이스라엘을 말씀으로 인도하시고 지켜주셨다. 또 하나님은 말씀으로 사자를 이 땅에 보내시고 말씀으로 대적을 멸하신다. 그리고 최종적으로는 말씀으로 이 땅에 오신 분이 예수 그리스도이시다. 여기서 말한 하나님의 말씀이 곧 메므라이다. 메므라는 곧 하나님의 위엄이자 하나님 능력의 표상이고, 하나님 자신을 가리킨다. 우리는 메므라를 통해 하나님의 임재 곧 쉐키나(Shekinah)를 체험하게 된다. 신약성경에서는 메므라를 헬라어로 로고스(Logos)라고 옮겨 놓았다.)

개 가운데서 이스라엘이 보았던 시내 산의 하나님 영광을 보여주는 가장 중요한 증거가 된다. 이스라엘이 보았던 위대한 광경, 즉 하나님 영광이 그들 가운데 임했던 현존에 대한 체험은 이스라엘이 대대로 자손에게 전해야 하는 증거가 된 것이다. 이스라엘이 안식일과 절기를 지키는 것도, 또 희년이 되었을 때 모든 빚을 탕감해 주고 종들에게 자유를 주라고 명한 토라 말씀을 지키는 것도, 이 모든 것이 그들에게 증거이자 표적이었고, 자녀들에게 가르쳐서 영원한 기념이 되게 하라고 하신다.

이스라엘이 이 명령을 지키는 것은 토라가 선포한 것처럼, '세계가 다 주께 속했으며'(출19:5) '이스라엘은 하나님의 종'(레25:55)임을 믿기 때문이다. 하나님은 토라의 계명들이 얼마나 존귀한지 우리에게 일러 주셨다. 따라서 우리는 토라를 읽을 때마다 하나님이 어떤 생각으로 말씀하시고 왜 이런 법을 제정하셨는지 그 뜻을 깨닫도록 힘써야 하고 또 사람들에게 끊임없이 가르쳐야 한다.

토라는 우리에게 하나님의 음성을 두려워해야 한다고 말한다. 왜냐하면 주의 음성에 두려움을 갖는 것으로부터 믿음이 시작되고, 말씀을 경외하는 것이 참된 신앙의 뿌리이기 때문이다. 만약 종이 자기 주인을 두려워하지 않는다면, 주인의 명령을 제대로 수행하지 않을 것이다. 두려움은 우리가 하나님의 종이라는 하나님과의 관계를 바르게 인식할 때 비로소 온전해진다.

또 토라는 주님의 심판에 대해서 언급한다. 심판이란 우리가 이웃과의 관계에서 어떻게 행하느냐를 보시고 하나님이 내리는 징계이다. 토라를 보면 소위 규례(훅킴)라고 일컫는 계명들 외에도 많은 명령(차바)이 있다. 이런 계명을 주신 이유가 무엇일까? 그것은 우리가 주의 명령대로 행할 때 영혼이 완전하고, 힘을 얻고 지혜롭고 의롭게 되며, 그뿐만 아니라 마음이 기쁘고 순수하게 되며, 눈이 밝아지고, 깨끗하고 진실하고 뜨겁고 친절한 사람이 될 수 있기 때문이다. 주님의 계명을 우리 삶에 적용하면서 살아갈 때 이러한 증거가 분명하게 나타난다. 반면에 토라의 규례 중에, 이를테면 부정한 음식을 먹어서는 안 되고, 또 여러 종류의 재료를 섞어 지은 옷을 입지 말라는 금지명령에 대해서는, 그 이유가 무엇인지 정확하게 밝히고 있지는 않지만, 이것으로 인해 사람이 깨끗하거나 단정하거나 순수하게 될 수 없기 때문에 규례로 정한 것은 분명해 보인다. 사람마다 나름대로 이를 어길만한 사정이 있을지 몰라도, 그러나 토라는 이를 엄격하게 금지하고 있음을 기억하라.

지금까지 라닥의 설명에 의하면, 하나님이 해와 달을 만드시고 이것을 통해 주의 영광을 선포하신 것처럼, 하나님이 이스라엘에게 토라를 주신 것도 주의 영광과 지혜와 공의를 나타내기 위함이었다는 점을 강조한다. 다시 말해서 해와 달과 별들이 지구의 모든 생명체들에게 생명을 유지하게 하는데 절대적으로 필요할 뿐 아니라 모든 유익을 주는 것처럼, 하나님이 하나님 백성들에게 토라를 주신 것 역시 토라가 사람의 생명을 살리는데 절대적으로 필요할 뿐만 아니라, 토라를 통하여 세계 모든 만민에게 유익을 주는 삶을 살도록 하는 목적이 담겨 있는 것이다.

또한 토라는 자신의 죄를 깨닫고 회개하는 테슈바(Teshuvah)의 은혜로 이끈다. 테슈바의 경험을 한 사람만이 하나님과 예수 그리스도를 위하여 모든 것을 투신하다. 그런 점에서 토라는 '사람의 영혼을 소성케 하는 말씀'이다. 그러므로 우리는 토라의 절대성과 그 유익성에 대하여 다음과 같이 말할 수 있다. 토라는 세상적 욕망으로 인해 우리의 삶을 망치게 하는 모든 인생의 걸림돌을 제거하고, 우리로 하여금 올바른 길을 가도록 삶을 지도하며 영혼을 회복시킨다. 또 토라는 생명의 길을 걸어가도록 하늘에서 내려주신 '은혜의 선물'로, 우리는 토라로 말미암아 주의 영광을 유폐시키고 가둬 놓으려고 시도하는 모든 잘못된 생각으로부터 보호받을 수 있다. 다윗도 주의 율법과 계명, 그리고 그 안에 있는 공의와 진리를 찬양하지 않았던가!

토라는 단순히 우리에게 무엇을 해야 하고 무엇을 해서는 안 된다는 명령보다 훨씬 더 많은 것들을 주문하고 있다. 예컨대 하나님과 예수 그리스도를 믿는 신자들을 향해, 성경에서 말씀하신 정의와 자비와 은혜와 사랑을 행하라는 강력한 명령 같은 것이다. 토라의 계명들 가운데에는 규례(훅킴)나 법도(미슈파팀)라고 일컫는 율례가 있고, 또 그 외에 많은 명령이 나온다. 하나님이 이것들을 주신 이유가 무엇일까? 라닥은 그 이유를 다음과 같이 설명한다. "우리가 주의 명령대로 행할 때 영혼이 완전하고, 힘을 얻고, 지혜롭고, 의롭게 되며, 뿐만 아니라 마음이 기쁘고 순수하게 되며, 눈이 밝아지고, 깨끗하고, 진실하고, 뜨겁고, 친절한 사람이 된다. 토라의 계명을 우리 삶에 적용하며 산다면 반드시 이런 증거가 나타나게 되어 있다." 그러나 무엇보다 토라를 주신 가장 중요한 이유는, 거룩과 공의와 공평과 진리의 삶을 통하여, 하나님의 뜻을 온 천하 만민에게 드러내기 위함이다. 사도 요한은 자신의 편지에서 다음과 같이 증언하였다.

[요일2:3~7, 개역개정]
(3) 우리가 그의 계명을 지키면 이로써 우리가 그를 아는 줄로 알 것이요, (4) 그를 아노라 하고 그의 계명을 지키지 아니하는 자는 거짓말하

는 자요 진리가 그 속에 있지 아니하되, (5) 누구든지 그의 말씀을 지키는 자는 하나님의 사랑이 참으로 그 속에서 온전하게 되었나니 이로써 우리가 그의 안에 있는 줄을 아노라. (6) 그의 안에 산다고 하는 자는 그가 행하시는 대로 자기도 행할지니라. (7) 사랑하는 자들아 내가 새 계명을 너희에게 쓰는 것이 아니라 너희가 처음부터 가진 옛 계명이니, 이 옛 계명은 너희가 들은 바 말씀이거니와 (8) 다시 내가 너희에게 새 계명을 쓰노니 그에게와 너희에게도 참된 것이라. 이는 어둠이 지나가고 참 빛이 벌써 비침이니라.

사도 요한의 증언에 의한다면, 만약 우리가 하나님의 계명을 지키지 않는다면 우리는 결코 주 하나님 아버지를 알지 못하는 자이다. 주님이 "너희가 나를 알았더라면 내 아버지도 알았으리라. 나를 본 자는 곧 아버지를 본 것"(요14:7, 9)이라고 말씀하신 것도 바로 그런 까닭에서다. 또한 하나님을 사랑하는 자마다 주 안에서 말씀토라의 길을 걷는다고 말한다. 주님은 말씀하신다. "내가 너희에게 이른 명령은 새로 쓴 계명이 아니라 예로부터 있었던 계명이며, 이 계명은 이미 너희가 들어서 익히 알고 있는 말씀이다." 우리는 토라를 통해서 하나님 사랑은 그의 계명을 지키는 사람 안에서 완벽하게 나타난다는 것을 알 수 있다. 주의 계명은 우리를 회개(테슈바)의 자리로 이끌어, 참된 사랑과 은혜가 무엇인지를 비로소 깨닫게 하는 능력이다.

천지와 만물을 창조하신 하나님이 만민 가운데서 이스라엘을 택하신 이유가 무엇일까? 하나님은 그들에게 영적인 능력을 갖추게 하여 이 땅의 나라와 민족들에게 주의 위대하심을 나타내어, 세상 모든 사람이 하나님을 알고 경배하도록 부르신 것이다. (Parashat Lech Lecha 가라 참조). 이미 앞에서 우리는, 하나님이 토라를 주신 이유가 세계 열방 가운데서 증인으로서 사명을 감당하라는 뜻임을 논한 바 있다. 토라는 주의 말씀을 믿는 사람들에게 하나님 앞에서 거룩한 삶을 살라고 요구하고 있다. 하나님은 이를 위하여 모든 만민 중에서 우리를 그의 소유된 백성으로 삼으신 것(신7:6)이다. 토라로부터 멀어진 세상 모든 사람에게 주의 영광을 드러낼 증인으로 이스라엘을 부르신 것이다.

하나님이 이방인을 불러 믿음을 주신 것도 이스라엘을 택하신 목적과 똑같다. 이사야는 말한다. "나 여호와가 말하노라. 너희는 나의 증인, 나의 종으로 택함을 입었나니 이는 너희가 나를 알고 믿으며 내가 그인 줄 깨닫게 하려 함이라. 나의 전에 지음을 받은 신이 없었느니라. 나의 후에도 없으리라. 나 곧 나는 여호와라. 나 외에 구원자가 없느니라"(사43:10~11). 하나님이 이스라엘을 택하신 것은 그들을 통하여 하나님이 살아계신 진리의 주라는 사실을 나타내려 하심이다. 이스라엘 하나님은 유대인과 이방인, 남자와 여자, 부자와 가난한 자, 세상 모든 사람을 파멸과 죽음에서 생명으로 이끄신다. 하나님은 지금도 토라를 통해 모든 사람을 생명의 길로 나오도록 촉구하고 계신다. 주님은 '육체로 오신 토라'이다. 우리의 토라이신 예수 그리스도가 곧 생명의 길이고 진리(요14:6)이시다.

오늘 Parashat Yitro 이드로를 읽을 때 가장 중요한 것이 무엇인가? 하나님의 백성이 주의 음성을 어떻게 경청하고 또 보았는지를 말해주고 있다. 지금까지 나눈 내용을 기초하여 정리해 보면, 사람의 입을 통해 하늘에서 임한 하나님의 말씀을 듣는 것과 보는 것이 얼마나 복되고 가치 있는 일인지, 먼저 그것의 중요성을 인식해야 한다. 이것은 하나님의 의로우심과 자비하심, 그리고 세상을 향한 하나님의 은혜를 깨닫게 하는 지혜요, 가장 의미 있는 증거를 갖게 되는 일이기도 하다. 하나님 말씀 토라는 우리 삶을 주께 집중하게 함으로써, 우리가 더욱 희망찬 미래를 품고 살아가도록 힘을 준다.

그러나 무엇보다 하나님이 토라를 통해 우리에게 주신 가장 큰 은혜는, 우리로 하여금 그리스도(메시아)를 영접하는 믿음을 주신 것이다. 더 감사한 것은 우리가 오늘도 토라의 가르침대로 순종하며 살도록, 성령을 우리에게 보내셔서 연약한 심령을 붙들고 주며 돕고 계신다는 것이다. 하나님이 토라를 주시며 우리에게 요구한 것이 무엇인가? 주의 택함을 받은 영적 이스라엘이 지금 이 시대를 살아가는 모든 민족들을 위한 증인으로서의 사명을 다함으로, 유대인은 물론 세계 각국 이방인에게까지 예수 그리스도 안에 나타난 주의 크신 자비를 알게 하고, 또 그분이 모든 인류를 구원하기 위해 이 땅에 오신 메시아임을 깨닫게 함으로, 모든 사람으로 하여금 그를 생명의 주 메시아로 믿고 구주를 영접하게 하라고 요구하신다. 예수 그리스도를 생명의 주님으로 믿고 그 말씀대로 순종하며, 진리와 정의, 공평과 거룩, 그리고 그리스도의 사랑으로 토라의 길을 걸어가는 삶이 참된 믿음이고 구원의 길이라는 사실을 전해야 한다.

토라에 따르면, 이스라엘이 정말로 부르심에 충성을 다했다면 이스라엘과 관계된 모든 민족들도 하나님의 복을 받게 되었을 것이다. 그러면 모든 열방들이 이스라엘의 하나님만이 참 하나님이심을 깨닫고 영광을 돌렸을 것이다. 모든 세상이 다 하나님의 주권 아래 있다는 사실을 알고 찬양할 것이다. 우리가 토라의 말씀에 순종하느냐 순종하지 않느냐에 따라 하나님의 자녀인지 아닌지가 결정된다. 하나님은 우리가 영적인 이스라엘이 되어 신실한 주의 증인으로서 사명을 감당함으로써, 모든 민족이 회개하고 하나님 앞에 나오기를 원하고 계신다. 토라 말씀 안에서 걷기만 하면 주님은 날마다 우리에게 성령의 권능을 주시고, 이로써 모든 것을 할 수 있는 능력의 삶을 살게 하시며, 더 나아가 모든 사람을 유익하게 하는 복의 근원으로서의 은혜까지 갖게 된다. 이 믿음으로 메시아를 간절히 찾는 자에게 하늘의 복과 이 땅의 복을 주겠노라 약속하셨기 때문이다. 할렐루야!

제19주 차
Parashat Mishpatim 법규 (21:1~24:18)

토라의 노예법:

사람에게 예수 그리스도가 필요한 이유가 무엇인가?

Parashat Mishpatim 법규 (출21:1~24:18)의 시작은 하나님이 자기 백성에게 법도(미슈파팀)를 세우셨다는 말로 열고 있다. 이어서 히브리 노예를 살 때는 어떻게 해야 하는지(21:2)에 관하여 설명하면서, 만약 빚 때문에 자기 딸을 노예로 팔아야 하는 경우(21:7~9)와 그리고 어떤 남자가 아내를 두고도 또 다른 여자를 얻었을지라도 아내의 음식이나 의복은 물론이고, 부부로서의 의무[1]를 절대 소홀히 하면 안 된다(21:10~11)고 명한다. 유대 랍비들의 견해에 따르면, 노예와 관련된 법규는 성경에 있는 여러 율법 조항 가운데 가장 의미 있고 중요한 법으로 여기고 있다.

또한 본문 21:12~16절에는 계획적인 살인과 우발적인 살인에 대해서도 법을 정해 놓았다. 만약에 두 남자가 싸우다가 폭행으로 인해 한 사람이 상처를 입었을 경우에는 어떻게 해야 하는지와, 그리고 부상을 당한 자에게 어떻게 보상을 해야 하는지에 대해서

---

1) '동침'을 뜻함

도 말해 준다. 또 만약 두 남자가 서로 싸우다가 임신한 여인을 쳐서 유산되었다면, 여자의 남편이 청구하면 재판장의 판결에 따라 반드시 보상해야 한다고 말한다(21:22). 그리고 여기에 신체적 상해까지 입혔다면 '생명에는 생명으로, 눈에는 눈으로, 이에는 이로'(21:24) 갚아야 한다고 덧붙이고 있다. 여기에서 한 가지 주목해야 할 것이 있다. 그것은 아직 태어나지 않은 뱃속의 태아라 할지라도 이미 태어난 아이와 똑같이 영혼을 소유한 존재로 인정하고 있다는 점이다. 이것은 하나님이 무엇보다 생명을 귀하게 여기신다는 것을 알려 준다. 그렇기 때문에 아이를 밴 산모 뜻대로 태아를 다뤄서는 안 된다는 점을 분명히 하고 있다. 설령 임신한 아이를 지우고 싶더라도 이것은 절대 하나님의 뜻이 아니므로, 부모 마음대로 태아를 지우거나 조작할 수 없다.

이어진 법도의 내용을 살펴보자. 먼저 가축이나 포도원과 전답과 같은 개인의 사유재산의 권리(22:3~15)에 대해 정하고 있고, 이어서 마술사나 무당을 허용해서는 안 되고(22:18), 짐승과의 수간 행위도 금하며(22:19), 또 하나님 외에 다른 신에게 제물을 바치면 안 된다(22:20)는 명령한다. 하나님의 백성은 이방인을 잘 대우해야 하고, 과부나 고아와 같이 사회적 약자를 괴롭히거나 업신여기면 안 된다(22:21~24). 가난한 이웃에게 돈을 빌려줄 경우에는 자꾸 재촉하거나 이자를 챙기려고 해도 안 된다(22:25). 또 사람이나 가축이나 식물의 모든 초태생은 하나님의 것(22:29~30)이다. 일곱째 해에는 농사를 짓지 말고 안식일에는 모든 육체적 노동을 멈춰야 한다(22:10~12). 그리고 해마다 무교절(23:14)과 맥추절(23:16)

과 수장절(23:16) 이 세 절기는 반드시 지켜야 한다.

오늘 본문이 말한 규례와 법도에는 공정하고 의로운 주의 뜻이 반영되어 있다. 오늘 이 본문을 읽을 때 우리가 가장 주목해야 할 주제가 있다면, 그것은 토라에서 히브리 노예가 된다는 것이 무엇을 의미하는지 정확히 알아야 한다는 것이다. 이 의미를 정확히 알아야 우리도 얼마든지 노예 신세로 전락할 수 있다는 경각심을 가질 수 있다. 어쩌면 지금 가장 소중한 시간을 하나님이 아닌 세상의 노예로 팔린 채 살아가고 있는 것은 아닌지, 한 번 자신을 돌아볼 기회로 삼을 것이다. 또한 토라가 정한 노예법은 하나님의 자비와 공의와도 밀접하게 관계되어 있다. 출21:1~6절의 증언을 읽어 보자.

[출21:1~6, 개역개정]
(1) 네가 백성 앞에 세울 법규는 이러하니라. (2) 네가 히브리 종을 사면 그는 여섯 해 동안 섬길 것이요 일곱째 해에는 몸값을 물지 않고 나가 자유인이 될 것이며, (3) 만일 그가 단신으로 왔으면 단신으로 나갈 것이요 장가들었으면 그의 아내도 그와 함께 나가려니와, (4) 만일 상전이 그에게 아내를 주어 그의 아내가 아들이나 딸을 낳았으면 그의 아내와 그의 자식들은 상전에게 속할 것이요 그는 단신으로 나갈 것이로되, (5) 만일 종이 분명히 말하기를 내가 상전과 내 처자를 사랑하니 나가서 자유인이 되지 않겠노라 하면 (6) 상전이 그를 데리고 재판장에게로 갈 것이요 또 그를 문이나 문설주 앞으로 데리고 가서 그것에다가 송곳으로 그의 귀를 뚫을 것이라. 그는 종신토록 그 상전을 섬기리라.

사람이 노예로 팔리는 이유가 뭘까? 토라에 따르면 빈곤으로 인한 빚이 원인이기도 하고 또는 죄 때문이기도 하다. 출21:3절에서 모세는 노예법과 관련하여 다음과 같이 말한다. "만일 그가 혼자(베가포; בְּגַפּוֹ) 왔다면 자신만 나갈 것이요, 아내가 있는 남편이라면 그 아내도 함께 데리고 갈 것이라." 여기 우리말 성경에서 '혼자'라고 옮긴 베가포라는 단어는 실제로 '혼자, 단신'이라는 뜻을 가지고 있다. 그러나 성경에서 통상 '혼자'를 나타낼 때 가장 많이 쓰이는 단어는 레바드(לְבַד)라는 단어이다. 레바드는 '홀로, 혼자, 아무도 없이'라는 뜻으로 자주 사용되는 단어이다. 또 때로는 이와 비슷한 뜻을 가진 야히드(יָחִיד)라는 단어를 사용하는 때도 많다. 야히드는 '하나, 단독, 혼자'라는 뜻이다. 베가포도 물론 '혼자'라는 의미를 가진 단어이기는 하지만, 뭔가 어색한 느낌을 준다. 중요한 것은, 모세가 여기에서 왜 굳이 베가포라는 단어를 사용했느냐는 것이다.

'베가포(בְּגַפּוֹ)'는 사람의 몸을 의미하는 '구프(גּוּף)'에서 파생된 단어이다. 사람의 몸을 뜻하는 이 단어 하나에, 토라의 노예법에 어떤 개념이 내포되어 있는지 알려 주고 있다. 누군가에게 노예가 되는 것은 결코 자기 한 사람만의 문제가 아니다. 만약에 빚을 진 자가 이를 갚지 못하면 대부분은 자기 몸을 노예로 팔 수밖에 없었다. 빚 때문에 자기 몸을 팔았다는 것은 오늘 우리에게도 중요한 의미가 있다. 왜냐하면, 오늘도 이와 비슷한 일들이 또 다른 형태로 많은 크리스천에게 나타나기 때문이다. 예컨대 한순간의 쾌락을 위해서 자신의 몸을 죄에게 팔아넘긴다. 적지 않은 크리스천들이 쾌락의 유혹 앞에서 자기 몸(베가포)과 영혼을 욕망의 노예로 팔아버리고 만다.

사도 바울은 롬6:16절에서 이렇게 말했다. "너희 자신을 종으로 내주어 누구에게 순종하든지 그 순종함을 받는 자의 종이 되는 줄을 너희가 알지 못하느냐? 혹은 죄의 종으로 사망에 이르고 혹은 순종의 종으로 의에 이르느니라." 잠5:22절에도 이와 비슷한 말이 나온다. 원문에 가깝게 의역을 하면, "사악한 자가 행한 불의는 자신을 악에게 넘기는 일이며, 그는 결국 자기가 행한 악 때문에 죄의 줄에 붙잡힘을 당하게 된다."[2]

위의 출21:3절에서 행동의 주체가 되는 주어는, 노예를 산 주인이 아니라 자신의 몸을 노예로 판 당사자이다. 즉 노예가 자기 몸을 '자발적으로' 판 것이다. 바울은 "우리가 율법은 신령한 줄 알거니와 나는 육신에 속하여 죄 아래에 팔렸도다"(롬7:14)라고 고백했다. 토라의 노예법이 강조하는 가장 중요한 핵심은, 이렇게 자기 몸을 다른 사람에게 노예로 판 사람이 다시 자유를 얻으려면 '반드시 대속의 법the law of redemption에 의해서만 가능하다'는 것이다. 빚을 갚지 않으면 영원히 노예로부터 벗어날 길이 없다. 따라서 우리가 죄의 노예로 팔리게 되면 오직 죽음으로 그것을 갚아야만 된다는 것이 성경의 기본적인 개념이다. 바울이 '죄의 삯은 사망'(롬6:23)이라고 한 까닭이 바로 이 때문이다. 육신의 욕구로 인해 우리에게 죄가 쌓이게 되면 결국 죄의 종이 될 수밖에 없고, 자신이 뿌려놓은 죄의 씨는 결국 죽음으로 인도하기 때문에, 죄의 삯

---

2) 이 구절에 대한 영어성경 NASB의 번역은 다음과 같다. "His own iniquities will capture the wicked, And he will be held with the cords of his sin."

은 죽음인 것이다.

구원받은 자신의 몸을 다시 죄에 파는 노예법에 관하여 그동안 여러 가지 해석들이 있어 왔다. 그중에서 아케이닷 이츠학을 들 수 있는데, 여기에서 밝힌 출21:1~6절의 해석을 들어 보자.

[아케이닷 이츠학 67:124]

유대인의 종에 관해 다루고 있는 본문들은, 사람들이 세상에서 살면서 경험한 것들을 기초로 하여, 이것을 비유적으로 가르친 내용들이다. 몸을 판 사람이 만약 홀로 들어왔다면 떠날 때도 혼자서만 떠나야 한다. 그가 얻은 소유는 다 남겨둬야 한다. 그런데 만약 주인에게 계속 예속되기를 원한다면, 그는 엘로힘에게 가서 자기 뜻을 분명하게 밝히고 전해야 한다. 그러나 그가 70세라는 늙은 나이가 되어서, 기력을 잃고 죽을 날이 가까워 흙으로 돌아갈 때가 되었다면, 그는 아무런 제약을 받지 않고 자유로운 몸이 될 수 있다. 이는 일을 제대로 감당할 수 없을 만큼 몸이 쇠약해졌고 자기 혼자의 힘만으로는 살아가기 힘든 나이가 되었기 때문이다. 바퀴가 돌듯 인생도 항상 제자리로 돌아간다. 오르막이 있으면 내리막도 있듯이, 우리 삶 또한 올라가더라도 정점을 찍은 후에는 다시 내려가는 것이 인생 아니겠는가.

자신의 몸을 노예로 파는 사람에 대해 설명한 아케이닷 이츠학의 글은 매우 흥미롭다. 그에 따르면, 자기 몸을 노예로 팔려고 홀로 왔다면 나갈 때도 혼자 나가야 하고, 만약 그가 섬기던 주인에게 계속 남아 있기를 원한다면 그는 하나님(엘로힘)에게 가서 자기의 뜻을 정확하게 전달해야 한다. 여기에서 주목해야 할 것은, 출 21:1~6절에 나온 노예 관련법이 구원받은 백성의 삶을 반영하고 있다는 사실이다. 다시 말하면 하나님의 은혜로 구원을 받은 자는,

그 이후에 어떻게 살아야 할 것인가 하는 문제와 연결되어 있으며, 어찌 보면 그리스도인의 모습과도 매우 흡사하다고 할 수 있다.

이 세상에 올 때 누구나 혼자 왔다가 혼자 간다. 살면서 만약에 죄를 짓는다면, 이것은 자기 자신을 세상의 쾌락의 노예로 파는 것과도 같다. 교만과 부도덕성 이 두 가지 죄는 성경에서 거의 모든 죄악을 대표하고 있다. 특히 교만은 증오와 살인 등 온갖 악행들을 저지르게 하는 뿌리이다. 우리가 모든 죄에서 용서받기 위해서는 오직 생명의 주인인 하나님 앞에 나아가 그분의 자비를 구하는 길밖에 없다. 그리고 무엇보다 예수 그리스도의 구속 은총으로 말미암아 우리의 모든 죄의 빚이 탕감을 받아, 다시 자유의 몸이 될 수 있었다는 사실을 믿어야 한다. 이 세상 어느 누구도 우리의 죄로 인해 하나님께 진 빚을 대신 갚아줄 자는 없다.

출애굽기 주석서 가운데, 메킬타는 할라카 미드라쉬로 유명하다. 메킬타는 밋다(middah)라는 말에서 비롯된 말이다. 이것은 어떤 척도^{measure}나 규칙^{rule}을 의미한다. 메킬타는 여러 사람이 주석하여 이를 편집한 책이다. 그렇다면 메킬타는 토라가 말한 노예법을 어떻게 이해하고 있을까?

> **[메킬타 21:3, Part 1]**
> "만일 그가 단신으로 왔으면 단신으로 나갈 것이요"(출21:3). 이것이 의도한 것은 무엇일까? 아내 없이 홀로 온 사람은 나갈 때도 홀로 나가야 한다는 것이다. 들어올 때는 홀로 왔는데 그의 주인이 그에게 여자를 준 경우도 있기 때문이다. '만일'이라는 전제를 달아 놓은 것은, 이것이 필수적이 아닌 선택적인 일로 받아들였음을 의미한다. 그러나

이것은 선택적인 것이 아니라 필수적인 명령이다. 따라서 홀로 노예가 된 자는 나갈 때도 홀로 나가야 한다고 명령하고 있다. 그러나 그가 누군가를 데리고 들어왔다면 나갈 때는 그와 함께 나갈 수 있다. 다만 만약에 주인이 어떤 손해를 입힌 것이 있다면, 주인은 종에게 반드시 그에 대한 응분의 대가를 지불해 줘야 한다.

이스마엘R. Yishmael은 이에 대하여 더 이상 설명을 부연할 필요는 없다고 말한다. 만약에 어떤 누군가가 자기 딸을 하녀로 팔았을 경우, 이스라엘 사람은 가나안 사람들이 노예를 버리는 것처럼 해서는 안 된다. 가나안 사람들은 노예가 육체에 심한 손상을 입어 더 쓸모가 없게 되면 가차 없이 버리고 만다. 그러나 히브리인 여자 노예는 남자의 경우와 마찬가지로, 면제년이나 희년이 되었을 때는 자유의 몸이 될 수 있었다.

신15:12~13절에 의하면, 자기 동족 히브리 남자나 히브리 여자를 노예로 샀을 경우, 6년 동안 열심히 섬겼다면 7년째가 되는 해에는 그 노예에게 자유를 주되, 그냥 빈손으로 보내서는 안 된다고 명령하고 있다. 그럼 희년이 되었을 때는 어떻게 해야 하나? 토라의 명령에 의하면 "그들은 내가 애굽 땅에서 인도하여 낸 내 종들이니 종으로 팔지 말라"(레25:42)고 명하고 있다. 하지만 어쨌든 그 어떤 것도 단정적으로 이야기할 수는 없다.

사실 위의 논평은 랍비 아키바R. Akkiva가 해석한 것에 기초한 것이다. 아키바는 노예제도와 관한 논평에서 '에베림 네킨쓰'라는 말을 사용했다. 에베림이란 사람의 '팔다리, 날개, 또는 그 부위'를 가리키며, 네킨쓰는 '들어오거나 나가는 것'을 의미한다. 즉 메킬타는 사람이 노예로서 일하는 동안 혹시라도 사고로 인해 신체 부위가 손상되었는지에 대해 주목하고 있다. 누군가를 노예로 부릴 때에는 그의 육체 가운데 손상된 부분이 있는지 잘 살펴야 하고, 섬김 기간(7년)을 마치고 그에게 자유를 주어 내보낼 때는 들어왔을 때의 상태를 유지하도록 해야 한다는 것이다. 그러나 만약 노예로 섬기던 중 몸에 손상이 생겼다면 그에게 자유를 주어 떠나보낼 때는 반드시 그에 응당한 보상을 해줘야 한다고 말한다.

여기에서 말하려고 하는 핵심은 무엇인가? 사람이 자신을 죄에 팔게 되면 죄가 자기 삶의 주인이 되고, 그 순간부터 죄가 그 사람을 육체적으로나 정서적으로 상해를 입힐 뿐만 아니라, 심지어 영적으로도 심한 손상을 입힌다는 점을 기억하고, 절대 죄에 자신을 파는 일이 있어서는 안 된다. 또 한편으로 주인은 자기 노예가 일하던 도중에 상처를 입었다면 그 피해만큼 필히 보상해 줘야 한다. 하지만 사람 몸은 이처럼 보상을 받을 줄 수 있지만 죄는 어떤 보상도 받을 수 없다. 따라서 토라는 죄의 쾌락에 빠진 자에게 그 어떤 보상이나 보호에 대해 언급하지 않는다. 유일한 방법이 있다면, 그것은 오로지 주인의 자비에 의존하는 길밖에 없다. 그가 자기 죄로부터 돌이켜 토라의 언약을 믿고 하나님께 나아가면, 하나님은 그에게 자비를 베푸시고 토라 안에서 새로운 삶을 살도록 도우실 것이다.

만약 종이 6년 동안 의무를 마치고 자유의 몸이 되어 나갈 수 있음에도 불구하고, 그냥 주인에게 남기를 원할 경우를 대비해서 출 21:6절은 다음과 같이 말한다. "상전이 그를 데리고 재판장에게로 갈 것이요 또 그를 문이나 문설주 앞으로 데리고 가서 그것에다가 송곳으로 그의 귀를 뚫을 것이라. 그는 종신토록 그 상전을 섬기리라." 여기서 중요한 것은, 종이 자유를 포기하고 그냥 남기로 결정했다는 말은 그가 스스로 주인을 선택했다는 뜻이다. 그러면 주인은 그를 데리고 재판장에게 간다. 그렇다면 죄에 몸을 팔아 죄의 종이 된 사람은 어떻게 해야 하나? 닷트 쯔케님은 이 구절에 대해 어떻게 이해하고 있을까? 그의 해석을 들어보도록 하자.

[닷트 쯔케님, 출21:1~6, part 1]
"송곳으로 그의 귀를 뚫을 것이라." 종으로 남기 원하는 자의 귀를 뚫는 도구로 토라는 왜 하필이면 송곳을 선택했을까? 송곳은 히브리어로 마르체아(מַרְצֵעַ)다. 그런데, 이 단어를 수비학적數祕學的 3)으로 계산하면 그 숫자 값이 정확히 400이다. 이는 이스라엘 백성에게 아주 중요한 숫자이다. 우리 민족이 일제하에서 36년간 압제 받았던 것처럼 이스라엘 백성이 이집트에게 압제당한 기간이 400년(창15:13, 행7:6)이다. 그러므로 송곳이 암시하는 바는 이집트에서 종이 되었던 이스라엘을 하나님이 구속하여 자유를 주셨고, 그들은 이제부터 여호와 하나님을 새 주인으로 삼고 살겠다고 자기 의지로 선택한 것을 상기 시켜 준 것이다. 마치 종이 주인에게 남기로 선택하고 송곳으로 자기 귀를 뚫은 것과 같은 것이다.

그러므로 이스라엘은 이제부터 하나님의 종이 되기로 스스로 선택한 민족이다. 그래서 레25:55절 이렇게 말한다. "이스라엘 자손은 나의 종들이 됨이라. 그들은 내가 애굽 땅에서 인도하여 낸 내 종이요, 나는 너희의 하나님 여호와이니라." 이 말은 이제 이스라엘이 영원토록 하나님과의 관계 안에서만 살아야 한다는 뜻이다. 이것은 또 종이 스스

---

3) 수비학(數祕學)이란, 철자나 단어에 숫자를 매겨 놓고 그 숫자에 숨겨진 의미를 통하여 사람, 장소, 사건 사이의 관계를 푸는 학문이다.

로 주인을 선택함으로 영원히 주인을 섬기기로 약속한 순간부터, 이제 종으로서 책임과 의무를 다하지 않으면 어떤 육체적 처벌도 달게 받겠다는 서약이 포함된 것이다.

윗글에서, 종이 떠나지 않고 계속 주인 곁에 남아 섬기겠다고 서약하는 의식을 주목해 보자. 먼저 송곳으로 귀를 뚫는 이 의식을 어디에서 치르라고 하는가? "상전이 그를 데리고 재판장에게로 갈 것이요 또 그를 문이나 문설주 앞으로 데리고 가서 그것에다가 송곳으로 그의 귀를 뚫을 것이라. 그는 종신토록 그 상전을 섬기리라." 송곳으로 귀를 뚫을 때 귀에서 흘러내리는 피가 문과 문설주를 흥건히 적시는 모습을 상상하여 보라. 이는 곧 유월절 어린양을 잡아 그 피를 문인방과 설주에 바르는 모습이 떠오르지 않는가! 유대인들은 오늘날에도 토라 두루마리를 담은 상자를 집 현관 문설주(메주자)에 달아놓는다.

옛날 조상들이 어린양 피를 발랐던 그곳에서, 주인 곁을 떠나지 않고 영원히 종이 되어 섬기겠다는 의식을 행하려고 재판장(엘로힘) 앞에서 자신의 귀를 송곳으로 뚫음으로, 문인방과 설주에 흘러내리고 있는 피를 쳐다보고 있는 종의 모습을 떠올려 보라. 하나님의 말씀 토라 두루마리 상자인 메주자가 있는 바로 그곳에서, 스스로가 종이 되겠다고 맹세하며 변함없이 섬기겠노라 다짐하면서, 지금 토라를 걸고 하나님 앞에서 계약을 체결하고 있다.

이것은 매우 중요한 의미가 담겼다. 이는 하나님과의 언약관계 안에서 맹세를 지키겠다는 것이며, 이로써 종 된 이스라엘은 오직 하나님만을 바라보며 그의 말씀대로 순종하며 살겠다는 맹세의 서약을 다짐한 것이다. 반면에 하나님이 아닌 세상을 주인으로 선택한 사람은 어떠한가? 닷트 쯔케님의 말처럼, 이스라엘은 이제 주님과의 관계 안에 있어야만 살 수 있다. 종이 자기 스스로 주인을 선택함으로 영원히 주인을 섬기기로 맹세한 순간부터는 종으로서의 책임과 의무를 다해야 한다. 만약 그렇지 않는다면 주인으로부터 처벌을 피할 수가 없다. 그러므로 세상과 죄를 주인으로 선택한 사람에게는 그 어떤 희망도 존재하지 않는다. 출21:6절에 대한 또 다른 주석이 있다.

[쉬네이 루콧트 하브릿트, 조트 하베라하, 데레흐 챠임 토챠콧 무사르 156]

토라의 말씀을 해석할 때, 인간 이성에 의한 합리적인 설명이 어려울 때는 토라의 다른 본문들, 예컨대 하나님의 창조와 병행하는 구절과 연결하여 푸는 것이 바람직하다. 만약에 물건을 훔친 도둑이 그것을 갚을만한 능력이 없게 된 상태에서 종이 되었을 경우, 6년 동안 주인을 섬기되 그가 종으로 섬긴 6년간의 품삯이 최소한 주인에게 손해를 입힌 만큼 되었거나 또는 그 이상이 되어야 자유를 얻을 수가 있다. 예컨대 6년 동안 종이 일한 품삯이 도난당한 물건값보다 더 많다고 여겨질 때, 주인은 그에게 자유를 주어 풀어줄 수 있다. 그런데 여기서 갖게 되는 한 가지 의문점은, 그렇다면 각각의 경우마다 도난당한 물건 가격에 딱 맞는 기간만큼만 종으로 부려야지, 왜 6년 동안 섬기도록 정해 놓았는가 하는 것이다. 만약 6년이라는 기간을 정해 놓지 않았다면 종이 된 사람은 이것을 빨리 갚기 위해 더 열심히 애쓰지 않겠는가? 이 의문에 대해 랍비 바야 벤 아셀Rabbenu Bachya ben Asher은 이를 창조섭리로 설명한다. 그는 오경에 대한 주석에서, 토라가 노예 관련법을 가장 첫 번째 법으로 선포한 이유는, 창조역사와 이집트에서 탈출한 구원역사, 이 두 가지 은혜와 관계가 있다고 주장한다. 그는 하나님이 이스라엘에게 토라를 주신 가장 중요한 목적에 대해, 창조와 구원의 은혜로 자유를 얻은 이스라엘이 또다시 종으로 돌아가는 것을 막기 위함이었다고 말한다. 그래서 하나님은 토라에서 무엇보다 노예 관련법을 가장 먼저 말씀하며 강력히 경고한 것이라고 본 것이다.

이때 하나님이 정한 법칙에는 창조의 섭리가 반영되어 있다. 즉 모든 노동을 멈추고 안식해야 한다는 의미로 7이라는 숫자를 적용한 것이다. 숫자 7이 성경에서는 하나님과의 관계에 있어서 매우 의미 있는 숫자이다. 이것은 매 주일 예배드리는 안식일뿐만 아니라 7년마다 지켜야 하는 안식년 주기에 맞춰져 있다. 다시 말하면 이스라엘 백성들이 약속의 땅에 들어가서 지켜야 하는 예배시간표와 밀접하게 관련된 것이다.

이 7이라는 숫자를, 이스라엘 사람이 누군가의 종이 되어 주인을 위해 섬겨야 하는 햇수에 적용한 것이다. 그러므로 남의 물건을 훔친 죄로 인해 종이 된 자 역시, 비록 몸으로 치른 노동의 대가로는 충분히 상환했다 할지라도, 7년이 이를 때까지는 더 기다려야만 했다. 그들은 이것을 통해 자신에게 진정한 자유를 주는 분이 사람이 아니라 하나님이라는 사실을 깨닫게 되는 것이다. 그러므로 그 어떤 논리나 주장도 하나님의 창조섭리와 구원역사에 맞지 않는다면, 그것은 곧바로 철회되어야 한다. 이것이 토라가 밝히고 있는 노예법의 입장이다. 이것이 성경 전체를 통해 일관되게 흐르고 있는 메시지이다. 인간은 모두 하나님의 창조섭리에 의해 빚어진 존재이기 때문에 어떤 누구라도 이 원칙에 따라 살아야 한다.

위의 글에서는 사람이 왜 자기 몸을 노예로 팔아야 했는지 두 가지 주된 이유에 관해 설명하고 있다. 하나는 가난 때문이었고 또 하나는 남의 물건을 훔친 경우였다고 말한다. 그런데 이 두 가지 이유로 몸을 팔아 종이 되었다 할지라도, 다시 자유를 되찾게 되는 데는 차이가 있다. 만약 가난이 원인이라면 어떤 경우에도 6년이라는 기간을 넘길 수 없다. 6년간 성실히 섬겼다면 7년째에는 반드시 자유를 주어야 한다. 그러나 범죄의 경우는 다르다. 6년 동안 노예로서 주인의 손해를 충분히 보상했다면 자유를 얻을 수 있으나, 만약 그 기간 내에 다 갚지 못한다면 그의 노예생활을 더 길어질 수 있다.

또 하나 여기서 중요한 것은, 노예 관련법이 토라에서 가장 첫 번째 계명으로 언급하고 있는 사실이다. 그 이유에 대해 하나님의 창조섭리와 아울러 이집트에서 탈출해 자유를 얻은 이스라엘 구원역사에 기초하고 있기 때문이라고 본 것이다. 그러면서 하나님이 그들에게 토라를 주신 가장 큰 목적은, 창조와 구원의 은혜로 자유를 얻은 백성이 다시 범죄하여 종으로 되돌아가는 것을 막기 위함이라고 말한다.

따라서 우리도 이 문제를 죄와 연결하여 생각해 볼 필요가 있다. 죄로 인해 죽을 수밖에 없던 우리를 불쌍히 여겨 구원하시고 죄의 종으로부터 벗어나도록 자유를 주셨는데, 우리가 또다시 죄를 짓는다면 어떻게 되겠는가? 사도 바울도 롬6:16절에서 "너희 자신을 종으로 내주어 누구에게 순종하든지, 그 순종함을 받는 자의 종이 되는 줄을 너희가 알지 못하느냐? 혹은 죄의 종으로 사망에 이르고, 혹은 순종의 종으로 의에 이른다"고 말하고 있다.

나는 지금 무엇에 순종하며 사는가? 유대 랍비들이 노예에 관한 법을 창조섭리나 구원역사와 연결 지어 해석한 것은, 오직 예수 그리스도를 통해서만 죄로부터 자유로워질 수 있다는 사실을 말해 준 것이라고 볼 수 있다. 만약 우리가 예수 그리스도를 주인으로 삼는다면 더는 죄의 종노릇을 하지 않을 것이다. 성경의 메시지는 아주 분명하다. 모든 인간은 하나님에 의해 창조된 피조물이므로, 하나님의 사람은 오직 하나님의 창조섭리에 따라 살아야 한다. 바울도 "누구든지 그리스도 안에 있으면 새로운 피조물이라"(고후 5:17) 말하였다. '그리스도 안에서 새로운 피조물'이라는 이 말이 성경 전체에서 어떻게 사용되고 있는지 살펴보라. 정말로 주의 은혜로 재창조되어 새로운 피조물이 된 것을 믿는다면, 하나님의 창조섭리에 따라 살도록 부름 받았다는 사실 또한 믿어야 할 것이다.

그런데 중요한 것은 창조섭리대로 산다는 말이 무슨 뜻인가 하는 것이다. 주님은 자신과 아버지가 동일한 존재(요10:30)이므로 그의 삶의 원리는 토라에서 발견되는 것과 같다(요10:35)는 취지를 밝히셨다. 토라의 원리란 곧 하나님으로부터 부름 받은 자는 토라의 길에 따라가야 한다는 것이다. 우리는 이것과 관련하여 나실인(Nazirite) 법을 참고해 볼 필요가 있다. 스포르노는 민6:13절에 언급된 나실인 법에 관해 다음과 같이 설명하고 있다.

[스포르노, 민6:13, Part 1]
"그 사람을… 데리고 갈 것이요"(민6:13). 유대 현자들은 이 구절의 의미를 그대로 해석한다. 나실인이 자기 몸을 구별할 날이 차면 누군가가 그 사람을 회막문으로 '데리고 가야(יביא)' 한다. 일반적인 성경 원리로 볼 때, 어떤 사람이 지금의 신분보다 더 높은 신분을 원한다면, 그 사람은 자기 신분보다도 더 높은 사람에게서 그 신분을 얻을(יביא)

수가 있다. 악성 피부병(차라앗트)에 걸린 자를 성전에 데리고 오는 사람도 마찬가지이다. 그런데 만약 이런 원리를 나실인에게 적용한다면, 나실인이 성전에 올 때도 어떤 서원예물을 가지고 주께 나오는가보다, 자신을 성전에 데리고 오는 자가 얼마나 신분이 높은 사람인가하는 일이 더 중요하다.

또 다른 예를 찾아보자. 레14:2절은 "나병환자가 정결하게 되는 날의 규례는 이러하니, 곧 그 사람을 제사장에게로 데려갈 것이라"고 말한다. 또 의심 가는 아내에 대한 민5:15절의 규례를 보면, 그녀의 남편이 자기 아내를 제사장에게 데리고 가서 의심의 소제를 드려야 한다. 이것은 탈무드 쏘타(Sotar)에도 규정되어 있다. 우리가 출21:6절의 히브리인 노예법을 해석할 때도 이런 관점이 반영되어야 한다. 즉 6년간 섬김 기간이 끝난 종이 계속해서 주인 밑에 남기를 희망한다면, 주인은 그를 제사장에게로 데리고 가서 그곳 문설주(회막문)에 귀를 대고 송곳으로 뚫도록 했다.

그러나 나실인이 서원 기간을 끝내고 주님 앞에 나아갈 때의 경우에는 이와 다르다. 나실인은 서원 기간이 끝나고 다시 서원하기 위해 얼굴과 머리털을 깨끗하게 밀고 회막문 앞에 나아갈 때는, '자기 스스로' 나아가도록 하고 있다. 자기 스스로 혼자 하나님 앞에 나가서 다시 서원함으로써 새로운 나실인의 서약을 지키며 살아간다. 그렇다면 왜 토라의 나실인 법은 나실인이 다른 누군가에 의해서가 아니라 자기 스스로 회막문에 나가도록 규정하고 있을까? 그 이유는 간단하다. 이미 나실인의 삶을 사는 사람은 거룩과 성결이라는 측면에서 볼 때, 아주 높은 영적 도덕적 수준에 도달한 사람이라고 보기 때문에, 나실인보다 더 우월한 사람은 없다고 본 것이다. 바로 그런 까닭에, 나실인은 하나님 앞에 나아갈 때는 '자기가 자기를 데려오는(יביא)' 것이다.

스포르노는 저명한 유대인 주석가이다. 그는 나실인이 자기 몸을 구별하는 날에 회막문 앞에 나아가도록 규정한 민6:13절 본문을 주석하면서, 이것을 악성 피부병(차라앗트) 걸린 사람과 또 의심의 소제를 드리는 남편/아내에 대한 규례와 연결 짓고 있다. 여기에 공통의 주제가 있다고 본 것이다. 누군가 어쩔 수 없는 상황 때문에 다른 사람의 종이 되었다가 하나님 은혜로 자유를 얻게 되었다면, 이제 다시는 사람의 종이 되지 않도록 해야 한다는 점을 강조하고 있다.

나실인은 거룩한 삶을 살려고 '자기 스스로' 결심하고 '자기 스스로' 기간을 정한 후 이를 지키기 위해 하나님 앞에 나아가 서원한 사람이다. 쏘타는 결혼한 여자가 아내로서의 의무를 다하지 않고 불충실하여 남편으로부터 의심을 받기 때문에 하나님의 현존을 상징하는 회막문 앞에 나가 판결을 받도록 한 탈무드의 규정이다. 나실인과 쏘타의 법을 비교해 보라. 한쪽은 토라에 대한 의무를 다하고 하나님의 언약을 충실히 이행하기 위해 '스스로' 하나님 앞에 나왔고, 다른 한쪽은 아내로서의 의무를 다하지 않고 가정생활에 충실하지 않음으로 혼인 언약을 파기했다는 의심 때문에 '누군가에 의해' 하나님 앞에 끌려 나왔다. 이렇게 서로 사뭇 다르지만, 이 둘 사이에는 공통 주제가 흐르고 있다. 자기 몸을 팔아 노예가 된 자에 관한 토라의 계명은, 신앙과 불신앙, 충성과 불충성이 곧 의와 죄를 가리는 중요한 기준이 되는 것이다.

이상에서 살펴본 것처럼, 사람이 자기 몸을 노예로 파는 데에는 여러 가지 이유가 있을 수 있다. 가난으로 인한 빚 때문에 몸을 팔기도 하고, 이보다 더 심각하게는 죄로 인해 몸을 팔기도 한다. 그러나 하나님의 종이 되어 오직 말씀에 순종하며 살기로 결심하며 자기를 하나님께 판(?) 나실인도 있다. 민6:13절을 원문에 기초하여 번역을 해 보면 이렇다. "서원 기간[4]이 다 찼을 때 나실인이 지켜야 할 법은 이러하다. 그는 먼저 자기 자신을 데리고 회막 입구로 가야 한다." 여기에서 뒷부분이 약간은 부자연스럽다. 토라는 왜 이렇게 어색하게 표현한 것일까? 그 이유는 스포르노가 말한 것처럼, 거룩과 성결이라는 면에서 볼 때 나실인보다 더 높은 수준을 가진 뛰어난 자가 없다고 본 것이다. 그래서 나실인은 서원 기간을 마친 후 하나님 앞에 나아갈 때는, 자신의 얼굴을 다듬고 머리털을 깨끗하게 밀고, 자기 자신을 '데리고(יביא)' 회막문으로 가라고 말한 것이다. 그렇게 함으로써, 또다시 새로운 마음으로 나실인의 삶을 살아간다.

여기서 우리가 주목해야 할 것은, 토라의 노예법에 따라 자기 자신을 하나님께 종으로 팔아 드리겠다면서 나실인이 될 것을 서원한 사람과, 예수 그리스도를 믿기로 선언하고 오직 주만을 위하여 살 것을 약속하며 토라 말씀에 순종하는 사람 사이에 완벽할 정도로 일치를 보인다는 점이다.

사도 바울도 교회를 향해 온전히 변화된 거듭난 사람이 되라고 권고하였다. 바울이 각 서신에서 자기 자신을 어떤 사람으로 소개하고 있는지 잘 읽어 보라. 그는 자신을 '예수 그리스도의 종'

---

4) 서원 기간이란, 나실인으로서 헌신하기로 작정하여 기도하며 정한 규례를 지킨 기간을 말한다. 정한 규례에 대해서는 민6장에 소개되어 있다. 가장 중요한 것은, 첫째 포도주와 독주는 물론 포도로 만든 제품을 먹지 않고 삼가는 일, 둘째로 서원 기간에는 머리를 밀거나 깎지 않아야 하고, 셋째로 죽은 사체는 절대 만지면 안 된다.

(롬1:1, 빌1:1, 골1:7; 4:7 등)이라고 부른다. 다른 사도들도 각 서신의 서두에서 이와 비슷하게 자신을 소개(약1:1, 벧후1:1, 유1:1)한다. 이들 모두 한결같이 자신을 그리스도의 종^{bond-servant}이라 부르기에 주저하지 않았다는 사실은 무엇을 말할까? 이제부터 오로지 주님만을 위해서 복음에 순종하며 살겠다는 강력한 의지를 표현한 것 아니겠는가!

이처럼 히브리 노예가 갖고 있는 양면성은 단지 유대인에게만 아니라 세상 모든 사람에게도, 심지어 오늘날 우리에세노 예수 그리스도가 우리 삶에 왜 필요한지 그 이유를 설명하는 데 매우 중요한 의미를 주고 있다. 우리는 다 하나님께 빚진 자이므로 그 빚을 반드시 갚아야 한다. 그래서 우리는 모두 구속법이 절대적으로 필요하다. 주님은 우리 빚을 대신하여 갚아주신 메시아이시다. 주님은 우리를 회개의 자리로 부르시고 모든 죄를 용서해 주셨다. 그러면서 이제 다시는 죄에 종노릇 하지 말고 오직 주만 따르며 살 것을 강력하게 주문하신다. 우리가 이 사실을 믿고 믿음 안에 거하면서 주의 영광을 위해 산다면, 주님은 우리가 그런 삶을 살 수 있도록 성령의 능력까지 주실 것을 약속해 주셨다.

아직도 많은 유대인은 자신들만 하나님의 선택을 받았고, 또 이미 토라를 통해 하나님과 계약을 맺었기 때문에, 또 다른 구원자는 더 이상 필요치 않다고 말한다. 그래서 예수를 메시아로 믿지 않고, 만약 예수가 메시아라면 그는 이방인들에게나 필요한 분이리라 생각하는 것이다. 그러나 토라의 법(특히 노예법)을 올바르게 이해하고, 토라를 해석하고 가르치는 말씀들에 귀를 기울이면, 예수는 '유대인에게나 이방인에게나' 모두에게 메시아가 되심을 깨닫게 될 것이다. 오직 주님만이 우리 죄를 용서하실 수 있고, 하나님께 진 빚을 다 갚아주실 수 있는 유일한 분이다. 예수가 곧 그리스도이시다.

오늘 본문 Parashat Mishpatim 법규에 규정된 히브리인 노예법은 육신적인 차원에서뿐만 아니라 영적인 차원에서도 그리스도인의 신앙과 삶에 밀접한 관계가 있다. 그리스도인은 창조주 하나님과 우리의 구원자이신 예수께 헌신하도록 부름을 받은 사람이다. 우리가 하나님과 예수 그리스도의 종이 될 때, 우리 안에 참된 자유와 평화가 깃들게 될 것이다. 출21:3절은 "만일 그가 홀로 왔다면 홀로 나갈 것이지만, 장가들었으면 그의 아내도 그와 함께 나갈 수 있다"고 말한다. 여기서 '홀로'라고 번역한 히브리어 베가포(בְּגַפּוֹ)는 '혼자'나 '단신'을 뜻하는 단어이긴 하지만, 굳이 이 단어를 사용한 것은 베가포가 사람 몸을 의미하는 '구프(גּוּף)'에서 비롯되었다는 점에서, 이것은 토라의 노예법에서 다른 사람의 종이 되는 것이 결코 그 사람만의 문제가 아니라는 사실을 보여주기 위함이었다. 그런 점에서 이 단어는 특수성을 함축하고 있는 매우 중요한 의미가 있다. 이것이 오늘날 그리스도인들에게 있어서도 중요한 이유는, 육신의 정욕과 세상의 물욕에 몸을 팔아 죄의 종이 되어서는 안 되기 때문이다. 결국 토라의 노예법은 우리를 향해, 하나님을 정말 바르게 믿고 섬기려면 먼저 세상과 육신과의 관계를 올바르게 맺는 일로부터 시작하라고 외치고 있다. 일단 죄의 종이 되면 설령 죄의 값을 모두 치렀다고 할지라도, 그가 나갈 때 아무것도 가지고 나갈 수 없다는 점도 유념해야 한다.

토라가 말하는 노예법의 원리는 무엇인가? 하나님께 빚진 자는 하나님 앞에서 갚아야 할 책임과 대가를 반드시 개인별로 치러야 한다. 만약에 종이 자유의 몸이 될 수 있음에도 불구하고 계속 주인에게 남아 있기를 원한다면, 주인은 그를 하나님 앞에 데리고 가서 종이 하나님을 경외하는 믿음으로 종신토록 주인을 섬기겠다는 증거로 회막문에서 송곳으로 귀를 뚫어야 한다.

[출21:6, 새번역]
(6) 주인은 그를 하나님 앞으로 데리고 가서 그의 귀를 문이나 문설주에 대고 송곳으로 뚫는다. 그러면 그는 영원히 주인의 종이 된다.

여기서 모세가 사용한 단어를 주목해 보라. "주인은 그를 하나님 앞으로 데리고 가서, 그의 귀를 문(הַדֶּלֶת)이나 문설주(הַמְּזוּזָה)[5]에 대고 송곳으로 뚫는다. 그러면 그는 영원히 주인의 종이 된다." 주인은 토라를 넣어 걸어둔 메주자(문설주) 앞에서 송곳으로 종의 귀를 뚫으며 그곳에 피를 흘리게 함으로써, 주인과 종으로서 영원한 계약관계를 맺는 것이다. 그러나 이 계약은 단지 주인과 종 두 사람만의 계약이 아니라 '하나님 앞에서 행한 하나님과의 계약'이다. 비록 두 사람 사이에 맺은 계약이라 할지라도, 이는 하나님이 명한 토라의 노예법에 근거하고 있기 때문이다. 또 이 계약은 앞에서 말했듯이, 나실인이 자신을 주님께 드림으로 완전히 새사람이 되어

---

5) 문설주는 히브리어로 '메주자(mezuzah)'인데, 유대인들은 지금도 이 문설주에 율법이 적힌 두루마리를 작은 상자에 담아 걸어둔다. 이는 어린양의 피를 발라 죽음을 면했던 유월절 구원 은혜를 나타내기도 하며, 또한 하나님과의 언약관계를 상징적으로 표현한 것이다.

이제부터 하나님의 영광을 위해 살겠다는 증거로써 나실인의 법과 병행을 이루고 있다. 토라가 증언한 것처럼, 우리가 하나님을 믿는 것도 이제부터 세상이 아니라 오직 하나님의 종으로써 자신과 온 가족이 주의 영광을 위해 의롭게 거룩하게 살 것을 약속하며, 주인이신 하나님께 모든 것을 드리며 토라 뜻대로 순종하겠다는 결단이 전제되어야 한다.

[롬6:16~18, 개역개정]

(16) 너희 자신을 종으로 내주어 누구에게 순종하든지 그 순종함을 받는 자의 종이 되는 줄을 너희가 알지 못하느냐? 혹은 죄의 종으로 사망에 이르고 혹은 순종의 종으로 의에 이르느니라. (17) 하나님께 감사하리로다. 너희가 본래 죄의 종이더니 너희에게 전하여 준 바 교훈의 본을 마음으로 순종하여 (18) 죄로부터 해방되어 의에게 종이 되었느니라.

바울은 자신의 편지에서, 세상 모든 사람에게 예수 그리스도가 왜 필요한지에 대해 잘 설명해 주고 있다. 롬6:16~18절에 따르면, 세상 모든 사람은 어느 누구 한 사람도 예외 없이 '무엇'인가의 종이다. '죄의 종이든 아니면 의의 종이든.' 그렇다면 나는 과연 누구의 종인가? 성경은 우리가 "의의 종, 그리스도의 종이 되어야 생명을 얻을 수 있다"고 가르친다. 그래야 우리는 그 믿음에 의해서, 그리고 믿음대로 사는 방식에 의해서, 또 무엇보다 하나님의 은혜에 의해서, 우리가 하나님과 맺은 언약의 관계를 우리 삶 속에 굳건히 세울 수 있다. 할렐루야!

제20주 차
Parashat Terumah 예물 (25:1~27:19)

'미크다쉬'(מִקְדָּשׁ)와 '미쉬칸'(הַמִּשְׁכָּן)에 대하여

오늘 본문(출25:1~27:19)은 미크다쉬(מִקְדָּשׁ)와 미쉬칸(הַמִּשְׁכָּן)에 관한 것이다. 하나님이 모세를 불러 이스라엘 자손에게 회막(미쉬칸) 건립과 회막 안의 모든 기구를 제작하는 데 쓸 예물, 즉 테루마(תרומה)를 기쁜 마음으로 자원하여 가져오라고 명하신다. 회막 건립을 위해 테루마를 요구한 것은 하나님의 백성에게 매우 중요한 일이다. 출25:2절의 뒷부분을 보면, "기쁜 마음으로 내는 자가 내게 바치는 모든 것을 너희는 받으라"고 말한다. 이 뒷부분의 뜻은 이렇다. "(하나님께) 바치려는 마음, 즉 모든 사람이 자원하는 마음으로 테루마를 가져왔다면 너는 그것을 나를 위해 받으라."

하나님은 그의 백성에게 회막(미쉬칸)을 세우는 데 쓸 예물을 기쁜 마음으로 가져오라고 '특별히' 요구하셨다. 그리하여서 백성들은 금, 은, 동, 천을 짤 실들, 염소 털, 양가죽, 해달의 가죽, 조각목을 비롯하여 수많은 예물 테루마를 하나님께 바쳤다. 테루마는 '들어 올린다'는 뜻을 가진 '룸(rum)'에서 파생된 말로 '무언가를 가져와 하나님 앞에 높이 들어 올리는 것'을 가리킨다. 토라에서 무언가 일어난다는 것이나 높이 들리는 것과 같은 개념은 매우 중요한 의미를 암시하고 있다. 예를 들면 구름일어나는 것이나 태양높이 들린 모습은 하나님의 현현이나 임재를 상징적으로 표현하기 위해 토라가 자주 사용하는 방식이다.

하나님은 모세에게 다시 명령(출25:8)하신다. "내가 그들 가운데에 거할 수 있도록 그들로 하여금 나를 위하여 성소를 짓게 하라 (베앗쑤 리 미크다쉬 베쇼카네티 베토캄)." 그런데 토라의 계명에서 '테루맛트 하마아쉐르'라는 말은 레위인들에게 주는 몫인 십일조와 관련한 의미를 갖고 있다. 이 단어를 70인역은 압파이레마(ἀφαίρεμα)로 옮겼다. 이는 예물을 드리는 것^{heave offering}과, 또는 기쁜 마음으로 바치는 헌물^{oblation}을 의미한다. 그런데 이 테루마라는 단어가 오늘 본문에서, 하나님을 위한 성소(미크다쉬)와 주께서 현존하시는 특정한 장소(미쉬칸)를 건립하라는 명령에서 사용된 것이다. 그럼 이것이 오늘 우리 삶에 어떤 의미가 있을까?

히브리어 테루마(תרומה)는 구약성경 여러 군데에 나오고 있다. 중요한 것은 그 뜻이 특별히 무언가를 더 높이려는 때 사용되고 있다는 점이다. 그렇다면 오늘 본문에 이 단어가 강조되고 있는 까닭은 무엇일까? 우리가 하나님이 계신 거룩한 성소 앞에 나아가 정성을 다해 자원하여 예물을 드리는 일, 이것은 곧 우리 몸과 마음을 주님께 높이 들어 올리는 것과 관련이 있다는 말 아니겠는가! 오늘 우리가 본문을 읽으면서 절대 놓치지 말아야 할 것이 있다. 그것은 언제나 자기 백성에게 하나님이 임재(미쉬칸)하시는 거룩한 성소

(미크다쉬)에 나아올 때마다, 기쁜 마음으로 자원하며 드리는 예물(테루마)을 '직접' 가져오도록 요구하신다는 것이다. '내가 그들 가운데 거할 수 있도록' 기쁜 마음으로 정성을 다해 예물을 드릴 때, 바로 그곳이 하나님을 만나는 쉐키나(Shekinah)[1]의 현장인 것이다.

오늘 우리는 어떠한가? 우리 안에 하나님이 거할 수 있도록 우리는 어떤 마음과 어떤 정성으로 하나님이 기뻐하며 받을만하신 테루마를 드리고 있는가? 특히 토라가 미크다쉬와 미쉬칸의 건립을 위해 테루마를 가져오라고 요구한 이 명령을 우리는 어떻게 이해하고 받아들여야 할지 깊이 생각하지 않으면 안 된다. 그럼으로써 이를 우리 삶에 적용하는 것이 무엇보다도 중요하다. 그럼 먼저 출 25:1~9절 말씀을 다시 읽어 보자.

[출25:1~9, 개역개정]

(1) 여호와께서 모세에게 말씀하여 이르시되, (2) 이스라엘 자손에게 명령하여 내게 예물을 가져오라 하고 기쁜 마음으로 내는 자가 내게 바치는 모든 것을 너희는 받을지니라. (3) 너희가 그들에게서 받을 예물은 이러하니 금과 은과 놋과 (4) 청색 자색 홍색 실과 가는 베실과 염소 털과 (5) 붉은 물들인 숫양의 가죽과 해달의 가죽과 조각목과 (6) 등유와 관유에 드는 향료와 분향할 향을 만들 향품과 (7) 호마노며 에봇과 흉패에 물릴 보석이니라. (8) 내가 그들 중에 거할 성소를 그들이 나를 위하여 짓되 (9) 무릇 내가 네게 보이는 모양대로 장막을 짓고 기구들도 그 모양을 따라 지을지니라.

---

1) 쉐키나(Shekinah)는 '하나님이 머무신다'는 뜻으로 쇼칸(shakan)이라는 동사에서 비롯되었다. 미쉬칸(מִשְׁכָּן)은 쇼칸의 명사형이다. 미쉬칸은 거룩한 성소를 가리킨다.

오늘 본문은 하나님이 모세를 부르신 후 이스라엘 자손에게 지시할 내용에 대해 명령하고 있다. 첫 내용은 무엇인가? "기쁜 마음으로 내는 자가 내게 바치는 모든 것을 너희는 받을지니라." 여기 '기쁜 마음으로'라고 한 것은, '마음이 움직이는(피어오르는)'이란 뜻이다. 마치 (피어오르는) 구름기둥처럼, 그렇게 절로 움직이는 마음으로 하나님께 바친 테루마를 받으라고 명령하신 것이다. 그리고 이어서 모세에게 회막 건립을 위해 필요한 것이 정확히 무엇인지 일러 주신 다음, 이것을 이스라엘 자손에게 말하여 가져오도록 한 것이다. '금과 은과 놋과 청색 자색 홍색 실과, 가는 베실과 염소털과 붉은 물들인 숫양의 가죽과 해달의 가죽과 조각목과 등유와 관유에 드는 향료와 분향할 향을 만들 향품과 호마노며 에봇과 흉패에 물릴 보석' 등의 품목을 구체적으로 지정하고 있다. 그런 다음 "내가 그들 중에 거할 성소(미크다쉬)를 그들이 나를 위하여 짓되, 무릇 내가 네게 보이는 모양대로 장막(미쉬칸)을 짓고 기구들도 그 모양을 따라 지으라"고 명령하셨다.

특히 8~9절에 나오는 미크다쉬와 미쉬칸, 이 두 단어는 매우 중요한 의미로 쓰이고 있다. 두 단어 모두가 '머무르다, 거주하다'는 뜻을 가진 '쇼칸(שכן)'에서 비롯되었다. 그리고 쇼칸은 어원학적으로 볼 때 '거룩하다'는 뜻을 가진 코데쉬(קדש)에 기원을 두고 있다. 코데쉬는 거룩한 장소나 예배 처소를 가리키는 말이다. 여기에서 주목해야 할 것은, 쇼칸이라는 단어의 뜻이 '머무르다, 거주하다' 외에도 '이웃'으로도 쓰이고 있다는 점이다. 이것은 무엇을 말하는 것일까? 하나님이 토라에서 이스라엘에게 성소를 짓도록 명령하신 것은, 오직 거룩한 성소에서의 예배를 통해서만 하나님을 만나 영적으로 교제할 수 있고, 그뿐만 아니라 성소에서의 예배를 통해 세상 모든 거민과 이웃으로서의 진정한 소통과 사랑의 나눔이 가능해질 수 있음을 약속한 것이다. 이런 기대와 소망은 이룰 수 있는 일에 우리가 자원해서 드리는 테루마가 가장 중요한 역할을 한다.

또 이것은 예수 그리스도를 믿고 그분 안에서 이웃처럼 살기 원하는 사람들에게도 중대한 의미가 있다. 오늘 우리에게 주님이 무엇을 요구하실까? "너희 안에 주를 위한 성소를 세우라. 너희 삶 안에 거룩한 처소를 마련하고 끊임없이 주의 이름을 구하며 살라"고 요구하고 계신다. 그렇다면 우리는 어떻게 우리 삶 안에 주님이 거주하실 수 있도록 거룩한 처소를 만들 수 있을까? 그것은 우리를 사랑하시는 하늘 아버지가 우리의 모든 죄를 대속하기 위하여, 독생자 예수 그리스도를 아낌없이 보내주신 사실(롬3:25)을 믿어야 한다. 또 주님은 우리뿐만 아니라 세상 모든 사람을 위한 화목제물이 되셨음(요일2:2)을 받아들여야 한다. 주님은 믿는 자들을 위한 중보자이시며(딤전2:5), 우리 심령 안에 주의 거룩한 영이 거할 수 있도록 우리를 성령의 전으로 삼으셨다는 것(고전6:19~20)을 믿어야 한다.

그러나 이것만이 전부가 아니다. 더 중요한 것은 우리가 살면서 어떻게 행동할 것인가를 선택하는 것 하나하나가 주님과 신뢰관계를 유지하는 데 밀접한 영향을 끼친다는 사실이다. 엡2:6절은 주께서 우리를 하늘 자리에 앉히셨다고 말한다. 그리스도 안에서 우리를 부르셔서 거룩하고 의로운 삶을 살게 하심으로써, 이로 말미암아 하나님의 이름이 영광을 받기를 원하신다. 토라는 이 모든 것이 거룩한 성소(미크다쉬)에서 시작되며, 우리가 기쁨으로 드린 예물(테루마)을 통해 마련된다는 점을 강조한다. 즉 미크다쉬가 첫 출발이라면 테루마는 이를 가능하게 하는 동력이 된다. 하나님의 백성이 성소 안에서 예물을 드릴 때, 하나님은 친근한 이웃처럼, 아니 이보다 훨씬 더 가까운 친구처럼 우리 곁에 다가오신다. 만약 누군가가 주께서 행한 일을 정말 믿는다고 하면서도 여전히 죄 가운데 **빠져** 산다면, 과연 하나님의 성소(미크다쉬)와 그의 장막(미쉬칸) 안에 거한다고 말할 수 있을까? 과연 주님이 그런 사람들에게 이웃이나 친구처럼 가까이 다가오실까? 아래에 미쉬나의 글을 읽어 보자.

[미쉬나 쉐카림[2] 4:6]
만약 누군가 성전에 예물을 드리려 한다면, 그는 먼저 자기가 가져온 것이 하자가 없는 합당한 예물인지 잘 살펴봐야 한다. 그런 이후에 문제가 없다고 확인되면, 즉시 그 예물을 성전 책임자에게 건네도록 한다. 이는 랍비 아키바[Akiva]가 한 말이다. 그럼 합당하지 않은 예물은 어떤 것인가? 벤 앗자이[Ben Azzai]에 따르면, 일꾼들에게 줘야 할 임금을 주지 않고 그 돈을 따로 떼어 하나님께 드리면, 이것은 하자가 있는 것이다. 일꾼의 돈을 헛된 곳에 사용한 것이나 다름이 없기 때문이다. 그것은 일꾼들이 받아야 한다.

이 글은 성전에 바치는 봉헌예물에 대해 언급하고 있다. 봉헌이라는 말은 히브리어 코데쉬에서 온 것이다. 그 뜻은 '거룩하게 구별해 놓은 것, 바칠만한 것, 신성하게 구분해서 분리한 것, 따로 떼

---

2) 미쉬나에서 쉐카림은 예루살렘 성전을 유지하고 성전으로서의 기능을 감당하기 위해 거두었던 성전세나 봉헌물에 관한 내용을 담고 있는 책이다.

어놓은 것'을 가리킨다. 이는 무언가를 거룩하게 하는 과정을 뜻한다. 즉 주님께 드리기 위해 따로 구별해 놓은 것이 코데쉬이다. 이것은 또 우리가 죄의 삶에서 완전히 떠나, 매일매일 살면서 어떻게 하면 하나님께 영광을 돌릴 수 있을까 생각하고 계획하며 실천으로 옮김으로써, 이제부터 모든 삶을 오직 주님을 위해 헌신하겠다고 다짐하며 사는 구체적인 노력을 가리킨다. 이런 노력은 우리가 사는 가정에서 사랑하는 가족들에게, 그리고 주변 이웃들에게, 지금 당장이라도 얼마든지 행할 수 있는 일이다. 메킬타는 다음과 같이 말한다.

> ### [메킬타[3]) 13:2, Part 3]
>
> "그는 내 것이다"(출13:2). 이것은 무엇을 의도한 말일까? 신15:19절은 '처음 난 수컷은 네 하나님 여호와께서 구별한 것이라'고 말한다. 우리는 이 말을 어떻게 받아들여야 하나? 만약 상급을 받기 위하여 그것을 구별하였거나 거룩하게 했다면 그것이 거룩하게 되고, 만약 그렇게 하지 않으면 거룩해지지 않는다는 말인가? 토라는 어떤 경우에도 "그는 내 것이다"고 말한다. 그러면 '첫 수컷을 너는 구별하여 드려야 하는' 이유는 무엇인가? 그것은 상급을 위한 일이다. 하나님께 구별하여 바치는 예물은 상급을 위한 것이다.
>
> 또 한편으로 레6:12절을 보면, "제사장은 아침마다 나무를 그 위에서 태우라"고 명하고 있다. 왜 이렇게 명령하신 것일까? 사40:16절을 보면 레바논 숲에 있는 나무 전체를 땔감으로 태워도 부족하다고 말하고 있지 않은가? 그렇다면 제사장에게 아침마다 나무를 왜 태우라고

---

3) 메킬타는 여러 저자의 의해 쓰여 졌거나 기인된 성경적인 주석에 관한 유대주의 규칙들을 담고 있다.

하셨을까? 그것 역시 상급이 목적이다. 이와 비슷한 말씀이 또 있다. 민28:4절에서 주님은 "어린양 한 마리를 아침마다 드리라"고 요구하셨다. 이것도 상급을 위해서일까? 하나님은 이사야의 예언을 통해서, 모든 짐승을 다 번제물로 드려도 충분하지 않다(사40:16)고 말씀하지 않았는가? 그렇다면 어린양 하나를 바치라는 말씀은 무슨 뜻인가?

출25:8절에서 하나님은 "나를 위해서 성소를 세우라"고 요구하셨다. 그러나 렘23:24절을 보라. "나는 천지에 충만하지 아니하냐?" 이것은 굳이 성소가 없더라도 하나님은 온 세상 안에 충만하시다는 뜻이다. 그렇다면 왜 성소를 세우라고 요구하셨을까? 먼저 하나님은 성소를 세울 수 있도록 그들에게 많은 선물을 부어주실 것이다. 뿐만 아니라, 성소를 세우고 그곳을 출입하며 예배하는 자들에게 상급을 주신다. 이것이 바로 이스라엘에게 성소를 세우라고 명령하신 이유이다.

한때 제자들은 안식일을 얌니아/야브네(Yavneh)에서 지켰다. 그때 랍비 여호수아^{R. Yehoshua}는 그들과 함께하지 않았다. 제자들이 돌아오자 랍비가 물었다. "거기에서 어떤 소리를 들었느냐?" 제자들이 대답했다. "바로 스승님입니다." 그들이 이렇게 말한 것은 거기에서 스승이 가르친 것 외에 어떤 새로운 가르침도 얻지 못했기 때문이다. 랍비가 다시 물었다. "거기에 누가 있더냐?" 제자들은 그에게 랍비 아자랴^{Elazar b. Azaryah}가 거기에 있었다고 말하였다. 랍비가 또 물었다. "아자랴가 아무 말도 하지 않고 거기서 안식일을 보낼 리가 있느냐?" 이에 제자들은, '단지 그는 신31:12절에 백성의 남녀와 아이들을 모았다는 말이 무슨 뜻인지 우리에게 설명해 주었을 뿐이라'고 답하였다. "그럼 선과 악의 차이가 무엇인지 알고 있는 아이들이 있더냐?" 그가 그렇게 한 것은 예물을 드린 자에게 상을 베풀고 또 하나님의 뜻대로 행한 자들에게 상급을 더하기 위함이다. 이것이 사42:21절에서 주님이 토라를 더욱 크고 존귀하게 하려고 그의 의를 구하고 있다고 말한 까닭이다. 그때 그가 그들에게 말했다. "무엇이 이보다 더 새로운 것이 있겠느냐? 나는 지금 70세이다. 그런데 이제까지 살아오면서 이런 것은 한 번도 들어본 적이 없다."

윗글은 먼저 짐승의 첫 수컷을 하나님께 구별하여 드리라는 토라 명령이 무엇을 의미한 것인지 그 이유를 묻고 있다. 짐승의 첫 새끼를 제단에 바치는 것, 제물을 나무로 태우는 것, 또 어린양을 제물로 드리는 것, 이 모두가 하나님께 상급을 받기 위함이라고 말한다. 그렇다면 성소를 세우라고 하신 이유는 무엇인가? 그것 역시도 상급이 목적이라고 말한다. 성소를 세우기 위한 준비로부터 완공에 이르기까지 모든 과정에서 필요한 것들을 하나님이 주실 것이다. 또 성소가 세워짐으로써 그곳을 출입하며 예배하는 모든 자들에게 상급을 주신다. 이보다 더 큰 상급이 어디 있겠는가?

메킬타의 이런 가르침은 오늘 우리도 깊이 새겨들어야 한다. 하나님의 성전을 세우는 일이 얼마나 복된 일인지, 그리고 또한 그곳에서 예배를 드릴 때마다 올리는 헌금이 실제로 어떤 유익함이 있는지에 대해 소중한 깨달음을 준다. 그러나 우리가 눈에 보이는 성소를 세우는 것보다 더 중요한 일이 있다. 그것은 우리 스스로가 하나님의 성소가 되고, 우리의 모든 삶이 예배의 현장이 되도록 하는 일이다. 그리함으로 우리의 모든 행위 하나하나가 하나님께 드리는 예물이어야 한다. 이것이 곧 우리 삶에 주의 성소를 마련하는 일이다. 그리함으로 우리에게 주어지는 상급은 무엇일까?

이런 삶을 통해 받게 되는 가장 큰 상급은, '지금 토라의 명령에 따라 사는 자신의 모습을 발견함으로써 맛보게 되는 기쁨'이다. 자신의 삶을 통해 주님께 영광을 높이며, 또한 자기 안에 거하신 성령의 도움으로 인하여 선과 악을 깨닫고 죄의 길에서 완전히 벗어나는 것처럼 큰 기쁨이 어디 있겠는가? 또 메킬타는 계속해서 삶이 변화될 수 있는 여러 가지 다양한 만남에 대해 설명한다.

믿음이 있는지 가장 확실한 증거는 변화이다. 우리 이름도 변화가 되어야 한다. 히브리적 사고에 의하면 사람이 태어날 때 부모에게 받은 이름은 그의 존재와 본성을 보여 준다고 믿는다. 토라에서 하나님이 지어준 이름들을 보라. 아브라함, 사라, 야곱, 이들 모두 하나님이 이름을 바꿔주셨다. 이름을 바꿔주신 이유는 그들이 하나님의 말씀대로 의롭고 거룩하게 살았기 때문이다. 그런데 중요한 것은, 이것이 단지 육신의 생명만 아니라 영적 생명과 관계가 있다는 것이다(롬12:1~3). 이와 관련해 더 자세한 논의를 들어 보자.

[쉐네이 루콧트 하브릿트, 쉼미니, 토라 오호르 7]
사람은 눈에 보이는 육체와 눈으로 볼 수 없는 영혼으로 구분되어 있다. 출25:8절은 "그들은 나를 위하여 성소를 짓도록 해라. 그러면 내가 그들 가운데 거할 것이다"고 명령하고 있다. 이 명령이 중요한 것은 이것이 하나님의 성소와 연관되어 있기 때문이다. 유대 랍비들은 토라에서 회막과 성소가 똑같은 의미인데, 다만 이 둘을 서로 바꿔가며 기록하였다(Shavuot 6)고 보고 있다.

그런데 성소와 관련하여 중요한 점 하나가 있다. "그들은 나를 위하여 성소(단수)를 짓도록 해라. 그러면 내가 그들(복수) 가운데 거할 것이다." 성소는 '유일한 곳'(단수)으로 되어 있는데, 왜 하나님은 '그들' 가운데 거하겠다고 하실까? 문법적으로 앞뒤가 모순되지 않으려면, '그들 가운데'가 아니라 '그 가운데'라고 해야 한다. 여기에는 원인과 결과의 상호연계성, 다른 말로 하면 '계시에 대한 숨겨진 욕구'가 바탕에 깔려 있다. 예컨대 짐승의 첫 수컷을 하나님께 제물로 바치는 것과 관련하여, 어린 송아지가 어미의 돌봄을 받으려고 하는 욕구보다, 오히려 어미 소가 자기 새끼를 보살펴 주려는 욕구가 더 강하다는 것이다(Pessachim 112).

Parashat Vayakhel מ ס ס에서 출36:1절을 보면, 하나님 회막을 지을 자로 선정된 브살렐과 오홀리압을 가리켜 '아쉐르 나탄 예흐바 호크마 우테부나', 즉 '여호와께서 지혜와 총명을 부어주신 사람'이라고 말한다. 이에 대하여 출애굽기 미드라쉬 쉐못트 랍바 48:3절을 보면, 하나님이 사람에게만 특별한 지혜를 주신 것이 아니라 짐승에게도 지혜 (바-헤이마)를 주셨다고 말한다. 브살렐은 하나님이 주신 바-헤이마로 충만한 사람이었다.

토라의 계명은 아마도 앞서 말한 격언이 그 바탕에 암시된 것처럼 보인다. 어린 송아지가 어미에게 보호받으려는 마음보다 오히려 어미 소가 새끼를 보호하려는 마음이 더 간절한 것이다. 이것이 곧 '계시에 대한 숨겨진 욕구'이며, 이것을 통해 원인과 결과의 상호관련성을 보여 준다. 여기에서 우리는 상호 간의 애착과 연합에 대한 교훈을 들을 수 있다. 다시 말해서 창조주 하나님은 언제나 홀로 계시지만, 자기가 만든 모든 피조물과의 상호관계를 더욱 긴밀히 맺기 위해 모든 일에 적극적으로 참여하신다.

랍비들은 토라에서 회막(미쉬칸 הַמִּשְׁכָּן)과 성소(미크다쉬 מִקְדָּשׁ)가 서로 바꿔가며 사용된 이유가 바로 이 때문이라고 주장한다. 사람의 눈으로 볼 수 있는 외관상의 성소가 미쉬칸이라면, 눈으로는 볼 수 없는 내면의 성소, 곧 주의 거룩한 임재로서의 성소가 미크다쉬인 것이다.

성소를 지을 때 사용된 자재 가운데 널판(케라쉼 קְרָשִׁים)이 있다. 이 널판들을 서로 연결할 때 어떻게 연결해야 하는지 결합방식을 설명한 본문을 잘 읽어 보라. 원인과 결과, 보이는 것과 보이지 않는 것이 서로 긴밀하게 결합하여 있음을 볼 수 있다. 특히 출26:24절은 널판을 두 겹 두께로 하라고 말한다. 그런데 여기에 쓰인 단어 토아밈(תֹאֲמִם)은 쌍둥이를 의미한다. 이것은 매우 중요한 개념을 담고 있다. 왜냐하면 이것은 성소의 본질을 암시해 주고 있기 때문이다. 성소의 본질, 그것은 소우주이다. 다시 말해 하나님의 성소는 '우주의 축소판'이다.

먼저 이 글에서는 사람의 몸과 영혼을 만드신 하나님의 창조 방식이 출25:8절에 암시되어 있다고 말한다. "그들은 나를 위하여 성소를 짓도록 해라. 그러면 내가 그들 가운데 거할 것이다." 이 본문에는 사람들의 눈에 보이는 가시적인 성소(미쉬칸)와 눈에 보이지 않는 불가시적 성소(미크다쉬)에 대해 함께 언급하고 있다. 단수로 쓰인 눈에 보이는 가시적 성소란 유일한 성소인 회막을 가리키며, 복수로 쓰인 눈으로 볼 수 없는 불가시적인 성소란 가시적인 성소회막 안에서 예배하는 무리를 가리키는 것이다. 토라에서는 이 두 단어 미쉬칸과 미크다쉬가 서로 번갈아 가며 상호교차적으로 쓰이고 있다.

이것은 오늘 논의의 주제와 관련하여 중요하다. 사람은 육체와 영혼으로 구성되어 있다. 사람의 육체는 가시적이지만 영혼은 불가시적이다. 그러나 이 둘은 상호교차적이며 상호의존적이다. 어느 하나만 따로 떼어 생각할 수 없다. 어느 하나만으로는 결코 '사람'이라 말하지 못한다. 아무리 육체보다 영혼이 중요하다 할지라도 영혼만으로는 사람이 될 수 없는 것이다. 그러므로 토라가 요구하는 거룩한 삶을 살기 위해서는 몸과 영혼 모두 중요하며, 이는 상호교차적으로 작용해야 한다. 쉽게 말하면 영혼뿐만 아니라 육신도 거룩해야 한다. 사람의 몸이 거룩해야 주님이 그 가운데 거할 자리가 마련될 것이고, 그 자리가 마련되어야 성령의 역사로 인해 그 심령 안이 메시아의 풍성한 은혜가 깃들이게 된다. 또 그래야만 하나님이 기뻐하시는 영적 상태를 유지할 수 있고, 이런 영적 상태로 유지할 때 그의 육신만 아니라 심령도 거룩하여진다. 그리하여 주께서 계속 거할만한 거룩한 자가 되는 것이다.

우리가 어떻게 사느냐는 우리 영혼에 결정적인 영향을 끼친다. 죄 가운데 살면 영혼이 점점 죽어가고, 의롭게 살면 영혼이 살며 우리 안에 모든 것이 하나님의 충만한 것들로 채워지게 된다. 이러한 가르침은 단지 유대 랍비들의 생각만은 아니었다. 신약성경 전체를 보더라도, 그리고 쉐네이 루콧트 하브릿트와 토라 오호르를 보면, 이와 같은 가르침은 손쉽게 찾아볼 수 있다.

> **[쉐네이 루콧트 하브릿트, 레에, 토라 오호르 21]**
> 이스라엘 스스로 거룩한 몸과 영혼으로 살아갈 때, 하나님이 약속하신 출25:8절 "그들은 나를 위하여 성소를 짓도록 해라. 그러면 내가 그들 가운데 거할 것이다"는 명령이 그들 안에서 이루어지게 될 것이다. 우

리가 날마다 거룩한 삶으로 나아갈 때 우리는 비로소 하나님이 약속한 거룩한 성소가 된다.

[쉬네이 루콧트 하브릿트, 쉼미니, 토라 오호르 63]

하나님이 모세에게 성소를 지으라고 명령하시며 다음과 같이 말씀하셨다. "성소가 다 완성이 되면 내가 그들 가운데 머물 것이다"(출25:8). 잠9:1~3절에 '지혜가 그의 집을 짓는다'고 할 때, 그 집이란 영구적으로 존재하는 미래지향적인 거처를 의미한다. 이곳에서 사람들이 영원히 거주할 것이다. 일곱 기둥을 다듬는다(잠9:1)는 말씀은 의로운 사람의 일곱 가지 모습을 일컫는다(Sifri Devarim 1:10). 이들은 세상에 있는 그 어떤 집보다 더 높은 차원의 영원한 집을 소유하게 될 것이다.

[쉬네이 루콧트 하브릿트, 베레쉬트, 토라 오호르 81]

하나님의 인印은 이스라엘 안에서 쉐키나의 임재를 보여주는 신비적인 요인이다. 왜냐하면 토라의 영성은 이스라엘의 영적인 상태에 의해서 입증이 되기 때문이다. 하나님께서 "내가 그들 가운데 거하겠다"(출25:8)고 하신 약속도, 결국은 이스라엘의 영성이 어떤 상태인가에 따라 이루어지게 된다. 토라로 인해 주님의 현존이 우리 가운데 계시된다는 점에서, 토라 증언은 메시아의 현현을 증거하고 있는 것이다.

이와 같이 랍비들의 생각은 바울의 가르침과 크게 다르지 않다. 우리가 진실로 주님을 믿고 자신을 하나님께 드리며 충성한다면, 하나님이 그 사람으로 성소를 삼고 그 안에 거하겠다고 약속하신 것이다. 또 이들의 주장에 의하면, 하나님이 이스라엘에게 성소를 짓도록 명하신 것은 장차 영구적인 거처를 마련하도록 준비한 것이다. 출25:8절이 말한 성소란 어떤 특정 공간만 가리키는 것이 아니라 사람의 몸을 뜻하기도 한다. 이것이 곧 성소가 가진 신비함이다. 그렇기 때문에 토라의 영성은 이스라엘의 영적 상태에 의해 입증된다고 말한 것이다.

사도 바울도 "우리가 율법은 신령한 줄 안다"(롬7:14)고 말해 주었다. 하나님이 "내가 그들 가운데 거하겠다"고 약속하신 것도, 이스라엘의 영적인 상태가 어떠냐에 따라 그것의 성취 여부가 결정된다고 본 것이다. 또 토라에 증거를 통해 하나님의 현존이 우리 가운데 계시된다는 점에서, 토라의 증언은 곧 메시아의 현현을 나타낸다. 여기에서 중요한 것은 랍비들이 하나님의 임재를 메시아의 도래와 관련시키고 있는 점이다. 메시아가 누구인가? 그는 하나님을 계시해 주며 하나님의 쉐키나를 보여준 분이다.

[히1:1~3, 개역개정]

(1) 옛적에 선지자들을 통하여 여러 부분과 여러 모양으로 우리 조상들에게 말씀하신 하나님이 (2) 이 모든 날 마지막에는 아들을 통하여 우리에게 말씀하셨으니, 이 아들을 만유의 상속자로 세우시고 또 그로 말미암아 모든 세계를 지으셨느니라. (3) 이는 하나님의 영광의 광채시요 그 본체의 형상이시라. 그의 능력의 말씀으로 만물을 붙드시며, 죄를 정결하게 하는 일을 하시고, 높은 곳에 계신 지극히 크신 이의 우편에 앉으셨느니라.

오늘 Parashat Terumah 예물는, 하나님이 모세를 불러 이스라엘 자손에게 선포하신 말씀으로 시작한다. "내가 그들 중에 거할 성소를 그들이 나를 위하여 짓되 무릇 내가 네게 보이는 모양대로 장막을 짓고 기구들도 그 모양을 따라 지을지니라"(출25:8~9). 이스라엘 자손에게 하나님이 지시한 것은 성소를 제작하라는 명령이었다. 성소는 미크다쉬(מִקְדָּשׁ)와 미쉬칸(הַמִּשְׁכָּן)으로 구분된다. 미크다쉬와 미쉬칸은 같은 개념으로도 쓰이지만, 정확히 말하면 서로 다른 의미를 갖고 있다. 서로 뜻이 다른 두 성소를 통해 하나님이 우리에게 요구하는 것은 무엇일까? 하나님이 보이지 않는 성소인 미크다쉬(하나님의 임재를 뜻하는 것으로 믿는 자의 거룩한 영성)의 가운데 거할 수 있도록, 먼저 눈에 보이는 성소인 미쉬칸(예배드리는 처소로서 회막)를 건축하라고 명령하신 것이다. 이것이 바로 하나님의 성소가 우리 가운데 있어야 할 가장 중요한 이유이다!

이것은 오늘 우리가 예수 그리스도 안에서 살아야 하는 이유를 설명해 주고 있다. 주님은 지금 우리를 향해 주의 성소를 마련하라고 말씀하신다. 우리가 주의 이름을 위해 거룩한 삶을 살 때 주의 성소가 우리 안에 마련되는 것이다. 우리가 정말로 주님을 메시아로 믿는다면, 하루하루 거룩한 삶을 통해 우리 안에 미크다쉬를 마련하는 일이 무엇보다 중요하다. 주의 뜻으로 세워진 미쉬칸인 교회에서도 신앙생활과 봉사활동에 적극적으로 참여하고 헌신하며, 주님의 은혜로 복음의 삶을 살아야 한다. 바로 이런 점에서, 눈으로는 볼 수 없는 불가시적인 미크다쉬는 물론이고 가시적인 미쉬칸 역시 하나님의 백성에게는 대단히 중요하다. 우리는 눈에 보이는 교회와, 비록 보이지는 않지만 우리 안에 임재하신 주님을 통하여, 하늘로부터 내려오는 상급을 받을 수 있다. 이런 상급을 원한다면, 하나님이 기쁜 마음으로 자원하며 바치도록 한 테루마와 그것의 의미를 먼저 생각하고 기꺼이 드려야 할 것이다.

제21주 차
Parashat Tetzaveh 명령하여 (27:20~30:10)

우리의 생활방식 안에 믿음이 반영되고 있는가?

오늘 본문 Parashat Tetzave 명령하여 (출27:20~30:10) 시작 부분에서, 모세는 제사장 의복을 어떻게 만들어야 할지에 관하여 이야기한다. 토라는 대제사장 의복을 짓는 이유에 대해 그를 거룩하게 구별함으로써 하나님 앞에서 제사장의 직분을 거룩하게 행하게 하려는 목적(28:3)이라고 설명하고 있다. 대제사장이 입는 의복에는 흉패, 즉 가슴받이를 비롯해 에봇과 겉옷과 반포 속옷과, 그리고 관과 띠 등의 여러 부분으로 이루어져 있다(28:4). 에봇 두 어깨받이에는 이스라엘 지파 이름이 새겨진 두 개의 호마노縞瑪瑙, onyx stone를 달도록 했다. 그리하여 대제사장이 하나님 앞에 설 때마다 이스라엘 지파를 기억하는 기념물로 삼았다. 또 거기에 잘 세공한 열두 개의 보석을 흉패 안에 두도록 했는데, 이것은 이스라엘의 열두 지파를 위함이었다(28:17~22).

또한 대제사장은 자기의 마음을 항상 살피기 위하여 우림Urim과 둠밈Thummim을 판결 흉패 안에다 넣어둬야 했다. 그런데 본문에서는 여기에 우림과 둠밈이 복수형으로 되어 있다. 우림은 '빛'이라는 뜻이고, 둠밈은 죄가 없는 '순전한 상태'를 말한다. 히브리적인 사고에 기초하면, 빛은 하나님의 진리를 상징하는 표현이고, 순전하다는 것은 하나님과 평화롭게 걷고 있는 모습을 의미한다. 하나님과 함께 평화롭게 걷는다는 것은, 곧 하나님의 의와 진리와 거룩함 안에서 사는 것을 말한다.

출29:1절을 보면, 모세가 아론에게 제사장 직분을 위임하며 어린 수소 한 마리와 흠 없는 숫양 두 마리를 구별했다고 말한다. 제사장들이 하나님께 바치는 헌신은 어두운 세상을 비치는 빛이라는 개념으로 설명하고 있고, 순전하고 거룩한 삶은 주의 진리를 선포하는 일과 관계가 있다. 제사장이 성소에서 거룩한 의복(29:5~6)을 입고 머리에는 관유를 부어 바른 모습(29:7)은, 하나님의 자녀가 거룩한 예복을 입어야 한다는 가르침(마22장)을 떠올리게 한다. 이것은 성령으로 충만한 삶을 일컫는다. 아론과 제사장들은 무엇보다 하나님의 성소를 거룩하게 해야 한다. 왜 그래야 하는가? 주하나님을 경외하기 때문이다. 오늘 본문의 결론은, "내가 이스라엘 자손 중에 거할 것이고 그들의 하나님이 되리라"는 하나님의 약속으로 매듭짓고 있다.

토라의 모든 가르침은 단지 기록된 말씀으로서만이 아니라, 실제 현실의 삶에 적용하며 살아야 할 생명의 말씀이다. 그만큼 중요한 내용을 담고 있다. 오늘 본문 가운데 우리가 가장 눈여겨볼 말씀은 출28:9절이다. 정교하게 짠 에봇의 두 어깨받이에 이스라엘 열두 지파의 이름을 새긴 두 개의 호마노를 달아, 대제사장이 하나님 앞에서 의식을 거행할 때마다 이 호마노를 바라보면서 이스라엘 지파를 기념하고 기억하라고 명령하신다. 이것이 오늘 우리 삶에 무슨 의미가 있을까? 이것이 중요한 이유가 무엇일까? 출 28:9~12절을 읽어 보자.

[출28:9~12, 현대인의 성경]

(9) 너는 호마노 두 개를 가져다가 야곱의 열 두 아들의 이름을 (10) 나이 순에 따라 한 호마노에 여섯씩 새겨라. (11) 그 이름을 새길 때는 보석 세공인이 인장 반지를 새기듯이 새겨야 한다. 그런 다음 너는 그 두 보석을 금테에 물리고 (12) 그것을 에봇의 두 어깨받이에 달아 이스라엘 열 두 지파의 상징으로 삼아라. 이와 같이 아론은 나 여호와 앞에서 기념으로 그들의 이름을 두 어깨에 달고 다녀야 한다.

위 본문 12절을 보면 대제사장이 입는 에봇의 두 어깨받이 각각에 호마노를 달되, 그 호마노에 이스라엘 열두 지파의 이름을 새겨 여호와 앞에서 기념이 되게 하라고 말한다. "아론은 나 여호와 앞에서 기념으로 그들의 이름을 두 어깨에 달고 다녀야 한다(베나싸 아흐론 엣트-쉐모탐 리프네 예흐바 알-쉣테 케테파이브 레찌카론)." 세월이 흘러서 후대의 대제사장들도 성소에 들어갈 때마다 항상 이름이 새겨진 호마노를 어깨에 달고 다니며 각 지파의 이름을 기억하고 기념해야 했다. 이스라엘 지파들의 이름을 어깨에 달고 다닌다는 것이 왜 그리 중요한 일일까? 그 중요성에 대해 두 견해를 들어 보자.

[출28:12절, 스포르노의 견해]

'기념이 되게 할 지며' 이 말의 뜻은 무엇일까? 그것은 "그 이름이 가진 공로에 의해 하나님의 자비 속성을 깨워 그들 가운데 임하도록 하라"는 뜻이다. 여기에서 말한 공적(공로)이란, 제사장이 그 조상들의 이름을 어깨에 달고 성소 안에 들어갔다는 점에서, 이것을 공적이라고 설명하기도 한다.

스포르노는 대제사장이 어깨에 이스라엘 지파들의 이름을 달아야 했던 이유에 관해 설명하고 있다. 이 모습을 보신 하나님이 언약을 기억하고 그들에게 다시 긍휼과 은혜를 베푸신다는 자비의 속성을 상기 시켜 주기 위함이라고 말한다.

> **[출28:36b절, 라쉬밤]**
> '여호와께 성결' 이스라엘 열두 지파의 이름은 에봇의 호마노에만 새긴 것이 아니라, 대제사장의 가슴판에 걸고 있는 판결 흉패에도 새겨야 했다. 하나님이 이를 보시고 그들의 조상들의 믿음과 공로를 떠올리시며 이스라엘 자손들이 지은 죄에 대해 자비를 베풀고자 하신 것이다. 하나님께 범한 죄란, 거룩한 처소에서 토라의 율법을 어긴 모든 행위뿐만 아니라, 이와 관련하여 저지른 각종 실수나 부주의까지 다 포함한 것이다. 또한 하나님께 드려진 제물을 제사장 외에 먹을 수가 없는데도 불구하고 누군가 함부로 먹었다든지, 또는 이와 비슷하게 신앙의 순수성(성결) 없이 어떤 종류의 것이든 함부로 취하여 가져갔다면 이것 또한 하나님께 크나큰 죄를 저지른 것이다. 하나님은 백성들이 알지 못하고 부지중에 행한 비고의적인 죄와, 또는 부주의나 실수 등의 모든 죄까지 용서하기 위하여, 대제사장의 가슴에 열두 지파의 이름이 새겨진 흉패를 걸도록 명령하신 것이다.

스포르노와 라쉬밤 두 사람 모두, 이스라엘 조상의 공로에 대한 개념을 강조하고 있다. 그러나 여기에서 공로와 관련된 그들의 설명을 들어보면, 그들의 조상인 아브라함과 이삭과 야곱이 하나님 말씀을 의심하지 않고 신뢰 가운데 주를 섬기며, 그 신뢰를 바탕으로 토라 말씀에 온전히 순종했던 믿음을 말하고 있다. 람밤의 말에 의하면 이스라엘이 속죄를 받은 것은 하나님을 믿었던 그들의 이름 때문이었지, 결코 그들의 행위가 공로로 인정받은 것은 아니다. 그러나 이와는 달리 스포르노는 호마노에 새겨진 이름들로 인해 주님의 자비를 불러오게 된 것은, 하나님이 이스라엘에게 언약하신 말씀을 그들이 기억했기 때문이라고 말한다.

진정한 그리스도인은 오늘도 날마다 예수 그리스도의 이름으로 하늘 아버지의 은혜를 구하면서, 오직 믿음으로 살면서 토라의 가르침에 따라 걸어간다. 토라가 약속한 하나님의 자비와 긍휼을 의지하면서 살아간다. 대제사장이 입는 의복이 여러 부분으로 구성된 것도, 사실은 토라를 믿는 신앙과 관련되어 있다. 대제사장은 하나님의 성소 안에서 행하는 모든 행위 하나하나를 믿음으로 감당해야 한다. 요한계시록(19:7~8)을 읽어 보면, 제사장 의복과 관련하여 몇 가지 도움받을만한 내용이 있다. "우리가 즐거워하고 크게 기뻐하며 그에게 영광을 돌리세. 어린 양의 혼인 기약이 이르렀고 그의 아내가 자신을 준비하였으므로, 그에게 빛나고 깨끗한 세마포 옷을 입도록 허락하셨으니 이 세마포 옷은 성도들의 옳은 행실이로다 하더라." 즉 믿음으로 산다는 것은 제사장이 세마포 옷을 입은 것과 같고, 세마포 옷을 입었다는 말은 옳은 행실로 세상에서 사는 것을 뜻한다. 이 믿음으로 살 때, 이스라엘에게 주신 토라의 언약이 우리에게도 그대로 해당된다.

제사장 의복이나 그 외에 제사장과 관련된 토라의 가르침들은,

제사장의 거룩성을 보존하도록 하려는데 목적이 있다. 레21:6절은 다음과 같이 증언한다. "그들의 하나님께 대하여 거룩하고 그들의 하나님의 이름을 욕되게 하지 말 것이며, 그들은 여호와의 화제 곧 그들의 하나님의 음식을 드리는 자인즉 거룩할 것이라." 제사장에 관한 토라의 가르침이 중요한 이유는, 이 가르침이 단지 제사장들에게만 국한된 것이 아니라, 하나님이 명령하신 율법과 그 안에 담긴 주의 뜻이 이 가르침에 기초하고 있기 때문이다. 제사장에 관한 본문을 적용한 사례는 람밤의 주석서 미쉬네 토라(Mishneh Torah)에도 잘 나타나 있다.

> [미쉬네 토라, Foundations of the Torah 5:1]
> "이스라엘의 모든 집에는 위대하신 이름에 대한 거룩한 신성에 대한 명령이 새겨져 있고… 어느 누구도 그 이름(Hashem)을 모독해서는 안 된다고 경고하고 있다."

'하나님의 이름을 거룩히 여기는 것'과 '하나님의 이름을 망령되어 일컫지 말라'는 명령이 어떻게 연결되어 있는지 그 가르침에 귀를 기울여 보라. 람밤은 이 개념을 다음과 같이 설명하고 있다.

> [미쉬네 토라, Foundations of the Torah 5:10]
> "토라 안에 언급된 계명을 하나라도 업신여기거나 가볍게 생각하는 자는 누구든지 주의 이름을 망령되어 여기며 모독하는 것이다."

라쉬밤은 그의 주석에서, 물건을 구입하고 지급을 고의로 미룬다든지 또는 음식이나 술을 지나치게 탐닉하는 행위나 절제하지 못하고 사치를 일삼는 행위, 또는 다른 사람에게 예의 없이 구는 일 등에 관해 이야기한다. 그는 이런 행위를 힐룰 하쉠(Hillul HaShem)이라고 일컫는다. '힐룰 하쉠'이란 하나님 이름을 모독한 신앙적이고 윤리적인 모든 범죄를 뜻한다. 이러한 행위는 세상 사람에게 하나님과 그의 백성들에 대한 몹시 나쁜 부정적 이미지를 심어주기 때문에 심각한 범죄 행위라고 말한다. 반대로 세상 속에서 정직하고 진실한 삶을 살면, 그런 사람은 주의 이름을 거룩하게 한 키두쉬 하쉠(Kiddush HaShem)이라고 일컬음을 받는다.

> [미쉬나 토라, Foundations of the Torah 5:11]
> 위대한 학자일수록 토라의 율법이 우리에게 요구하는 엄격함보다도 더 신중하고 조심스럽게 해석해야만 한다.

주님이 살인이나 간음과 같은 토라의 율법을 어떻게 재해석했는지 잘 살펴보라. 게다가 주님은 토라의 참 의미를 현실에 맞게 더 엄격한 기준을 정하여 요구(마5~7장)하셨다.

> [미쉬나 토라, Foundations of the Torah 5:11]
> 토라를 가르치는 위대한 스승들은 하나님 이름을 모독한 힐룰 하쉠의 죄에 해당하는 행위의 범주를 더 크게 넓혀 놓았다. 예컨대 경건하기로 소문난 토라 학자가 어떤 행위에 대해, 이 행위가 힐룰 하쉠 죄에 해당하는 지 아닌지, 사람들과 토론해 보자고 요청했다면, 그 행위가 설령 힐룰 하쉠 죄에 해당하는 명백한 증거가 없다고 할지라도, 이미 토론 주제로 올라왔다는 사실만으로 그 행위는 힐룰 하쉠 죄에 해당한다고 보았다.

이처럼 하나님의 이름과 관련된 죄는 매우 엄격하고 단호하다. 하나님의 이름을 거룩히 여기는 키두쉬 하쉠은, 우리가 보통 생각하는 기준보다 훨씬 뛰어넘어야 한다. 키두쉬 하쉠은 세상 속에서 살며 하나님 영광을 돌리는 삶과 직결된 것이다. 즉 그 사람의 삶의 방식이 하늘에 계신 주 하나님을 믿는 신앙을 반영하고 있느냐 하는 것이 가장 관건이다.

출28:8~10절에는 제사장 의복인 에봇과 거기에 붙일 호마노에 대하여 설명하고 있다. "에봇 위에 매는 띠는 에봇 짜는 법으로 금실과 청색 자색 홍색 실과 가늘게 꼰 베실로 에봇에 정교하게 붙여 짤 지며, 호마노 두 개를 가져다가 그 위에 이스라엘 아들들의 이름을 새기되 그들의 나이대로 여섯 이름을 한 보석에, 나머지 여섯 이름은 다른 보석에 새기라." 대제사장은 이스라엘 지파들의 이름이 새겨진 호마노를 에봇에 달고 하나님 앞에 서야 한다.

이것이 오늘 우리에게도 매우 중요한 가르침을 준다. 우리가 세상에서 살 때 우리 이름이 항상 하나님 앞에 있다는 사실을 잊지 말고, 세상에서 주의 이름을 가슴에 달고 살아야 한다. 신7:6절에 따르면 이스라엘 백성은 하나님이 이 땅 만민들 가운데서 자기의 기업으로 삼으려고 택하신 '거룩한 민족'이다. 신12장은 예루살렘/성전을 가리켜 '하나님이 자기 이름을 두시려고 택하신 곳'(5, 11, 14, 21)이라고 말하고 있다. 예루살렘(성전) 하나님의 이름과 관련한 특별한 곳이다. 슥2:8절에서 하나님은 예루살렘을 향해 "너희를 범하는 자는 그의 눈동자를 범하는 것이라"고 말씀하신다. 이는 예루살렘(성전)을 '그의 눈동자'로 여기신다는 뜻이다.

그런데 원문을 보면 '그의 눈동자'가 '그의 눈의 사과^{apple of His eye}'라고 되어 있다. 예루살렘(성전)을 하나님 눈의 사과라고 표현한 것이다. 하나님이 창설하신 에덴에 선악을 알게 하는 나무를 두고 절대 열매를 따 먹지 말라고 하셨다. 토라는 선악을 알게 하는 나무 열매를 왜 사과로 묘사하고 있는 것일까? 잘 생각해 보라. 이것이 "하나님의 눈의 사과요, 곧 예루살렘(성전)"이다. 하나님은 이스라엘 백성을 주의 소유로 삼으셨다. 그러므로 이제 그들은 오직 주의 영광을 위하여 살아야 한다. 주의 은혜로 구원받은 우리도 마찬가지이다. 매일의 삶에서 주의 영광이 나타나야 한다. 그래야만 하늘과 땅의 복이 임하고, 하나님이 우리를 거처로 삼으신다. 우리 모두 '하나님께 받은 은혜를 세계 열방에 흘러 퍼져가게 할 축복의 통로가 되는 것!' 이것이 우리를 부르신 이유이다.

시편 중에도 이런 신앙이 얼마나 중요한지를 가르쳐 주는 본문이 있다. 대표적으로 시87:5절 말씀을 꼽을 수 있다. "시온에 대하여 말하기를 이 사람, 저 사람이 거기서 났다고 말하리니 지존자가 친히 시온을 세우리라 하는도다." 그런데 70인역은 이 부분을 다음같이 번역하고 있다. "한 남자가 말하노라. 시온은 나의 어머니, 그는 그녀에게서 태어났도다. 가장 존귀한 자가 스스로 그녀를 세웠도다."[1] 70인역은 하나님과 함께 하는 자는 "시온이 내 어머니요 자기는 그녀에게서 태어났다"고 말한다는 점을 강조한다. 이것이 무슨 말인가? 시87편 저자는 시온을 자기 어머니라고 부르며 마치 자기가 '그녀에게서in her' 또 '그곳에서in the place' 태어난 자임을 노래하고 있다. 이와 마찬가지로 주님을 찾으며 그의 길을 걷는

---

1) LXX: "A man shall say, Zion is my mother; and such a man was born in her; and the Highest himself has founded her."

사람은 하나님이 세워주신다는 점을 고백하고 있다. 아케이닷 이
츠학은 '그곳에서in the place' 태어난 사람에 관해 해석한 바가 있다.

[아케이닷 이츠학 75.7]

토라에서 이스라엘을 '좋은 사람들'로 묘사한 것은 이중적인 의미가
있다. 이스라엘 안에는 항상 선한 사람들이 있었다. 이스라엘이 살아
남도록 생존을 위해 힘써 온 사람들, 아브라함 이래로 다른 민족과는
견줄 수 없을 만큼 매우 특별한 민족을 이루어냈던 선지자와 같은 인
물을 가리킨다. 시87:5~6절은 말한다. "시온에 대하여 말하기를 이 사
람, 저 사람이 거기서 났다고 말하리니 지존자가 친히 시온을 세우리
라 하는도다. 여호와께서 민족들을 등록하실 때에는 그 수를 세시며
이 사람이 거기서 났다 하시리로다." 이 말씀은 바로 이런 사람을 일
컫는 것이다.

[에인 야콥 케투봇 7.3]

"그러나 시온에서는 이렇게 말할 것이다. 이 사람과 그 사람은 그녀에
게서 태어났다. 그리고 가장 높은 분께서 그녀를 세우리라"(시87:5).
랍비 요수아의 손자 메앗샤Meyasha는 이렇게 말했다. "그가 시온에서
태어난 사람이든지 아니면 회복을 기대하고 소망했던 사람이든지, 중
요한 것은 그가 주님이 언약한 말씀에 귀를 기울였다는 점이다." 랍
비 아바이Abayi는 여기에 한마디 덧붙였다. "그들 중 한 사람은 이스
라엘 땅에서 오는데, 이 사람은 바벨론에서 온 자들보다 훨씬 더 나
은 자였다."

그런데도 랍바는 이렇게 말하였다. "바벨론 땅에서 이스라엘로 돌아
온 자들은 랍비 예레미야R. Jeremia처럼 모든 사람보다 뛰어나다. 예레
미야도 올라오기 전까지는 이 말을 이해하지 못했지만, 바벨론에서
돌아온 후에야, 아직 오지 않은 사람들을 가리켜 '어리석은 바벨론 사

람들'이라고 불렀다."

아케이닷 이츠학에 따르면, 시87편이 노래한 '시온에서 태어난
자'는 마치 이스라엘 나라를 위해 싸우고 지켜온 사람들처럼, '좋
은 사람들'을 가리킨 표현이라고 주장한다. 또는 어쩌면 시온에서
태어난 자는 이스라엘을 주께로 돌아오도록 애쓴 선지자들을 가
리킬 수도 있다. 한편 에인 야콥Ein Yaakov은, 이 사람이 시온에서 태
어났든지 또는 주를 경배하는 특별한 장소(함마콤 המקום)로서 시온
의 회복을 기다리는 사람을 가리키든지, 하나님이 언약을 주신 특
별한 자들과 관련이 있다고 보았다.

탈굼이나 70인역 같은 역본을 살펴보면, 시87편은 주를 간절히
찾으며 그의 뜻대로 살려고 힘쓰는 사람과 함께 하고 싶은 마음을
노래한 것이라고 말한다. 사실 하나님을 찾고 주의 말씀대로 사는
사람들과 함께하는 것보다 복된 일이 어디 있겠는가! 진실한 그리
스도인과 가까이해야 더는 세상을 좇지 않고 하나님을 따르는 새
사람이 될 수 있지 않겠는가! 바울이 에베소 성도들을 향해 권고한
말(엡4:22~24)을 기억하여 보자. "진리가 예수 안에 있는 것 같이
너희가 참으로 그에게서 듣고 또한 그 안에서 가르침을 받았을진
대 너희는 유혹의 욕심을 따라 썩어져 가는 구습을 따르는 옛 사람
을 벗어 버리고, 오직 너희의 심령이 새롭게 되어 하나님을 따라 의
와 진리의 거룩함으로 지으심을 받은 새 사람을 입으라."

시인은 87:6절에서 계속 노래한다. "여호와께서 민족들을 등
록하실 때에는 그 수를 세시며 이 사람이 거기서 났다 하시리로다.
(셀라)" 이 말은 현재 주님 앞에 서서 성전이 건축되기만을 간절히

바라는 사람이 있음을 말해 준다. 하나님은 그런 사람을 '시온이 그의 어머니'라고 부르시며, 그를 시온에서 태어난 하나님의 백성 중의 한 사람으로 계수함으로써 거룩한 자의 이름으로 등록하셨다는 것이다. 그런데 이런 해석은 신약성경에도 나타나 있다. 신약성경에서 이런 사람은 비록 혈통으로는 유대인이 아닐지라도, 토라를 믿고 주의 자비를 간절히 구하며 그리스도 예수 안에서 영적인 이스라엘이 되기로 결단한 사람이다. 하나님은 이런 사람에게 이스라엘과 똑같은 은혜를 약속하셨다. 따라서 이 말씀은 오늘 우리에게도 너무 소중한 약속이다.

아람어 탈굼은 6절을 이렇게 번역하고 있다. "오 주님, 이 책 안에, 그들이 기록한 모든 세대의 사람들 안에 (이렇게 쓰여 있나이다.) 왕은 그곳에 영원토록 계십니다." 탈굼 번역자가 '모든 세대의 사람들'이라고 옮긴 것은 매우 흥미롭다. 왜 그들은 민족들이 아닌 사람의 세대에 주목했을까? 그 이유는 이 말씀이 이스라엘 군인의 복무기간과 밀접한 관계가 있다고 본 때문이다. 다시 말해서 이스라엘 군대의 힘을 표현하기 위한 것이라고 본 것이다. 그러나 그런데도 불구하고, 이 말씀을 통하여 알 수 있는 것은, "주님은 자기를 예배하는 특정 장소함마콤 시온을 구하며 토라의 길을 따라 살며 이스라엘 백성과 함께하기를 원하는 사람을 하나님의 백성 수에 포함하려고 그들 이름을 등록하셨다"는 것이다. 그들은 끊임없이 주 앞에서 신실한 믿음을 지키려고 힘쓸 것이고, 그로써 주의 은혜와 사랑을 배워 그리스도 안에서 자라는 사람이 될 것이다.

한편으로 70인역은 이 구절을 다음과 같이 번역하였다. "주님은 백성들과 또 그녀에게서 태어난 왕자들에 관한 기록 가운데서 이를 다시 셀 것이다." 여기에서 "그녀에게서 태어났다" 함은 시온을 바라는 사람들을 가리키며, 왕자라고 옮긴 것은 곧 "그들을 지도자 반열로 세워주신다"는 의미를 표현한 듯하다. 신약성경에도 나타나는 것처럼, 이스라엘 지파의 이름 하나하나가 얼마나 중요한지에 대해서는 더 말할 나위가 없다. 이를 염두에 두고 출28장을 다시 읽어 보자.

[출28:9~10, 개역개정]
(8) 호마노 두 개를 가져다가 그 위에 이스라엘 아들들의 이름을 새기되 (10) 그들의 나이대로 여섯 이름을 한 보석에, 나머지 여섯 이름은 다른 보석에 새기라.

우리의 이름이 하나님께 기억되고 또 하나님 보좌 앞에 있는 어린양 생명책에 기록되었다는 사실만으로도 기쁘지 않을 수가 없다. 주님도 제자들을 향해 "귀신들이 너희에게 항복하는 것으로 기뻐하지 말고 너희 이름이 하늘에 기록된 것으로 기뻐하라"(눅10:20)고 말씀하지 않으셨는가! 바울이 쓴 로마서와 사도 요한의 계시록을 보더라도, 구원받은 자의 이름이 얼마나 중요한지 잘 보여주고 있다.

[롬11:13~36, 개역개정]
(13) 내가 이방인인 너희에게 말하노라. 내가 이방인의 사도인 만큼 내 직분을 영광스럽게 여기노니, (14) 이는 혹 내 골육을 아무쪼록 시기하게 하여 그들 중에서 얼마를 구원하려 함이라. (15) 그들을 버리는 것이 세상의 화목이 되거든 그 받아들이는 것이 죽은 자 가운데서 살

아나는 것이 아니면 무엇이리요? (16) 제사하는 처음 익은 곡식 가루가 거룩한즉 떡덩이도 그러하고 뿌리가 거룩한즉 가지도 그러하니라. (17) 또한 가지 얼마가 꺾이었는데 돌감람나무인 네가 그들 중에 접붙임이 되어 참감람나무 뿌리의 진액을 함께 받는 자가 되었은즉, (18) 그 가지들을 향하여 자랑하지 말라 자랑할지라도 네가 뿌리를 보전하는 것이 아니요 뿌리가 너를 보전하는 것이니라. (19) 그러면 네 말이 가지들이 꺾인 것은 나로 접붙임을 받게 하려 함이라 하리니, (20) 옳도다, 그들은 믿지 아니하므로 꺾이고 너는 믿으므로 섰느니라. 높은 마음을 품지 말고 도리어 두려워하라. (21) 하나님이 원 가지들도 아끼지 아니하셨은즉 너도 아끼지 아니하시리라. (22) 그러므로 하나님의 인자하심과 준엄하심을 보라, 넘어지는 자들에게는 준엄하심이 있으니 너희가 만일 하나님의 인자하심에 머물러 있으면 그 인자가 너희에게 있으리라. 그렇지 않으면 너도 찍히는 바 되리라. (23) 그들도 믿지 아니하는 데 머무르지 아니하면 접붙임을 받으리니 이는 그들을 접붙이실 능력이 하나님께 있음이라. (24) 네가 원 돌감람나무에서 찍힘을 받고 본성을 거슬러 좋은 감람나무에 접붙임을 받았으니, 원 가지인 이 사람들이야 얼마나 더 자기 감람나무에 접붙이심을 받으랴? (25) 형제들아, 너희가 스스로 지혜 있다 하면서 이 신비를 너희가 모르기를 내가 원하지 아니하노니, 이 신비는 이방인의 충만한 수가 들어오기까지 이스라엘의 더러는 우둔하게 된 것이라. (26) 그리하여 온 이스라엘이 구원을 받으리라 기록된 바 구원자가 시온에서 오사 야곱에게서 경건하지 않은 것을 돌이키시겠고, (27) 내가 그들의 죄를 없이 할 때에 그들에게 이루어질 내 언약이 이것이라 함과 같으니라. (28) 복음으로 하면 그들이 너희로 말미암아 원수 된 자요 택하심으로 하면 조상들로 말미암아 사랑을 입은 자라. (29) 하나님의 은사와 부르심에는 후회하심이 없느니라. (30) 너희가 전에는 하나님께 순종하지 아니하더니 이스라엘이 순종하지 아니함으로 이제 긍휼을 입었는지

라. (31) 이와 같이 이 사람들이 순종하지 아니하니 이는 너희에게 베푸시는 긍휼로 이제 그들도 긍휼을 얻게 하려 하심이라. (32) 하나님이 모든 사람을 순종하지 아니하는 가운데 가두어 두심은 모든 사람에게 긍휼을 베풀려 하심이로다. (33) 깊도다 하나님의 지혜와 지식의 풍성함이여, 그의 판단은 헤아리지 못할 것이며 그의 길은 찾지 못할 것이로다. (34) 누가 주의 마음을 알았느냐? 누가 그의 모사가 되었느냐? (35) 누가 주께 먼저 드려서 갚으심을 받겠느냐? (36) 이는 만물이 주에게서 나오고 주로 말미암고 주에게로 돌아감이라. 그에게 영광이 세세에 있을지어다. 아멘.

[계21:12~14, 개역개정]
(12) 크고 높은 성곽이 있고 열두 문이 있는데 문에 열두 천사가 있고 그 문들 위에 이름을 썼으니 이스라엘 자손 열두 지파의 이름들이라. (13) 동쪽에 세 문, 북쪽에 세 문, 남쪽에 세 문, 서쪽에 세 문이니, (14) 그 성의 성곽에는 열두 기초석이 있고 그 위에는 어린 양의 열두 사도의 열두 이름이 있더라.

위 말씀은 '이스라엘'이라는 이름의 핵심적 본질이 무엇인지에 대해 잘 보여 준다. 하나님은 이방인이었던 우리를 예수 그리스도 안에 '접붙이심'을 통해, 이로써 현재의 비전은 물론 미래적이고 항구적인 비전까지 이루어 가신다. 주의 자녀가 되었다는 것은, 매일의 삶 속에서 하나님과 예수 그리스도의 이름을 나타내도록 부름 받은 새로운 존재가 되었다는 사실을 의미한다. 즉 하나님의 이름을 거룩하게 하는 키두쉬 하솀의 삶을 살아야 한다. 키두쉬 하솀은 우리 이름에 새 의미가 더해진, '그리스도인으로서의 사명'과도 같은 개념이다. 우리는 하나님 백성으로서 표준 이상을 뛰어넘는 그리스도인이 되어야 한다. 이것은 우리가 오직 주님의 영광을 위해 부름을 받은 자임을 잊지 않는 것으로부터 시작된다. 따라서 이스라엘에 접붙여져 '새 이스라엘'이란 이름을 얻게 된 우리는 평생토록 감사하게 살아야 한다. 이 은혜를 기억하며 사는 자는 자신을 향해 날마다 이렇게 질문한다. "나의 모든 생활방식에는 하나님을 생명의 주인으로 믿는 신앙이 날마다 반영되어 나타나고 있는가?"

제22주 차
Parashat Ki Tissa 조사할 때 (30:11~34:35)

죄라는 것을 알고도 멈추지 않는다면?(히10:26)

오늘 본문 Parashat Ki Tisa 조사할 때 (출30:11~34:35)에는 많은 내용이 복잡하게 뒤섞여 있다. 먼저 하나님이 모세를 불러 이스라엘 자손들의 수를 세라고 명령(30:12)하신다. 이스라엘 각 사람은 계수할 때에 자신의 몸값에 대한 속전으로 반 세겔을 내야 한다. 또 하나님은 놋으로 물두멍을 만들라고 명령하신 후에(30:18), 이어서 주의 성막 안에 바를 거룩한 관유를 만들도록 지시(30:23~33)하셨다. 32:1절을 보면, 모세는 곧바로 시내 산에 올라갔고 거기에서 상당한 시간을 보냈다. 백성들은 그가 40일이 지났는데도 모습이 보이지 않자 아론에게 가서 자신들을 위하여 인도할 신을 만들어 달라고 요구하였다. 아론은 백성들이 가져온 금으로 송아지 모양의 우상을 만들어 보이고 '이는 너희를 애굽 땅에서 인도하여 낸 너희의 하나님'이라고 말했다(32:2~6).

하나님은 모세에게 즉각 산에서 내려갈 것을 명하시고 죄로 물든 백성들의 악함으로 인하여 그들을 죽이려고 하신다. 그러자 그는 하나님께 아브라함과 이삭과 이스라엘(야곱)과 맺은 언약을 기억하여 용서해 달라고 간청(32:7~13)한다. 그리고는 산에서 내려와 하나님이 직접 써준 십계명 돌판을 던져 깨뜨려 버렸다. 그런 후 금송아지 우상을 불살라 가루로 만들어 물에 타서 백성들에게 마시게 하였다(32:20). 그리고 백성들의 죄를 속죄하기 위해 다시 하나님 앞에 올라갈 것이라고 말하면서, 백성들이 스스로 하나님께 헌신할 것을 당부하였다(32:29~30). 그런데 여기에서 우리가 하나 주목할 것은, 모세가 하나님께 올라갈 때 희생제사를 드리지 않고 그냥 산으로 올라갔다는 사실이다.

모세는 하나님께 기도하기를, 만약 백성들의 죄를 용서치 않으시려면 차라리 주의 책에서 자기 이름을 지워달라고 청하였다(32:32). 그러면서 앞으로 계속 이스라엘 자손과 함께해 주실 것을 간구하면서, 하나님의 영광을 자신에게 보여 달라고 간청하였다(33:12~18). 하나님은 모세의 요청대로 영광을 보여주시며 자신이 누군지 자세히 말씀해 주셨다. "나는 여호와라, 자비롭고 은혜롭고 노하기를 더디 하고 인자와 진실이 많으며, 인자를 천대까지 베풀고 악과 과실과 죄를 용서하는 하나님이라"(34:6~7).

우리가 오늘 Parashat Ki Tisa_{조사할 때}를 읽을 때 잊지 말아야 할 것은, 이 본문이 안식일과 관련한 명령으로부터 시작되고 있다는 점이다. 하나님은 이런 안식일 법이 이스라엘 자손이 대대로 지켜야 할 '영원한 규례'로 정해 놓으셨다. 안식일은 하나님이 자기 백성들과 영원히 함께한다는 가장 확실한 증거이다. 그러나 무엇보다도 이 본문을 읽을 때 주목해야 할 것은, 고의성 없이 단순한 실수로 계명을 어긴 불순종과는 달리, 토라의 계명을 뻔히 알고도 의도적으로 계명을 어긴 불순종에 대해서는 하나님이 아주 강력하게 대응하겠다는 경고를 전하고 있다.

[출31:12~18, 개역개정]

(12) 여호와께서 모세에게 말씀하여 이르시되 (13) 너는 이스라엘 자손에게 말하여 이르기를 너희는 나의 안식일을 지키라. 이는 나와 너희 사이에 너희 대대의 표징이니 나는 너희를 거룩하게 하는 여호와인 줄 너희가 알게 함이라. (14) 너희는 안식일을 지킬지니 이는 너희에게 거룩한 날이 됨이니라. 그 날을 더럽히는 자는 모두 죽일지며 그 날에 일하는 자는 모두 그 백성 중에서 그 생명이 끊어지리라. (15) 엿새 동안은 일할 것이나 일곱째 날은 큰 안식일이니 여호와께 거룩한 것이라. 안식일에 일하는 자는 누구든지 반드시 죽일지니라. (16) 이같이 이스라엘 자손이 안식일을 지켜서 그것으로 대대로 영원한 언약을 삼을 것이니 (17) 이는 나와 이스라엘 자손 사이에 영원한 표징이며 나 여호와가 엿새 동안에 천지를 창조하고 일곱째 날에 일을 마치고 쉬었음이니라 하라. (18) 여호와께서 시내 산 위에서 모세에게 이르시기를 마치신 때에 증거판 둘을 모세에게 주시니 이는 돌판이요 하나님이 친히 쓰신 것이더라.

하나님은 13절에서 다음과 같이 말씀하신다. "너는 이스라엘 자손에게 말하여 이르기를 너희는 나의 안식일을 지키라. 이는 나와 너희 사이에 너희 대대의 표징이니 나는 너희를 거룩하게 하는 여호와인 줄 너희가 알게 함이라." 안식일은 하나님이 그의 백성을 거룩하게 하는 주님이심을 나타내려는 의도가 담겨 있다. 이는 안식일 준수에 대한 유대교의 입장을 보다 확실하게 정리해 주고 있다. 그렇다면 이런 유대교 입장이 기독교의 입장과 어느 정도로 일치하고 있는가? 하나님은 안식일이 '영원한 증거'라고 말씀하신다. 다시 말해서 안식일은 이스라엘 백성에게 하나님과 맺은 언약의 증거로 영원히 남아 있는 것이다. 우리가 토라의 말씀을 읽으면 읽을수록, 하나님의 백성이 성소에서 주께 희생제물을 드리는 것과 관련하여 고의성이 없이 저지른 죄에 대한 법규와는 달리, 의도적으로 저지른 죄나 불순종의 행위들이 안식일 계명과 아주 밀접하게 연결되어 있다는 점을 깨닫는 것이 매우 중요하다. (레5장 참조) 이에 대해 랍비들이 어떻게 이해하고 있을까?

> [미쉬나 샤바트 7,1]
> 일찍이 지혜로운 랍비들은 안식일에 관한 핵심적인 가르침을 설파했다. 만약 누군가가 안식일 날이나 절기 때에 해서는 안 될 금지사항 멜라콧트(Melakhot)[1]를 깜빡 잊고 행하였다면, 그가 그 죄를 해결할 수 있는 유일한 길은 속죄의 예물 핫타트(Chattath)로 갚는 일밖에 없다. 다시 말해 사람이 안식일의 의미와 축복의 원리를 알고 있음에도 불구하고 만약 안식일 날 해서는 안 될 행위를 범했다면, 그 사람은 주님의 안식일을 범한 죄를 용서받기 위해서라도 속죄제물을 바침으로써 이 문제를 해결해야 한다. 만일 어떤 사람이 안식일 규례를 알면서도 여러 안식일에 걸쳐 금지행위를 계속함으로써 죄를 범했다면, 그는 알고도 죄를 범한 모든 행위에 대해 책임을 지고 별도의 속죄제물

---

1) 유대인들은 안식일에 해서는 안 될 39개 조항의 금지행위를 법으로 정하고 있다. 이것을 멜라콧트Melachot라고 부른다. 멜라콧트는 6가지 범주로 나누어져 있다. (1) 노동 및 작업 11가지: 파종, 쟁기질, 수확, 곡식단 묶기, 타작, 키질, 고르기(분리), 갈기(연마), 치기(체질), 반죽, 굽기 / (2) 커튼제작 관련 13가지: 양털 깎기, 청소, 빗질, 염색, 돌리기, (실타래) 풀기, 고리제작, (옷) 짜기, (옷감) 나누기, 매듭짓기, 매듭 풀기, 재봉, 찢기 / (3) 가죽커튼 제작 관련 7가지: 덫 놓기, 도살, (피죽) 벗기기, 무두질, 다림질, 선 긋기, 자르기 / (4) 성소제작 관련 2가지: 쓰기, 지우기 / (5) 성막 설치 및 제거 관련 2가지: 성막 세우기, 제거하기 / (6) 성막 내 활동 관련 4가지: 불 끄기, 불 켜기, 망치질, 옮기기 등 39가지이다.

을 드림으로 이를 갚아야 한다. 또 만약에 그가 범한 것이 주된 금지행위에 버금가는 어떤 행위에서 비롯된 잘못이라면, 그 사람은 단지 한 차례의 속죄제물만으로도 그것의 책임을 다할 수 있다.

이처럼 미쉬나는 안식일 날 모든 노동을 멈추고 안식해야 한다는 계명(미츠바)을 특별히 강조하고 있다. 이 계명을 잊고서 안식일에 해서는 안 될 일, 즉 멜라콧트 죄를 범했다면, 그는 반드시 자신을 위한 속죄제물을 드려야 한다. 이와는 달리 안식일 계명을 잘 알고도 금지행위를 저질렀다면, 그 사람은 지금까지 지킨 모든 안식일에 대해서도 죄를 저지른 것이 된다. 즉 안식일에 해서는 안 될 금지행위를 알고도 행했다면, 그는 이제까지 지켜온 모든 안식일에 대해 죄를 저지른 것에 해당하므로, 이에 대한 응분의 대가를 치러야만 하는 것이다. 미쉬나가 여기서 말하는 핵심은, 똑같은 죄라 할지라도 모르고 범하였느냐 아니면 알고 범했느냐에 따라서, 하나님이 범법행위를 근본적으로 다르게 보신다는 것이다.

또 하나 안식일 계명과 관련하여 토라가 강조하고 있는 바는, 오직 하나님만이 우리 영혼의 참된 안식처라는 사실이다. 세상에서 하는 일은 우리를 주님에게서 멀어지게 할 뿐 아니라 결국 우리 영혼을 깊은 나락 속으로 떨어지게 만든다. 바로 그런 이유로, 안식일에 일손을 멈추고 하나님 앞에서 안식일을 지키는 것이 얼마나 중요한지를 말해 주고 있다. 그런 점에서 안식일에 대한 토라의 계명(31:14, 16)은 대단히 엄격하고 단호하다. "너희는 안식일을 지킬지니 이는 너희에게 거룩한 날이 됨이니라. 그 날을 더럽히는 자는 모두 죽일 지며, 그 날에 일하는 자는 모두 그 백성 중에서 그 생

명이 끊어지리라.""이같이 이스라엘 자손이 안식일을 지켜서 그
것으로 대대로 영원한 언약을 삼을 것이니라." 안식일에 일손을 멈
추고 주 앞에 나아와 거룩하게 안식하라고 명령하고 있다. 하나님
의 백성이 안식일을 지키는 것만으로도 이미 놀라운 하늘의 선물
을 누리고 있다. 토라는 안식일 계명을 일컬어 '영원한 언약' 또는
'영원한 규례'라고 선언한다.

[쉬네이 루콧트 하브릿트, 바야크헬, 페쿠데이, 토라 오호르 16]
유대인들은 안식일 날을 지킬 때, 하나님이 새 영(נשמה יתרה)을 그들에
게 부어주신다고 믿는다. 이는 그들이 안식일 날에 취할 것의 1/16을
나타낸 것으로, 회막 역시 앞으로 다가올 세계(올람 하바)를 바라볼 수
있도록 고안되었다. 이것은 하나님이 모세에게 명한 것을 기록한 안식
일 규례 샤밧트(Shabbat) 제10장에 나오는 말이다. 하나님은 모세와
이스라엘 백성에게 안식일이라는 선물을 주셨다. 또 하나님은 모세와
이스라엘을 향해 "너희는 나의 안식일을 지키라. 이는 나와 너희 사이
에 너희 대대의 표징이니 나는 너희를 거룩하게 하는 여호와인 줄 너
희가 알게 함이라"(출31:13) 말씀한 것도 바로 이런 이유 때문이었다.
하나님이 그들에게 안식일에 특별한 선물을 주겠노라 선언한 것이다.
랍비 시몬 벤 가믈리엘R. Shimon ben Gamliel의 말처럼, 만약 아이에게 빵
을 주기 원한다면 먼저 아이 엄마에게 알려야 한다는 규칙을 만들었
다. 반면에 탈무드는 이런 주장에 반대한다. 랍비 차마Rabbi Chama는 선
물을 줄 자가 굳이 받을 자에게 미리 알릴 필요가 있겠느냐며 반문한
다. 예를 들면 하나님이 시내산에서 모세에게 주신 영의 선물로 인하
여 그의 얼굴이 광채로 빛이 났는데도 불구하고 모세는 이 사실을 스
스로 알지 못하였다. 나중에 사람들이 얼굴의 광채 때문에 그에게 가
까이 다가오기 두려워하는 모습을 보고서야 하나님이 자기에게 선물

을 주셨다는 사실을 깨닫게 되었다(출34:29~32).

하지만 성경에는 이와 상충하는 본문들도 적지 않다. 굳이 설명하지 않아도 될 뻔한 일은 하나님이 미리 밝히지 않고 말없이 행하기도 하신다. 탈무드는 이런 모순을 고려하지 않은 듯하다. 그렇기 때문에 학자들은 몇 가지 의문을 가진다. "안식일이 매주 반복되는 일인데도 불구하고, 왜 하나님은 노동을 금하라는 명령을 계속 반복하여 말씀한 것일까?" 라쉬에 의하면, 우리가 안식일을 지킴으로써 받는 은혜는 사람들이 흔히 생각하는 그런 차원을 넘어서, 하나님이 미리 선언하지 않은 무언가 특별한 복이 있음을 알려주기 위함이라고 보았다. 그것이 성경 본문에는 기록되지 않았지만, 모세의 입을 통해 선포되었다고 본 것이다.

유대 랍비들은 하나님이 이스라엘에게 주신 안식일이 얼마나 중요하고 또 얼마나 복된 날인지에 대해 지나칠 만큼 강조한다. 안식일에 하나님이 '새 영'을 주시고, 이것으로 인해 이 세상(올람 핫쩨)에서도 행복한 삶을 살 뿐만 아니라 앞으로 다가올 세상(올람 하바)을 미리 맛볼 수 있다고 말한다. 특히 올람 핫쩨와 올람 하바에 관한 신앙은 신약성경의 핵심적 메시지이기도 하다. 주님만이 우리를 올람 하바의 세계로 인도하실 분이기 때문에, 오직 예수 그리스도 안에서 참된 안식이 있다고 가르치고 있다. 바로 그런 점에서 안식일은 하나님이 자기 백성에게 주신 최고의 선물이다.

오늘 우리의 문제는 무엇인가? 성경은 하나님이 우리에게 주신 최고의 선물이 안식일이라고 말하고 있는데, 오늘날 그리스도인들은 왜 안식일을 짐처럼 여길까? 성경에는 안식일을 지킴으로써 받게 될 은혜와 축복에 대해 자세하게 말하고 있지는 않지만, 그러나 토라의 많은 본문을 통해 안식일에 지켜야 할 법을 순종했을 때, 우리에게 어떤 은혜와 축복이 임하는지에 대해 분명하게 선언하고 있다. 그 대표적인 사례가 하나님이 모세에게 주신 광채의 은혜이다. 하나님의 영이 그에게 충만하게 임하자 모세 자신도 깨닫지 못할 정도로 얼굴이 광채로 빛남으로, 이로 인하여 백성들이 하나님께 영광을 돌릴 수밖에 없었던 것처럼, 오늘 우리도 '안식일을 지킴으로 인해' 살아계신 하나님의 영광이 우리 가운데 충만히 임하게 되는 복을 받게 된다. 안식일 날에 모든 노동을 멈추고 하나님의 현존 앞에 나아와 예배드릴 때, 주님이 주시는 샬롬의 은혜를 경험하게 된다. 이 은혜로 인해 참 평안을 누리며 하루하루 평화롭게 살 수 있다. 유다 할레비[Judah Halevi]가 쓴 세페르 쿠자리(Sefer Kuzari)에는 다음과 같은 논평이 나온다.

> [세페르 쿠자리 2:34]
> 우리가 당신 말에 동의는 하지만 우리가 죽었다는 것을 인정한다고 믿지는 말라. 우리는 지금도 주님이 우리를 부르시고 언약의 증표를 주신 거룩한 은혜를 붙들고 산다. 그 대표적인 것이 바로 할례이다. 주님은 우리에게 "내 언약이 너희 살에 있어 영원한 언약이 될 것이라"(창17:13)고 말씀하셨다. 또 "너희는 나의 안식일을 지키라. 이는 나와 너희 사이에 너희 대대의 표징이라"(출31:13)고 하셨다. 아버지와의 언약과 율법의 계약이 먼저 호렙에게 부여되었고, 또 한 차례 모압 평지에서 '네 아들과 자손들에게까지' 언약을 지키리라는 약속이 경고와 함께 주어졌다.

이 말씀을 다른 구절과 비교해 보라. '네 쫓겨 간 자들이 하늘가에 있을지라도'(신30:4), '네 하나님 여호와께로 돌아와'(신30:2), 그리고 모세의 마지막 노래 "하늘이여 귀를 기울이라"(신32:1). 우리는 죽지 않았지만 어떤 의사도 고칠 수 없을 만큼 절망스러운 상황에 처해 있다. 그러나 그런데도 아직 포기할 수 없기에, 주님이 "인자야 이 뼈들이 능히 살 수 있겠느냐?"(겔37:3)고 에스겔에게 하신 말씀을 붙잡고, 주님의 특별한 만져주심을 기대하며 살아가고 있다.

또한 주님은 이사야에게 다음과 같이 비유로 말씀하셨다. '보라 내 종이 형통하리니'(52:13), '그는 고운 모양도 없고 풍채도 없은즉'(53:2), '마치 사람들이 그에게서 얼굴을 가리는 것같이'(53:3), 즉 모양이 상하고 변형이 되어서 사람들이 놀랄 수밖에 없는 모습을 말해 준 것이다. "그는 멸시를 받아 사람들에게 버림받았으며, 간고를 많이 겪었으며, 질고를 아는 자라 마치 사람들이 그에게서 얼굴을 가리는 것 같이 멸시를 당하였고, 우리도 그를 귀히 여기지 아니하였도다"(사53:3).

이 해석에 따르면, 이스라엘이 하나님과 맺은 언약은 '육체의 할례'와 '안식일' 이 두 가지로서, 여기에 하나님이 축복의 언약을 두셨다고 말한다. 그러나 이보다 더 중요한 것은, 안식일을 지키느냐 지키지 않느냐, 또 율법의 요구대로 행하느냐 행하지 않느냐에 따라 삶과 죽음이 관련된 것이다. 핵심은 이것이 하늘의 복을 받는 일과, 또 하나님과 맺은 언약이 계속하여 유지되는 일과 연결되어 있다는 점이다. 그 결과로 삶과 죽음이 결정된다. 여기에 이어 신명기와 구약성경의 주요 구절을 근거로 제시하면서, 하나님께 대한 믿음은 할례와 안식일을 지키라는 토라의 명령에 순종하느냐의 여부에 따라 결정된다는 것, 이것이 위의 글에서 강조하는 가장 중요한 핵심이다.

할례와 안식일, 하나님을 믿는다면 이 두 계명을 반드시 지켜야 한다. 그래야 하나님과 언약관계가 유지되고 은총의 수혜자로 살아갈 수 있다. 설령 이방민족이나 이교도와의 잘못된 교류로 고통에 빠진다고 할지라도, 이 두 계명만 지킨다면 주님과 관계가 다시 좋아지고 언약이 유효하게 된다. 출31:13절을 주석한 스포르노의 말을 들어보자.

> [스포르노, 출31:13, Part 2]
> "이는 나와 너희 사이에 표징이니라(אות היא ביני וביניכם)." 이 표징은 양자 간에 우호관계를 확실히 하는 의미로서 상징이 되게 하셨다는 뜻이다. 만약 이스라엘이 안식일에 하나님의 회막에 나오지 않음으로 이상징을 무시한다면, 하나님이 회막 안에 거하지 않은 것으로 여겨, 그사람이 어떤 일을 행하든 아무런 은혜도 주어지지 않을 것이다.

안식일은 하나님과의 우호관계를 나타내는 외적 표징이다. 만약 안식일을 지키지 않는다면 하나님의 처소를 무시한 것이며, 이로 인하여 하나님도 그 사람의 장막 안에 더 이상 머무시지 않는다. 하나님은 지금도 오직 믿음으로 안식일을 지키며, 토라의 말씀에 따라 살기 원하며, 기꺼이 하나님의 안식일을 위해 헌신하는 사람을 찾고 계신다. 출애굽기를 영적으로 주석한 메킬타는 31:14절을 아래와 같이 해설해 주고 있다.

[메킬타 31:14, Part 1]

"이는 너희에게 거룩한 날이 됨이라." 이는 안식일이 이스라엘에게 거룩함을 부여하는 날이라는 뜻이다. "사람들이 왜 가게의 문을 닫는가?" 안식일이기 때문이다. "사람들이 왜 일손을 멈추는가?" 안식일을 지키기 위함이다. 주님은 세상을 6일 동안 창조하시고 7일째 날 안식하심으로써, 세상 안에 존재하게 하신 만물을 통해 자신을 증거하셨다. "그러므로 너희는 나의 증인이요 나는 하나님이니라"(사43:12).

메킬타는 안식일이 이스라엘을 거룩하게 만든 가장 결정적인 요인이 되었다는 사실을 말해 주고 있다. 이는 토라의 증언과도 일치한다. 이스라엘 백성이 하나님의 날 안식일을 지킴으로써 하늘에 계신 하나님의 현존을 체험할 수 있다. 그런 점에서 토라의 증언이야말로 가장 확실한 진리이다.

[아케이닷 이츠학 55:29]

(출31:14) 너희는 안식일을 지킬지니 이는 너희에게 거룩한 날이 됨이니라. 그 날을 더럽히는 자는 모두 죽일 지며 그 날에 일하는 자는 모두 그 백성 중에서 그 생명이 끊어지리라. (15) 엿새 동안은 일할 것이나 일곱째 날은 큰 안식일이니 여호와께 거룩한 것이라. 안식일에 일하는 자는 누구든지 반드시 죽일지니라.

(14절) "그 날을 더럽히는 자는 모두 죽일 지며 그 날에 일하는 자는 모두 그 백성 중에서 그 생명이 끊어지리라." 이는 신성모독에 대한 세상 법정에서의 판결을 뜻한다. (15절) "안식일에 일하는 자는 누구든지 반드시 죽일지니라." 이 경고는 안식일을 지키지 않은 것에 대한 하늘 법정에서의 판결이 있음을 말한 것이다. 이 둘 사이가 어떻게

이상에서 살펴본 것처럼, 이 모든 진술은 다 하나님께 고의로 짓는 죄와 관련이 있다. 중요한 것은 우리가 하나님께 고의로 죄를 범했다면 과연 속죄함을 받을 수 있는지, 만약 속죄함을 받을 수 있다면 그 방법은 무엇인가 하는 것이다. 히브리서는 이 문제에 대하여 다음과 같이 증언한다.

[히10:26~31, 현대인의 성경]

(26) 만일 우리가 진리를 알고 난 후에도 고의적으로 계속 죄를 짓는다면 그것을 속죄하는 제사는 없고, (27) 두려운 마음으로 심판을 기다리는 것과 하나님을 대적하는 원수들을 소멸할 무서운 불만 있을 것입니다. (28) 모세의 법을 어긴 사람도 두세 증인만 있으면 동정의 여지없이 사형을 받았는데 (29) 하물며 하나님의 아들을 짓밟고 자기를 거룩하게 한 계약의 피를 깨끗지 않은 것으로 여기고 은혜를 주시는 성령님을 모욕한 사람이 받을 형벌이 어찌 더 무겁지 않겠습니까? (30) '원수 갚는 것은 나의 일이다. 내가 갚아 주겠다'하시고 또 '주께서 자기 백성을 심판하실 것이다'라고 말씀하신 분을 우리는 알고 있습니다. (31) 살아 계신 하나님의 심판의 대상이 된다는 것은 정말 무서운 일입니다.

히브리서 저자는 우리가 만일 죄라고 하는 사실을 뻔히 알면서도 이를 어기는 고의적인 죄는 어떤 속죄제사로도 해결될 수 없다는 점을 분명히 한다. 오늘 읽은 Parashat Ki Tisa조사할 때는 물론 미쉬나 미드라쉬 에 나타난 안식일 규례는 중요하긴 하지만, 실천에 있어서는 사실 무거운 주제라고 할 수 있다. 토라에서 속죄제에 대한 규례가 등장하는 본문은 레위기 5장이다. 레5장은 '어떤 사람이 죄를 범했거든'이라는 말로 시작한다. 즉 속죄제사는 하나님이 죄를 범한 자에게 그 행위를 묻기에 앞서, 토라 명령을 지키지 않고 불순종하며 산 자가 죄를 깨달은 후 주께 용서를 받기 위해, 먼저 하나님께 나와서 속죄제사를 드리는 것이다. 하나님은 이런 죄인을 용서하기 위해 속죄제사라는 의식을 제정해 놓은 것이다. 그러므로 우리가 주님의 거룩한 전 나가 속죄의 예물과 함께 드리는 예배가 주께서 받으실 만한 합당한 예배가 되려면, 먼저 자기가 죄인임을 고백하고 진심 어린 회개로 주의 자비를 구하는 믿음이 전제되어야 한다.

히10장에서 읽은 것처럼, 랍비문헌에 익숙한 사람이라면 이와 비슷한 가르침이 신약성경 안에서도 쉽게 발견된다는 사실을 깨닫게 될 것이다. 신약성경과 랍비문헌의 가르침이 얼마나 유사한지, 서로 비교하며 살펴보는 것도 매우 유익하다. 예를 찾아보자. 마가복음을 보면, 주님의 제자들 가운데 몇 사람이 안식일 날에 해서는 안 될 일을 했다는 이유로 바리새인들로부터 비난을 받았을 때 주님이 뭐라고 말씀하셨는가? "안식일이 사람을 위해 있는 것이 아니라 사람이 안식일을 위해 있는 것이라"고 하시며, 제자들을 꾸짖기는커녕 도리어 비난하는 바리새인들을 책망하셨다. 오랜 세월 동안 신학자들은 이 말씀을 오해하여 마치 주님이 안식일을 평가 절하하였고, 따라서 이제 교회는 더는 안식일을 지킬 필요가 없다는 해석을 낳게 되었다. 하지만 랍비문헌을 잘 아는 사람이라면 주님이 하신 이 말씀이 무슨 뜻인지를 정확히 깨닫게 될 것이다.

요나단 요셉R. Yonatan b. Yosef도 탈무드에서 이와 비슷한 견해를 밝힌 바가 있다. 그는 탈무드[2]에서 다음같이 주장하였다. "안식일이 너희에게 거룩하는 말은 안식일이 너희를 위해 있는 것이지, 너희가 안식일을 위해 있는 것은 아니라는 뜻이다." 다시 말하면 안식일 날에 사람의 생명을 구하는 것보다도 우선될 수 없다는 뜻이다. 주님이나 요나단의 가르침은, 절대로 안식일과 그 전통을 깨기 위한 정당성의 기준을 제공해 주려는 것이 아니다. 하지만 주님이 "바리새인에게 안식일이 사람을 위해 있는 것이 아니라 오히려 사람이 안식일을 위해 있는 것이라"고 말씀한 것은, 요나단이 탈무드에서 안식일에 관한 입장을 밝힌 해석을 비춰보더라도, 이것이 랍비들의 정통신학에 더 확실히 반영하고 있다는 사실을 우리는 인정하지 않을 수가 없다.

또 다른 예를 들자면, 이른바 산상수훈으로 알려진 마5~7장의 설교에서 찾을 수 있다. 이 본문을 읽다 보면, 주님의 설교가 수사학적 차원에서 마치 당시 유대인들의 생각과는 완전히 반대되는 것처럼 들린다. 그러나 주님은 서기관과 바리새인들이 말하는 의만으로는 충분하지 않기 때문에, 그보다 더 높은 수준의 도덕적 행위를 가져야 한다는 취지로 말씀하신 것이다. 예컨대 기도와 관련한 가르침(마6:5~15)을 들어 보라. 이 가르침에 의하면, 기도할 때는 사람에게 보이려고 회당이나 큰 거리에 서서 하지 말라는 것이다. 이렇게 기도하는 것은, 하나님께 대한 믿음으로서가 아니라 단

---

2) 탈무드 바블리 요나 85b

지 사람에게 보이기 위한 일이기 때문에, 따라서 이런 기도는 진정성이 없는 가식적인 행위일 뿐이라고 지적한 것이다.

흥미로운 것은, 기도에 관해 주님이 가르친 내용 하나하나가 랍비문헌 뿐만 아니라 유대인의 기도서인 시드두르(siddur)[3]에도 고스란히 나타난다는 점이다. 주님이 가르쳐 준 기도문의 첫 들머리에는 "하늘에 계신 우리 아버지여"라고 시작한다. 이 구절을 히브리어로 옮겨 보면 "아비누 쉐-바-샴마임"인데, 이는 유대 랍비가 기도할 때마다 가장 먼저 고백하는 관용어적 표현이다. 게다가 산상수훈에 나오는 윤리적 가르침 또한 랍비들이 항상 강조해 왔던 가르침과 크게 다르지 않다. 또 "누구든지 음행한 이유 외에 아내를 버릴 수 없다"(마19:9)고 하신 주님의 말씀도, 마치 이혼에 대한 바리새인들의 생각에 정면으로 반박한 것처럼 들리지만 사실은 그렇지가 않다. 미쉬나를 연구한 사람이라면 이미 오래전부터 유대문헌 안에도 이와 똑같은 가르침이 있다는 사실을 안다. 그 대표적인 사례가 삼마이 학파의 미쉬나[4] 이다.

오늘 Parashat Ki Tisa 조사할 때가 말하는 가장 중요한 핵심은 안식일과 관련된 규정이다. 안식일은 하나님 언약의 증표이며, 그 핵심은 안식일에 절대 일을 해서는 안 된다는 것이다. 출31:13절은 "너는 이스라엘 자손에게 말하여 이르기를 너희는 나의 안식일을 지키라. 이는 나와 너희 사이에 너희 대대의 표징이니, 나는 너희를

---

3) 유대인의 기도서인 시드두르(siddur; 복수형은 siddurim) 안에는 유대인들의 일상생활과 관련한 기도들이 담겨 있다. 히브리어 시드두르는 무언가 하나님께 '요청한다'는 단어에서 나온 말이다.

4) the Mishnah Gitin 9:10 - the House of Shamai

거룩하게 하는 여호와인 줄 너희가 알게 함이라"고 증언한다. 안식일은 하나님이 자기의 백성을 거룩하게 하려는 날이라는 점을 잊어서는 안 된다. 토라는 안식일이 우리의 영원한 표징이라고 말한다. 하나님은 안식일 계명을 통해 거룩하심과 의로우심이라는 자기 속성은 물론이고, 이것이 진리에 **뿌리**를 둔 영원한 계명이라는 근본적인 가르침을 담고 있다.

그렇다면 토라의 계명(mitzvot)은 이 땅에 성육신하신 주님으로 인하여 이제 더 이상 필요치 않게 되었다는 것일까? 아니면 오히려 주님을 믿는 그리스도인들로 하여금 토라의 계명을 지키며 살도록 가르치고 격려해야 하는 것일까? 분명한 사실은 이것이다. 안식일 날 노동을 멈추라는 계명은 하나님이 자기 백성과 맺은 영원한 언약의 증표가 된다는 사실, 그리고 이것은 신약성경에서 주님의 음성을 통해 선포됨으로써 다시 한번 그리스도인의 신앙 안에 각인되었다는 것이다. 우리는 안식일의 의미와 그 중요성에 대해 신약성경에서 직접 말씀하신 주님의 가르침을 들을 수 있다. 히4:9절은 "그런즉 안식할 때가 하나님의 백성에게 남아 있다"고 말한다. 이 말은 하나님이 자기 백성들에게 안식일을 남아 있게 해주셨다는 뜻이다.

주님은 우리를 죄로부터 구원해 주셨다. 이제까지 우리가 논의한 안식일 계명은, 하나님 앞에서 고의로 불순종한 죄와도 아주 긴밀히 연관되어 있다. 심지어 토라는 이스라엘 백성이 성소의 제단 위에 희생제물을 바치며 속죄제사를 행하는 이유에 대해서도, 그들이 의도하지 않고 실수나 부주의로 저지른 잘못을 용서받기 위함이라고 말하고 있다. 다시 말해 사람이 의도하지 않고 실수나 부주의로 인한 죄라 할지라도, 죄를 민감하게 보시기 때문에 어떤 죄라도 엄격하게 처리하신다는 것을 말해주고 있다.

따라서 우리는 주님이 기뻐하는 삶을 살기 원한다면 무엇보다 속죄의 은혜를 얻어야 한다. 주님은 사랑하는 자녀들이 의롭고 정직하게, 또한 진실하며 거룩하게 살기 원하신다. 그러나 이것이 우리 힘과 노력만으로는 어렵기 때문에, 우리는 늘 성령의 도움을 간절하게 구해야 한다. 주님은 우리가 하나님 앞에 나와 구하는 것을 기뻐하신다. 믿음으로 구하기만 하면 무엇이든지 아낌없이 주겠노라 약속하셨다. 구하는 자가 '주 안에서' 승리할 수 있고, 주가 베푸신 은혜와 사랑을 담대하게 증언할 수 있다.

제23주 차
Parashat Vayakhel ㅁㅇㄱ (35:1~38:20)

물두멍과 구리거울

Parashat Vayakhel ㅁㅇㄱ (출35:1~38:20)은 첫 들머리는 모세가 이스라엘 회중을 소집한 후, 하나님이 그들에게 행하라고 하신 명령(차바 ㅁㅇㄱ)을 선포하는 것으로 시작하고 있다. "여호와께서 너희에게 명령하사 행하게 하신 말씀이 이러하니라." 그 첫 명령은 안식일에 관한 것(35:2~3)이다. "엿새 동안은 일하고 일곱째 날은 너희를 위한 거룩한 날이니 여호와께 엄숙한 안식일이라. 누구든지 이날에 일하는 자는 죽일지니, 안식일에는 너희의 모든 처소에서 불도 피우지 말지니라." 우리가 앞 본문 Parashat Terumah 예물 (출25:1~27:19)에서 살펴본 것처럼, 이스라엘은 하나님께 기쁜 마음으로 예물(테루마)을 드렸다. 금은 동과, 청색 자색 홍색 실, 염소 털, 숫양의 가죽과 해달의 가죽, 조각목과 감람유와 향품, 에봇과 흉패에 물릴 호마노 등, 이스라엘 백성들이 하나님께 바쳐야 하는 예물의 품목들을 여기서 다시 한번 열거하고 있다(35:5~9).

모든 물품이 충분할 만큼 채워지자 곧바로 모세는 브살렐Bazalel 과 오홀리압Oholiab을 불러 성소를 제작하도록 지시했다. 특히 오늘 본문에는 성소를 제작하는 일 중에 성소의 휘장(36:8~19)과 성막 널판을 세우는 것(36:20~34)과, 그리고 또는 언약궤에 대한 설명 (37:1~9)이 아주 상세하게 기술되어 있다. 또 매일 번제를 드릴 때 필요한 각종 기구와 메노라(menorah)라 불리는 등잔대도 제작하였다(37:10~24). 특별히 분향할 제단은 조각목으로 만들고 그 겉을 금으로 싸도록 지시하고 있다(37:25~29). 번제단도 조각목으로 만든 다음 구리를 입혔고, 물두멍도 구리로 만들라고 명령하였다 (38:1~8). 오늘 본문의 끝부분은 성막 뜰에 대한 내용으로 마무리를 짓는다. 모세는 브살렐과 오홀리압이 하나님의 성막을 짓는데 필요한 모든 물품들을 하나도 **빠짐없이** 지원해 주었다. 그리고 하나님의 성막 (미쉬칸Mishkhan)이 완성된 후에, 모세는 아론과 그의 아들들에게 기름을 붓고 제사장의 직임을 수행하도록 하였다.

여기서 한 가지 흥미로운 점은 본문에서 물두멍의 제작과 관련된 출38:8절 말씀이다. "그가 놋으로 물두멍을 만들고 그 받침도 놋으로 하였으니, 곧 회막 문에서 수종드는 여인들의 거울로 만들었더라." 즉 물두멍은 회막문 출입구에서 봉사하는 여인들의 구리거울로 만들도록 했다는 것이다. 왜 그랬을까? 성막의 물두멍을 만들 때, 많고 많은 물건 중에 왜 하필이면 회막문에서 봉사하는 여인들이 쓰던 구리거울로 만들라고 하실까? 이것은 무엇을 의미한 것일까? 분명 제사장들은 제사를 드리기 위해 물두멍에서 손을 씻을 때마다 거기에 비친 자신들의 모습을 보았을 것이다. 여인들이 자신의 얼굴을 단장하던 구리거울이 물두멍이 되었다! 물두멍을 만들 때 그 재료로 여성들의 거울이 사용된 것이 오늘 우리에게 어떤 의미가 있고 얼마나 중요한 뜻을 담고 있는지 한번 살펴보기로 하자.

[출38:1~8, 개역개정]

(1) 그가 또 조각목으로 번제단을 만들었으니 길이는 다섯 규빗이요 너비도 다섯 규빗이라 네모가 반듯하고 높이는 세 규빗이며, (2) 그 네 모퉁이 위에 그 뿔을 만들되 그 뿔을 제단과 연결하게 하고 제단을 놋으로 쌌으며, (3) 제단의 모든 기구 곧 통과 부삽과 대야와 고기 갈고리와 불 옮기는 그릇을 다 놋으로 만들고, (4) 제단을 위하여 놋 그물을 만들어 제단 주위 가장자리 아래에 두되 제단 절반에 오르게 하고 (5) 그 놋 그물 네 모퉁이에 채를 꿸 고리 넷을 부어 만들었으며, (6) 채를 조각목으로 만들어 놋으로 싸고 (7) 제단 양쪽 고리에 그 채를 꿰어 메게 하였으며 제단은 널판으로 속이 비게 만들었더라. (8) <u>그가 놋으로 물두멍을 만들고 그 받침도 놋으로 하였으니 곧 회막 문에서 수종드는 여인들의 거울로 만들었더라.</u>

위의 8절을 다시 읽어 보자. "그가 놋으로 '물두멍(학키요르; כִּיּוֹר)'을 만들고 그 받침도 놋으로 하였으니, 곧 회막문에서 수종 드는 여인들의 거울로 만들었더라." 이 본문에 의하면 물두멍뿐만 아니라 물대야 역시 회막문에서 봉사하던 여인들이 쓰던 구리거울로 만들었다고 말한다. 오늘날 우리가 사용하는 거울은 대부분 뒷면에 빛을 반사하는 코팅이 입혀져 있는 유리 제품이다. 거울 면은 평평한 것도 있고 곡선으로 된 것도 있다. 사람이 자기 얼굴을 볼 수 있는 거울을 만들려고 시도한 것은, 아마도 강물이나 물웅덩이에 자기 얼굴이 비친 것을 보고 그런 생각을 했을 것이다. 고대사회에서 사용한 최초의 거울은 반질반질한 돌이나 금속으로 만들었을 가능성이 크다. 틀림없는 사실은, 당시 하나님 회막에서 봉사하던 여인들이 사용한 거울은 구리로 된 제품이었고, 그녀들은 광택이 날 정도로 매일매일 거울을 반질반질하게 닦았을 것이다. 그 거울들이 하나님의 거룩한 성소의 제단 곁에 둘 물두멍으로 변한 것이다.

여기에는 아주 중요한 의미가 담겨 있다. '회막문에서 봉사하는' 여인들이 쓰던 구리거울이 물두멍으로 바뀐 것은, 제사장이 제사를 드리기 위해 '제단 앞에서 봉사하는' 자신의 손을 씻을 때마다 그들은 자신의 손에 묻은 더러움을 보았을 것이다. 그때마다 제사장은 완전하신 하나님을 섬기는 자신의 추하고 불완전한 모습을 바라보며 어떤 생각을 하였을까? 여인네들이 자기 거울을 매일같이 닦고 닦아야 했던 것처럼, 누구든지 완전하신 하나님을 회막에서 만나려면, 손은 물론이고 마음속까지 깨끗하게 닦고 닦아야 한다는 말씀을 은연중에 가르쳐 주고 있는 것은 아닐까?

회막문 앞에서 봉사하던 여인들의 구리거울과 그 구리로 만든 물두멍에 대해 랍비들은 많은 견해를 남겼다. 닷트 쯔케님도 출 38:8절에 대해 다음과 같이 설명한다.

> [닷트 쯔케님, 출38:8절, part 1]
> "회막문에서 수종드는 여인들의 거울로 만들라." 하나님의 회막(미크다쉬) 문간 앞에서 봉사하는 여인들은 무엇보다도 순결한 몸으로 맡은 일을 수행해야 했다. 여인들은 하나님 회막을 건축하기 위하여 자신들이 바친 구리거울이, 회막 입구 정면에 놓임으로 이것이 하나님의 제단을 정결하게 하는 일에 얼마나 귀하게 쓰이고 있는지 직접 눈

으로 바라보며 은혜를 받았다. 모세도 이것을 원했던 것이다. 물두멍 바로 옆에는 제사장들이 손과 발을 씻기 위해 사용했던 물대야가 놓여 있다. 또 부정하다고 의심받는 아내가 있을 경우, 이곳에 와서 여기 담긴 물을 마시게 하여 자신의 결백을 입증하도록 하였다. 이것이 탈무드가 말한 쏘타이다.

닷트 쯔케님은 회막의 제단 앞에 놓는 물두멍과 그 재료가 된 구리거울이 하나님의 제단을 정결하게 하는 일과 관련이 있다는 미드라쉬의 해석을 대변해 주고 있다. 한 걸음 더 나아가, 물두멍 뿐만 아니라 제사장들이 제사 의식을 드리기 전에 손발을 씻었던 물대야도 여인들이 바친 구리거울로 만든 것임을 상기 시켜 준다. 그리고 이것은 탈무드가 정한 쏘타(sotah)라고 설명한다. 즉 간통과 같은 불륜을 저질렀다고 의심받는 아내가 있다면, 자신의 결백을 입증하여 무죄함을 선언하려고 여기에 담긴 물을 마시도록 하였다. 중요한 것은 물두멍이나 물대야에 담긴 물을 통해 정결이 얼마나 중요한지를 말하고 있다는 사실이다.

제사장은 물두멍이나 물대야에 손발을 씻을 때마다 거기에 담긴 물의 수면에서뿐만 아니라 그 기구의 표면에 비친 자신의 모습을 바라보았을 것이다. 다시 말해서 제사장들로 하여금 하나님의 성소에서 의식을 거행하기에 앞서 손발을 깨끗하게 씻도록 함으로, 단지 그들의 손발뿐만 아니라 내면에 묻어 있는 더러운 죄를 바라보도록 했다. 제사장은 물두멍의 물이나 기구의 표면에 비친 자신의 얼굴을 보면서, 이것을 하나님이 자신을 보고 있는 것으로 생각하였고, 따라서 그 순간 자신의 죄를 생각하며 자기 내면의 모든 죄의 오물들을 깨끗이 씻어내야 했다. 그러므로 이것은 단순히 손과 발을 씻는 행위가 아니라, 하나님 앞에 설 수 있는 정결 상태를 유지하기 위한 거룩한 의식으로 여겼다.

이와 마찬가지로 남편과 아내 두 사람 중에 어떤 의심이 가는 일이 벌어졌을 때, 의심을 받는 자는 하나님 앞에서 시험의 물$^{trial-water}$을 마셔야 했다. 의심받는 아내가 이 물을 마실 때, 제사장들이 그랬던 것처럼, 물 수면과 기구 표면에 비친 자신의 얼굴을 바라보면서 자신의 행위를 돌아볼 수 있도록 한 것이다. 아내는 하나님이 자신을 훤히 바라보고 계신다는 사실을 의식하면서 그 물을 마셔야 했다. 만약 죄를 저질렀다면 그 죄를 낱낱이 실토할 수밖에 없었을 것이다. 이와 관련하여 스포르노의 의미 있는 가르침을 들어 보자.

> [스포르노, 출38:8, Part 1-2]
> "여인들의 거울로 만들었더라." 출38:30절에 언급된 기둥받침과 제단과 그물 등은 여인들의 구리거울로 만들지 않았다. 다만 물대야와 받침만이 구리거울로 제작되었다. 회막 앞에서 수종을 드는 여인들은 하나님의 거룩한 성소에 가까이 할 수 있다는 것만으로도 감사하면서, 자신들이 애지중지하던 거울을 바침으로써 그들이 살아계신 하나님의 말씀 듣기를 얼마나 간절하게 사모했는지 잘 보여준다. 여인들이 말씀을 이토록 간절히 앙망했던 이유는 무엇이었을까? 출33:7절을 보면 어느 정도 짐작해 볼 수 있다. '모세가 항상 장막을 취하여 진 밖에 쳐서 진과 멀리 떠나게 하고 회막이라 이름하니, 여호와를 앙모하는 자는 다 진 바깥 회막으로 나아가며.'
> 이스라엘이 시내산 아래에서 금송아지 우상을 만들어 죄를 지음으로

말미암아, 하나님이 진영의 중앙에 있던 성소를 진영 바깥 멀리 떨어진 곳으로 옮기라고 명령하셨다. 그리고 그 성소를 회막 즉 만남의 천막(오헬 모에드)이라고 불렀다. 따라서 이스라엘 백성이 하나님을 만나기 위해서는 회막으로 나아가야 했다. 만약 하나님을 사모하는 마음이 더 간절한 사람은 어떻게든지 회막 가까이에 나가고자 했을 것이다. 여인들이 자신의 거울을 바친 것은, 금송아지 우상을 섬기려 했던 잘못된 신앙과 그것의 원인이 되었던 마음속의 허영심을 극복하고, 금과 은이나 보석 등에 더 마음을 빼앗기지 않으려는 믿음의 결단이었다고 볼 수 있다. 여기에 한 가지 덧붙이자면, 여인들은 이 거울을 어떻게 얻게 되었는지, 그리고 그것이 한때 어떻게 잘못 사용되었는지에 대해 너무나 잘 알고 있었다. 여인들이 가지고 있던 구리거울은 이집트에서 탈출할 때 하나님의 허락 하에 이집트 사람들에게서 취한 것(출12:36)이었다. 그러나 나중에는 하나님의 은혜를 잊어버리고 금송아지(출32장)를 만드는 데 이 물건을 쓰도록 내놓았다.

스포르노에 따르면 여성들이 바친 구리거울은 주로 물대야와 그 받침을 만드는 데 사용되었다고 말한다. 그런데 이 여인들이 거울을 선뜻 내놓은 것은, 얼굴을 아름답게 꾸미는데 쓰는 거울을 성소에 바침으로써, 신앙생활에 가장 걸림돌이라고 할 수 있는 그들이 허영심을 자기들 스스로 극복해 내려고 한 결단이었다고 본 것이다. 사람이 거룩한 성소를 찾는 이유는 살아계신 주의 말씀을 듣기 위함이다. "여호와를 앙모하는 자는 회막으로 나아가라"(출33:7). 회막에서 봉사하던 여인들은 자신들이 아끼던 구리거울을 기쁜 마음으로 바쳤다. 이 여인들은 거울을 가지고 있는 것 자체를 사치라고 생각했다. 하나님의 거룩한 현존 앞에 나가는 것은 하나님의 말씀을 듣기 위함인데, 보석이나 거울은 말씀을 뚜렷하게 듣는 일에 오히려 방해된다고 생각했을 것이다. 바로 이런 이유로 여인들은 애지중지하던 구리거울을 하나님께 기꺼이 바쳤다. 더군다나 여인들이 가지고 있던 거울은 원래 자기들의 소유가 아니었다. 이집트 땅에서 나올 때 하나님의 은혜로 얻게 되었음을 그들은 잘 알고 있었다. 그런데 많은 여인은 나중에 금송아지를 만드는데 내놓기도 하였다. 회막문에서 봉사하는 여인들은 성소 입구에 놓인 물두멍을 바라볼 때마다, 자신들의 과거에 지은 죄를 생각하면서 회개하는 마음으로 살았을 것이다.

[출38:8, 라쉬]

'회막 문에서 수종 드는 여인들의 거울': 당시 여인들 대부분은 거울을 소지하고 있었고 그것으로 아침마다 집에서 얼굴을 아름답게 가꾸며 단장하였다. 심지어 어떤 여자들은 거룩한 성소에 나올 때도 거울을 갖고 나오기도 하였다. 하지만 모세는 이것이 그녀들로 하여금 정욕을 일으키게 할 위험 요소가 있다고 판단하여 성소에 가져오는 것을 금했다. 그러나 어느 날 하나님이 모세를 불러 이렇게 말씀하셨다. "여인들이 거울을 가져오는 것을 금하지 말라. 그녀들에게 거울이 있었기에 이집트에서 많은 자녀를 낳을 수 있었다. 그렇기에 그 거울도 내게는 매우 소중한 물건이다."

하나님은 이집트에서 힘든 노동으로 인해 남편들이 피곤하고 지쳤을 때도, 아내들이 그들에게 먹을 것과 마실 것을 가져다주었던 일을 상기시킨다. 힘든 와중에도 아내들이 항상 거울을 보며 자신의 얼굴을 아름답게 가꾸는 일도 힘썼기 때문에, 남자들이 아내의 아름다움으로 인하여 고단한 몸임에도 아내와 잠자리를 함께할 수 있었기에 자녀들을 낳을 수 있었다는 것이다. 아내들의 그런 노력이 남편으로 하여금 성욕을 일으키게 했다. 이것은 마치

"사과나무 아래에서 내가 너를 깨웠노라"(아8:5)고 노래를 생각나게 한다. 아내들의 구리거울로 인해 힘든 노예생활 가운데서도 임신할 수 있었고, 이로써 이스라엘 자손을 번성하게 만들었던 것이다. 그러므로 '회막 문에서 수종 드는 여인'을 이스라엘 군대로 묘사하기도 한다.

또한 이 거울로 만든 물두멍과 물대야가 가정의 남편과 아내 사이에 화목이 이루는 데도 사용된다. 예컨대 남편이 아내의 외도를 의심하는 경우, 그는 아내를 성소의 제사장 앞에 데리고 와서 놋대야에 담긴 물을 자기 아내에게 마시도록 했다(민5:11~31). 토라는 이것을 의심의 소제 또는 기억의 소제라고 부른다. 의심받는 아내는 제사장 앞에서 맹세하며 이 물을 마시고, 이것을 통하여 부정이 드러나거나 혹은 결백이 증명되는 것이다. 한편 성소의 제단과 그물을 제작할 때 사용된 구리는 이것과는 다른 것으로, 이것은 70달란트의 구리(출38:29)라고 말한다. 분명 물두멍과 대야를 만들 때 사용한 구리와는 다르다. 탄쿠마R. Tanchuma도 미드라쉬[1]에서 이와 비슷한 주장을 하고 있다. 특히 그는 사3:23절에 나오는 손거울에 주목하면서, 이를 같은 맥락에서 봐야 한다고 말한다.

라쉬의 해석에 의하면, 모세가 회막을 건립할 때 여인들의 구리 거울로 물두멍을 만들 생각을 하지 않았다고 한다. 왜냐하면 모세는 여인들의 거울이 남자들로 하여금 성적인 욕구를 일으키게 하는 물건으로 보았기 때문이다. 하지만 하나님은 모세에게 여인들의 거울을 받으라고 명령하셨다. 왜 그러셨을까? 그들에게 성적인 욕구가 일어났기 때문에 이집트에서 고된 노예생활을 하면서도 자식들을 낳을 수 있었다는 것이다. 즉 거울이 인구증가에 한몫을 한

1) Midrash Tanchuma, Pekudei 9

것이다. 이는 히브리사상 안에 '예쩨르 하라(yetzer hara)'와 '예쩨르 하토브(yetzer hatov)'라는 개념을 만들어냈다. 히브리인의 사상을 보면 하나님으로부터 지음을 받았어도 모든 인간에게는 상반된 두 마음, 예컨대 죄를 범하려는 악한 생각과 착하게 살려는 선한 생각이 함께 공존하고 있는데, 악한 생각을 '예쩨르 하라'라 하고, 선한 생각을 '예쩨르 하토브'라고 부른다.

히브리인들은 성적 욕구가 분명 예쩨르 하라에서 비롯되었다고 말한다. 그러나 이 욕구가 없으면 어떻게 결혼할 생각을 하며, 어떻게 자녀는 낳을 수 있고, 또 어떻게 가정 행복을 유지할 수 있겠는가? 인간이 선천적으로 악한 생각(창6:5, 8:21)을 갖고 태어났더라도 이것이 도리어 선한 결과를 낳게 된 셈이다. 라쉬는 바로 이 점을 지적하고 있다. 여성들이 거울을 몸안에 지닌 이유가 설령 이성을 유혹하기 위한 목적(예쩨르 하라)이라 할지라도, 그 거울 때문에 남자와 여자가 만나 결혼하여 행복한 가정을 이루는데 유익한 결과(예쩨르 하토브)를 가져오게 되었다고 본 것이다. 결과적으로 회막 안에 둔 물두멍과 물대야는 제사장의 정결은 말할 것도 없고, 남편과 아내의 화해를 통해 가정의 행복을 지키는 일에서도 매우 중요한 도구였다.

[쉬네이 루콧트 하브릿트, 봐이크라, 토라 오호르 37]
옛 지혜자들은 다음과 같이 가르치곤 했다. 하나님께 짐승을 드릴 때는 먼저 자기 자신을 내동댕이치듯 제물로 드릴 짐승을 땅바닥에 힘껏 던져라. 이것은 자기 자신이 돌로 쳐 죽임당할 만한 죄인이라는 점을 인정하고 하나님께 고백하는 상징적 행위이다. 희생제물을 잡는 것도

자신이 죽어야 마땅한 죄인임을 스스로 인정한 것이기 때문에, 제물을 잡을 때는 교수형과 참형이라는 두 가지 처형방식으로 자신을 죽이듯 잡아야 한다. 따라서 짐승을 잡을 때는 마치 자기 목을 칼로 베는 것처럼 아주 짧은 순간에 숨을 거두도록 하라. 그리고 죽인 짐승을 제단 위에 올려놓고 태우는 순간, 자신도 화형을 당하여 죽임을 당했음을 의미한다. 이처럼 석형石刑과 교수형絞首刑과 참형斬刑에 이어 화형火刑에 처해짐으로써, 자기 자신이 완전히 죽었음을 선언하는 것이다.

짐승을 바친 자가 하나님께 죄를 고백하며 용서를 빌 때, 하나님께서 그 제물은 물론 짐승을 드린 자까지 온전히 받으신다. 제물을 바친 사람은 자기가 바친 짐승 피가 제단 위에 뿌려질 때 제사장이 자신을 위하여 행하는 모든 의식 하나하나를 잘 지켜봐야 하며, 제사장 또한 이 모든 과정을 처음부터 끝까지 차질 없이 수행하도록 온 힘을 기울여야 한다. 그리고 제사장은 거룩한 성소에서 의식을 행하는 동안 절대 여자를 바라보면 안 된다. 특히 성소에 있는 물두멍은 히브리 여성들이 자신을 예쁘게 단장하기 위해 이집트에서 사용했던 구리거울로 만든 것이다. 따라서 제사장은 죄에 대해 속죄하기 위하여 제사를 지낼 때는 물두멍을 바라보며 거기에 비친 여성들의 죄를 생각하고 하나님께 속죄해야 한다.

우리는 이런 랍비들의 가르침을 통해 속죄제에 아주 중요한 원칙이 있다는 사실을 깨닫게 된다. 즉 희생제물을 바친 자는 단지 짐승만을 바친 것이 아니라 자기 자신을 제물로 바친 것이고, 짐승의 죽음은 곧 자신의 죽음으로 간주해야 한다. 레카나티R. Rekanati의 말처럼, "제사를 드리는 자는 자기 자신을 희생제물로 여길 때 비로소 속죄가 완성된다."

우리는 위의 글을 통해, 하나님께 죄를 용서받기 원한다면 어떤 마음으로 성소에 나와야 하는지 깨달을 수 있다. 속죄제를 드리는 자는 제사장이 자기 죄를 위해 수행하는 모든 제사 과정을 유심히 살펴야 한다. 짐승을 땅에 내동댕이치고, 숨통을 조르고, 칼로 찔러 피를 쏟게 하고, 제단 위에 올려놓은 제물이 활활 타오르는 불꽃에 타고 있는 모습 하나하나를 곁에서 지켜보면서, 자기 자신이 죽는 것으로 생각하며 짐승의 완전한 죽음을 통해 죽음을 맛보게 된다. 한편 제사장은 이 의식을 치르는 동안 어떤 정욕을 품어서는 안 된다.

이렇게 제사에 임하는 제사장의 정결을 위해 마련한 물두멍이, 회막문에서 봉사하는 여성들의 거울로 만들었다는 것이 무엇을 의미하는지, 위의 글은 오늘 우리에게도 매우 소중한 깨달음을 주고 있다. 특히 이 글의 마지막 결론 부분은 바울의 증언(롬12:1~2)과도 일치하고 있다. 이 부분을 다시 읽으면서 바울의 증언과 비교해 보자.

> 우리는 이런 랍비들의 가르침을 통해 속죄제에 아주 중요한 원칙이 있다는 사실을 깨닫게 된다. 즉 희생제물을 바친 자는 단지 짐승만을 바친 것이 아니라 자기 자신을 제물로 바친 것이고, 짐승의 죽음은 곧 자신의 죽음으로 간주해야 한다. 레카나티[R. Rekanati]의 말처럼, "제사를 드리는 자는 자기 자신을 희생제물로 여길 때 비로소 속죄가 완성된다."

[롬 12:1~2, 개역개정]
(1)그러므로 형제들아 내가 하나님의 모든 자비하심으로 너희를 권하노니, 너희 몸을 하나님이 기뻐하시는 거룩한 산 제물로 드리라. 이는 너희가 드릴 영적 예배니라. (2) 너희는 이 세대를 본받지 말고 오직 마음을 새롭게 함으로 변화를 받아, 하나님의 선하시고 기뻐하시고 온전

하신 뜻이 무엇인지 분별하도록 하라.

이상에서 말한 여러 가지 개념들, 즉 구리거울과 물두멍, 희생 제사, 그리고 쏘타, 이러한 것들은 우리가 주님 앞에 나아올 때마다 하나님의 자비와 긍휼의 은혜가 얼마나 중요한지를 잘 보여주고 있다. 이는 결코 어떤 개념이 아니라, 하나님을 섬기는 일에 있어 반드시 알아야 할 실제적인 일이며, 현실의 생활과도 직결되어 있기 때문에 유념해야 하는 일이다.

오늘 본문(출35:1~38:20)에서 잊어서는 안 될 것이 있다. 물두멍을 만들 재료로 회막문에서 봉사하던 여인들이 바친 구리거울은, 하나님의 거룩한 성소를 세우는 일에 자발적으로 바친 테루마였다. 이미 앞서 살펴본 Parashat Terumah 예물 (출25:1~27:19)의 증언에 의하면, 이스라엘 백성이 하나님의 성소를 짓는데 예물을 가져올 때 '각자 기쁜 마음으로(마음의 움직임에 따라)'(출25:2) 하나님께 바쳤다. 분명히 회막문에서 봉사하던 여인들도 기쁜 마음으로 가장 아끼던 거울을 기꺼이 바쳤을 것이다. 그들은 오직 주를 섬기고 헌신하려는 믿음으로 귀중한 필수품을 선뜻 내놓았다. 그러므로 성소 물두멍의 제작을 위해 회막문에서 봉사하는 여인들의 구리거울을 재료로 썼다는 것은 무엇을 의미하는 것일까? 회막에서 헌신하던 여성들이 무엇이든 하나님께 드리고 싶다는 뜨거운 마음에서 자기들이 아끼던 구리거울을 드렸다. 그러므로 그것으로 만든 물두멍은, 단지 성소 안에 있는 '하나의 물건'이 아니라, 주를 향한 여인들의 뜨거운 사랑과 믿음이 담긴 '특별한 물건'인 것이다. 그리고 그들은 물두멍을 바라볼 때마다, 또 제사장들이 물두멍에서 손발을 씻는 모습을 볼 때마다, 옛날 이집트에서 외모를 가꾸느라 여념 없었던 자신들의 모습을 떠올리면서 구원의 주님께 감사의 찬양을 드렸다.

또한 의심 가는 아내를 제사장에게로 데리고 와 기억의 소제를 마시게 한 쏘타의 법 또한 마찬가지이다. 남편과 아내는 하나님 앞에서 맹세하며 서약했던 언약(결혼예식)을 기억하며, 혹시 남아 있을지 모를 죄를 생각나게 하는 수단으로 쏘타의 법을 선택한 것이다. 지혜자들의 말처럼, 의심 가는 아내에게 마시게 했던 시험의 물이, 회막에서 헌신하는 여성들이 바친 구리거울로 만든 물두멍의 물이라는 점은 시사해 주는 바가 매우 크다. 아내가 남편과의 혼인 서약에서 벗어났다는 의혹을 밝히기 위해서라도 이 물을 마셔야 했다. 이로써 하나님 앞에서 맺은 언약관계를 다시 기억할 수 있었다. 물을 마신 후에 아무런 문제가 없다면 부부 사이에 생긴 균열이 치유될 것이고, 이로써 가정에는 다시 사랑의 관계가 유지될 것이다.

이것은 하나님과 우리의 관계에서도 마찬가지이다. 만약 우리의 불신앙과 죄로 인해 하나님과의 언약관계에 균열이 생긴다면 어찌 해야 할까? 상징적인 표현이긴 하지만, 믿음의 순수성을 지키기 위해서라도 의심의 소제요 기억의 소제인 시련의 물을 마셔야만 한다. 이것은 무엇을 말하는가? 우리 안에 도사린 이기적인 욕심이나, 또는 다른 사람에 대해 부정적인 감정들을 완전히 제거할 수 있도록, 마음속에 낀 죄악의 때를 깨끗하게 씻어내는 것이 무엇보다 중요하다는 뜻이다.

제사장이 하나님께 제사를 드리러 회막에 들어가기 전에, 먼저 물두멍의 물로 손과 발을 깨끗이 씻음으로, 내면의 죄를 온전히 씻어낸다는 상징성을 보여주도록 하였다. 물두멍이 여인의 얼굴을 치장하는 거울로 만들었다는 점에서, 물두멍은 사람의 외모만이 아니라 내면 전체를 바라보게 하는 '하나의 큰 거울'이라고 할 수 있다. 거울을 생각해 보자. 제사장은 거울을 바라볼 때 얼굴뿐만 아니라 거울에 비친 뒤쪽의 모든 사물까지 바라본다. 즉 제사장은 물두멍에서 손발을 씻으면서 자기 얼굴만이 아니라, 그 뒤에 하나님의 보좌를 상징하는 이미지들을 바라볼 것이다. 특히 물두멍의 물 표면에 비친 푸른 하늘은 하나님의 보좌를 상상하고도 남음이 있다. 이를 바라보는 제사장의 머릿속엔 자신을 지으신 창조주 하나님을 기억하며, '하나님이 왜 나를 이곳에 보내셨고 제사장으로 삼으셨는지, 또 진정으로 하나님을 섬긴다는 의미가 무엇이고 그 목적이 무언지'에 대해 진지하게 생각하며 맡겨진 직임을 수행하러 성소로 들어갈 것이다. 그리고 혹시라도 회개할 죄가 떠올랐다면, 성소에 들어가기에 전에 죄를 고백하며 회개해야만 했다.

오늘 Parashat Vayakhel ㅁㅇㄱ에서 가장 중요한 핵심은, 물두멍이 의미하는 바가 무엇이냐는 것이다. 성소의 물두멍을 통하여 우리의 참 모습을 예수 그리스도 안에서 적나라하게 바라보도록 요청하고 있다. 어느 누구도 완전한 사람은 없다. 우리는 구원을 필요로 하는 존재라는 뜻이다. 요한은 그의 서신(요일1:7)에서 이렇게 말했다. "그가 빛 가운데 계신 것 같이 우리도 빛 가운데 행하면 우리가 서로 사귐이 있고 그 아들 예수의 피가 우리를 모든 죄에서 깨끗하게 하실 것이요." 여기에서 빛 가운데 행한다는 말은 곧 하나님 앞에서 의롭게 사는 모습을 의미한다. 주님은 대속의 피로 우리의 모든 죄를 깨끗하게 하시고, 말씀으로 새로워져서 의와 거룩함으로 살라고 요구하신다. 이는 물두멍이 주는 의미와도 다르지 않다. 또 이는 서로 신뢰 가운데 혼인서약을 맺고 남편과 아내가 된 부부가, 어떤 경우도 첫 서약을 잊지 않고 사랑의 화합을 이루도록 마련한 쏘타의 법과도 일맥상통한다. 이것이 하나님과 우리 사이에 가져야 할 진정한 관계인 것이다.

탈무드의 쏘타는 하나님 앞에서 죄를 기억나게 하여 죄를 씻는 일이다. 주님은 "누구든지 목마르거든 내게로 와서 마시라"(요 7:37)고 외치셨다. 이때는 '명절 끝 날, 곧 큰 날'이었다. 우리는 이 점도 주목해야 한다. 이날은 유대인들이 실로암 못에 와서 물을 붓고 정결례를 행하는 날이기 때문이다. 에스겔은 이에 대하여 다음과 같이 예언하였다.

[겔36:25~34, 개역개정]

(25) 맑은 물을 너희에게 뿌려서 너희로 정결하게 하되 곧 너희 모든 더러운 것에서와 모든 우상 숭배에서 너희를 정결하게 할 것이며, (26) 또 새 영을 너희 속에 두고 새 마음을 너희에게 주되 너희 육신에서 굳은 마음을 제거하고 부드러운 마음을 줄 것이며, (27) 또 내 영을 너희 속에 두어 너희로 내 율례를 행하게 하리니 너희가 내 규례를 지켜 행할지라. 내가 너희 조상들에게 준 땅에서 너희가 거주하면서 내 백성이 되고 나는 너희 하나님이 되리라. (29) 내가 너희를 모든 더러운 데에서 구원하고 곡식이 풍성하게 하여 기근이 너희에게 닥치지 아니하게 할 것이며, (30) 또 나무의 열매와 밭의 소산을 풍성하게 하여

너희가 다시는 기근의 욕을 여러 나라에게 당하지 아니하게 하리니, (31) 그 때에 너희가 너희 악한 길과 너희 좋지 못한 행위를 기억하고 너희 모든 죄악과 가증한 일로 말미암아 스스로 밉게 보리라. (32) 주 여호와의 말씀이니라. 내가 이렇게 행함은 너희를 위함이 아닌 줄을 너희가 알리라. 이스라엘 족속아 너희 행위로 말미암아 부끄러워하고 한탄할지어다. (33) 주 여호와께서 이같이 말씀하셨느니라 내가 너희를 모든 죄악에서 정결하게 하는 날에 성읍들에 사람이 거주하게 하며 황폐한 것이 건축되게 할 것인즉, (34) 전에는 지나가는 자의 눈에 황폐하게 보이던 그 황폐한 땅이 장차 경작이 될지라.

오늘 물두멍에 관한 토라가 이 모든 것들을 함축적으로 암시하고 있다. 우리는 거룩하신 하나님 앞에 나올 때마다 우리의 모든 죄를 회개하고 주의 자비를 구해야 한다. 그러나 온전히 속죄받는 길은 오직 그리스도이신 예수를 통해서만 가능하다. 이 사실을 인정하는 것이 하나님이 우리에게 요구하는 '믿음의 본체'이다.

제24주 차
Parashat Pekudei 품목 (38:21~40:38)

주님이 가장 기뻐하시는 것, '예배'

Parashat Pekudei 품목 (출38:21~40:38)는 출애굽기 마지막 부분을 장식하고 있다. 먼저 모세는 성막건립을 위해 쓸 재료의 품목과 건축에 관한 세부사항을 이야기한 다음(38:21~31), 제사장이 입을 의복에 관해 다시금 길게 설명해 준다(39:1~43). 이어서 하나님은 모세를 불러 "너는 첫째 달 초하루에 성막 곧 회막을 세우라"(40:2)고 명하신다. 출애굽기의 결론에 해당하는 40:34~38절에서는, 성막 위에 주님의 영광이 충만하게 임하는 모습으로 대단원의 막을 내린다. 이것은 하나님이 이미 이스라엘에게 약속하신 것, 즉 항상 그들 가운데 거할 것이며 그들 가운데서 행하고 계신 것을 백성들이 눈으로 확인할 수 있도록 보여주신 증거였다. 아마 출애굽의 역사에서 이 광경이야말로 가장 경이롭고 전율을 느낄 만한 환희의 순간이었을 것이다. 백성들은 한편으로 두려움에 휩싸이면서도, 다른 한편으로는 하나님이 자신들을 지켜주신다는 안도감으로 인해 평온함을 가질 수 있었다.

토라는 이스라엘이 광야를 걸을 때 하나님 영광이 성막에 임한 광경을 불붙은 구름으로 묘사한다. 특히 탈무드를 보면, 광야의 이스라엘에게 나타났던 구름기둥에 대하여 다음과 같이 말한다.

[탈무드 바블리 숙카, 11b]
이스라엘을 지키기 위해 성막에 나타난 하나님의 구름기둥은 하나가 아니라 일곱이었다. 그 가운데 네 개의 구름기둥은 이스라엘 진영의 사면에 각각 하나씩 에워쌌고, 진영 위와 진영 아래에 하나씩 있었으며, 마지막 하나는 백성들이 나가야 할 길에 먼저 진행하면서 골짜기를 돋우고 산을 낮추는 일을 하였다. 이로써 이스라엘 백성들은 대적들과 맹수들로부터 보호받을 수 있었다. 심지어 그들의 옷이 낡거나 더러워지지 않았다. 엘리에젤Eliezer의 주장에 따르면, 초막절은 세상이 창조될 때 아직 흐릿했던 첫 6일간의 모습에 비해, 하나님의 특별한 은혜로서 영광의 구름이 나타났던 것을 기념한 절기라고 설명한다. 이 구름은 하나님의 영광이 백성들을 에워싸 보호하시겠다는 하나님의 언약을 일종의 그림언어로 보여주신 것이다.

출애굽기에서는 하나님의 성소를 '회막'이나 '성막' 또는 '미쉬칸하에두트(Mishkhan Ha'edut), 즉 증거막이라고 부른다. 증거막은 첫째 달 초하루에 세워졌다(40:2). 성경은 왜 성소를 세운 날을 특별한 날로 지정해 놓았을까? 이스라엘 역사에 있어서 성소의 건립은 무엇보다 중요한 일이며, 이날은 구원받은 백성이 하나님께 예배하는 일과 관련되어 있기 때문에 특별한 의미를 부여한 것으로 보인다. 이것을 달리 말하면, 하나님은 자기 백성들이 성소에 나아와 예배하는 일을 그 어떤 것보다 가장 눈여겨보고 계신다는 것을 말하고 있다.

과연 하나님은 우리가 어떻게 예배하든 상관하지 않으실까? 그냥 예배만 드리면 좋아하실까? 이 질문은 오늘날 교회에서 하나님께 예배하는 모든 그리스도인에게 있어서 매우 중요한 문제이다. 예배드리는 것 자체도 중요하지만, '어떻게' '어떤 방법과 절차에 따라' '어떤 믿음의 태도로' 예배해야 하는지 깊이 생각해야 한다. 또 이렇게 해야 하는 성경적 근거가 무엇인지에 대해서도 알고 예배해야 한다.

[출40:1~9, 개역개정]

(1) 여호와께서 모세에게 말씀하여 이르시되 (2) 너는 첫째 달 초하루에 성막 곧 회막을 세우고 (3) 또 증거궤를 들여놓고 또 휘장으로 그 궤를 가리고, (4) 또 상을 들여놓고 그 위에 물품을 진설하고 등잔대를 들여놓아 불을 켜고, (5) 또 금 향단을 증거궤 앞에 두고 성막 문에 휘장을 달고, (6) 또 번제단을 회막의 성막 문 앞에 놓고, (7) 또 물두멍을 회막과 제단 사이에 놓고 그 속에 물을 담고, (8) 또 뜰 주위에 포장을 치고 뜰 문에 휘장을 달고, (9) 또 관유를 가져다가 성막과 그 안에 있는 모든 것에 발라 그것과 그 모든 기구를 거룩하게 하라 그것이 거룩하리라.

위의 2절을 보면, 이스라엘이 광야에서 하나님의 성막을 세운 시기를 '첫째 달 초하루'라고 말하고 있다. 첫째 달 초하루가 정확하게 언제인지에 대하여서는 차치하더라도, 토라는 이날을 이스라엘 백성들이 이집트 속박으로부터 자유를 얻은 구원의 사건과 연관 지어 놓은 것이다. 이와 관련하여 출12:1~10절이 이 사건을 어떻게 진술하고 있는지 살펴보도록 하자.

[출12:1~10, 개역개정]

(1) 여호와께서 애굽 땅에서 모세와 아론에게 일러 말씀하시되, (2) 이 달을 너희에게 달의 시작 곧 해의 첫 달이 되게 하고 (3) 너희는 이스라엘 온 회중에게 말하여 이르라. 이 달 열흘에 너희 각자가 어린 양을 잡을지니 각 가족대로 그 식구를 위하여 어린 양을 취하되, (4) 그 어린 양에 대하여 식구가 너무 적으면 그 집의 이웃과 함께 사람 수를 따라서 하나를 잡고 각 사람이 먹을 수 있는 분량에 따라서 너희 어린 양을 계산할 것이며, (5) 너희 어린 양은 흠 없고 일 년 된 수컷으로 하되 양이나 염소 중에서 취하고 (6) 이 달 열나흗날까지 간직하였다가 해 질 때에 이스라엘 회중이 그 양을 잡고 (7) 그 피를 양을 먹을 집 좌우 문설주와 인방에 바르고 (8) 그 밤에 그 고기를 불에 구워 무교병과 쓴 나물과 아울러 먹되, (9) 날것으로나 물에 삶아서 먹지 말고 머리와 다리와 내장을 다 불에 구워 먹고 (10) 아침까지 남겨두지 말며 아침까지 남은 것은 곧 불사르라.

출12장에서 모세가 선포한 '달의 시작, 곧 해의 첫 달'이란 성막에서 예배를 시작한 날을 가리킨다. 왜 하나님은 이날을 기억하면서 예배드리도록 정해 놓았을까? 하나님이 이스라엘을 이집트의 속박으로부터 구원하신 바로 그날, 유월절의 의미를 새기라는 뜻 아니겠는가? 토라는 끊임없이 하나님이 베푸신 은혜를 기억하라고 요구하고 있다. 유월절을 비롯한 다른 절기들을 지키라고 거듭 명령한 것도 다 하나님의 구원 은총을 기억하도록 하려는 신앙 장치인 것이다. 하나님이 토라에서 각종 기념일을 율법으로 제정하신 것 또한, 이스라엘로 하여금 구속의 은혜를 잊지 말고 하나님만 경배하며 토라 말씀대로 사는 것이 생명의 길임을 가르치려는 목적에서이다. 라쉬는 성막을 세운 것과 특별한 절기를 정한 것에 대해 주목하며, 창1:1절을 다음과 같이 해설하고 있다.

[창1:1:1, 라쉬]

'태초에.' 이삭[R. Isaac]은 창1:1절에 나오는 '태초(베레쉬트)'라는 말을 토라의 율법 가운데 출12:1절에 언급된 구절과 함께 읽어야 한다고 주장한다. 즉 "너희는 이 달을 한 해의 첫째 달이 되게 하라." 이 말씀은 하나님이 이스라엘에게 주신 가장 첫 번째 계명이었다. 한 해의 첫째 달이 되게 하라는 명령이 창조역사에서 가장 첫 번째 계명으로 선포한 이유는 무엇일까? 이는 시111:6절에 잘 드러나 있다. "그가 그들에게 뭇 나라의 기업을 주사 그가 행하시는 일의 능력을 그들에게 알리셨도다." 하나님은 앞으로 행할 능력에 대하여 백성들에게 알리셨다. 하나님은 이것을 통해 이스라엘을 구원하신 능력이 세상을 창조한 일과 다르지 않다는 사실을 알려주신 것이다.

그렇다면 왜 이것을 알려 주시려 했을까? 하나님이 자기 백성에게 뭇 나라의 땅을 기업으로 주기 위함이었다. 다시 말해 이스라엘이 차지한 땅은 원래 그들의 것이 아니었는데, 하나님이 뭇 나라의 땅을 그들에게 주셔서 영원한 기업이 되게 하겠다는 것이다. 그렇다면 세상 뭇 나라들은 이스라엘에 대하여 아마도 이렇게 말할지 모른다. "너희는 강도들이다. 원래 가나안 땅은 일곱 족속의 소유가 아니었느냐? 그런데 너희가 들어와 그 땅을 강탈했다. 그러니 너희는 강도 아니냐?"

그러나 하나님은 세상 열방을 향해 이렇게 대답하신다. "세상에 모든 땅은 다 나의 것이다. 하나님이 창조하였고 하나님이 나누셨기 때문이다. 그러니 땅을 만드신 하나님이 자기 땅을 기뻐하는 자에게 주는 것이 어찌 마땅하지 아니하겠느냐? 하나님이 그 땅을 가나안 족속들에게 주신 것도 그의 뜻이고, 그들의 땅을 다시 빼앗아 이스라엘에게 지금 라쉬는, 창세기 1장에 '태초에'라는 말이 '첫째 달 초하루'와 관계가 있으며, 이것은 또 성막 예배와 유월절을 지키는 날과 이어지고 있다는 사실을 주장하고 있다. 그러면서 그는 출12:1절 "너희는 이 달을 한 해의 첫째 달이 되게 하라"는 명령을 토라의 첫 계명으로 보고 있다. 그러면서 라쉬는 이 두 사건, 곧 하나님이 세상을 창조하신 일과 이스라엘을 이집트에서 구원하시고 그때를 첫 달 초하루로 삼으신 일을 서로 무관하지 않다고 본 것이다. 이 두 역사적 사건 모두가, 이스라엘을 위해 행한 하나님의 능력이 얼마나 위대한지 보여주기 위함이었다. 그뿐만 아니라 가나안 땅을 이스라엘에게 영원한 기업으로 주신 것도 하나님의 뜻이었음을 강조한다. 가나안 사람들은 이스라엘이 자기 땅을 탈취했다고 말할지도 모른다. 그러나 세계 모든 땅은 다 하나님의 소유이며, 따라서 하나님이 자기 것을 가나안 사람들에게 주었다가, 400년이 지난 후에 그들에게서 취하여 이스라엘에게 주신 것도 땅 주인이 결정한 일이다.

그렇지만 하나님은 아무런 근거도 없이 땅을 주었다 뺐었다 마음대로 결정하는 것은 아니다. 하나님은 자기가 기뻐하는 자에게 땅을 기업으로 주신다. 토라 말씀을 듣고 회개하며 죄에서 돌이킨 자를 기뻐하여, 그런 자를 찾으시고 기업을 약속하신다. 만약 가나안 사람들도 사악한 길을 버리고 죄로부터 돌이켰다면, 하나님은 그들에게도 기회를 주셨을 것이 분명하다. 하나님은 회개한 자를 자녀로 삼으시고, 이제는 주님만 의지하며 살도록 더욱 각별히 보살피신다.

하나님께 예배드리는 것이 얼마나 중요한 일인지 시88편과 그 미드라쉬 안에 잘 나타나 있다. 시88편은 이렇게 시작한다. "이는 고라 자손의 시. 인도자를 위해, 마칼랏트 레안노트에 맞춘 노래이다." 마칼랏트 레안노트(מחלת לענות)라는 말은 일반적으로 '찬양의 노래를 위해'라는 뜻이다. 이 시편의 해석학적 개요 부분에서도 마칼랏트의 정확한 뜻에 대해 궁금해하고 있다. 이 낱말 뜻에 대한 베레키아R. Berechiah의 설명을 들어보자.

[랍비 베레키아에 의하면]
베레키아는 시88편의 표제어에 나온 마칼랏트(Makhalat)의 뜻에 대하여, 그는 '거룩하신 하나님, 그분 안에 있는 복을 받을만한 찬양을 위해서'라는 의미로 읽어야 한다고 주장했다. 주님은 다윗에게 이처럼 말씀하신다. "너는 내가 기뻐하는 찬양으로 찬양하여라. 그렇게 한다면 나는 네가 어떤 찬양을 부르든지 다 들을 것이다. 이제까지는 누구도 복되고 거룩하신 주 하나님이 기뻐할 만한 합당한 찬양을 드린 자가 없었다. 사람들은 왜 하나님께 합당한 찬양을 드리지 않을까? 사람들은 이렇게 변명한다. 주님은 정말 내 찬양을 듣기는 하시나? 그것은 단지 성경에 나오는 말일 뿐이지, 주님은 내 기도와 찬양을 삼켜버리실 거야."(욥37:20 참조)

마칼랏트의 뜻에 대한 베레키아의 설명은 큰 의미가 있다. 하나님이 다윗의 찬양을 받으신 것은 "하나님이 기뻐하실만한 찬양(예배)을 드렸기 때문이었다"고 말한다. 이 해석을 어떻게 이해해야 할까? 하나님은 과연 진지함 없이 드린 찬양은 받지 않을까? 이와는 반대로, 하나님은 우리가 세상에서 어떻게 살든 아랑곳하지 않고, 교회에 나와서 예배드리고 찬양하면 무조건 받아주실까? 이에 대해 베레키아는 분명하게 말한다. 하나님은 언제나 우리가 예배드릴 때 주께서 받으실 만한 합당한 예배를 원하신다. 단지 교회에 나와 예배를 드렸다고 해서 무조건 받으시는 것은 아니라는 뜻이다. 하나님은 믿는 자들이 예배하는 것을 가장 기뻐하시지만, 문제는 우리가 드린 예배가 정말 하나님께서 받을 만하신 합당한 모습인가 하는 것이다.

여기서 생각해야 할 중요한 핵심은, "사람이 하나님께 예배드리는 일에 있어서 합당한 방법이나 또는 부당한 방법이 있느냐?" 하는 것이다. 또 이렇게 질문할 수 있다. "그렇다면 하나님이 받으시는 합당한 예배는 어떤 모습일까? 그리고 합당한 예배를 드릴 때 오는 유익은 과연 무엇인가? 만약에 부적절한 예배를 드렸다면 어떤 결과를 맛본다는 것인가?"

토라는 하나님이 사랑하는 자기 백성을 가까이 오게 하사 항상 돌봐주시며, 언제나 최고의 좋은 것을 주신다고 약속하고 있다. 그러나 여기에는 조건이 있다. 우리가 주님께 합당한 예배로 나아가는 것! 이것이 먼저이다. 그렇게만 하면 우리 삶은 행복해질 것이고, 모든 삶에서 일어나는 수많은 어려움을 극복해 낼 힘까지 얻는다. 이사야 예언에서처럼, 합당한 예배로 나아갈 때 하늘의 신령한 은혜를 맛볼 수 있고 주님께 기도로 아뢸 때마다 결정적인 도움을 받을 수 있다.

[사48:16~19, 개역개정]

(16) 너희는 내게 가까이 나아와 이것을 들으라. 내가 처음부터 비밀히 말하지 아니하였나니 그것이 있을 때부터 내가 거기에 있었노라 하셨느니라. 이제는 주 여호와께서 나와 그의 영을 보내셨느니라. (17) 너희의 구속자시요 이스라엘의 거룩하신 이이신 여호와께서 이르시되, 나는 네게 유익하도록 가르치고 너를 마땅히 행할 길로 인도하는 네 하나님 여호와라. (18) 네가 나의 명령에 주의하였더라면 네 평강이 강과 같았겠고 네 공의가 바다 물결 같았을 것이며, (19) 네 자손이 모래 같았겠고 네 몸의 소생이 모래알 같아서 그의 이름이 내 앞에서 끊어지지 아니하였겠고 없어지지 아니하였으리라 하셨느니라.

만약 이스라엘이 토라의 명령을 잘 듣고 지켜 행했더라면, 사 48:19절의 약속과 같이, "네 자손이 모래 같았겠고 네 몸의 소생이 모래알 같아서, 그의 이름이 내 앞에서 끊어지지 아니하였겠고 없어지지 아니하였으리라." 이것을 하나님은 은밀히 말하지 않으셨다. 모든 사람이 다 들을 수 있게 이스라엘이 광야를 걷는 내내 거듭해서 밝히셨다. 그리고 백성들이 이 명령에 귀를 기울이는지 유심히 살피신다. 지금 이 땅에는 많은 교회가 있고, 모든 교회마다 하나님을 믿는 신앙과 진리에 대해 나름대로 열심히 가르치고 있다. 그러나 하나님이 과연 어떤 분인지, 그리고 또 자기 백성들에게 기대하고 계신 것이 무엇인지에 대해서는 각자의 견해가 사뭇 다르다. 똑같은 하나님을 섬기는 신앙공동체 안에서조차 주께서 바라는 것이 무엇인지에 대한 가르침은 제각각이다.

토라의 가르침을 보면 우리가 하나님으로부터 인정받으려면 필히 해야 하는 일들에 대해 분명하게 말하고 있다. 그 첫 번째가 바로 예배이다. 중요한 것은 우리 예배가 형식적인 의식 정도로 끝나서는 안 되고, 하나님이 받을 만하신 합당한 예배가 되어야 한다는 것이다. 하나님이 기뻐하시는 예배를 통해서만 모든 것이 인정되고, 모든 것이 가능하며, 모든 것이 온전해진다. 출40:2절에서 "너는 첫째 달 초하루에 성막 곧 회막을 세우라"고 하신 명령 안에, 이런 주님의 뜻이 고스란히 담겨 있다. 주님은 우리를 향해 어떻게 예배해야 할지에 대해 아주 구체적으로 가르쳐 주셨다.

대다수의 사람은 이 땅의 모든 교회가 다 하나님을 기쁘게 하고 있다고 믿고 있지만, 성경은 그렇지 않다고 말한다. 주님은 우리가 하나님을 믿는다고 스스로 주장하는 것만으로는 충분하지 않다는 점을 강조하셨다. "나더러 주여 주여 하는 자마다 다 천국에 들어갈 것이 아니요, 다만 하늘에 계신 내 아버지의 뜻대로 행하는 자라야 들어가리라"(마7:21). 그렇다면 '하늘에 계신 내 아버지의 뜻'은 무엇일까? 우리가 하나님으로부터 인정받으려면 오늘 우리에게 요구하고 있는 것이 무엇인지 정확히 깨달아야 한다. 그러기 위해서는 하나님 뜻이 무엇인지 배워야만 한다. 주님은 하나님의 뜻대로 행하지 않는 사람들을 가리켜 '불법을 행한 자들'(마7:23)이라 부르셨다. 주님은 이 땅 모든 사람에게 영원한 생명을 얻을 기회를 주신 분이다. 아래의 막6:7~13절 말씀에 귀를 기울여 보자.

[막6:7~13, 개역개정]
(7) 열두 제자를 부르사 둘씩 둘씩 보내시며 더러운 귀신을 제어하는 권능을 주시고 (8) 명하시되 여행을 위하여 지팡이 외에는 양식이나 배낭이나 전대의 돈이나 아무 것도 가지지 말며 (9) 신만 신고 두 벌

옷도 입지 말라 하시고, (10) 또 이르시되 어디서든지 누구의 집에 들어가거든 그 곳을 떠나기까지 거기 유하라. (11) 어느 곳에서든지 너희를 영접하지 아니하고 너희 말을 듣지도 아니하거든 거기서 나갈 때에 발 아래 먼지를 떨어버려 그들에게 증거를 삼으라 하시니, (12) 제자들이 나가서 회개하라 전파하고 (13) 많은 귀신을 쫓아내며 많은 병자에게 기름을 발라 고치더라.

주님이 가장 원하는 일이 무엇인지, 즉 하나님의 뜻대로 행하는 것이 어떤 모습인지 알기 위해서는 주님이 계속 반복하여 강조한 말씀이 무엇인지 찾아볼 필요가 있다. 그중에 가장 많이 사용한 단어가 바로 '예배'이다. 예배는 하나님을 경배하는 일이고, 주님 앞에 나와 회개하는 일이다. 또 이는 영원한 생명과도 밀접하게 연관되어 있다. 영원한 생명을 얻기 위해서는 하나님께 합당하고 정직한 예배를 드려야 한다. 그리고 합당하고 정직한 예배를 드린 자만이 세상 속에서 하루하루 사는 모든 모습이 하나님이 받을 만하신 예배가 된다. 우리의 예배가 주님께 합당하려면, 먼저 우리의 모든 죄를 회개하고 몸과 마음이 온전히 주께 돌아와야 한다.

주님이 열두 제자를 둘씩 마을로 보내면서 가르치신 말씀을 기억해 보라. 주님으로부터 말씀을 들은 제자들이 어떻게 했나? 마가는 이렇게 증언하고 있다. "제자들이 나가 회개하라고 전파했다"(막6:12). 이 구절을 정확히 번역하면, "제자들이 나가서 사람들에게 회개해야만 살 수 있다고 전했다"는 뜻이다. 왜 회개를 먼저 외쳤을까? 주님이 제자들에게 무엇보다 가장 먼저 회개를 외치라고 말씀하신 이유가 무엇일까? 회개는 하나님께 드리는 예배의 정직성, 즉 합당한 예배로 나아가도록 하는 '피할 수 없는 관문'이며, 또 회개해야만 합당한 예배가 될 수 있고, 이를 통해 영원한 생명이 허락되기 때문이다.

그리스도인은 죄의 길에서 돌이켜 토라의 길을 따라 걷도록 부름 받은 사람들이다. 그러나 안타깝게도 대다수 사람은 토라의 길을 걸어가려고 하지 않는다. 마7:13~14절에서 주님은 뭐라고 말씀하시나? "좁은 문으로 들어가라. 멸망으로 인도하는 문은 크고 그 길이 넓어 그리로 들어가는 자가 많고, 생명으로 인도하는 문은 좁고 길이 협착하여 찾는 자가 적음이라." 우리가 예수 그리스도 안에서 하나님을 만남으로 그의 의와 거룩함과 공평과 진리로써 살려고 힘쓴다면, 하나님은 우리를 끝까지 사랑하시고 결국 영원한 생명에 이르게 하신다. 이것이 곧 우리를 부른 이유이고 궁극적인 하나님의 뜻이다! 우리가 그렇게 살려고 힘쓸 때, 하나님은 강한 성령의 능력으로 예수 그리스도에 대한 견고한 믿음을 갖고 세상을 이기게 하신다.

[롬12:1~2, 개역개정]
(1) 그러므로 형제들아, 내가 하나님의 모든 자비하심으로 너희를 권하노니 너희 몸을 하나님이 기뻐하시는 거룩한 산 제물로 드리라. 이는 너희가 드릴 영적 예배니라. (2) 너희는 이 세대를 본받지 말고 오직 마음을 새롭게 함으로 변화를 받아 하나님의 선하시고 기뻐하시고 온전하신 뜻이 무엇인지 분별하도록 하라.

그러므로 인생의 행복은 오늘 주님을 어떻게 예배하는가에 걸려 있다고 해도 과언이 아니다. 토라는 이 외의 다른 길들은 멸망으로 가는 길이라고 말한다. 바울은 왜 우리를 향해 "너희 몸을 하나님이 기뻐하시는 거룩한 산 제물로 드리라"고 외치고 있는가? 바울은 무엇을 말하고 싶었던 것일까? 모든 그리스도인은 오직 토라의 말씀으로 돌아가야 한다는 점을 가르친 것이다. 이것은 단순한 가르침이 아니라 하나님의 명령이다!

또한 이것은 또한 출40:2절에 "너는 첫째 달 초하루에 성막 곧 회막을 세우라"는 명령과도 같은 맥락 위에 있다. 이 모든 말씀이 우리로 하여금 하나님을 어떻게 예배해야 하는지를 깨닫게 하는 중요한 가르침들이다. 하나님은 단 한 사람도 멸망 당하는 것을 절대 기뻐하지 않는다. 그런 까닭에, 하나님은 이 땅에 모든 사람이 하나님을 알 수 있고 그 은혜를 기억할 수 있도록, 하나님에 대해 배울 수 있는 길을 열어 놓고 토라의 길로 초청하신 것이다. 베드로가 주의 약속이 왜 이리 더디게 오는지 그 이유에 관해 설명한 말씀 역시, 우리를 향한 주님의 마음이 어떠한지를 충분히 알게 해 준다.

[벧후3:9~16, 개역개정]

(9) 주의 약속은 어떤 이들이 더디다고 생각하는 것 같이 더딘 것이 아니라 오직 주께서는 너희를 대하여 오래 참으사 아무도 멸망하지 아니하고 다 회개하기에 이르기를 원하시느니라. (10) 그러나 주의 날이 도둑 같이 오리니 그 날에는 하늘이 큰 소리로 떠나가고 물질이 뜨거운 불에 풀어지고 땅과 그 중에 있는 모든 일이 드러나리로다. (11) 이 모든 것이 이렇게 풀어지리니 너희가 어떠한 사람이 되어야 마땅하냐? 거룩한 행실과 경건함으로 (12) 하나님의 날이 임하기를 바라보고 간절히 사모하라. 그 날에 하늘이 불에 타서 풀어지고 물질이 뜨거운 불에 녹아지려니와, (13) 우리는 그의 약속대로 의가 있는 곳인 새 하늘

과 새 땅을 바라보도다. (14) 그러므로 사랑하는 자들아 너희가 이것을 바라보나니 주 앞에서 점도 없고 흠도 없이 평강 가운데서 나타나기를 힘쓰라. (15) 또 우리 주의 오래 참으심이 구원이 될 줄로 여기라. 우리가 사랑하는 형제 바울도 그 받은 지혜대로 너희에게 이같이 썼고, (16) 또 그 모든 편지에도 이런 일에 관하여 말하였으되 그 중에 알기 어려운 것이 더러 있으니, 무식한 자들과 굳세지 못한 자들이 다른 성경과 같이 그것도 억지로 풀다가 스스로 멸망에 이르느니라.

베드로 사도의 증언처럼 회개한 자는 결코 멸망 당하지 않는다. 마지막 날 천지는 없어질지라도 회개하여 의롭다 인정받은 성도의 이름은 사라지지 않는다. 베드로의 이 증언이 얼마나 소중한가? 하나님의 의는 반드시 승리할 것이다. 중요한 것은 이런 승리가 토라에 대한 믿음에 기인하고 있으며, 이 믿음은 죄에 대한 회개와 주를 섬기며 예배하는 일과 직결되어 있다는 점이다. 이처럼 예수 그리스도를 통해 얻게 되는 영원한 생명은, 우리가 드리는 예배뿐만 아니라, 그리스도인들이 어떻게 살아야 할지에 대한 토라의 말씀에 그 뿌리를 두고 있다. 베드로는 여기서 한 걸음 더 나아가, 믿음을 굳게 지키면서 "주님 앞에서 점도 없고 흠도 없이 평강 가운데서 나타나기를 힘쓰라"고 격려해 준다. 토라의 가르침에 따라 걸어가는 것만이 거룩함과 의로움과 진실함으로 사는 삶이기 때문이다.

이어서 베드로는 이 문제에 관해 이미 자신의 서신을 통해 밝힌 바 있는 바울의 가르침에 대해 언급한다. "(바울이) 이 일에 관하여 말하였으되 그중에 알기 어려운 것이 더러 있으니, 무식한 자들과 굳세지 못한 자들이 다른 성경과 같이 그것도 억지로 풀다가 스스로 멸망에 이르느니라." 베드로는 바울의 가르침 중에 이해하기 어려운 말이 있기 때문에, 성경을 잘 모르는 사람이나 믿음이 약한 사람들은 그 말을 왜곡하는 경우가 있는 위험성을 경고하고 있다. 당시 그리스도인들 중에는 구약의 토라 계명을 잘 모르는 사람들이 있어서, 바울이 가르친 말씀을 온전히 깨닫지 못하고 자기들의 생각이나 경험에 기초해서 푸는 사람들이 있었다. 여기에서 우리가 생각해야 할 것은, 주님의 제자 중의 수제자인 베드로조차도 바울의 가르침을 다 이해하지 못한 부분이 있었다는 것이다.

우리가 알다시피, 베드로는 1세기 유대주의 사상의 틀 속에 살면서 주님을 만나 함께 동고동락했던 사람이다. 그는 주님이 말씀하신 것을 직접 듣고 배웠다. 그런데도 베드로는 바울의 말을 제대로 다 이해하지 못하였다. 그렇다면 우리는 어떨까? 오직 예수 그리스도만이 만민에게 구주가 되심을 증언하기 위해 쓴 바울의 가르침을 오늘날 우리의 사고와 우리의 문화, 그리고 단지 짧은 경험만으로 온전히 이해할 수 있겠는가? 바울은 율법이라는 틀에 얽매인 사람은 아니었지만, 그러나 그렇다고 해서 그리스도인들을 향해 이제 더는 율법이 필요하지 않다고 말한 적은 없다. 오히려 바울은 자기의 서신에서 율법(토라)은 절대로 없어지지 않는다는 점을 강조하였다. 그러면서 토라의 주체이신 주님이 걸으신 토라의 길로 우리도 초청받았다는 사실을 일깨워 준다.

[요일2:3~6, 개역개정]

(3) 우리가 그의 계명을 지키면 이로써 우리가 그를 아는 줄로 알 것이요, (4) 그를 아노라 하고 그의 계명을 지키지 아니하는 자는 거짓말하

는 자요 진리가 그 속에 있지 아니하되 (5) 누구든지 그의 말씀을 지키는 자는 하나님의 사랑이 참으로 그 속에서 온전하게 되었나니, 이로써 우리가 그의 안에 있는 줄을 아노라. (6) 그의 안에 산다고 하는 자는 그가 행하시는 대로 자기도 행할지니라.

출40:2절에 "너는 첫째 달 초하루에 성막 곧 회막을 세우라"는 이 명령은 오늘을 사는 우리에게도 매우 중요한 의미가 있다. 이 명령은 하나님이 누구신지 우리에게 확인 시켜 주고 이를 위하여 자신을 계시할 목적으로 주신 것이다. 중요한 것은, 회막을 세우고 살아계신 하나님을 경배한 사건이 이스라엘 역사와 신앙에 있어 하나의 분기점이 되었다는 것이다. 하나님이 우리를 부르신 것은, 주께서 행하신 역사를 배워서 알고 이를 기억하며 하나님께 예배드리는 삶을 살게 하려 하심이다. 우리가 어떻게 예배하든지 하나님은 상관하지 않으리라 생각하면 안 된다. 우리의 예배를 바라보시는 하나님의 눈은 매우 주도면밀하고 정확하시다.

예배의 모든 것은 토라의 말씀만이 아니라 성령의 역사와 밀접하게 연관되어 있다. 또 이것은 우리 몸을 하나님이 기뻐하시는 거룩한 산 제물로 드리라는 바울의 가르침(롬12:1)과도 결부되어 있다. 실로 우리가 하나님을 어떻게 예배해야 하는가 하는 문제는, 토라를 순종하느냐 불순종하느냐에 따라 삶과 죽음이 나뉘듯이, 예배는 우리의 생명과 깊은 관계가 있다. 누구나 하나님의 명령인 미츠봇(mitzvot)을 다 지키며 살지는 못한다. 그러나 그런데도 우리는 미츠봇을 지키기 위해 노력해야 한다. 왜냐하면, 영원한 생명을 주신 주님께서 원하신 일이기 때문이다. 하나님의 미츠봇, 토라가 사람들에게 준 가장 큰 기쁨은 하나님을 사랑한 만큼 주 앞에 나아가 예배드리고 있는 자신의 모습을 발견할 때 맛보는 기쁨일 것이다. 그런 믿음으로 예배하는 자를 하나님도 사랑하신다. 할렐루야! 주의 은혜가 예배하는 모든 자에게 풍성하게 임하기를.

부록:

토라 주제별 성경 읽기 상호 참조표

범례:

(1) 파라솨트/파라샤(Parashat/Parasha): 모세오경을 주제별로 나눈 단락

(2) 주제: 각 파라샤에 붙은 제목. 대개 본문의 첫 단어

(3) 장절: 파라샤 해당 성경 장절 범위

(4) 하프타라(Haftarah): 각 파라샤와 연관된 예언자의 글

(5) 브릿 하닷샤(B'rit Hadashat): 유대인 그리스도인이 첨가한 파라샤 연관 복음서(주님의 말씀)

(6) 사도 서신 (Apostle Letters): 파라샤와 연관된 사도들의 서신

참고:

눅24:44, 행13:14~15, 13:27, 28:23 *사해사본

토라 주제별 성경 읽기 상호 참조

1권 창세기, 출애굽기

주간	파라샷트/주제	장절	하프타라	브릿 하닷샤	사도 서신
제1주 심핫토라	Bereshit 태초에	창1:1~6:8	사42:5~43:13	요1:1~51	고후5:17~21 골1:9~23
제2주	Noach 노아	창6:9~11:32	사54:1~55:5	마24:1~51	벧전3:18~22 벧후3:1~13
제3주	Lekh Lekha 너는 가라	창2:1~17:27	사40:27~41:16	마1:1~3:17	롬4:1~25 히11:8~10
제4주	Vayera 나타나시다	창8:1~22:24	왕하4:1~37	눅1:1~80, 7:1~50	행3:11~26 갈4:21~31 벧후2:4~11
제5주	Chayei Sarah (사라) 살았다-수명	창3:1~25:18	왕상1:1~31	눅20:1~47	행2:22~42, 11:1~18
제6주	Toledot 족보	창5:19~28:9	말1:1~2:9	마8:1~34	롬9:1~33
제7주	Vayetzei (야곱) 떠났다	창8:10~32:2	호11:12~14:9	요4:1~54	롬11:25~36 고전15:50~58 엡2:1~22
제8주	Vayishlach (야곱) 보내다	창2:3~36:43	옵1:1~21	마5:1~48	갈5:1~26 요일3:7~24, 4:18~21
제9주	Vayeshev (야곱) 거주하다	창7:1~40:23	암2:6~3:8	마26:1~75	행7:44~53 롬3:1~31 골1:13~2:5
제10주	Mikotz 끝에/끝난 후에	창1:1~44:17	왕상3:1~28	요8:1~59	행3:13~15 롬6:1~23
제11주	Vayigash (유다) 가까이 나아가다	창44:18~47:27	겔37:15~28	요10:1~42	고후5:11~21 엡2:11~22 벧전2:4~12, 2:18~25
제12주	Vayechi (야곱) 거기에서 살다	창47:28~50:26	왕상2:1~12	막16:1~20 눅24:1~53	행1:1~11 딤후4:1~22
제13주	Shemot 이름들	출1:1~6:1	사27:2~28:13, 29:15~24	막13:1~37 요15:1~27	행7:17~53 살후1:3~12
세14주	Va'era 나타나시다	출6:2~9:35	겔28:25~29:21	눅1:67~79 마12:1~50	계18:1~24

제15주	Bo 들어가라	출10:1~13:16	렘46:13~28 사19:1~25	눅22:1~23:56	행13:13~39 고전1:17~2:10
제16주	Beshallach 보낸 후에	출13:17~17:16	사4:2~5:30	요6:1~71	고전10:1~14 요일5:1~21
제17주	Yitro 이드로	출18:1~20:26	사6:1~7:17, 9:2~7	마17:1~27	히12:18~29 계4:1~5:14
제18주	Mishpatim 율례들	출21:1~24:18	렘34:8~22, 33:25~26	마23:1~39	롬7:1~8:39, 11:1~36
제19주	Terumah 예물/제물들	출25:1~27:19	왕상5:1~6:13	요2:1~25	고전3:9~17, 엡2:11~22 계11:19, 15:5~8, 21:22~27
제20주	Tetzaveh 명령	출27:20~30:10	겔43:10~27 삼상15:1~35	막15:1~47	히8:1~10:25
제21주	Ki Tissa (네가) 들어 올릴 때에	출30:11~34:35	왕상18:1~40	눅3:1~4:44 마17:1~27	고후2:14~4:18
제22주	Vayakhel 모으라	출35:1~38:20	왕상7:13~26	눅21:1~38	행2:1~47
제23주	Pekudei 재료/품목들	출38:21~40:38	왕상7:40~8:21	요14:1~31	계3:1~22
제24주	Vayikra 그가 불렀다	레1:1~6:7	사43:14~44:28	마9:1~38	히10:1~18 요일4:7~16

토라 주제별 성경 읽기 상호 참조

2권 레위기, 민수기

주간	파라샷트/ 주 제	장절	하프타라	브릿 하닷샤	사도 서신
제25주	Tzav 명령	레6:8~8:36	렘7:21~8:3, 9:23~24	요12:1~50	롬3:19~31 요일1:5~2:6
제26주	Shemini 제8일	레9:1~11:47	삼하6:1~7:17	막7:1~37	행4:33~5:11, 10:1~48
제27주	Tazria 잉태/임신	레12:1~13:59	왕하4:42~5:19	눅2:21~33, 4:24~27, 9:10~27	히9:1~14
제28주	Metzora 나병환자	레14:1~15:33	왕하7:1~20, 13:22~23	눅5:12~16 8:43~48, 17:11~19	히12:1~17
제29주	Acharei Mot 죽은 후에	레16:1~18:30	겔22:1~22	마23:25~39 눅13:13~36	롬3:9~24 히9:18~28 계19:1~8
제30주	Kedoshim 거룩한 것들	레19:1~20:27	암9:7~15 겔20:1~17	마5:17~48 눅21:20~36	롬11:11~16, 11:30~32 고전6:9~20 계22:10~17
제31주	Emor 말하다/고하다	레21:1~24:23	겔44:15~31	마12:1~21 눅10:25~37	히7:11~28 벧전2:1~10
제32주	Behar 산에서	레25:1~26:2	렘32:6~35	눅21:5~36	롬8:18~39 엡1:3~14
제33주	Bechukotai 나의 규례들	레26:3~27:34	렘16:19~17:18	요5:1~47	딤전6:3~19
제34주	Bemidbar 광야에서	민1:1~4:20	호1:10~2:23	눅12:1~59	빌3:1~21
제35주	Naso 들어 올리다/계수하다	민4:21~7:89	삿13:2~25	마11:1~30	행18:18, 21:15~30
제36주	Beha'alotekha 켤 때는	민8:1~12:16	슥2:10~4:14	눅24:1~53	행2:1~21 계1:9~20, 11:1~13
제37주	Shelach 보내라	민13:1~15:41	수2:1~24	눅10:1~42	행13:1~52
제38주	Korach 고라	민16:1~18:32	삼상11:12~12:25	요19:1~42	행4:1~37

제39주	Chukkat 율례들	민19:1~22:1	삿11:1~33	요3:1~36	고전10:1~13 히9:9~15
제40주	Balak 발락	민22:2~25:9	미5:7~6:8	마12:1~50	롬11:17~32 계12:1~17
제41주	Pinchas 비느하스	민25:10~30:1	왕상18:41~19:21	요21:1~25	딤전1:1~20 딤후4:1~9
제42주	Mattot 지파들	민30:2~32:42	렘1:1~2:3	막1:1~28	갈3:15~29
제43주	Masei 노정	민33:1~36:13	렘2:4~28, 3:4~5	막10:13~45	갈5:13~26

토라 주제별 성경 읽기 상호 참조
3권 신명기

주간	파라샷트/ 주제	장절	하프타라	브릿 하닷샤	사도 서신
제44주	Devarim 말씀들	신1:1~3:22	사1:1~31	마23:1~39	갈6:1~18
제45주	Va'etchannan 내가 간구하였다	신3:23~7:11	사40:1~31	마22:34~40 막12:28~34 눅10:25~37 요13:34~35, 15:9~17	롬13:8~10 벧전1:13~25 요일2:1~11
제46주	Ekev 만약에	신7:12~11:25	사49:14~51:3	마4:1~25	롬10:1~21
제47주	Re'eh 보라	신11:26~16:17	사54:11~55:5	요4:5~45, 6:27, 6:47~58	계21:6~27, 22:10~17
제48주	Shofetim 재판관	신16:18~21:9	사51:12~52:12	요1:1~34	행3:22~26, 7:35~43 고후3:1~18
제49주	Ki Tetzei 네가 앞으로 나갈 때에	신21:10~25:19	사54:1~10	마5:1~48, 19:3~12	롬13:8~10 엡5:1~33
제50주	Ki Tavo 네가 들어갈 때	신26:1~29:9	사60:1~22	마6:1~34 요14:1~31	빌2:5~11 히2:1~3:19
제51주	Nitzavim 선 것/서다	신29:10~30:20	사61:1~63:14	눅4:14~44 요5:1~47	요일5:1~21
제52주	Vayelekh 가서	신31:1~30	호14:1~9 욜2:1~32 미7:18~20	눅15:1~32	행26:1~32
제53주	Ha'azinu 귀를 기울이라	신32:1~52	삼하22:1~51	요17:1~26	계14:1~15:8
제54주	Vezot Haberakhah 축복은 이렇다	신33:1~34:12	수1:1~18	마28:1~20	계21:1~22:5, 22:20~21